A Biography of JIMI HENDRIX

吉米．罕醉克斯傳

滿是鏡子的房間

改變搖滾史的曠世巨人

Room Full of Mirrors

查爾斯．克羅斯 Charles R. Cross——著　洪翠薇——譯

Boulder Media 大石文化

目錄

推薦序　罕醉克斯更厲害／蘇重……13
推薦序　在天才與脆弱之間／周岳澄……20
作者的話……25
前言　滿是鏡子的房間
英國利物浦，一九六七年四月九日……32
第一章　漸入佳境
美國西雅圖，一八七五年一月－一九四二年十一月……40
第二章　血桶夜總會
加拿大溫哥華，一八七五年－一九四一年……50
第三章　中上的聰穎程度
美國西雅圖，一九四五年九月－一九五二年六月……63
第四章　黑騎士
美國西雅圖，一九五二年七月－一九五五年三月……78

第五章　強尼·吉他
美國西雅圖，一九五五年三月—一九五八年三月……90
第六章　酷酷的高個子
美國西雅圖，一九五八年三月—一九六〇年十月……105
第七章　西班牙城堡魔法
美國西雅圖，一九六〇年十一月—一九六一年五月……123
第八章　狂野的弟兄
美國奧德堡，一九六一年五月—一九六二年九月……134
第九章　獵頭族
美國納士維，一九六二年十月—一九六三年十二月……148
第十章　哈林世界
美國紐約，一九六四年一月—一九六五年七月……163
第十一章　栩栩如生的夢
美國紐約，一九六五年七月—一九六六年五月……176
第十二章　我的問題孩子
美國紐約，一九六六年五月—十九六六年七月……191
第十三章　黑人版狄倫
美國紐約，一九六六年七月—一九六六年九月……206

第十四章　婆羅洲野人
英國倫敦，一九六六年九月－一九六六年十一月……221
第十五章　自由的感覺
英國倫敦，一九六六年十二月－一九六七年五月……239
第十六章　從傳聞成為傳奇
英國倫敦，一九六七年六月－一九六七年七月……259
第十七章　黑色噪音
美國紐約，一九六七年八月－一九六八年二月……277
第十八章　新音樂太空地震
美國西雅圖，一九六八年二月－一九六八年五月……294
第十九章　首先登陸月球
美國紐約，一九六八年七月－一九六八年十二月……312
第二十章　電子教堂音樂
英國倫敦，一九六九年一月－一九六九年五月……330
第二十一章　快樂與成功
加拿大多倫多，一九六九年五月－一九六九年八月……345
第二十二章　吉普賽、陽光與彩虹
美國貝塞爾，一九六九年八月－一九六九年十一月……363

第二十三章　花園裡的國王
美國紐約，一九六九年十二月－一九七〇年四月……379
第二十四章　神奇男孩
美國柏克萊，一九七〇年五月－一九七〇年七月……396
第二十五章　狂野的藍色天使
夏威夷茂宜島，一九七〇年七月－一九七〇年八月……411
第二十六章　人生的故事
瑞典斯德哥爾摩，一九七〇年八月－一九七〇年九月……427
第二十七章　我的火車來了
英國倫敦，一九七〇年九月－二〇〇四年四月……445
後記　加長型黑色凱迪拉克
美國西雅圖，二〇〇二年四月－二〇〇五年四月……468
資料來源……473
謝誌……489

獻給我的父親

他在我兒時

手搭著我的肩膀

讀《豪邁王子》給我聽

推薦序　罕醉克斯更厲害

——蘇重／樂評人、台北愛樂電台「布魯斯．威力」節目客座主持人

彈吉他，誰最強？

《滿是鏡子的房間：吉米．罕醉克斯傳》這本講了超多搖滾軼事的書，那真是久仰大名，可以讀到中文譯本，實在很開心。

以前和沈鴻元一起主持廣播節目「布魯斯．威力」的時候，講到小時候聽搖滾樂，常常有一些很傻的糾結，比如說誰是最棒的歌手，最好的作曲者，以及最常討論到的，誰是史上最好的吉他手？這時候，有一句半是歷史，半是我們自己編造的中二爛梗經常會出現：「Clapton is God , but Hendrix is better.（克萊普頓是神，不過罕醉克斯更厲害。）」

老搖滾樂迷可能知道，「克萊普頓就是神（Clapton is God）」是一九六〇年代英國

轟動一時的塗鴉，口耳相傳之下，很好地鞏固了克萊普頓世界最佳吉他手之一的地位。

重點是沒有「語畢，哄堂大笑」啊，許多搖滾樂迷，甚至是同行樂手默認了這句話，顯示了克萊普頓確實以華麗流暢的獨奏能力征服了無數樂迷，有他崇高的江湖地位。

但是，最重要的就是這個**但是**，一九六六年，有這麼一個籍籍無名的青年吉他手罕醉克斯，儘管吉他神功蓋世，但在家鄉美國混得實在是不怎麼樣，賺不到錢，樂迷也不認識他。這一年，罕醉克斯獲得一個機會：英國名團「動物合唱團」（The Animals）的貝斯手查斯．錢德勒（Chas Chandler）離團轉任製作人，看中了罕醉克斯的音樂能力，帶著他前往倫敦發展。

「地上都是吉他手的眼淚」

說來奇怪，罕醉克斯在家鄉美國的時候，窮到快被鬼抓走。然而，罕醉克斯到了英國，卻是如有神助，每一場試演，每一場臨時上台的即興客座，都大受歡迎，他到倫敦的第八天，就在 Cream（鮮奶油）樂團的演出現場，見到克萊普頓，錢德勒還很莽撞地請求 Cream 讓罕醉克斯上臺彈個幾曲，號稱英國最佳樂團的 Cream 從來沒遇過這樣的大膽狂徒。但是罕醉克斯一登臺，就開始用爆炸性的高速與能量，演出藍調傳奇咆哮之狼

（Howlin' Wolf）的名曲〈Killing Floor〉，把克萊普頓都轟傻了，Cream的團員傑克．布魯斯（Jack Bruce）回憶起這一天：「克萊普頓一定很難面對，因為他是神啊，但是這個不知名的傢伙，一出現就讓他難堪。」

沒多久，罕醉克斯在英國就開始走紅，聽眾喜歡他，很多樂手們也都知道城裡來了個超猛的美國黑人高手。歌手泰瑞．里德（Terry Reid）去聽罕醉克斯的演出，碰上搖滾天團滾石（Rolling Stones）的吉他手布萊恩．瓊斯（Brian Jones），瓊斯跟他說，小心，洗手間前面地板溼答答，里德說沒看到有水啊，瓊斯回答：「地上都是吉他手的眼淚。」

二十四歲到倫敦大展神威，把英國吉他手都弄哭了的罕醉克斯，其實在此之前，一直是個苦苦掙扎求生存的窮小子。吉米．罕醉克斯（Jimi Hendrix），一九四二年十一月二十七日生於美國華盛頓州的西雅圖，父母是艾爾．罕醉克斯（Al Hendrix）和露西兒．吉特（Lucille Jeter）。懷孕的時候，露西兒才十七歲，艾爾二十二歲，兩人結婚三天之後，早先已被徵招的艾爾就入伍服役，遠離故土。自身還是個孩子的露西兒在家人、朋友的協助下，生下了吉米．罕醉克斯，跌跌撞撞地撫養這個可愛的小男孩。

吉米在八年級的時候得到他的第一把吉他，整天跟吉他形影不離，連睡覺都把它放在胸口。吉米在街上玩耍的時候，只要聽到有人在演奏樂器，總會跑過去問這是怎麼演奏的？就像他後來遇到偶像大師，像是比比金（B.B. King）他們，總會開口問道：「怎樣才能彈得這麼厲害？」

窮小子磕磕碰碰闖江湖

一九六一年，因為搭乘贓車被逮的吉米，選擇了入伍服役以避免入獄，他在軍中很快組團玩音樂，同伴們形容別人的音樂花招、技巧，什麼用牙齒彈吉他，把琴拿到胯下演奏之類的，他三兩下就學會。

這段時間裡，吉米幾乎隨時都練習，江湖傳言，爵士樂薩克斯風大師約翰·柯川（John Coltrane）在演出的空檔仍然在休息室不斷地練習，吉米則是在看電影的時候仍然帶著吉他，一邊看電影一邊練琴。

還非常年輕的吉米，已經跟許多名人一起演出，像是搖滾巨星小理查（Little Richard），罕醉克斯在小理查身邊的日子，發生了一些他最愛的巡迴軼事，一天晚上吉米厭倦了樂團制服，於是穿了件緞面襯衫，被團長理查痛罵一頓「我是獨一無二的小理查！我是搖滾樂之王，只有我能耍帥。脫掉那件襯衫！」

吉米在艾斯禮兄弟、小理查、艾克與蒂娜·透納、唐·柯維，甚至詹姆士·布朗等等音樂人身邊廝混，偶有佳作，像是他在唐·柯維的名曲〈Mercy Mercy〉當中的絕妙吉他演奏就廣獲同行吉他手肯定，但還是叫好不叫座，就這麼樣在音樂圈浮沉，一直等到他去倫敦闖出名號，這才有機會紅回美國。

在胡士托音樂節壓軸，彈國歌

一九六九年，日後被說得神乎其神的搖滾盛事 Woodstock 胡士托音樂節舉行，山塔那樂團、珍妮絲．賈普林，以及史萊與史東家族樂團、誰樂團等許多知名搖滾音樂人參加演出。

壓軸的是吉米．罕醉克斯。

他跟樂團原本預定週日的十一點登場，卻延遲了九個多小時，上臺時已經是早上八點多，一大部分人都離開了，現場「只」剩下差不多四萬人。吉米帶著團員演出的〈巫毒之子〉（Voodoo Child）、〈吉普賽女郎〉（Gypsy Woman），很棒很精采，然後，他開始演奏美國國歌〈星條旗〉。他用吉他模仿火箭爆炸聲和救護車嗚笛聲，大量的尖銳回授聲響與運用電吉他效果器的延長與聲音扭曲，讓這首美國最知名的歌曲充滿個人風格。《紐約郵報》的反應超級熱烈：「那是胡士托最激動人心的一刻，可能也是六〇年代最美好的一刻。你終於聽到這首歌的意義：你愛你的國家，卻痛恨政府。」

悲劇的猝死，加入二七俱樂部

一九七〇年九月十八日上午，吉米·罕醉克斯過世，官方發布的死因是用藥、醉酒之後意識不清，吸入嘔吐物窒息而死。「當時很可怕，」救護車司機回憶說，「門完全敞開，屋裡都沒人，只有床上的一具屍體。」

得年二十七歲的吉米也被列入「二七俱樂部」，這個名詞指的是由過世時全為二十七歲的偉大搖滾與藍調及流行音樂家，或藝術家和演員所組成的「俱樂部」，成員包括布萊恩·瓊斯、羅伯·強生、珍妮絲·賈普林、吉姆·莫里森，以及後來的艾美·懷恩豪斯（Amy Winehouse）、科特·柯本（Kurt Cobain）等人。

儘管吉米·罕醉克斯真正活躍的音樂生涯只有短短幾年，但是他的名曲〈巫毒之子〉、〈紫霧〉（Purple Haze）、〈小翅膀〉（Little Wing）等等，都被認為是搖滾史上的不朽經典，他翻唱巴布·狄倫的〈沿著瞭望塔〉（All Along the Watchtower）甚至被稱為是這首歌曲的最佳版本。

書名叫《滿是鏡子的房間》，而這也是吉米的一首歌，在訴說一個人受困在自我反思的世界中，尋找一位能賜他自由的「天使」。我曾經以為這個名字講的是太多人模仿他，讓他看著這個搖滾世界，像是置身於一個滿是鏡子的房間。後來才發現，吉米．罕醉克斯一直是那個著迷於「怎樣才能彈得這麼厲害？」的男孩，他從來沒變過。

推薦序　在天才與脆弱之間

——周岳澄／吉他手、音樂製作人、第24與25屆金曲獎得主

《滿是鏡子的房間：吉米．罕醉克斯傳》是一部深刻而全面的傳記，讓我們得以窺見這位吉他傳奇人物短暫卻極具影響力的一生。身為一位年輕時期被到他創作帶來不可磨滅影響的吉他手與音樂製作人，一邊閱讀一邊內心不斷驚訝：原來是這樣！也一邊讓我回想起年少苦練吉他的午後時光以及那幾張很少離開我的CD播放器就像我日常生活背景音樂反覆播放的專輯，大多人跟我一樣，是從許多被樂團藝人無數翻唱的一首首作品開始認識吉米，例如幾乎定義了迷幻搖滾的經典作〈Purple Haze〉吉他 riff 一下頭都會隨之擺動的〈Voodoo Child (Slight Return)〉〈Foxy Lady〉，表現出空洞靈魂荒蕪感的〈Hey Joe〉，翻唱也成經典的〈All Along the Watchtower〉，更別說極具詩意知名度最高的〈Little Wing〉，每個吉他手都可以使用歌曲的和弦即興隨手彈個兩段 solo，我們對

於歌曲的熟悉，卻對他的生平一知半解，這本書的出現重現了他的成長與迷茫，甚至重現了整個時代的氛圍與細節，我深受這本書啟發，除了更加理解了罕醉克斯在音樂創作、表演和文化層面的影響與貢獻。

這本書由曾經完成科特·柯本（Kurt Cobain）的傳記《沉重天堂》的音樂傳記作家查爾斯·克羅斯執筆，經過四年的時間深入研究與三百多次訪談，無疑是一部詳實的音樂傳記作品。作者不僅僅重現了罕醉克斯的故事與經歷，更揭示了他作為一位音樂天才背後的掙扎與矛盾。記載了吉米怎麼樣在美國經歷了種族歧視與貧窮的限制，他如何以無比的毅力和創造力破繭而出，在英國找到了屬於他的舞臺，最終成為改變音樂歷史改變吉他演奏方法的重要人物。

作為吉他手，讀到書中對罕醉克斯音樂創作過程的細緻描寫感到震撼不已。他的演奏技術與音樂理念，展現在破音音色揉和推弦顫音技巧，產生如管樂一半極具穿透力的音色，完全改寫了吉他在音樂中的角色：從純粹的伴奏與節奏加強工具，變成一種具有尾音細節足以表現靈魂的媒介。他將藍調、搖滾和其他風格結合在一起，並通過他獨特演奏方式和對音色的極致追求，創造出令人難以置信的聲音世界。書中特別提到他在〈All Along the Watchtower〉與〈Purple Haze〉中的製作過程，這對於任何在現代想要理解音樂如何創新的人來說，都是無價的學習資源。

《滿是鏡子的房間》還揭示了罕醉克斯在舞臺上的魅力與即興與創作的天賦。他善於用華麗的肢體語言與音樂互動，經常在演奏中融入大量的即興內容，使每場演出都獨一無二。對效果器與音色設計的運用，從娃娃效果器（wah-wah）到搖座顫音（tremolo bar），不僅開創了全新的音樂表達方式，更啟發了無數後來的音樂人，成為後世模仿的對象。書中詳細描述了他如何在一九六七年蒙特利流行音樂節上燃燒吉他的經典場景，這樣的行為藝術融合音樂表演不僅是音樂史上的里程碑，也是他藝術表達中狂野與深刻交織的縮影，更成為無數延伸商品如T恤、馬克杯上面的 icon 商標圖片。

從製作人的角度來看，罕醉克斯在錄音方法的追求與突破也是讓人讚嘆不已。他在錄音室製作過程中不斷挑戰傳統的禁錮，以實驗性的聲音設計手法重新定義了音樂製作的可能性。無論是多軌錄音（multi-track recording）的更進階應用、效果器的創新想法，還是重用空間效果器所產生的迷幻感追求，都體現了他對音樂細節的堅持與獨特的審美理解，無限熱情與敏銳洞察力特別在專輯《Electric Ladyland》中展現，作為製作人的他將錄音室變成創意的遊樂場。在聲音的處理上，例如多重回音的應用和立體聲效果的實驗，至今仍被視為必須鑽研的經典。

然而，這本書音樂本身之外最打動我的，是它以誠實且人性化的方式描寫了罕醉克斯內心的矛盾。這樣的矛盾其實也發生在所有藝術工作者身上，書中描述，他既是一位渴望突破自我的藝術家，也是一個在快速成名後感到迷茫與孤獨的人。他對家庭的愛與創傷、對自由的追求以及對自身天賦的複雜情感，使他的故事既令人感動，又引人深思。罕醉克斯的生活並存了光芒與陰影：他在音樂上達到了巔峰，但卻在個人生活中飽受孤獨與壓力的折磨。他的早逝讓人無比惋惜，也讓人更深刻地思考天才與脆弱之間的關係。

當然成長的經歷與傷痕是成就一位藝術家必備的繭，書中細膩地描寫了他成長的背景與時代的影響。他在種族歧視與貧窮中成長，如何以音樂作為武器，打破了種族和文化的界限，最終成為世界知名音樂家。他的經歷不僅是個人奮鬥的故事，也是一段反映美國社會變遷歷史的縮影。罕醉克斯在英國受到的歡迎與在美國初期的困境形成了鮮明對比，這也讓我們更加了解音樂如何作為跨越界限的語言，傳達人性深處的情感共鳴。

《滿是鏡子的房間》不僅僅是一部音樂傳記，更是一段對生命、藝術與文化的深刻探討。它讓我重新審視了自己作為音樂人的態度與心境：創作與生活要如何平衡？面對來自外界或生活壓力的同時，如何在保持真實的自我或是初心？作為一名吉他手與音樂製作人，罕醉克斯的故事時時刻刻提醒我，音樂不僅僅是聲音有秩序地的集合，是生活與經歷的結晶更是情感、思想與生命的延伸。

我誠摯推薦這本書給所有音樂愛好者、樂器練習者，以及所有對創作抱有熱情的人。罕醉克斯的故事告訴我們，真正的藝術是來自內心的真實表達。讀完這本書後，你會對吉米・罕醉克斯的作品有更近一步的理解，也對於這位幾乎被後世神格化的天才，生活化，人性化的一面更全方面的認識，最終為他的傳奇感到深深的敬畏，感謝他為我們留下這些精神與美好的作品，也感謝這個曾經有他的世界

作者的話

傳記作家常得待在墓園裡抄寫墓誌銘，卻很少有人像我寫這本書時一樣，要站在墓園看工人拿鏟子挖出遺落的墓。找到吉米・罕醉克斯（Jimi Hendrix）母親的墳墓時，是我撰寫《滿是鏡子的房間》四年來最讓我覺得背脊發涼的一刻，而且來得出乎意料。會發生這件事，只是因為我不敢相信格林伍德紀念公園竟然不知道露西兒・罕醉克斯・米契爾（Lucille Hendrix Mitchell）之墓的確切地點，於是我不斷纏著墓園管理處，最後他們終於派來一個工人，他帶著鏟子和一張老地圖，在一排排破舊的墓碑中尋覓。選擇已不在人世的對象撰寫的傳記作者，大概都算得上是某種掘墓人，還帶點《科學怪人》小說主角法蘭肯斯坦博士的性格；我們想讓傳主起死回生，就算只是在紙上短暫復活。不過，我們的目標通常是把人物寫得栩栩如生，很少有人跑去找遺骸和年代久遠的棺材。

我毫無心理準備，站在泥濘的墓地，驚恐地看著墓園管理員像個邋遢的考古學家拿鏟子大挖特挖。

若要為這場冒險找個正當理由，從某種古怪的方面來說，這本傳記起源自三十年前的這座墓園裡。當年我還是個青少年粉絲，第一次到西雅圖以南幾公里的格林伍德紀念公園，向音樂傳奇人物吉米致敬。我和吉米・罕醉克斯之墓的其他朝聖者一樣，忍不住想起愛歌的歌詞：〈紫霧〉、〈風在呼喚瑪麗〉，以及精采翻唱自巴布・狄倫的〈沿著瞭望塔〉。吉米罕醉克斯體驗樂團（The Jimi Hendrix Experience）的專輯，年輕時的我聽到滾瓜爛熟，對我和整個世代來說，這就是人生的原聲帶。小時候在家裡，父親常常在房間外聽到我放《電子淑女國度》（*Electric Ladyland*），他很清楚什麼時候該敲門叫我關小聲點——在吉米準備踩下破音效果器踏板之前。

正值青少年的我站在墓前，只知道吉米生平的一些小細節，但他的人生是如此狂放、極端，很容易就會被奉為神話。我小時候讀到的一九七〇年代媒體，將罕醉克斯吹捧成電吉他之神，這樣的經典地位卻剝奪了他人性的一面。他就像我貼在牆上的海報一樣，是罩在黑光燈之下的形象，頂著一頭誇張的爆炸頭，頭上還頂著光環。他是令人無法參透的外來者，要說他來自外星球也不為過。這種神祕形象一部分來自他數十年來無人能匹敵的音樂天分，一部分則來自唱片公司的炒作。

為了撰寫本書，我花了四年做三百二十五場訪問，就是想打破這種神話，將黑光燈之下的海報形象化為有血有肉的描寫。我開始動筆的時間是二〇〇一年，不過其實自從七〇年代第一次造訪這座墓園，我就一直在內心深處寫這本書了。身為專攻美國西北區音樂的作家，我一直覺得罕醉克斯是有一天必須面對的主題，就像想當作家的人都知道必須研讀莎士比亞全集一樣。

我第一次寫文章談罕醉克斯是在一九八〇年代初，當時西雅圖有為他設立紀念物的計畫。對於什麼樣的紀念物是適合的，雖然有一些遠大的提案，譬如提議蓋公園，或用他的名字重新命名一條街，這件事卻深陷八〇年代「向毒品說不」的政治風波中。有位電視時事評論員主張，以任何一種方式向罕醉克斯致敬，就是在美化「毒蟲」。這些反應過度的人阻撓了一開始的計畫，經過妥協後，紀念物是一塊寫著罕醉克斯名字的「發熱石」，設立在西雅圖動物園的非洲草原區。這件事促使我寫了篇雜誌文章，文裡說這塊發熱石既種族歧視又仇外，還證明了白人當道的西雅圖不尊重音樂傳承與非裔美國人文化。這塊動物園大石讓吉米．罕醉克斯的墓更有必要列入朝聖之地，因為樂迷都不覺得動物園適合哀悼吉米或向他致敬；那塊大石頭至今仍然存在，不過就我所知發熱元件已經壞了。

我第一次見到吉米的父親艾爾．罕醉克斯（Al Hendrix）是在一九八〇年代晚期，為了談他兒子的豐功偉業與過去，我訪問過他好幾次。我一開始就向艾爾問起吉米的墓：吉米是搖滾樂界最知名的左撇子吉他手，為什麼墓碑上卻刻著右手吉他？艾爾說是造墓碑的人弄錯了。艾爾不太注重細節，尤其是談到這位已逝兒子的往事時。

艾爾親切地邀我去他家，那裡多少可說是小型的吉米博物館了。世上沒有任何父母願意見到孩子先離世，殘酷的命運卻讓艾爾比自己的長子多活三十年。他家中牆上掛滿了金唱片獎和放大的吉米照片，在吉米嬰兒時期的家庭合照或穿著軍服的照片當中，有幾張常出現在六〇年代經典照片集錦裡：吉米在蒙特利流行音樂節的舞臺上燒吉他；在胡士托音樂節穿著白色流蘇外套上臺；在懷特島的舞臺上穿著絲絨蝴蝶裝。牆上有幾張吉米的弟弟里昂（Leon）的照片；奇怪的是，也有一張艾爾死去的德國牧羊犬巨幅照片。地下室的牆上掛著我熟悉的畫面——正是我青少年時期擁有的那張、吉米如神一般的黑光燈海報。

我從沒問過艾爾，為什麼吉米母親的墓遺落了將近五十年，而艾爾在二〇〇二年去世了。在我寫完《滿是鏡子的房間》的這幾年間，至少有五位訪談對象去世，包括體驗樂團的貝斯手諾爾·瑞丁（Noel Redding）。我訪問過瑞丁十幾次，但在他二〇〇三年五月驟逝之後，我才驚覺我們在他驟逝前兩週的談話是他生前最後一次聊自己的故事。撰寫本書的過程中，我有時會感覺到吉米的時代正在緩慢消逝，讓我更加覺得我做的全面探究十分重要，而且必須謹慎處理。

話雖如此，在我和某些人談話、造訪某些地方時，會覺得吉米．罕醉克斯彷彿活靈活現。西雅圖的傑克遜街（Jackson Street）是歷史上西北區非裔美國人的夜生活中心，街上有五十年前邀來雷．查爾斯、昆西．瓊斯和罕醉克斯等本地音樂人的俱樂部，在這一帶能找到大家仍記憶鮮明的吉米蹤影。從二十三大道轉進街角繼續走，在一塊空地上的街區裡，有吉米小時候住過的房子，這裡已經被保留下來，打算日後繼續維護；造訪街角的花店時，櫃臺的女士憶起吉米在雷斯契小學的模樣；在星巴克的對面，有位每天早上都要喝咖啡的銀髮男士，他曾和吉米的母親露西兒一起跳吉魯巴；在街角的養老院，八十八歲的桃樂絲．哈汀坐在輪椅上，訴說她擔任吉米臨時保母的往事，以及他出生的那個暴風雨夜。

無論過去或現在，西雅圖黑人社群中，大部分的人都用家人為吉米取的綽號「小鬼」稱呼他。在本書訪談中，他經常被稱為「小鬼」，尤其是他的家人。吉米到二十二歲才把名字 Jimmy 改拼成 Jimi，但就連那個時候，認識他的大部分西雅圖人依然叫他「小鬼」。

為了尋找小鬼的蹤影，我多次造訪傑克遜街，也去了倫敦、舊金山、洛杉磯、紐約的哈林區和格林威治村的陰暗角落，以及其他世界各地。我來到啤酒灑滿地的北英格蘭舞廳，體驗樂團曾在那些舞廳表演過；我還造訪陰暗潮溼的西雅圖地下室，青少年時期的吉米·罕醉克斯曾和住附近的男生一起在那些地方練吉他。我更翻閱了積滿灰塵的人口普查紀錄，造訪格林伍德紀念公園等墓園，看著鏟子終於挖到露西兒被埋在土裡三十公分的社福墓碑（其實是個磚塊）。當泥土從鏟子滑落，吉米母親的墓在幾十年後重見天日了。吉米的弟弟里昂頭一次看到母親下葬地點的墓碑時哭了；他一直以來都不知道母親遺骸的確切位置。

在艾爾的地下室，還埋藏了吉米·罕醉克斯的另一個紀念品，它被塞在角落，艾爾只為忠實樂迷翻出來展示：那是吉米做的一面長約一百二十公分、寬約六十公分的鏡子。艾爾一向不擅長記日期，不過里昂也證實這面鏡子是吉米做的，製作時間是在一九六九年。「這本來放在吉米的紐約公寓裡，」里昂說，「吉米死後有人寄給我爸。」鏡框裡放著五十多塊鏡子碎片，用黏土固定在破裂時的位置上，碎片全指向鏡子中間，而中間放著一塊完好的圓形玻璃，大小相當於餐盤。艾爾從櫃子裡拿出這件達利風的藝術作品時說：「這是吉米的〈滿是鏡子的房間〉。」

〈滿是鏡子的房間〉是罕醉克斯在一九六八年開始創作的歌曲名稱。他為這首曲子寫了幾個歌詞初稿，也錄了幾次。這首歌在吉米有生之年從未正式發行，但他曾考慮把它放進原先計畫發行的第四張專輯裡。這首歌證明了吉米非常有自知之明，以及用音樂表達真實情感的神奇才能。演唱會現場的聽眾吶喊著，要聽吉米在〈紫霧〉（Purple Haze）這類熱門曲目的吉他炫技，不過私底下他更喜愛〈滿是鏡子的房間〉這種憂鬱、內省的歌曲，或演奏他從小就愛聽的藍調經典曲。

〈滿是鏡子的房間〉這首歌在訴說一個人受困在自我反思的世界中，這個世界的力量強大到在夢裡也糾纏著他；這個人在打破鏡子後獲得解放，被碎玻璃傷害的他要尋找一位能賜他自由的「天使」。手中拿著這個概念的實體產物，也就是吉米的父親收在地下室的破鏡藝術作品，會讓人不禁想到創作者內心的深沉與複雜，以及他盯著作品裡五十塊碎鏡子中的自己的那一天。他在歌裡唱著：「我只看得到我自己。」

——查爾斯．克羅斯（Charles R. Cross）

二〇〇五年四月於西雅圖

前言

英國利物浦，1967 年 4 月 9 日

滿是鏡子的房間

「我曾住在一個滿是鏡子的房間，只看得到我自己。」
——吉米．罕醉克斯，〈滿是鏡子的房間〉

「抱歉，老兄，我們不賣酒給你們這種人，我們有規定，知道吧。」

說這些話的是吧臺後面一個看起來脾氣很差的老酒保，說話時雙手都在顫抖。他警告完，就轉身開始幫另一個客人打一杯啤酒。他那第一眼看得很快，僅僅用見多識廣的目光掃了一下，因此站在他面前的這兩個人完全不懂為什麼他們買不到酒喝。這很奇怪，因為這種典型的英國酒吧會賣酒給隨便什麼人：無論是兒童、醉到站不直的男人，還是手腳上了鐐銬的逃犯，只要手裡拿著英鎊鈔票，統統來者不拒。

被拒絕的其中一人是二十一歲的諾爾．瑞丁，他是吉米罕醉克斯體驗樂團的貝斯手。瑞丁出生於英格蘭東南部的福克斯通（Folkestone），年少時就已經在泡酒吧，常和脾氣暴躁的酒館老闆打交道，除非已經打烊了，否則從來沒有人不讓他點酒，但現在不是打烊時間，瑞丁想不出眼前這個酒保為何會有這種反應。「我真的認真思考過，」瑞丁多年後回憶說，「這傢伙可能討厭我們的單曲〈嘿喬〉。」

瑞丁和他的搭檔罕醉克斯當時脖子上都圍著紫色圍巾，頂著一大顆半透光的爆炸頭，瑞丁穿著亮紫色喇叭褲，罕醉克斯的緊身褲是酒紅色的絲絨材質。罕醉克斯的上衣是一件胸前鼓起的褶邊海盜襯衫，夾克外面還披著一件黑色斗篷，會穿成這副模樣的如果不是在演十八世紀古裝劇的演員，就是搖滾明星了。儘管如此，瑞丁和罕醉克斯已經跑了幾百家酒吧，每次都穿得很嚇人，也從未吃過閉門羹。倫敦的情況通常恰恰相反，一旦有人認出他們是誰，大家就會把他們當成王室一樣崇拜。

英國肯定愛上了當年二十四歲的罕醉克斯。他住在英國的那六個月，許多酒吧都把他當貴賓，連當紅的保羅．麥卡尼都請他喝過一次啤酒。罕醉克斯看著他崇拜已久的知名音樂人——艾力克．克萊普頓（Eric Clapton）、彼特．湯森（Pete Townshend）、滾石樂團的布萊恩．瓊斯（Brian Jones）——接納他進入他們的小圈子，視他為同儕、朋友；媒體把他捧成搖滾新星，為他冠上「婆羅洲野人」和「黑人版貓王」等稱號。像這一次，他想和諾爾趁演出空檔喝杯啤酒，通常是不會遇到問題的，頂多就是吉米的無數粉絲湧上來包圍吉米。很多粉絲覺得吉米性感得難以抗拒，也就是為了避開這樣的粉絲，諾爾和吉米才會選這間偏僻的酒吧，快快喝一杯就去趕下一場。這裡是利物浦，當地人是會比較偏愛同鄉的披頭四沒錯，但這樣一個明日之星在英國任何一間酒吧被拒絕接待都是很令人意外的。「那是很平常的英國酒吧，」瑞丁說，「裡面都是船員、店鋪老闆這種人。」

吉米事後對諾爾說，他在酒吧的第一個想法是，他因為膚色被歧視了。身為曾在美國南方住過的非裔美國人，他很清楚被拒絕服務是什麼感受。他往往得忍受南方種族隔離政策下的歧視、「限白人」的飲水機等各種屈辱。他在田納西州納士維住家的窗戶曾被人開槍射破，只因他是黑人。他在通稱「燉豬腸巡迴秀場」（Chitlin' Circuit）的一系列黑人娛樂場所表演過三年，這些小酒館、舞廳和酒吧提供節奏藍調音樂演出，主要觀眾是非裔美國人，收入只能勉強糊口。巡迴的黑人樂手光是要去表演，就得預先把覓食、上廁所這些事情規畫好，因為白人當道的美國，有些地方就是不讓黑人使用這些簡單的設施。靈魂樂傳奇人物索羅門．柏克（Solomon Burke）曾在燉豬腸巡迴巴士上和吉米同車，他記得有一次樂團在一個鄉下小鎮上唯一的餐廳停下來，大家很清楚這家餐廳不接待非裔美國人，因此請同行的一位白人貝斯手為其他樂手點餐外帶。這位白人樂手只差三公尺就要回到巴士，手上的餐盒開始往下滑，吉米急忙跑出去幫忙。「那家餐廳的白人員工看到了這些餐點是要買給誰的。」柏克說，他和罕醉克斯驚恐地看到櫃臺後面的人拿了斧頭走過來。「他們搶走所有食物丟在地上，」柏克說，「我們沒有反抗，因為我們知道他們不僅樂意、也可以殺了我們，而且警察局局長八成會幫他們說話。」

吉米在英國很少遇到種族歧視，他發現階級和口音在英國社會是更明顯的標記。在美國，種族背景阻礙了他的事業，尤其因為他跨越了不同音樂類型，跨出搖滾樂和節奏藍調這兩類公認的黑人音樂風格；然而在英國，他的種族和美國口音很有新鮮感。他既是美國佬又是非裔美國人，是身分獨特的外人，也因為這個身分受到尊敬。「他是我認識的第一個美國黑人，」諾爾・瑞丁回憶說，「光是這一點就讓他很有意思。」音樂人史汀（Sting）在一九六七年看過吉米罕醉克斯體驗樂團的巡迴演出，當時他還未成年，後來他也寫到那場演唱會是「我第一次看到黑人。」

在利物浦酒吧的這一天，吉米第二個直接聯想到的原因是他的外套。他穿著一件從大英帝國輝煌時期遺留下來的古董軍外套，是他在倫敦的跳蚤市場買的，裝飾非常華麗，胸口有六十三顆金扣子，袖子上和外套中央有複雜的金色刺繡，而那個領子任誰穿上去都會有點像個紈褲子弟。「那件外套給他惹過麻煩，」吉米當時的女友凱西・艾金翰（Kathy Etchingham）回憶說，「有幾個退伍軍人看到這個外表狂放不羈的黑人穿著這件外套走在街上，一看就知道他沒參加過驃騎兵團。」有一定年紀的英國老兵會馬上對吉米穿這件外套表達不滿，由於他們沒看過ＢＢＣ的流行音樂節目《每週金曲榜》（*Top of the Pops*），並不知道他是搖滾明星。不過這件外套引起的衝突通常很快就落幕，因為一向很有禮貌的吉米會道歉，並表示他才剛從美國陸軍第一〇一空降師退役，那些老男人聽了就會乖乖閉嘴，還會感激地拍拍他的背。即使在一九六七年，多數英國人仍記得傳奇的一〇一空降師如何以真英雄的無畏精神，在二十三年前的六月六日空降諾曼第。

罕醉克斯穿起這件外套確實很有英雄架勢。他身高只有一百七十八公分，但是大家經常誤以為他大概有一八五，至少有一部分是那顆巨大的爆炸頭讓他顯得比實際高大。他的體格是倒三角形的，削瘦而稜角分明，更加強了這種錯覺；他臀部很窄，腰很細，但肩膀和手臂卻寬闊得不成比例，手指異常地長又彎曲，和身上其他部位一樣是深焦糖色的。他的樂團伙伴戲稱他為「蝙蝠」，因為他喜歡在白天拉上窗簾睡覺，而且又愛穿斗篷，這讓他看起來更有超級英雄的樣子。「我們走在倫敦街頭，有時會有人停下來盯著他看，好像他是鬼魂一樣。」艾金翰回憶說。他的杏仁果形棕色大眼炯炯有神，對上光線時會閃閃發亮。罕醉克斯很快就成為英國記者的寵兒，攝影師對他更是鍾愛有加，因為他就像模特兒一樣，不管從哪個角度拍都迷死人，再加上他能做出迷濛的表情，所以每張照片看起來都很有故事。就算是刊登在報紙這種冷靜的媒體上，他的照片仍散發出一種帶著危險與異國風情的性感。

罕醉克斯的俊美，那個眼神堅毅的利物浦酒保絲毫不看在眼裡，儘管他一再客氣請求，還在櫃臺上放了幾張英鎊紙鈔，就是換不到一杯啤酒。吉米可能想過要讓這位老先生知道自己最近小有名氣，但此刻已開始失去耐性。雖然罕醉克斯的沉默寡言和彬彬有禮是出了名的，但火爆的脾氣偶爾還是會發作，尤其是在酒精助長之下，這時只能求上天保佑那些礙事的人了。「他脾氣一來，會整個爆發。」艾金翰說。不過在這間酒吧，至少他還沒喝到酒，降低了他把那個老頭子撂倒在地的機會。

最後，吉米有點結巴地質問這位酒保——他小時候有這個毛病，現在緊張起來仍會結巴。「是……是……是因為我是黑人？」他生氣地說。

酒保立刻非常明確地回答：「當然不是，老天爺，拜託一下！你沒看到門上的牌子嗎？」說完老人就拿起抹布，氣呼呼地走到吧臺另一頭去了。

種族歧視的可能性一排除，吉米和諾爾就回復輕率幽默的神態。他們相視竊笑，彷彿做了壞事等著被抓包的少年。「我們開始大笑，」諾爾說，「我們不知道自己幹了什麼好事。」諾爾跟吉米開玩笑說，也許在利物浦你必須是「樹鷗」（Treegulls，諾爾給披頭四取的綽號）的成員才買得到酒。諾爾走到外面，看看門上寫了什麼，結果看到圖釘釘著兩張醒目的告示。上面是大張的馬戲團海報，表演地點就在同條路上，而下面那張是手寫的告示，上頭寫著吉米和諾爾被酒吧拒絕的原因。諾爾看到第二張告示時笑到跌坐在地上站不起來。諾爾心想，這可以拿來笑很久，他們會有好幾個月在樂團巴士上拿這件事開玩笑。多年後諾爾回憶說：「我那時就想，我等不及要告訴米奇．米切爾這件事，他會一輩子恥笑我們。」諾爾走回酒吧裡要告訴吉米，卻看到酒保和吉米互吼。

「我說過了，我們不能接待你！」酒保堅決地說，「我們有規定。」諾爾上前勸解，但酒保在氣頭上，繼續說個沒完。「門上的公告寫得很清楚，要是讓你們其中一個人進來，整間店就他媽全是你們這些人，酒吧就不用開了，我關店算了。馬戲團一來，生意就很難做。公告寫得很清楚：『小丑請勿入內！』」

諾爾說吉米過了好一會兒才聽懂這句話的意思。諾爾已經在吉米耳邊解釋了——「街上來了一個馬戲團，這個人不想要小丑進店裡。他以為我們是小丑。」——吉米還是一臉困惑，差不多可說是目瞪口呆。慢慢地，吉米終於意會過來，覺得這簡直是超級整人遊戲的情節究竟是怎麼回事，笑得合不攏嘴。他之所以被趕出酒吧，不是因為他是黑人、穿著軍外套、模樣太奇怪、穿得像海盜，或是人在披頭四的地盤利物浦，只是陰錯陽差剛好以上皆是，又還不只這些。

罕醉克斯是那年春天英國最轟動的搖滾明星。短短兩個月後，他會穿著同樣的軍外套，參加蒙特利流行音樂節（Monterey Pop Festival），那會是他在美國一鳴驚人的演出；

那場表演後，他會成為世界上最炙手可熱的明星。那天之後再隔將近兩個月，保羅．麥卡尼會在一場倫敦演唱會後給吉米一根大麻菸，拍拍他的背，說：「真他媽精采，老兄。」但這天下午，就在麥卡尼的地盤利物浦的這間酒吧裡，吉米不管說什麼就是買不到一杯啤酒。酒保不相信他面前坐著一位流行樂明星，只知道這個小丑自稱是叫什麼「體驗」的團體成員。老先生念茲在茲的是小丑會讓生意大受影響，尤其是留著爆炸頭的那種。

1

漸入佳境

美國西雅圖，
1875 年 1 月—1942 年 11 月

「親愛的艾爾：恭喜你喜獲麟兒。母子均安。情況改善許多。露西兒問候你。」

——德洛蘿絲．霍爾給艾爾．罕醉克斯的電報

吉米．罕醉克斯出生於一九四二年的感恩節隔天，體重三千九百四十克，這個健康寶寶的誕生被大家視為真正的感恩節神蹟。他的阿姨發電報通知他父親，簡短的電報中有這幾個字：「情況改善許多。」這幾個字可以當成罕醉克斯家到此時的家族史的題詞，而把範圍擴大來看，也能一廂情願地用來總結非裔美國人在美國的感受：情況長久以來一直很惡劣，或許剛出生的這一代能盼望世界變得更美好、更公正。吉米父母雙方的親戚都把他的出生當成一個新開始來慶祝。「從來沒看過這麼可愛的寶寶，」他的阿姨德

洛蘿絲．霍爾（Delores Hall）回憶說，「他真是太迷人了。」

吉米出生於西雅圖的國王郡醫院（後來更名為港景醫療中心）的產房。這家醫院俯瞰普吉特灣大片的自然港口景色。一九四二年的西雅圖正逐漸興起，成為美國在太平洋沿岸的大型港口城市，人口有三十七萬五千人。在戰時，這裡是新興城市，船塢匆忙製造軍艦，波音公司大量生產 **B-17** 轟炸機，這些船艦和轟炸機會幫盟軍打下勝仗。就在這一年，工廠一天二十四小時輪班，大批湧入西雅圖的勞工擴大了這座城市的規模，從此改變這裡的種族結構。一九〇〇年的人口普查顯示，只有四〇六位西雅圖居民通報為黑人，占了總人口約〇點五%；一九四〇到一九五〇年這十年間，由於製造武器需要勞工，加上大量的南方人遷入，西雅圖的非裔美國人口激增到一萬五千六百六十六人，成為當地占比最高的少數族裔。

吉米的父母都不是在戰時移居過來的，不過第二次世界大戰依然深深影響他們的人生。吉米出生時，他的父親艾爾二十三歲，是美國陸軍二等兵，駐紮在阿拉巴馬州的魯克爾堡。艾爾向指揮官請假要去西雅圖陪產，非但沒准假，還被關禁閉。他的上司說他會被關，是因為他們相信他會為了去陪產擅離職守。艾爾的小姨子發電報來恭喜時，他人在拘留室裡。事後他申訴說遇到類似情況的白人士兵都予准假，但他的申訴無人理會。艾爾要等到兒子三歲時才會見到他。

吉米出生時，他的母親露西兒・吉特・罕醉克斯（Lucille Jeter Hendrix）才十七歲。露西兒發現自己懷孕的時機非常不巧，艾爾剛好在那週被徵召入伍。一九四二年三月三十一日，他們在國王郡法院結婚，由治安法官證婚；兩人才以夫妻身分一起生活了三天，艾爾就被送走了。艾爾離開的前一晚，他們去搖椅（Rocking Chair）夜總會狂歡，後來雷・查爾斯（Ray Charles）就是在這家夜總會被人發掘的。露西兒還不到喝酒的法定年齡，但在混亂的戰時，酒保才不在乎。這對夫婦舉杯敬充滿變數的未來，也敬艾爾能平安退伍。

命運使然，這對新婚夫婦生下第一個孩子時，艾爾卻遠在天邊，留下了一道一直在兩人婚姻中帶來痛苦的傷口。在動盪的二戰時期，這樣的別離當然並不罕見。日本於一九四一年十二月攻擊珍珠港後，西雅圖和其他西岸城市陷入不安與混亂，上千個家庭在害怕日本來襲的恐懼中被拆散。艾爾與露西兒結婚的前一天，西雅圖成為美國第一個把日裔美國人集中送往拘留營的城市；最後華盛頓州有一萬兩千八百九十二位日本人後裔遭到監禁，包括艾爾夫婦的朋友與鄰居。

然而，造成艾爾與露西兒關係緊張的原因不只是戰爭的動亂。艾爾個頭矮小卻很英俊，而年輕貌美的露西兒足以成為眾人的目光焦點。除了受到彼此的外貌吸引和同樣喜歡跳舞，兩人的共通點薄弱到難以支撐起婚姻。他們都出身赤貧，艾爾離開西雅圖時，知道自己在國外無法供養新婚妻子和孩子。兩人閃電交往，閃電結婚，沒有親朋好友支持。身為未成年準媽媽的露西兒，要面對年齡、種族、階級、經濟狀況等等極大的考驗。正是露西兒的貧困，在艾爾・罕醉克斯心中種下不信任的種子，致使他日後質疑她的忠心和忠貞，還有自己是不是孩子的生父。

長久以來，父子關係與血脈在罕醉克斯的家族史上一直是充滿爭議的問題。他們和許多其他奴隸後代處境類似：由於歷史是白人寫的，他們的家族史鮮少被記錄下來。吉米・罕醉克斯是最早幾位主要吸引到白人觀眾的黑人搖滾樂手之一，他本身卻是多個種族的後代，這複雜的組合包括美國原住民、非洲奴隸和蓄奴的白人。

吉米的外公是普萊斯頓・吉特（Preston Jeter），在一八七五年七月十四日出生於維吉尼亞州里奇蒙。他的母親曾經是奴隸，她就和許多里奇蒙的前奴隸一樣，內戰後繼續在同一戶人家當幫傭。普萊斯頓的父親是他母親的前雇主，但不清楚普萊斯頓的誕生究竟是因為母親遭到強暴，或是兩人兩情相悅——如果主奴關係中有此可能的話。普萊斯頓年輕時目睹了一次種族私刑，於是決定離開南方，前往西北部，因為他聽說那裡黑人的處境比較好。

二十五歲的普萊斯頓來到華盛頓州的羅斯林（Roslyn），這是喀斯開山脈東麓的一座礦業小鎮，位於西雅圖以東約一百三十公里外。可惜的是，他發現羅斯林和南方一樣有嚴重的種族暴力，起因是礦場管理方為了結束白人礦工的罷工，而去引進非裔美國人礦工。郡警局長寫信警告州長：「大家對那些黑人心懷怨恨……我擔心會發生流血事件。」接著發生了數起和種族有關的凶殺案。「凶殺案經常發生。」一位鎮上居民說。

到了一九〇八年，非裔美國人在羅斯林雖然沒有受到接納，大家倒也容忍他們成為當地的一分子。在同年拍攝的一張照片中，普萊斯頓和一群黑人礦工站在他們唯一能光顧的酒館前，酒館叫做大吉姆．E．雪帕森的有色人種俱樂部。然而，種族歧視的情況仍然嚴重：有四十五人死於一場礦災，其中包括數名非裔美國人，白人卻不願意讓黑人罹難者下葬在鎮上的墓園裡。最後，羅斯林鎮劃定二十四個公墓，每個公墓各自專屬於一個族裔或兄弟會。

普萊斯在羅斯林住了十年，就動身前往華盛頓州紐卡斯爾（Newcastle）當礦工；接著，他在一九一五年移居西雅圖擔任園丁，當時他四十多歲，有意找對象，他在讀《西雅圖共和報》的時候，看到了一位年輕女性的徵婚啟事。

徵婚啟事上的女子是克拉芮絲．勞森（Clarice Lawson），她是吉米．罕醉克斯的外祖母。克拉芮絲在一八九四年出生於阿肯色州小岩城，她和同州的許多非裔美國人一樣，祖先是奴隸和契羅基族（Cherokee）印第安人。克拉芮絲對她的孩子說，美國政府追殺她的契羅基祖先時，有奴隸藏匿他們，最後雙方通婚。

克拉芮絲有四個姊姊，五姊妹經常從阿肯色州的家前往路易斯安那州三角洲地帶採棉花。有一次，克拉芮絲在路上遭人強暴，當時她二十歲。當她發現自己懷孕時，姊姊們決定帶她去西部，趕快為她找個丈夫。她們聽鐵路工人說華盛頓州一帶比較有機會找到黑人，於是決定選擇那裡。

她們在西雅圖刊登徵婚啟事，刻意不提克拉芮絲懷孕的事。普萊斯頓．吉特回覆了，儘管他比克拉芮絲年長十九歲，兩人依然開始交往。克拉芮絲的姊姊們逼迫他結婚，還給他一筆錢當嫁妝，這使他起了疑心，決定和克拉芮絲分手。克拉芮絲生下孩子後，送給別人領養，這使她陷入哀傷。她的姊姊告訴普萊斯頓，只要他願意娶克拉芮絲，她們願意付他更多錢，結果他答應了，兩人就在一九一五年成婚。雖然這段婚姻維持了三十年，到普萊斯頓去世為止，兩人不尋常的相識機緣卻為他們的關係蒙上陰影。

普萊斯頓和克拉芮絲都是為了在種族問題比較不嚴重的地方展開新生活，而來到西北部。某種程度上，西雅圖確實是如此，因為那裡沒有實施種族隔離政策的南方會有的「限白人」飲水機。不過，雖然非裔美國人在西北部比較不會公然遭遇歧視，他們的發展機會還是受限。在西雅圖的黑人幾乎全住在一個叫做中央區（Central District）的地區，這一帶約有十平方公里，全城最老舊破敗的住宅有一部分就在這裡。出了這一帶，很少有房東願意租屋給非裔美國人，而且許多鎮區也立法禁止賣房子給非白人。

儘管非裔美國人的居住選項有限，西雅圖這種隱性的種族隔離還是為他們帶來一些好處。非裔美國人在中央區發展出緊密的社群，他們以自己的族裔為榮，鄰里間感情也很好。「這個社群小到就算你不認識某個人，也認識這個人的家人。」在這裡住了一輩子的貝蒂．珍．摩根（Betty Jean Morgan）說。這一帶也住了美國原住民，還有華人、義大利人、德國人、日本人及菲律賓移民，因此當地的學校可說是種族大雜燴。這塊地區充滿了種族和宗教上的少數族群，同時也是猶太人在西雅圖的生活中心，因而形成了多元文化，這不僅在西雅圖顯得特別，放眼全美國也獨一無二。歷史學家艾絲特．霍爾．蒙福德（Esther Hall Mumford）將她所著的西雅圖黑人史書籍取名為《卡拉巴許》（*Calabash*），這是非洲人為了餵飽全村莊所煮的傳統大鍋菜名稱，而這個書名隱喻的兼容並蓄、自給自足的社區，很適合用來形容二十世紀前半葉的西雅圖中央區。這種強大的社會聯繫和溫暖的包容風氣，對於在這裡長大的每個人造成長遠的影響。

西雅圖的黑人社群除了有自己的報紙、餐廳、商店，更以傑克遜街為中心，建立起光鮮亮麗的娛樂區，其中的夜總會與賭場找來全國知名的爵士與藍調樂手表演。這個充滿活力的圈子，讓一位報社主編拿傑克遜街與芝加哥的州街（State Street）或曼菲斯的比爾街（Beale Street）相提並論。雖然普萊斯頓和克拉芮絲不常光顧傑克遜街的俱樂部，這多采多姿、活力四射的地下社會卻是他們的子女在青少年期的重要地點，對未來的外孫吉米・罕醉克斯也是。

對西雅圖的黑人來說，最大的難題就是找到像樣的工作，相形之下其他問題顯得微不足道。在大部分情況下，西雅圖白人社會容忍非裔美國人的存在，但會願意雇用黑人的只有廚師、服務生或火車站行李員這類服務業職位。普萊斯頓・吉特遇上似曾相識的處境，他在罷工期間找到碼頭工人的工作；這通常是白人做的工作。克拉芮絲找到幫傭的工作，一九一〇年的人口普查顯示，有八成四的西雅圖非裔美國女性都從事這項工作。克拉芮絲就和當時大部分的黑人母親一樣，開始一邊養育自己的小孩，一邊照顧白人的嬰兒。

在接下來十年，克拉芮絲會生下八個小孩，其中兩個嬰兒時就夭折，還有兩個會送人收養。吉特家的老么露西兒出生於一九二五年，早產八週。由於腫瘤引起併發症，加上產後憂鬱症，克拉芮絲在生下露西兒後住院六個月。普萊斯頓當時五十歲了，本身也有健康上的問題，無法照顧家人，因此露西兒一開始是由三個姊姊南西、葛楚和德洛蘿絲撫養的。護士在十二月送露西兒回家，那一天西雅圖罕遇一場暴風雪侵襲。「她們得非常小心帶著她走上我們家門前的斜坡，」德洛蘿絲．霍爾說，她當時四歲，「她們把她放進我懷裡，說：『要小心，這是妳剛出生的妹妹。』」

吉特一家接下來幾年面對非常大的挑戰。克拉芮絲身心健康都出了問題，不斷進出醫院，孩子們被送去一個德國大家庭寄養，他們住在綠湖北邊的一座小農場上。在這個白人占多數的地區，她們經常被誤認成吉普賽人——這是西雅圖白人想迴避的另一個少數族群。

露西兒滿十歲時，一家人才又團圓，一起住在中央區。青少女期的露西兒有出眾的美麗雙眼和優雅的身形。「她留著一頭濃密的深色長直髮，笑起來很美。」她的初中好友蘿琳．洛克特（Loreen Lockett）說。普萊斯頓和克拉芮絲對露西兒特別保護，直到她十五歲才允許她去參加舞會。漂亮又活潑的露西兒在那時就十分引人注目。「她是漂亮的女孩，也很會跳舞，」詹姆斯．普萊爾（James Pryor）說，「她的膚色很淺，頭髮很美。

她本來可以過關的。」過關是當時非裔美國人的日常用語，指膚色夠淺、可以被視為白人。這麼做算是一種欺騙，不過也能為黑人帶來更多平常得不到的工作機會。即使是在當時的非裔美國人社群裡，膚色較淺和直髮也算是美貌，而露西兒兩者兼具。

大家都說十五歲的露西兒規規矩矩，有點不成熟；她有音樂方面的才華，歌喉不錯，偶爾會參加業餘比賽，還曾在一場比賽上贏得五美元獎金。不過對她來說，人生最大的樂趣就是在舞池上和好舞伴共舞。一九四一年十一月某天晚上，露西兒在去華盛頓舞廳跳舞的路上，順道去了一個同學的家。那年她剛滿十六歲，還在讀初中，就和一般女學生一樣為了將要去看音樂表演雀躍不已，而當晚的主秀是傳奇爵士鋼琴家胖子華勒（Fats Waller）。有個來自加拿大的年輕人剛好也來找她的朋友。「露西兒，」她同學介紹說，「這位是艾爾．罕醉克斯。」

2

加拿大溫哥華，
1875 年—1941 年

血桶夜總會

「她在一個叫做『血桶』的地方工作。那裡總是有人持刀傷人還有打架鬧事，是個犯罪率高的地方。」

——桃樂絲・哈汀

吉米・罕醉克斯在一九六〇年代晚期剛開始走紅時，報紙常將他的姓氏誤拼成 **Hendricks**。罕醉克斯把這當作演藝圈的現象接受了，而他的名字在報上也陸續出現各式各樣的拼法。事實上，他的家族姓氏很早以前都拼成 Hendricks，直到一九一二年他的祖父才把它縮短成 **Hendrix**。

吉米父親的族譜和他母親的一樣，祖先當中有奴隸、奴隸主和契羅基族印第安人。吉米的祖父貝特蘭・菲蘭德・羅斯・罕醉克斯（Bertran Philander Ross Hendrix）在內戰結束一年後出生於俄亥俄州厄巴納市，他的父母種族不同，兩人沒有結婚，母親曾是奴隸，父親是白人商人，過去是她的主人。他的母親用這位奴隸主的名字替他取名，希望孩子的父親會撫養他，但事與願違。貝特蘭長大成年後，在芝加哥的一個巡迴綜藝團擔任舞臺工作人員，並在那裡認識了諾拉．摩爾（Nora Moore），兩人後來結婚了。諾拉的曾祖母是純正的契羅基族，這條血脈加上吉特家的血脈，讓吉米．罕醉克斯至少有八分之一的美國原住民血統。

諾拉和貝特蘭在一九〇九年來到西雅圖，因為他們的全黑人陣容綜藝團「迪西蘭爵士樂大會串」（Great Dixieland Spectacle）在華盛頓大學校園內舉辦的阿拉斯加—育空—太平洋博覽會表演。他們待了整個夏天，最後前往華盛頓州邊界以北的溫哥華。溫哥華的少數族群人數比西雅圖更少，想看黑人綜藝表演的人很少，因此貝特蘭去找工人和服務生的工作。這對夫妻發現溫哥華的白人占絕大多數，自己就像異類一樣。他們在史特拉斯康納（Strathcona）安頓下來，那裡是移民區，同時也是私酒與娼妓的中心，當地人稱這個地方為「罪惡之地」。

諾拉和貝特蘭在婚後六年內生了三個小孩——里昂、派翠西亞和法蘭克。一九一九年，他們的第四個、也是最後一個孩子出生了，他就是吉米的父親詹姆斯．艾倫．罕醉克斯（James Allen Hendrix），大家都叫他艾爾。他兩隻手天生各長了六根手指，他母親認為這是不祥之兆，就用絲繩緊緊綁住多出來的手指，將它們截斷，但是後來手指又長回來了。日後艾爾有時候會給兒子吉米的朋友看他多出來的小手指（上面還長了小小的指甲），嚇嚇他們。

在這個高薪工作只保留給白人的年代，罕醉克斯一家就和加拿大所有的黑人家庭一樣，過得很辛苦。一九二二年，一起當地凶殺案激起了反黑人情緒，貝特蘭因此失去廁所清潔員的工作——這是少數開放給所有種族的工作。最後他找到高爾夫球場服務員的工作，一直做到一九三四年去世為止。

貝特蘭過世加上長子里昂早逝，迫使這家人必須靠加拿大救濟制度的福利津貼過活，最後他們沒房子可住，搬去東喬治亞街，和諾拉的新男友一同住在一間搖搖欲墜的房子裡。艾爾和哥哥法蘭克與一位寄宿者共用房間，在這裡成長為青少年。他的奢侈享受之一是聽廣播節目《午夜潛行》，這個節目會播放時下最熱門的爵士大樂團金曲。艾爾十六歲時去看了艾靈頓公爵的表演，還被《溫哥華太陽報》撰稿人拍到他在這場音樂會上跳舞的照片。在報上看到自己的照片，是艾爾兒時少數值得興奮的事之一。

艾爾長大成人後常參加舞蹈比賽，他吹噓自己能在空中翻轉舞伴，還能使出時髦的招式，將舞伴滑入他的兩腿之間。然而，加拿大的黑人女性很少，而在溫哥華與白人女性交往是危險的事，這讓艾爾覺得有些空虛。他在住家附近一間店名是雞客棧的餐廳工作，當時這裡是市內的黑人文化中心。工作時，他會在上餐之間的空檔練舞，由於舞技高超，經常受到歡呼。

艾爾滿十八歲時，有人提供他打拳擊賽賺錢的機會。他結實精壯，不過成年後身高仍只有一百六十七公分。拳擊賽承辦人帶他去西雅圖的水晶游泳池（Crystal Pool），艾爾在那裡以次中量級第一次參賽，並打進決賽，卻在冠軍賽輸了，還發現有錢拿的承諾只是誘餌。他在摩爾飯店（Moore Hotel）遇到的事比落敗更糟：他和另一位黑人拳擊手得知游泳池「僅限白人」，只能在一旁看著隊上其他人游泳。

回到溫哥華後，艾爾應徵工作時到處碰壁，他一次又一次地找火車站行李員的工作，雖然這份工作沒有要求身高，對方卻說他個子太矮了。最後他離開加拿大前往西雅圖，希望那裡有更好的機會，也希望這個黑人比較多的地方會讓他更容易找到女友。

他在一九四〇年來到西雅圖，口袋裡只有四十美元。他找到的第一份穩定工作，是在市中心的班帕里斯（Ben Paris）夜總會清理餐桌和擦鞋；之後他找到鑄鐵工廠的工作，雖然是操勞的體力活，薪水倒是不錯。當時艾爾唯一開心的時刻，就是在舞池中暫時忘卻煩憂。他有一套那個年代盛行的阻特裝（zoot suit）：一條細白條紋的咖啡色高腰寬鬆老爺褲，外搭一件米色的單排扣及膝長外套。和十六歲的露西兒．吉特邂逅那晚，他就是這身打扮。

露西兒認識艾爾時在讀九年級，雖然美貌出眾，在情場上卻顯得天真，艾爾是她的第一位男友。他的加拿大出身令她感興趣，卻也讓他在西雅圖非裔美國人圈子裡受到一些排擠。「西雅圖人自視甚高，瞧不起加拿大人。」德洛蘿絲．霍爾說。艾爾在西雅圖認識的人不多，這一點日後在兩人之間一再造成問題：露西兒有很多朋友，又長得很漂亮，使艾爾變得善妒。「艾爾體格很強壯，」詹姆斯．普萊爾說，「大家都因為他不敢接近露西兒。他脾氣火爆，也不怕對人發作。就算真的有人常和她在一起，也絕對不敢公然這麼做，因為艾爾會殺了這個人。」

艾爾和露西兒有過幾次純潔的約會，但鞏固兩人關係的是露西兒善良忠誠的舉動：艾爾得疝氣住院時，露西兒自告奮勇去這家醫院當義工助手。艾爾出院後開始正式追求露西兒，經常拜訪她的父母——在當時這是必備的禮節。露西兒的父母雖然喜歡艾爾，卻沒有認真看待他的追求，因為他們覺得女兒才十六歲，還太年輕，不能和男人深入交往。

艾爾丟了鑄造廠的工作，接著又在撞球館找到工作，他在撞球館擺撞球時，聽到了日軍攻擊珍珠港的消息。他當時二十二歲，一定會受到徵召。隨著戰爭逼近，他與露西兒的關係也加速進展，她在二月下旬懷孕了——這可不容易，畢竟當時艾爾是住在禁止女性訪客的寄宿住宅。露西兒告訴她的父母後，他們怒不可遏。「她是家裡的寶貝，沒人料到會發生這種事。」德洛蘿絲說。

艾爾有點難為情，他向吉特夫婦承諾會娶他們的女兒，但這並沒有平息普萊斯頓的怒火，他企圖說服露西兒不要結婚，卻沒有成功。兩人在國王郡法院結婚，三天後艾爾就被送去從軍。艾爾離開後，已婚又懷孕的露西兒繼續去上學，瞞著同學這兩個祕密；她實在很瘦，要好幾個月後才看得出來懷孕，至於結婚一事，艾爾窮到買不起戒指送她。到最後，儘管露西兒希望讀完初中，但肚子裡懷著孩子，金錢上又無依無靠，某天下午課堂鐘響時她就把課本留在書桌上，再也沒有回去。

有幾個月的時間，露西兒繼續與父母一起住在家裡，不過她的處境使親子間的關係變得緊張。吉特夫婦十分貧窮，依靠津貼度日，毫無餘力供養懷孕又沒有工作的女兒。後來，露西兒在作風放縱不羈的傑克遜街夜總會找到服務生的工作，還為了工作謊報年齡，不過惡名昭彰的「血桶」這種夜總會是不管法律規定的。除了在吧臺倒酒給客人之外，露西兒還提供一些餘興節目。「她會唱歌，」德洛蘿絲．霍爾說，「男人給她小費，因為她歌喉很好。」

露西兒在「血桶」工作時，進入了爵士樂迷口中的「主街」（Main Stem）。西雅圖首批黑人ＤＪ之一鮑伯．桑莫萊斯（Bob Summerrise）在這一帶開了唱片行，他說：「這個詞是用來描述當下潮流發生的地方。剛來到新城市的人會問：『主街在哪裡？』這種地方非常瘋狂，有皮條客、妓女、賭客、藥頭、癮君子，也有成功的黑人商人來找樂子或喝一杯。」在十四大道與傑克遜街路口，有個綽號「不眠」的獨臂賣報小販，整天在喊當天的頭條新聞。這一帶總有新鮮事發生，光是告訴大家你要去傑克遜街，就等於在宣告你的意圖和道德觀。黑人文化的這一面，自然和露西兒從小到大接觸的教會群體大相逕庭。露西兒很快就著迷於傑克遜街眾多夜店的奇異誘惑當中。

「主街」也是西雅圖節奏藍調的中心。在「黑與褐」、「搖椅」和「小哈林夜總會」這類俱樂部中，存在著另一個多采多姿的世界，是西雅圖多數白人看不到的。日後成為「動感」俱樂部代表人物的吉米．奧吉爾維（Jimmy Ogilvy），在青少年時期就造訪過傑克遜街，而且學到穿錯衣服比你是白人問題更大。「你得穿阻特服、大帽子和漆皮鞋。」他說，「除非穿對服裝，否則是進不去的。這些俱樂部不在乎你是不是白人，他們只要你來跳舞、帶來潮流。你必須溫文儒雅。」

對十六歲的漂亮女孩露西兒．吉特．罕醉克斯來說，在傑克遜街工作改變了她的一生。她一開始還對這裡很生疏，不過很快就進入狀況。德洛蘿絲注意到這個地方讓她妹妹變得強悍，同時也拓展了她原本狹隘的世界。這裡成為她的圈子——她在這裡有人脈，大家也都認識她，她在山坡上父母居住的端莊古板中央區再也不覺得自在，而艾爾．罕醉克斯所代表的傳統世界也不再適合她，彷彿已變成一段遙遠的記憶。

一九四二年晚夏，露西兒懷孕的身形開始顯現，使她無法繼續工作。到了秋天，她搬去和她家人的朋友桃樂絲．哈汀（Dorothy Harding）一起住。哈汀只比露西兒大七歲，但已經獨力養育三個小孩（隨後還會再生六個）。她也是首批在西雅圖造船廠工作的非裔美國女性；在戰前，黑人和女性都無法在造船廠工作。不過，更重要的或許是哈汀橫跨了「主街」世界和普通大眾的世界。哈汀每週日都上教堂，但她也愛音樂和男人——她的其中一個孩子是和歌手傑克．威爾森（Jackie Wilson）短暫交往後生下的。露西兒搬去和哈汀同住時，已經接近臨盆。「她稱我阿姨，」哈汀說，「我照顧她。」

在十一月的一個暴風雨夜，露西兒在哈汀家開始陣痛，她們連忙趕到醫院，孩子很快就生下來了。寶寶在一九四二年十一月二十七日上午十點十五分誕生，所有人都說這是他們見過最可愛的小孩。那天晚上，德洛蘿絲為他取了「小鬼」這個綽號，靈感來自漫畫家理查．奧考特連環漫畫裡的人物布朗小鬼（Buster Brown，這同時也是童鞋品牌的名稱）。日後有人說吉米的綽號來自「小鬼」賴瑞．克拉布（Larry "Buster" Crabbe）——他在吉米熱愛的系列電影《飛俠哥頓》（*Flash Gordon*）裡飾演飛俠哥頓。吉米本人也用過這套說法，只是他不曉得這個綽號早在他能偷溜去看日場電影前就存在了。吉米一生中，西雅圖大部分的親戚與鄰居，都用這個漫畫裡調皮小男孩的名字稱呼他。

會用這個綽號，至少有一部分是為了避免使用露西兒為他取的名字：強尼．艾倫．罕醉克斯。強尼（Johnny）這個名字在露西兒或艾爾的家族裡都不常見，這讓艾爾一直懷疑吉米的生父是誰，他深信這孩子的名字取自哈汀的房客，碼頭工人強．佩吉（John Page）。哈汀否認佩吉與露西兒在她生孩子前就交往了，但兩人顯然在某個時間點發展出關係。露西兒或許真的用佩吉的名字為孩子取名，但也可能是巧合，因為「強」在一九四二年是最熱門的男孩名。無論如何，沒人用強尼這名字稱呼這個寶寶，就連露西兒也不用，但這會是吉米．罕醉克斯生平第一個正式名字：他將會有三個名字。

艾爾從德洛蘿絲的電報得知孩子出生的消息。露西兒之後終於寄了一張孩子坐在她膝上的照片給艾爾，照片上寫著：「這是寶寶和我。」沒有寫下他的名字。德洛蘿絲拍了另一張照片寄給艾爾，上面寫著：「向爸爸獻上我所有的愛，寶寶罕醉克斯。」照片背面則寫：「親愛的艾倫：久等了，這是你兒子『艾倫・罕醉克斯』的照片。他剛滿兩個月又三週，看起來是這個年齡的兩倍大，對吧？希望你收到時一切安好。德洛蘿絲・霍爾。」

露西兒和寶寶的這些照片，是露西兒少數留存下來的照片。她穿著西裝外套和樸素的裙子，沒有穿絲襪，擺著正經的姿勢，雙腿緊緊交叉，苦笑之下帶著一絲性感。她的直髮綁成馬尾，在當時，女學生比較常梳這種髮型，而不是家庭主婦。她和臉頰圓潤的寶寶都很上相，有相同的杏仁果形深色雙眼。任何軍人看到這張照片都一定會五味雜陳，同時感受到自豪、慾望和苦樂參半的渴望。

寶寶出生後不久，艾爾就被派駐到南太平洋，第一次收到孩子的照片時，他人在斐濟。艾爾從軍期間，有很長一段時間不在戰場上，讓他有很多時間想著可能在西雅圖發生的事。艾爾在自傳《我的兒子吉米》（*My Son Jimi*）中提到，與露西兒新婚時她經常寫信，但「吉米出生後她吃了很多苦」。她遇到的困難有一部分是財務上的，因為等到吉米一歲時，她才收到艾爾從軍的薪水。到了一九四三年中，發生了其他事，讓露西兒的處境更為複雜。那年六月，她父親普萊斯頓去世了，導致她一向脆弱的母親克拉芮絲再次精神崩潰，暫時搬出家裡。克拉芮絲不在家時，他們的房子在火災中付之一炬，由於沒有保險，這家人失去一切，包括所有的照片。

接下來的一年，露西兒與寶寶過著漂流的生活，先從哈汀家搬到姊姊德洛蘿絲家裡，之後又搬回去。事實上，沒有人真的有地方收留露西兒或她的孩子。她繼續在餐廳與酒館工作，請哈汀、德洛蘿絲或媽媽克拉芮絲照顧小鬼。「露西兒一開始連換尿布都不會。」哈汀說。

吉米一家的老朋友芙瑞蒂·梅·高提爾（Freddie Mae Gautier）暗示，露西兒有時對孩子疏於照顧。在法庭證詞中，高提爾說了一段很長的故事。有年冬天克拉芮絲來到高提爾家，懷裡抱著一包東西。「這是露西兒的寶寶。」她說。當時高提爾十二歲，記得這個寶寶「冷得像冰棒，小小的腿凍得發青」，吸了尿液的尿布還結冰了。高提爾的母親把這個孩子清理乾淨，幫他洗個熱水澡，還在他身上擦橄欖油。克拉芮絲要離開時，高提爾太太說要讓這孩子待在她家，等露西兒來接他。露西兒來的時候，她被訓斥了一番，要她懂得好好照顧嬰兒。

最後，窮到無路可退的露西兒找其他男人供養她，強·佩吉至少供養了她一段時間。無論原因是她對艾爾殘酷無情，或者因為她是快要餓死的未成年媽媽，又或者兩者皆是，我們無從得知。在一九四三年這段黑暗的日子裡，戰爭局勢會如何演變仍是未知數，大家也不知道被派出去的軍人能不能回來。就算露西兒．罕醉克斯對人在海外的丈夫不忠，她也不是唯一出軌的戰時新娘。「我認為她盡力等他了，」德洛蘿絲說，「他離開了好一段時間。」當然，艾爾有他自己的看法。「我想露西兒撐了很久吧，」他在《我的兒子吉米》中寫道，「接著她就開始經常和女性朋友及其他男人廝混。」艾爾抱怨說他寄給露西兒的信常被退回，而當她難得寫信給他，寄信地址卻是不入流的旅館。

連露西兒的近親都擔心寶寶的安危，也對強．佩吉有疑慮。她的家人擔心到找律師諮詢，這位律師說如果佩吉帶露西兒離開華盛頓州，他們就能以帶未成年人跨越州界的罪名提告。露西兒的親戚一得知佩吉帶著她和寶寶去奧勒岡州的波特蘭，就搭火車前往波特蘭，結果發現露西兒遭到毆打後住院。「吉米在她身邊，」德洛蘿絲說，「我們就把吉米和她接回家。」由於露西兒當時才十七歲，佩吉被逮捕，依〈曼恩法〉條款遭到起訴，判刑五年。

那年春天，露西兒終於開始收到艾爾從軍的薪水，這幫她紓解了財務困境，卻似乎沒有讓她安定下來。照顧小鬼的工作愈來愈常落在德洛蘿絲、哈汀和外祖母克拉芮絲身上。孩子快三歲時，露西兒和克拉芮絲帶他去加州柏克萊參加教會活動；活動後，露西兒回家鄉工作，克拉芮絲決定去拜訪在密蘇里州的親戚。為了不讓寶寶遠道旅行去中西部，他們在教會的朋友錢普太太（Mrs. Champ）表示願意暫時收留他。錢普太太自己有個年幼的女兒，叫賽樂絲汀（Celestine），多年後，吉米・罕醉克斯經常提起賽樂絲汀當時對他多好。

錢普太太原本只是要暫時照顧這孩子，時間卻愈拉愈長，於是他們開始準備進行非正式的收養。德洛蘿絲經常聯絡錢普太太，她要錢普太太寫信給艾爾，通知他現在孩子住在加州。因此，遠在數千公里外太平洋地區的艾爾・罕醉克斯，在退役幾週前收到一封信，通知他孩子由一個陌生人照顧。

3

美國西雅圖，
1945年9月—1952年6月

中上的聰穎程度

「以這年紀來說，他的聰穎程度算中上，這些人很愛他。」
——艾爾．罕醉克斯寫給母親的信

一九四五年九月，艾爾．罕醉克斯搭乘部隊運輸船回到西雅圖。船駛入埃利奧特灣時，他指著這座城市，向一位好友說：「我就住在那裡。」事實上，艾爾不知道他會住在哪裡，也不知道自己是否仍有個妻子；他在海外就開始進行離婚程序了。

艾爾退伍後搬去和大姨子德洛蘿絲住，這時小鬼仍然住在加州的錢普太太家。接著，艾爾旅行去溫哥華見家人，在那裡待了幾週後回西雅圖，去市政廳取得兒子的出生證明，心想這對他帶孩子回來有所幫助。他退伍兩個月後才去加州接孩子。

艾爾和自己的長子在錢普家公寓的初次見面，感覺相當奇怪。他在《我的兒子吉米》書中寫道，見到孩子讓他五味雜陳、不知所措：「如果是剛出生的寶寶，情況就會不一樣，而他已經三歲，能觀察情況、為自己下判斷了。」他會感到不自在，至少一部分是因為孩子與母親外貌十分相似。艾爾覺得這孩子長得很像露西兒，尤其是眼睛，就連他那寬闊的大大笑容都讓人想到她。

錢普一家試圖說服艾爾把小鬼留在他們家。要安排收養很容易，而且考慮到未來充滿變數，也不太會有人因為艾爾同意而看不起他。在艾爾從柏克萊寫給母親諾拉的信裡，他顯得天人交戰，同時又充滿父愛。他在信中說小鬼「是個好孩子，很貼心。以這年紀來說，他的聰穎程度算中上，這些人很愛他——每個人都很愛他」。艾爾也提到，錢普太太想到要失去這男孩就心碎：「他們對他依依不捨，非常愛他，他也習慣他們了，要帶他走真是遺憾，但我也愛他。畢竟他是我兒子，我希望他知道爸爸是誰，雖然他現在不停叫我爸爸了。」在信件最後，艾爾說假如他離開加州時沒帶著這孩子，「我永遠不會原諒自己，所以我離開時他會在我身邊。」他承諾耶誕節會去探望母親。

吉米．罕醉克斯從來沒說過第一次見到父親是什麼感受——假如他記得的話。吉米在那之前一直由女性撫養，身邊沒有像父親的人，他習慣錢普太太了，也很喜歡賽樂絲汀。艾爾在回家的火車上威脅要處罰他時，吉米哭著呼喊平常保護他的賽樂絲汀，但她已經不在身邊了。艾爾在火車上第一次以父親的身分打他。「我想他有點想家了，所以不乖。」艾爾事後寫道。

艾爾與吉米回西雅圖後，搬去和德洛蘿絲一起住在耶斯勒露臺（Yesler Terrace）的社會住宅區，這裡是美國第一個種族融合的公共住宅，社區居民貧窮，但感情融洽，多元文化在此和平共存。「當時那裡是好地方，」德洛蘿絲說，「雖然黑人不多，但大家都和睦相處。」小鬼與許多孩子相處融洽，這正是他所受到的多種文化教養的起點。

出人意料的是，露西兒很快就來找艾爾和小鬼了，她對艾爾說的第一句話是：「我來了。」這是罕醉克斯一家三口第一次共處一室，對他們三個人來說，這次重逢苦樂參半：露西兒不確定好幾個月不見的兒子，以及超過三年不見的丈夫，見到她會有什麼反應；小鬼第一次看到父母在一起，不知道要怎麼想；艾爾不知道是該對露西兒發怒，還是要把她摟入懷裡。他意識到自己的妻子有多美：三年不見，她已經從女孩蛻變成美麗的女人了。這天結束前，艾爾決定中止離婚手續。露西兒問他：「你想試試看復合嗎？」艾爾回答：「也許最好的做法就是他媽的再試一次。」這兩人之間最牢固的關係就是肉體上的吸引力，因為這一點，就算婚姻陷入危機，他們仍會一再回到彼此身邊。

據說接下來幾個月是這一家過得最平順的時光。由於和德洛蘿絲同住，他們的開銷很少，加上艾爾還有收到軍方的小額補貼，所以他和露西兒幾乎每晚都會出門。比妹妹保守的德洛蘿絲，是很方便的保母。德洛蘿絲白天去波音公司工作時，露西兒和艾爾照顧德洛蘿絲的小孩，德洛蘿絲則在他們出門重燃愛火時照顧小鬼。「那是他們的蜜月期，」德洛蘿絲說，「他們會在傑克遜街上來回散步。」

這個剛復合的新家庭還開車去溫哥華旅行。露西兒和小鬼都還沒見過艾爾的母親諾拉，艾爾很高興能炫耀他的孩子。小鬼喜歡上祖母，日後也多次拜訪她。

滴酒不沾的德洛蘿絲，有一天終於受夠了艾爾和露西兒的飲酒作樂。「他們喝酒狂歡，而我可是在養育一個家。」她說。露西兒喝醉時會極度深情、多愁善感，艾爾恰恰相反：酒精使他脾氣變差、變得刻薄。

艾爾在屠宰場找到工作，薪水足以讓他們搬進一家接待傑克遜街附近短暫住客的旅館。他們的房間很簡樸，只有一張單人床，他、露西兒和小鬼一起睡在上面。有一臺單口爐可以用來煮東西，而房裡唯一的家具是一張書桌椅。他們住在這個旅館房間裡好幾個月。

一家人住在旅館的期間，艾爾回國滿一年了，這時他決定要幫兒子改名。他選擇詹姆斯這個名字，因為那也是他自己的法定名字，中間名則採用已逝哥哥里昂的中間名——馬歇爾。自此之後，有些人稱呼這男孩吉米或詹姆斯，而家人喊他小鬼。

住在這家旅館，讓這家人來到露西兒熟悉的地盤——附近就是她在戰時當服務生的地方。她認識許多人，光是走在路上就會遇見好幾位舊識。露西兒這麼受歡迎，雖然讓艾爾連帶受益，卻也使他心生嫉妒。「艾爾只認識露西兒的朋友，」德洛蘿絲說，「他沒有自己的朋友。」他們住的地區是城裡最多元的地方，朋友圈裡有華人、日本人、白人和幾個菲律賓家庭；然而，艾爾說他後來短暫被拒發船員執照，執照管理委員會以夫妻倆結交非白人的朋友為由，認定他「威脅國家安全」，可見西雅圖種族間仍然長年累積了不信任感。

後來，艾爾終於拿到商船隊執照，在前往日本的船上工作。這份工作讓他離家數千公里遠，幾星期後回來時，發現露西兒被旅館趕出來了。艾爾說旅館經理告訴他，這是因為她被逮到和別的男人在房間裡。

德洛蘿絲不同意艾爾的說法；不管發生了什麼事，艾爾都還是立刻重新接納露西兒，因此開始出現這種分分合合的模式。「這幾乎算是一種循環，」艾爾在自傳中寫道，「每當情況順利兩、三個月後，我就心想：『唉呀……就要出事了。』」就連吉米都注意到這種模式，多年後他在一次訪談中提到父母間的關係很火爆：「我父母經常吵架，」他說，「我得隨時準備好偷偷溜去加拿大。」在加拿大，他可以住在祖母諾拉家，不過他更常被送去找西雅圖的外祖母克拉芮絲、德洛蘿絲或桃樂絲．哈汀。

一家人再度團聚後，在一九四七年春天搬進雷尼爾威斯塔住宅專案，這是他們的第一間公寓。哈汀就住在那裡，所以從此成為他們最常找的臨時保母。雷尼爾威斯塔住宅專案位於雷尼爾谷，在中央區南方將近五公里遠。住在這裡的居民主要是已退休的白人家庭，不過戰後有愈來愈多的非裔美國人住進來。這家人坐落在奧勒岡街三一二一號的單房公寓很小，小鬼不得不睡在壁櫥裡；父母愈來愈常吵架，壁櫥就成了他在每次父母爭吵時的避風港。

這對夫妻爭吵的起因往往是錢的問題，露西兒嫌艾爾賺的錢不夠養活一家人，她威脅說要出去找一份服務生的工作，但對艾爾來說，這是在質疑他男子漢的地位。他在這段期間的工作大多是體力活，持續時間都不長；他也在美國退伍軍人權利法案的協助下學習當電工，希望未來能有較高薪的工作。他們每個月只能靠不到九十美元過活，光是房租就要四十美元。

露西兒習慣了主街世界的生活，這與他們在雷尼爾威斯塔過的赤貧家庭生活截然不同。艾爾下班回家時往往精疲力竭，不太有興趣出門，要露西兒自己出去。德洛蘿絲說：「她回家的時候，他就坐在屋外喝酒發脾氣。隔壁鄰居告訴我，她每晚都聽到抱怨和爭吵。」德洛蘿絲說，露西兒在吵架演變成動手後，身上經常出現瘀青。

艾爾說，一九四八年初有一次他們吵得很凶，之後露西兒搬去和一個叫做法蘭克的菲律賓人同居了一個月。如果確有其事，顯然也沒有讓他們離婚，露西兒回來時，艾爾又和她重修舊好。就如艾爾在自傳裡所寫的：「我不是非常善妒的人，但露西兒做的事應該會讓很多男人說：『老兄，你還真能忍。』他們對我說換作是他們可能就會拿槍殺了她。」艾爾恰恰相反：她離開的時候，他似乎更需要她。德洛蘿絲的說法是，艾爾故意把露西兒與男性的友誼曲解成偷情，卻聲稱露西兒公然紅杏出牆；真相或許介於兩者之間。不過，如果艾爾的自傳內容有一半屬實，那麼露西兒可說是經常給他戴綠帽。德洛蘿絲則認為，艾爾的嫉妒產生自酒精引起的幻覺。

艾爾的擔憂並不全是捕風捉影。這一年，強．佩吉出獄後再度找上門想要復仇。「他威脅說要把我們全殺了。」德洛蘿絲說。佩吉帶著槍來找露西兒，發誓要帶她去堪薩斯城，有個家族友人拿槍把他趕走。「強．佩吉決意要露西兒去賣淫，」德洛蘿絲解釋。據說佩吉向朋友吹噓，以露西兒這樣的淺膚色，會是很受歡迎的妓女。德洛蘿絲告誡露西兒要避開佩吉，但露西兒的回答聽起來很天真，而且在某種程度上像是和佩吉連成一氣。「我跟他沒什麼關係，」她對德洛蘿絲說，「不過他都會給我錢，還會買很貴的禮物給我。」桃樂絲．哈汀說情況「簡直亂七八糟」。

佩吉沒有輕易離開。有天晚上艾爾、露西兒、德洛蘿絲和其他親戚走出亞特拉斯戲院時，佩吉現身抓住露西兒。

「放開她。」艾爾大吼。

「她是我的女人，」佩吉答道，「我才不管你是她的先生。你當時不在這裡，什麼都不知道。」

兩人就這樣打了起來。佩吉的塊頭比艾爾大，但艾爾有打過拳擊，而且先擊中佩吉一拳，讓佩吉暈了一會。他們一路打到街上，艾爾繼續占上風。最後圍觀群眾把兩人隔開，佩吉逃走了。露西兒與艾爾一起離開，佩吉從此沒有再來騷擾他們。

酒精是比嫉妒更常糾纏這對夫妻的心魔，兩人間的爭吵大多是在酒精刺激下發生的。「他們一喝酒就吵架。」德洛蘿絲說。他們家經常變成開派對的場所；艾爾在《我的兒子吉米》書中寫道：「我和露西兒在家裡喝酒時，也會和其他人一起喝，就成了派對。」他們的派對非常喧鬧，所以德洛蘿絲和桃樂絲．哈汀都禁止小孩去罕醉克斯家；吉米必須離開，不然就是得坐在壁櫥裡偷聽門外傳來的吵鬧聲。德洛蘿絲和哈汀都注意到，吉米在這一年變得更加沉默寡言。被問到為什麼都不說話時，他往往回答：「爸爸媽媽老是在吵架，一直吵架，我不喜歡這樣。真希望他們不要再這樣了。」吉米經常在夜間父母開始爭吵時，躲去哈汀家。他沉默的情況嚴重到哈汀心想他是不是生了什麼病。「他幾乎完全不開口。」她說。

吉米難得開口說話時有輕微口吃，這種情況一直持續到青少年期，甚至在成年後他緊張時仍然會結巴。他無法唸出桃樂絲的名字，於是她成了「桃絲阿姨」。這年秋天，他開始讀學前班，變得稍微比較願意說話，卻經常因為口吃遭到取笑。他在一九四七年收到第一個音樂玩具——口琴，但沒有展現出強烈的興趣，口琴很快就遭到冷落。他最愛的玩具是德洛蘿絲用舊布縫給他的小狗，在這段時期留下來的少數照片中，可以看到他緊緊抓著這個填充狗玩偶，像是他最重視的東西。

情況好的時候，就連艾爾都承認露西兒是個好媽媽：「露西兒把吉米照顧得很好，」他在書中寫道，「她會摟著他、對他說話，他也會抱她。」吉米是很有創意的孩子，能自己一個人玩好幾個小時。他在四歲到六歲之間有個叫做薩沙的假想朋友，會陪伴他做任何事。

一九四七年夏天，露西兒又懷孕了。艾爾在五十年後寫的書裡，聲稱他的妻子是在兩人分開一個月時懷上孩子的，德洛蘿絲則不認同他的說法。無論如何，艾爾和露西兒在那年夏天確實在一起，而且在她懷孕期間，兩人的關係有所好轉。幾位友人說艾爾很期待家中要迎接另一個小孩，與艾爾在書中較為冷淡的說法相當不同。「他一直掛在嘴上，」桃樂絲·哈汀說，「說他有多開心，因為他想看到寶寶出生——吉米出生時他不在，因此錯過了。」

這個寶寶出生於一九四八年一月十三日，艾爾為這孩子取名為里昂，紀念他摯愛的已逝哥哥。艾爾在出生證明上被列為孩子的父親，而他就像任何剛當爸爸的人一樣，立刻向醫院裡所有人炫耀他的孩子。德洛蘿絲當時也在港景醫院，里昂出生兩天前，她才剛生下第三個孩子。她與露西兒在產房裡病床相鄰，她記得艾爾把里昂看得很重要：「他把他的小包巾拿下來，上下打量他，說：『真高興我又有一個兒子了。現在我能看到他的小腳趾頭、小腳丫子、小手是什麼模樣了。』」也許因為艾爾本身有先天性缺陷，他一次又一次數著里昂的腳趾和手指。

里昂出生後的這段時間，是這家人最快樂的時光。艾爾對剛出生的兒子的喜愛，讓他們的生活似乎好轉了。「那段期間，他們一家人和樂融融。」德洛蘿絲說，「艾爾有一陣子的工作比之前好，吵架的情況好像也減少了。」包括吉米在內，所有人一眼就能看出艾爾最愛里昂。吉米對表妹迪．霍爾（Dee Hall）說：「爸爸媽媽超愛我弟弟，他們對他比對我好。」

里昂出生後不久，一家人搬進雷尼爾威斯塔的兩房公寓，這間公寓還是很小，不過至少吉米和里昂有房間可以共用。吉米在這年九月開始上幼兒園，五歲又十個月的他比其他小孩稍微大一點，但還不至於顯得與眾不同。每天下午放學後，他都會去雷尼爾威斯塔西邊的一片綠地，在這片樹林裡假扮成祖母諾拉講的故事裡的印第安戰士，和假想的牛仔戰鬥。

里昂出生後才過十一個月，露西兒又生下一個男孩，艾爾將他取名為喬瑟夫．艾倫．罕醉克斯。在出生證明上，艾爾登記為父親，他卻在自傳裡否認自己是喬的生父。不過，吉米和里昂都又高又瘦，而喬卻矮小精實，和艾爾簡直像一個模子刻出來的。

喬的出生對這家人來說並非喜事一樁。他有幾個嚴重的先天性缺陷，包括長了兩排牙齒的古怪狀況；他還有內翻足、唇顎裂以及明顯的長短腳。喬出生的那年冬天，吉米滿六歲了，這家人當年差點連一個孩子都養不起，現在卻要養活三個年幼的孩子。更糟的是，艾爾與露西兒在接下來的婚姻生活裡，不斷爭吵是誰造成喬的病症；露西兒責怪艾爾在她懷孕時動手推她，艾爾則是怪她酗酒。

喬日漸長大，顯然需要大量的醫療照顧，擔心醫藥費的艾爾開始在情感上疏遠這個孩子和全家人；相形之下，需要照顧的喬激起露西兒的母性本能，她著手調查他可能需要動哪些手術。她經常帶喬搭公車去西雅圖東北部的兒童醫院，在當年，公車單程要兩個小時才能到。她發現州政府會支付喬需要的大部分醫療費，不過他們自己也必須負擔部分費用。艾爾拒絕了。那年他唸完了電工課程，但唯一能找到的工作是在派克市場（Pike Place Market）當夜班工友，在農夫離開後做清掃工作。

一九四九年六月，吉米一家走到了臨界點，孩子們營養不良，健康開始出問題；事實上，吉米和里昂幾乎天天都去鄰居家吃飯，他們靠這種方式過活。艾爾決定把三個小孩都送去加拿大，和他母親諾拉住一陣子。這時吉米快七歲了，只有他年齡夠大，理解再度與父母分離在情感上的打擊。和艾爾與露西兒相比，祖母諾拉的心理狀況較穩定，但也有古怪之處。她會嚴厲懲罰，譬如喬說他尿床時，她會狠狠打他，但她也很懂草藥，知道各種古老的治病解藥。吉米很愛聽她說契羅基祖先的故事，和她早年參加黑臉走唱秀（minstrel show）的生活。

一九四九年九月，吉米在溫哥華開始上一年級。日後他受訪時說，祖母會讓他穿上她親手做的「有流蘇的小墨西哥外套」，其他小孩因此取笑他。十月時，吉米和兩個弟弟被送到西雅圖，回到露西兒與艾爾身邊，這時夫妻倆的情況再度好轉，但很快又惡化了。到了一九五〇年秋天，吉米暫時住在德洛蘿絲家，他在賀拉斯曼小學開始唸二年級。這時吉米滿八歲，而罕醉克斯家又多了一個孩子：凱西．艾拉，她早產十六週，出生時體重只有七百三十七克，更糟的是，他們很快就發現她失明了。凱西與家人一起住了一段時間，但滿十一個月大之後，就由政府監護並送交寄養。艾爾也否認凱西是他的女兒，不過她就和喬一樣，跟艾爾長得很像。

一年後的一九五一年十月，二女兒潘蜜拉出生了，她也有健康上的問題，只是沒有凱西那麼嚴重。雖然出生證明上登記艾爾為生父，他依然否認潘蜜拉是他的親生女兒。

她也送去寄養，不過就住在附近，偶爾會見到家人。

一九五一年九月，吉米在雷尼爾威斯塔小學開始上三年級。他再次和父母、里昂與喬一起住在擁擠的兩房公寓裡。雖然家中紛爭不斷，吉米在男孩都會著迷的事物裡找到樂趣：他看漫畫書、喜歡去電影院和在便條紙上畫車子。那年夏天，他寫了明信片給祖母諾拉：「你好嗎？我很好。〔我的堂親〕和他們過得如何？他們也過得好嗎？我們去野餐，我吃太多了，但是野餐很好玩。我們很開心。啾啾。愛你的小鬼。」

罕醉克斯家的情況很快就變得非常複雜，吉米也快樂不起來了。這時他家裡有三個小孩（吉米、里昂和喬；兩個女孩已經送去寄養了），露西兒和艾爾都有嚴重的酗酒問題，而艾爾再度找不到穩定的工作。雖然這家人面對各式各樣難以克服的問題，但壓垮他們的最後一根稻草是讓喬治病的事情。露西兒一直希望三歲的喬能動腿部手術，幫助他過正常的生活，但艾爾對這件事的立場堅定不移，一再強調負擔不起手術費用。露西兒已經送走兩個女兒，要把在家裡住了三年的喬送走，她無法接受。後來她說，她覺得艾爾的決定出於小器與吝嗇。「艾爾說就算他有那麼多錢，也不會花在一個小孩身上。」德洛蘿絲說。

一九五一年晚秋，吉米滿九歲後，露西兒離開了艾爾。艾爾心碎了，而且在事後說離開的人是他。然而，兩人之間的關係並沒有到此結束；就連離婚也無法扼殺兩人間的吸引力，以及隨之而來同樣強烈的恨意。他們在一九五一年十二月十七日正式離婚，不久後再度復合，隨即又閃電分手。在離婚的正式程序中，艾爾取得吉米、里昂和喬的監護權。監護權其實只是紙上作業程序：罕醉克斯家三兄弟之後是由外祖母克拉芮絲、在溫哥華的祖母諾拉、阿姨德洛蘿絲、朋友桃樂絲．哈汀與街坊鄰居養大的，就和他們雙親婚姻生活中的大部分時候一樣。

一九五二年夏天，露西兒和艾爾復合了一段時間，在這段期間，這家人經歷了他們承受過最悲傷的事。由於艾爾拒絕幫忙支付喬的醫療費用，唯一讓喬獲得所需照顧的方式，就是把他交給州政府監護。為了這麼做，露西兒和艾爾得放棄三歲的喬的親權。露西兒懇求艾爾重新考慮，而德洛蘿絲和哈汀都提議要領養喬，不過艾爾否決這些建議，或許是擔心他仍然有義務付錢。

為了這令人心碎的場合，艾爾借了一輛車。吉米和里昂看到爸爸打包弟弟的東西、帶他上車時，知道有事發生。德洛蘿絲被找來照顧吉米和里昂，她和兩兄弟向喬揮手道別。里昂記得自己很困惑；吉米快滿十歲，想必感受到了那一刻有多悲傷。

喬毫無疑問記得這一天。在車上，媽媽一路將他抱在懷裡。喬憶道：「她聞起來好香，像花一樣。」到了醫院，露西兒抱著喬下車，把他交給一位在場等候的護理師。接著他和護理師一起坐在路邊，他的母親回到車上時，他開始哭泣。喬憶道：「我爸爸根本就沒有下車，他一直沒讓引擎熄火。」喬的父母開車離開時，他爬到護理師的大腿上坐著。接下來的年頭，他經常在中央區遇見哥哥吉米和里昂，他們見到他時總是很高興，回想一家人聚在一起的三年時光，喬偶爾也會在住家附近遇見艾爾，但他再也沒見到露西兒了。他最後一次看到母親的景象，是在車子開走時，匆匆瞥見她在車窗內的手

4

美國西雅圖，
1952年7月—1955年3月

黑騎士

高文爵士：什麼騎士？
豪邁王子：黑騎士。他是誰，陛下？
高文爵士：鬼魂。

——出自電影《豪邁王子》

一九五二年感恩節那天，吉米．罕醉克斯滿十歲了。他的父母艾爾和露西兒雖然已經正式離婚，卻又暫時住在一起，而事實上，露西兒已經懷孕六個月了，之後艾爾也會否認是孩子的父親。這個孩子在一九五三年二月十四日誕生，取名叫艾佛瑞德（Alfred）。艾佛瑞德是艾爾和露西兒第四個生來就有發展障礙的孩子，出生後立刻出養。

露西兒懷上艾佛瑞德時，與艾爾住在一起，但在孩子出生後沒多久就搬出去了。「媽媽在家時，我們早上會聞到煎培根和煎餅的香味，」里昂回憶說，「我們會跳起來大喊：

『媽媽回家了！』可是這只會維持一天，因為他們會不停喝酒、吵架，然後媽媽又會離開。」在這段期間，露西兒搬去和她的媽媽克拉芮絲一起住在雷尼爾啤酒廠樓上的公寓裡，里昂和吉米會偷偷溜去找她，因此他們一聞到釀啤酒的氣味就想起媽媽。「我每次聞到啤酒花就會想到我媽。」里昂說。

雖然經濟狀況危急，但兩個男孩就和無數離婚家庭的孩子一樣，為了得到好處而操控父母。「以前我爸處罰我們的方式是送我們去媽媽家，所以我們會故意惹麻煩。」里昂說。艾爾說他的處罰叫做「鞭打」，也就是用皮帶打人，要是這樣還不能讓小孩聽話，他就會把他們送去露西兒家。「我爸會打包我們的牙刷和其他東西，」里昂說，「有時候我覺得他只是想暫時擺脫我們。他努力懲罰我們，卻似乎一直搞不懂情況；他說要處罰我們週末和媽媽一起過，但那樣正合我們的意。」兩個男孩打的如意算盤經常適得其反，因為艾爾在把小孩交給露西兒時經常和她吵架，然後氣沖沖地帶著兒子回家。不能見到母親的兩個男孩覺得被騙了，就偷偷溜去她家，這麼一來艾爾又會在找到他們時毒打一頓。艾爾幾乎只有喝醉時才會打兒子。「有時候他喝得爛醉，」里昂說，「連為什麼要打我們都忘了。」隨著吉米長大，他開始抵抗鞭打，用手緊緊抓住皮帶好讓艾爾無法出手，但這種做法往往沒有用。「我爸很強壯，」里昂說，「他用一隻手抓住我們，另一隻手繼續鞭打。」

艾爾當時在西雅圖市電力公司值晚班，做加油的工作，身為單親爸爸，他身邊沒有人能在孩子下課後照顧他們，上班時經常接到鄰居關切的電話，因而影響到他的工作。吉米比里昂更常惹麻煩，不過他們都只是有點調皮，做些沒人看管的小孩會做的事。「鄰居開始照顧我們，」里昂說，「因為他們知道這樣下去會發生什麼事——社福機構會把我們帶走。」社福機構的人開著綠色車子，所以里昂和吉米學會留意這種車子，要是看到綠車就會趕緊溜走。他們小心翼翼，不要蹺課，以免引起本地有關單位的注意。「他們不是壞孩子，」鄰居梅爾文·哈汀（Melvin Harding）說，「只是有點粗野又迷惘。」

艾爾在自傳裡寫到，有時為了餵飽孩子他自己得餓肚子，但即使他這樣犧牲，他們仍然沒什麼東西吃。此外他們的家也很髒亂，因為艾爾不會、或是不願意打掃住處或洗衣服，他說這是女人的工作。艾爾曾短暫交過一個新女友，不過她在看清艾爾主要是想要她幫忙打理家務之後就離開了。晚餐時間里昂和吉米通常會在鄰居家。「吉米和我常餓到跑去雜貨店偷東西，」里昂說，「吉米很聰明，他會打開一條麵包、拿出兩塊，然後再包起來並放回架上，接著再溜去肉品區偷一包火腿，用來做三明治。」

一九五三年春天，艾爾在市政府工程部找到工人的工作，一家人的運勢因而好轉。

有了較穩定的收入，他以十美元的訂金買下南華盛頓街二六〇三號的兩房小屋。搬到這裡讓他們回到中央區一帶，離傑克遜街只有幾條街；對吉米和里昂來說，最重要的是他們有了院子和屬於自己的第一間房子。

這間已經五十年的房子只有二十五坪，對兩個男孩來說卻像宮殿一樣。吉米和里昂共用一間臥室。他們搬進去後不久，艾爾的姪女葛蕾絲（Grace）和她的丈夫法蘭克．哈契（Frank Hatcher）也搬來一起住。「艾爾邀我們去和他一起住，好照顧孩子，」法蘭克說，「他一個人做不來。他喝酒喝得很凶，還會賭博，經常連家都不回。」有段時間哈契夫婦可說是兩個男孩的父母，葛蕾絲是眾多暫代母職的女性之一，而他們的親生母親露西兒只偶爾來探望。她在不同旅館漂泊，每隔幾星期會去看他們，但已經不再固定出現了。

吉米在四月底轉學到雷斯契小學，這是市內最族群融合的小學。他在這裡認識了最親密的童年好友：泰瑞．強森（Terry Johnson）、派內爾．亞歷山德（Pernell Alexander）和基米．威廉斯（Jimmy Williams）。派內爾說：「我們就像家人一樣。」派內爾由外祖母梅．瓊斯太太撫養，她在這幾個男孩的生活中扮演了重要角色。「我們每天早上上學前在她家吃早餐，」基米說，「瓊斯太太超愛我和吉米。」

泰瑞是這幾個男孩當中家裡感情最好的，而且從小在教會長大。吉米偶爾和泰瑞一起去恩典衛理堂，在那裡首度接觸到福音音樂。「吉米和我一起去了幾次，」泰瑞說，「我想他之前沒去過教會。」吉米覺得福音音樂令人陶醉，看著有渲染力的唱詩班歌唱，更讓他明白現場音樂的力量。

吉米最好的朋友是基米・威廉斯，他的家裡有十三個小孩。基米和吉米形影不離，可能是因為兩人個性都很內向。為了避免名字混淆，他們在自己的小圈子裡都用綽號來稱呼：吉米叫「罕力」（罕醉克斯的簡稱）或小鬼，泰瑞叫「小泰」，而基米叫「洋芋片」，這是他最愛吃的零食。派內爾的名字和其他人很不一樣，所以從來不需要綽號。

放暑假時，他們的娛樂是去華盛頓湖游泳，或是在亞特拉斯戲院看便宜的日場電影，吉米就是在這裡愛上《飛俠哥頓》系列，他的最愛是《豪邁王子》（*Prince Valiant*）。片中的反派叫黑騎士，所以吉米和里昂會在假扮騎馬比武的時候，用掃把當長矛互相攻擊，還爭相扮演惡毒的黑騎士。吉米家後來領養一隻狗，就以豪邁王子來替牠取名叫「王子」。

用來玩騎馬比武的掃把，也被拿來當成吉他。吉米先前並沒有展現出對音樂的興趣，不過他在一九五三年開始關注流行歌曲排行榜，還會拿掃把當吉他，跟著收音機廣播的音樂彈奏。「我們都會聽『熱門流行十大金曲』。」基米說。他們偏愛唱情歌的流行樂歌手，像法蘭克・辛納屈、納金高（Nat King Cole）和派瑞・柯莫（Perry Como）等，而狄恩·馬汀（Dean Martin）是吉米當時的最愛。

幾乎每天放學後吉米都會聽艾爾的收音機，拿著掃把假裝跟著音樂彈奏。艾爾認為掃把只能用來掃地，因此很討厭他這個樣子。「吉米彈奏掃把鬧著玩，」里昂說，「我爸一回來，吉米就又開始掃地。然後我爸看到床上有從掃把掉下來的稻草，就會發怒。」

夏天時，兄弟倆也在西雅圖南邊的田裡採豆子或草莓，做這項工作必須早起搭公車去田地。艾爾在凌晨四點叫他們起床，然後他們走路去神奇烘焙坊，那家麵包店裡有位認識吉米的店員，會把前一天做的甜甜圈放在外面。他們走路去西雅圖的工業區搭公車，前往南邊三十二公里外的田地。採收工的工資以件計費，他們就工作到賺夠午餐錢，或是草莓吃到不想吃為止。有時候他們會去綠河游泳，有一次吉米還救起溺水的里昂。「我掉進運河裡，吉米游過來救我。」里昂說。晚上回家的路上，兩兄弟經常把工資全用來買一個十分錢的馬肉漢堡。「我們買兩個來吃，那就是當天的最高潮，」里昂說，「然後我們回家等爸爸，因為他有時候沒回家。」

一年後，葛蕾絲和法蘭克·哈契受夠了艾爾的作風。他們搬進來住時，艾爾同意隔週負責下廚，哈契夫婦覺得他沒有信守承諾。「他只煮飯、豆子和燻肉腸，」法蘭克·哈契說，「他買最便宜的肉——只有脖子肉和馬肉。」受不了的哈契夫婦搬出去，又只剩下兩兄弟和父親相依為命。艾爾不想把家裡的鑰匙交給兩兄弟其中一人保管，所以吉米或他的朋友得找到艾爾在哪一家酒館，向他拿鑰匙。「他會去的酒館大概有五間，」派內爾說，「你得找到他在哪一間。」艾爾愛去二十三大道的可疑酒館（Shady Spot Tavern），或在二十三大道與傑克遜街轉角的貝克山酒館（Mt. Baker Tavern）。吉米不用走進貝克山，就能從酒館的窗戶看他的爸爸在不在裡面。不過，吉米和里昂很多時候會放棄，直接在朋友家過夜。

同時間，罕醉克斯家與社福機構的貓捉老鼠遊戲持續上演。一九五四年，因為鄰居一再抱怨，有位社工開始每週都過去吉米家看看。德洛蘿絲和哈汀經常去吉米家打掃，確認孩子們的衣服有洗好，因此他們暫時避開了兒童福利局的介入。德洛蘿絲記得有天晚上過去時，發現艾爾不在，兩兄弟試圖自己煮飯：「吉米在煎蛋，他看到我時露出大大的笑容，說：『我在煮飯耶！』」不到十二歲的吉米不但負責照顧弟弟，許多家事也落在他頭上。「吉米是里昂的守護者，」派內爾說，「他盡全力確保里昂受到照顧。」

最後有位社工把艾爾逼入困境，即使有這些阿姨幫忙收拾整理，也瞞不住里昂和吉米無人照顧的事實。他們給艾爾兩種選擇：他的兒子可以送去寄養家庭，或是安排收養。儘管生活狀況糟糕，這裡還是兩兄弟唯一熟悉的地方，因此他們懇求艾爾不要讓他們分開。於是艾爾做出暫時改變他們生活的決定：他認為吉米幾乎是青少年了，比較不需要照顧，應該留在艾爾身邊，而艾爾最偏愛的里昂要送去寄養。社工贊成這個想法，但告訴艾爾里昂必須立刻離開。「不要現在把他帶走，」艾爾請求說，「我明天會送他去寄養家庭。」那是兩兄弟難得看見父親哭泣。社工態度軟化了，里昂得以多留一晚。

他們都以為那天晚上是父子三人共度的最後一晚，因此艾爾一反常態，對兒子溫柔親切。通常兩兄弟能期望他做的肢體接觸，頂多就是拍拍背或握握手；然而，他們最愛艾爾輕輕用指節磨蹭他們的頭皮。艾爾的手指因為長年勞動粗糙長繭，也許他覺得用指節比用粗糙的手掌撫摸來得好。這種表達情感的方式並不尋常，不過吉米和里昂都學會珍惜這樣的溫情時光。社工離開後，艾爾整晚都在磨蹭他們的頭皮，彷彿他粗糙的指節能撫慰兒子經歷的傷痛，以及未來要面對的痛苦。

隔天艾爾把里昂送走時，里昂和吉米都很沮喪，不過改變不如他們預期的那麼大。里昂被安置在六條街外的寄養家庭，他和吉米仍然每天見面。「要麼是我會去我爸家和吉米玩，」里昂說，「要麼是吉米會來找我。我們沒有真的分開。」里昂的寄養父亞瑟．惠勒（Arthur Wheeler）證實這個說法。「吉米總是在我們家，」惠勒說，「他經常和我們一起吃飯。」

亞瑟和娥薇兒．惠勒（Urville Wheeler）生了六個小孩，不過他們還是向有需要的孩子敞開家門，最多曾收留十個孩子。他們是教徒，實踐《聖經》教義的方式是對家中所有孩子一視同仁，包括來寄養的孩子。吉米成為他們家中非正式的寄養兒童。「吉米待在我們家的時間，比在他爸爸家還久。」惠勒夫婦的其中一個兒子道格．惠勒（Doug Wheeler）說，「吉米經常在我們家過夜，這樣他在上學前才能吃到早餐，否則他可能根本沒東西吃。」吉米和里昂很驚訝惠勒家的廚房裡總是有食物，流理臺上還放著一碗水果。吉米經常惋惜地說：「真希望我住在這裡。」實際上他根本就住在那裡。

令人驚訝的是，雖然吉米的生活波瀾不斷，他在雷斯契小學的出席紀錄卻很穩定。他不是傑出的學生，不過成績中等，還在藝術方面展現出天賦。他在筆記本上畫了無數張一般男孩會畫的圖，像飛碟、賽車等等。他對畫汽車很有興趣，還設計了幾款車子，把設計圖寄去福特汽車公司。這年秋天，吉米在艾爾的督促下參加了青少年美式足球的甄試；他的教練是布思．加德納（Booth Gardner），他在數十年後當上華盛頓州長。加德納說：「他不是運動員的料，他一開始就不夠好；老實說，他的資質不適合打球。」吉米也曾短暫加入童子軍十六分隊。

一九五五年，吉米十二歲時，在雷斯契的才藝比賽時看基米唱派瑞．柯莫的〈渴求〉（Wanted）之後，對音樂的興趣再次大增。「大家熱烈鼓掌，」基米說，「吉米在比賽結束後上前對我說：『哇，你快要出名了，你出名以後還願意當我的朋友嗎？』吉米已經觀察到，舞臺能讓一個人徹底變身為表演者，甚至連基米這麼害羞的男孩也可以——這或許是他人生中第一次注意到這件事。吉米日後會一直把這一點放在心上。

西雅圖中央區的許多家庭說，吉米經常去他們家吃晚餐、過夜。在這段時期，吉米很少待在父親家裡，實際上是依靠非裔美國社群裡其他人的善意過活。惠勒夫婦和其他像他們這樣的人是吉米能幸福長大的重要功臣，可以說真的是這些家庭幫助他活下去。

多年來，為吉米做得最多的家庭是哈汀家。桃樂絲·哈汀（吉米口中的「桃絲阿姨」）在露西兒分娩時協助她，在吉米還是嬰兒時幫他換尿布，也一直關心他過得好不好。吉米稱呼桃樂絲為阿姨，不過她是他生命中包括親生母親的女性在內，最像媽媽的一個。如果桃絲阿姨有一陣子沒見到吉米，就會去斥責艾爾（她經常這麼做），而且她是艾爾唯一會接受這種批評的女性。

桃樂絲是單親媽媽，得做兩份工作養九個小孩。到一九五五年之前，她白天在波音公司當鉚工，下班後趕回家為小孩準備食物，接著又要通勤去做第二份工作：一個富裕白人的家庭幫傭。哈汀一家在雷尼爾威斯塔有一間三房公寓，住在這裡的二十五年間，桃樂絲睡客廳的沙發，把臥室讓給小孩住。生活雖然辛苦，但桃樂絲把孩子餵飽，打理得乾乾淨淨，每週日還帶他們上聖愛德華天主教堂。吉米經常和他們一起去，而且似乎沉醉在彌撒儀式中，或許只是因為這讓他覺得自己歸屬於一個真正的家庭。

哈汀家較年長的男孩保護過吉米好幾次。「大家有個共識，因為有我們在，沒人敢去煩他。」梅爾文．哈汀說，「他不喜歡與人爭吵。他很文靜、愛笑，他的笑容能讓每個人融化。」吉米是內向的人，總是低著頭。「他非常敏感，」艾柏尼．哈汀說，「他從來不說想念媽媽或爸爸，但你知道他想他們。他常常哭。」

有天晚上，吉米照例待在哈汀家，他說了一段對未來的準確預言，每個談起這件事的哈汀家人都嘖嘖稱奇。桃樂絲說：「他告訴我：『我要離開這裡，遠走高飛。我會變有錢又有名，這裡的人全都會嫉妒我。』他說他要離開國內，再也不回來。我對他說他不能拋下我在這裡，他說：『不會的，桃絲阿姨，我會帶你一起去。』」哈汀家的孩子聽到吉姆誇下海口都笑了。

另一個準確的預言，出現在哈汀家的孩子對彼此說的床邊故事裡。雖然吉米很崇拜哈汀家的男孩，這家人對他未來生涯影響最大的卻是雪莉。身為家中較年長的女生，她要負責哄弟弟妹妹上床。她替每個人蓋好棉被，調暗燈光，然後坐在臥室間的走廊上，開始進行每晚的例行表演：說故事，對他來說這簡直就是有魔力的萬靈丹。吉米很愛聽她說的故事，以前都稱呼這些是「編出來的故事」。

這些床邊故事裡，一定會有三個角色：波妮塔、奧黛莉和羅伊。這些人物的身分每晚都會變，名字卻從來不變。「這些故事就像《伊索寓言》一樣，總是帶有寓意。」艾柏尼說。如果有人當天做了值得提出的善行，雪莉會放進故事裡，讓大家知道故事主角是這個做善事的人；要是有人做錯事，犯錯的孩子就會變成波妮塔、奧黛莉或羅伊，故事裡會描述並解釋他犯的錯。在這些床邊故事中，吉米經常成為羅伊這個人物的素材。打掃哈汀家的工作永遠做不完，而吉米很常負責掃廚房地板，於是他脫穎而出，在故事中成了「掃地男孩羅伊」。雪莉讓羅伊、波妮塔和奧黛莉經歷許多起起伏伏，不過，最能把一家人還有吉米逗樂的，莫過於羅伊成為知名吉他手的故事了。「羅伊的掃把吉他讓他變得出名又有錢，」雪莉如此說著故事，「大家從各地來看羅伊表演。他變得很有錢，可以開著黑色凱迪拉克加長禮車到處跑。他總是很快樂。他有很多錢，可是他還是會打掃廚房、掃地和洗碗。」說到這裡，故事的寓意出現了：每個名利雙收的男生都要記得掃地。「羅伊有錢又有名，還有一輛凱迪拉克，」她繼續說，「他可以去世界上任何一個地方。可是羅伊不一樣——他去世界各地，但永遠都會開著凱迪拉克回家。他會開車到雷尼爾威斯塔按喇叭，所有的小朋友都會跑過來向他問好。」故事說到這裡時，吉米深信他聽到自己很久以後的未來，像美夢一樣迎向他。

5

美國西雅圖，
1955年3月—1958年3月

強尼·吉他

主角：我叫強尼。強尼·吉他。
壞人甲：沒有人叫那種名字。
壞人乙：先生，硬幣如果丟出正面，我就宰了你；丟出反面的話，你可以為她彈一曲。

——出自電影《琴俠恩仇記》

一九五五年春天，吉米·罕醉克斯與雷斯契小學的六年級班上同學一起拍合照。這張有四十六個孩子的班級合照可以當成聯合國明信片：在他的班上，非裔美國人、白種人和亞裔美國人的人數一樣多。「那是個平靜祥和的時空，」基米·威廉斯說，「種族彷彿無關緊要，我們都有歸屬感。」照片裡，因為大人叫這些孩子不要動，吉米看起來被逗樂了。這年春天，吉米以平均分數C的成績從雷斯契畢業，升上中學。

然而，他的家庭生活一點也不平凡。一九五五年三月三十日，艾爾和露西兒在國王郡法院——也是他們結婚的地方——聽證會上簽字放棄喬、凱西、潘蜜拉和艾佛瑞德的親權。這場聽證會只是形式，因為這些孩子已經被送走了，然而艾爾和露西兒簽下法庭判決後，就永遠放棄「任何與孩子有關的親權與權利」。德洛蘿絲·霍爾說，露西兒因為在法庭上承認自己是失敗的母親而「大受打擊」。這場聽證會還有另一個意義，這是因為艾爾日後雖然聲稱他不是這四個孩子的父親，但在法庭上承認是他們的父親。

開聽證會時，吉米家中的狀況陷入前所未有的低潮。艾爾沒了工作，還拖欠貸款，情況惡化到即使幾位阿姨有來探望，家裡依然嚴重髒亂、破敗不堪。吉米的足球教練布思·加德納（Booth Gardner）有一天順道來拜訪時，看到吉米一個人坐在黑暗中。「他們家斷電了。」加德納說。

一天當中，吉米隨時都能在無人看管的情況下，在住家附近到處遊蕩。中央區很多人開始認識他了，就像認識一隻在大家門前遊蕩的流浪犬一樣。不過，吉米的任性行為中也帶著孩子的探險精神；他很快就憑著聽到的樂器練習聲，認識了這一帶的每個音樂家。當他聽到音樂從一間房子裡傳來，好奇的他會直接敲門。「我哥哥在彈鍵盤，」山米·德蘭（Sammy Drain）說，「吉米聽到了，有一天就直接找上門。」

然而，經常在外遊蕩的青少年會遇上危險。有一天，吉米和一群孩子去樹林裡，其中一個鄰居男孩有發展障礙，一直跟不上他們。吉米和其他男孩大喊著要他跟上，在看不到他的身影時，他們回頭去找他，結果發現他差點被一位年長男子性侵，這個男子被他們嚇跑了。十年後吉米告訴一位女友，他年輕時曾經遭到性侵。他沒有說出具體細節，只說侵犯者是個穿制服的男人，不過這件事讓他內心留下傷痕。

那年夏天，社福單位再度威脅要採取法律行動，強制將吉米送交寄養，於是艾爾妥協了，他同意讓吉米和法蘭克住在一起——法蘭克是艾爾的哥哥，就住在附近。吉米在法蘭克家遇到另一位堅強的非裔美國母親——法蘭克的妻子珀爾（Pearl）。她管理家務時像個教官，不過也會向家人表達感情，還會自製蘋果醬。「我的母親向我解釋說吉米需要地方住，因為艾爾沒有錢照顧他。」黛安．罕醉克斯（Diane Hendrix）說。法蘭克．罕醉克斯在波音公司工作，收入不錯，家中多一個人要餵飽不會造成他的負擔。對吉米來說，搬家最明顯的負面影響是必須轉學，不能和老朋友一起上中學。這年秋天，吉米在密尼中學開始唸七年級，他的朋友則是唸華盛頓中學。

艾爾找到景觀美化的工作，餘生都從事這一行。但除草的薪水並不高，於是他被迫接待寄宿的房客。康奈爾和厄妮絲汀．班森（Cornell and Ernestine Benson）搬進去一段時間，住在吉米以前的房間。厄妮絲汀發現除了付房租外，艾爾還期望她做家事。雖然艾爾和露西兒已經離婚好幾年，他仍然經常提起前妻。「他會說她是酒鬼，」厄妮絲汀說，「有時他這麼說她時，自己也喝醉了。不過那時候男人就是這樣對待女人的，男人可以喝酒，女人喝酒就人人避之唯恐不及。」厄妮絲汀說艾爾的酒癮失控了，有時連回家都會迷路。「他走到有柵門的房子前，就以為那裡是他家，因為他家門前也有柵門。」她說，「他走進去坐在沙發上說：『你們怎麼在這裡？』對方說：『我們住在這裡，你不住這裡。』他們就報警把他趕出去。」

厄妮絲汀．班森的出現，為吉米帶來一點慰藉：她是藍調音樂迷，把不少七十八轉唱片收藏帶來他家。這是吉米第一次接觸到馬帝．瓦特斯（Muddy Waters）、閃電霍普金斯（Lightnin' Hopkins）、羅伯．強生（Robert Johnson）、貝西．史密斯（Bessie Smith）和咆哮之狼（Howlin' Wolf）。「我愛藍調，」厄妮絲汀說，「吉米也愛這樣的南方家鄉音樂。」吉米唯一的樂器是掃把，在聽這種藍調音樂時，他的空氣吉他會彈奏得更加熱烈。「他用力彈掃把，彈到上面的稻草都掉了。」康奈爾說。

一九五六年二月，吉米又繼續過著不斷漂流的人生。法蘭克和珀爾離婚了，他們把他送回艾爾身邊；班森夫婦也搬走了，所以有段時間只剩艾爾和吉米住在一起。

搬回家裡讓吉米能轉學到華盛頓中學，與朋友重新聚首。過去他在學業上表現尚可，但這一年他的成績急劇下滑。第一學期他的成績是一科B、七科C和一科D；到了第二學期，他拿了三科C、四科D和兩科不及格。華盛頓中學的校長法蘭克・菲德勒（Frank Fidler）說吉米經常去學校辦公室報到，主因是成績不好，而不是行為不當。「他不是常惹麻煩的孩子，」菲德勒說，「但是課業表現不好。」

吉米在華盛頓中學唸完第一年，本來應該在一九五六年九月上八年級，家裡卻出了更多問題。這個月，銀行將他們的房子收回，吉米和艾爾搬入一位馬凱太太經營的寄宿住宅，吉米因此又得轉學，回到密尼中學唸八年級。

馬凱家有個半身癱瘓的兒子，他會彈奏一把只有一條弦的木吉他。有一天，這把吉他被丟棄了，吉米不但把它撿回來，還問馬凱太太能不能買下這把吉他。「她說她願意以五美元賣給他。」里昂說。艾爾不願意出這筆錢，最後是厄妮絲汀・班森出錢，為吉米買下他的第一把吉他。對大部分的人來說，這個樂器只是塊毫無價值的木頭，吉米卻將這把吉他變成科學實驗：這把吉他的每個琴衍、嗒嗒聲、嗡嗡聲和所有能發出的聲音，都被他拿來實驗。他不算是在彈奏音樂，而是製造噪音。「他只有一根弦，」厄妮絲汀說，「但他能讓那根弦發出各種聲音。」

現在他演奏空氣吉他時，至少能拿著一把真正的吉他了。有次吉米在亞特拉斯戲院的日場看了尼古拉斯・雷（Nicholas Ray）執導的電影《琴俠恩仇記》（*Johnny Guitar*）。飾演主角強尼・吉他的演員史特林・海登（Sterling Hayden）在片中只彈奏了一首歌，大部分的時間都將木吉他琴頸朝下揹在背上，不過這個畫面仍對吉米造成不可磨滅的影響。基米・威廉斯說：「他看了那部電影後，很愛那個人背上揹著吉他的模樣。吉米揹吉他的方式就和那個電影角色一模一樣。」吉米像許多青少年一樣，把吉他視為一種時尚配件，有好幾個同學記得他帶著那把殘缺不全的吉他到學校，上課時向大家介紹。有人問他會不會彈，他回答：「它壞了。」他從不讓這把吉他離開視線，連睡覺時也放在胸口上。

一九五七年夏天，吉米十四歲了。接下來的十八個月內，發生了兩件讓他永生難忘的事：他看了貓王的演唱會，還有聽小理查（Little Richard）的講道。

吉米去看貓王演唱會的事不難預期。九月一日貓王在西雅圖的席克斯體育場（Sick's Stadium）開演唱會，吉米買不起要價五十美元的門票，所以從俯瞰體育場的山丘上觀賞表演。雖然貓王小到看不清楚，不過吉米仍能親眼見識一萬六千名歌迷歡迎巨星上臺的瘋狂場面。貓王表演了所有熱門曲目，最後坐上一輛白色凱迪拉克的後座離開。凱迪拉克駛出體育場時，是吉米最接近這位穿著金色錦緞西裝搖滾樂之王的一刻。演唱會後兩個月，吉米在筆記本裡畫了一張圖，圖中貓王抱著木吉他，周圍畫著他十二張熱門唱片的名稱。

隔年，里昂為養母跑腿時看見一輛豪華轎車，小理查從車上走下來。小理查握了里昂的手，說他要去一間本地教堂講道——這件事發生在小理查放棄搖滾樂、投身上帝的短暫時期。里昂跑去找吉米，當晚兩人就去聽小理查講道。「我們沒什麼體面的衣服，」里昂說，「吉米穿白襯衫，不過他的網球鞋很破爛，教堂裡的人都盯著我們看。」吉米日後聲稱他曾因為服裝儀容不整被「趕出」教堂，但事實並非如此：雖然教堂裡的長輩用不滿的眼神看著他們，兩人還是坐在長椅上，痴痴看著小理查講著天降火焰與硫磺時，服貼的油頭上下彈動的模樣。講道結束後，兩個男孩留下來等著見小理查，但他們和在場其他人不同，沒興趣和他討論聖經，只想觸摸他們第一次接近的名人。

一九五七年九月，吉米開始上九年級。在這一年、或許也是他這十五年的人生中最令他難忘的事，就是認識了卡門．古迪（Carmen Goudy），他的第一任女友。她才十三歲，比吉米小，而且和他一樣窮。「要是我們兩人的錢加起來夠買一根冰棒就很了不起了，」卡門說，「我們會把冰棒分成兩半。」這兩位青少年偶爾有足夠的錢看日場電影，不過這是因為卡門把要捐給主日學校的錢偷拿來用。他們大部分的時間都在公園裡散步、消磨時光。

卡門也住寄宿住宅，但就連她都覺得吉米窮到不能再窮了。「他以前穿著白色樂福鞋，」她說，「鞋底有個洞，所以他就剪紙板放進鞋底。他走路走到把紙板都磨破了，於是想到一個點子：與其只在鞋子裡放一塊紙板，不如在口袋裡放許多剪好的紙板，這麼一來，如果走路時紙板磨破了，他就能再拿出一塊紙板放進鞋子裡。」吉米很少帶午餐去學校，卡門經常和他一起分一個三明治。

愛作夢的兩人有許多欲望。卡門幻想成為出名的舞者，而吉米最想要擁有真正的吉他。他說，有了吉他，他就會成為知名的音樂家。這種青少年的吹噓可能會被同學取笑，不過對卡門和吉米來說，這正是他們感情好的原因。「我們說這是『假裝』，」卡門說，「我們互相鼓勵，不會表露出對方說的事情不可能發生。」

卡門還有另一個吸引吉米的地方：她姊姊和一個彈吉他的男人交往。吉米經常看他彈吉他，好像光靠看別人彈奏就能學會似的。吉米學會用嘴巴發出聲音來輔助他的空氣吉他。「他會發出模擬的琴音，」她說，「有點像爵士樂中的擬聲唱法，不過他真的能唱出一段吉他獨奏，不是靠唱出詞，而是靠喉嚨發出的聲音。」至於唱歌，吉米自稱歌喉不好，不管卡門多常要求，他都不願意對她唱情歌。他小時候結巴的情況改善了，幾乎只在緊張時才會發生，不過他在卡門身邊經常很緊張。

這一年，住在附近的同齡男生開始得到他們的第一件樂器。派內爾是吉米的朋友當中最先擁有吉他的人，不過那是一把琴頸和球棒一樣寬的木吉他，算不上是什麼好樂器。

那年稍晚，派內爾又得到一把電吉他，在左鄰右舍間造成轟動，有些男生特地跑去他家，就只為了看看那把電吉他。

當吉米終於想辦法弄到其他幾條弦，頓時感到如釋重負，因為他能真正彈奏那把木吉他了，雖然琴頸已經變形，總是走音，他依然時常彈奏——至少是在被艾爾逮到之前經常彈。吉米是左撇子，他父親卻堅持要他用右手寫字，甚至覺得也該用右手彈吉他。「我爸認為用左手做每件事都是魔鬼的勾當。」里昂說。吉米重新為吉他裝弦時，裝成能用左手彈奏，因而經常上演這種喜劇般的橋段：艾爾一回到家，吉米就立刻把吉他換邊繼續彈，一直沒有間斷。「他學會用左右兩手彈吉他，因為每次我爸進房間，他就得換邊倒著彈吉他，不然我爸就會罵他。」里昂說，「我爸已經很不高興他老是彈吉他，又不工作。」艾爾總是找機會叫吉米幫忙修剪草坪，而吉米總是設法逃避這項工作。

那年秋天，里昂暫時脫離寄養，罕醉克斯一家三口在寄宿住宅的小小房間裡再次相聚。有弟弟在身邊，吉米心情變得比較好，成績也稍有進步。這年秋天，他的英文、音樂、科學和金屬加工課拿到C的成績，體育還是不及格，整體成績是D；不過，能拿到這種成績已經很厲害了，因為他現在幾乎每週至少逃一次學。曠課時，他在住家附近閒晃，通常像強尼・吉他一樣揹著吉他。

吉米和里昂有好幾個月沒見到母親，他們從德洛蘿絲口中聽說露西兒在一九五八年一月三日再婚。與威廉・米契爾（William Mitchell）短暫戀愛之後，兩人步入禮堂；米契爾是退休碼頭工人，比她年長三十歲。露西兒雖然再婚，德洛蘿絲卻很肯定她還會偶爾和艾爾見面，至少會在耶斯勒（Yesler）他們兩人都常去的酒館不期而遇。「他們會在那裡巧遇，然後舊事重演。」德洛蘿絲回憶道。

露西兒接下來再見到兒子時，是因為酗酒造成的疾病：一九五七年秋天，她因為罹患肝硬化兩度住進港景醫院。一九五八年一月中旬，才剛新婚的她又因肝炎再度住院，德洛蘿絲帶吉米和里昂去探望她。看到母親坐在輪椅上病懨懨的模樣，狀況比上回見到她時惡化許多，令兩個男孩十分震驚。「以前她看起來一向光鮮亮麗，」里昂說，「總是配戴著首飾，身上很香，但這回完全不是這樣。」

露西兒不停擁抱、親吻兩個男孩。吉米和里昂離開病房後，她和德洛蘿絲單獨談話。「說真的，姊姊，」露西兒說，「我活不久了。我有這幾個孩子，我愛他們，我想照顧他們、當個好母親，但我沒有這個能力。我撐不下去的。」過去無論情況多糟，露西兒總是維持開朗的性格；聽到妹妹如此沮喪令德洛蘿絲震驚。「你不會有事的，」德洛蘿絲告訴她，「好好照顧自己就好。」後來露西兒情況好轉，隔週就出院了，帶來逐漸康復的希望。

多年後，吉米寫出自傳色彩最濃厚的歌曲〈沙堆成的城堡〉（Castle Made of Sand），歌裡提到一位坐輪椅的女士「心裡眉頭深鎖」。「那首歌寫的是我們的母親。」里昂說。歌詞一開始提到一場家庭紛爭，接著妻子甩門離開她醉醺醺的丈夫；另一段歌詞訴說著一個在樹林裡玩耍的小男孩，假扮成是印第安酋長。最後，這位殘缺的女子決定跳海自殺，跳下去時懇求說：「你不會再傷害我了。」接著掉在一艘「長了金翅膀」的船上。歌詞最後是一組關於永恆的對句，描繪「沙堆成的城堡」被海沖走的意象。

吉米和里昂最後一次見到露西兒．吉特．罕醉克斯兩週後，她就去世了。

二月一日，德洛蘿絲接到露西兒朋友的來電，說她在耶斯勒一家酒館外的巷子裡昏迷，因而得知妹妹再次入院。德洛蘿絲和桃樂絲．哈汀立刻趕去港景醫院看她。「護理師說他們不知道她怎麼了，但她不會有事。」德洛蘿絲說，「那天晚上他們非常忙，走道上都是槍傷、刀傷病患，幾乎沒怎麼管她。」在這兩位女性的抱怨之下，露西兒終於被送進病房。她們在病房外等待，等到有醫生來時，露西兒已經死於脾臟破裂。「他們有機會救她一命的，」德洛蘿絲說，「她有內出血，他們卻沒有發現。」

露西兒的郡死亡證明上，將直接死因列為「脾臟破裂及出血」，並註明相關原因是

「門脈高壓和肝硬化」。門靜脈把血液輸送到肝臟，功能可能因為肝硬化而受損——肝硬化這種肝病通常由酗酒引起；然而，即使是長期肝硬化患者的脾臟，也鮮少在沒有外傷的情況下破裂。露西兒一定是跌倒或受到撞擊，脾臟才會破裂。她的家人對她在酒館外發生的事有諸多臆測，但詳細情況始終成謎。

有個朋友去寄宿住宅通知艾爾這個消息。前一年秋天滿十五歲的吉米無意間聽到這段對話，哭了起來；才十歲的里昂與其說是悲傷，不如說是震驚。露西兒被送去中國城的殯儀館，艾爾借了輛貨車載兩個孩子去，不過他在殯儀館外反悔了，不想讓孩子看到屍體，所以要他們待在車上，他自己去看這個和他一起生下六個孩子的女子。「艾爾是露西兒唯一愛過的男人，」德洛蘿絲說，「也許她曾和別的男人在一起，可是從沒愛過別人。」

在貨車上等待時，吉米哭了起來，里昂卻努力忍耐，他覺得如果自己不表現出情緒就不會痛苦了。艾爾回到車上後，從口袋裡拿出裝威士忌的隨身酒瓶，給兩人各喝了一點施格蘭七（Seagram's 7）威士忌；罕醉克斯父子三人各喝了好幾大口，艾爾才開車送他們回家。

四天後，葬禮在一間五旬節派的教堂舉行，艾爾的母親諾拉從溫哥華南下前來，還有二十多位露西兒的朋友來參加。葬禮安排在週日下午兩點，大家都準時到齊，只有艾爾、吉米和里昂缺席；牧師暫停儀式，希望他們只是遲到了。露西兒的親戚心想，如果艾爾不來，至少也該通情理送孩子過來。到下午四點，比預定時間晚了兩個小時，葬禮終於開始，而兩兄弟一直沒出現。「我們一直在等，」德洛蘿絲說，「他們卻沒來。」

艾爾在自傳裡解釋說吉米想參加葬禮，但他沒有車，所以給吉米錢去搭公車並告訴他：「這是車錢，你搭公車去吧。」不過吉米沒有自己搭公車去參加母親的葬禮，而是待在房裡哭。「我們兩個都想去，」里昂說，「但我爸不讓我們去。」

桃樂絲·哈汀當天晚上找到艾爾時，朝他的頭上打下去。「這件事讓我很氣他，」哈汀說，「我對他說他會因此痛苦一輩子。」或許更重要的是，德洛蘿絲對艾爾說吉米和里昂會因此痛苦，艾爾的反應卻是：「他們現在去也沒什麼意義，都結束了。」

「不是這樣，艾爾，」德洛蘿絲指著隔壁房間、桃樂絲擁在懷裡的兩兄弟，回答說：「也許對你來說是結束了，但對他們來說，永遠不會結束。」

吉米向來害羞，但在露西兒死後，他變得更沉默寡言、更難親近。在接下來的青少年歲月裡，他除了最親近的朋友外，很少主動和人交談。「他變得極為敏感。」艾柏尼·哈汀說，「他非常悲傷。」有人注意到他也變得淡漠，彷彿經歷最深切的喪親之痛過後，他覺得其他事都不重要了。這也開啟了他成年後許多人注意到的一項特質：他不做長遠的計畫，而是每天都過得像在世上的最後一天。他仍然是夢想家，但在人生中遇到問題時，總是聽天由命。

露西兒的死永遠改變了吉米與艾爾之間的關係。之前，就算吉米不知道媽媽的下落，她仍然是存在於他人生中的情感寄託，至少能想像有她在。父親選擇不讓吉米參加葬禮，使他留下苦澀的回憶。「這件事讓他一直無法原諒爸爸。」里昂說。就連向最親近的朋友，吉米也很少談起喪母的事；女友卡門從一位同班同學口中得知，基米則是從里昂那裡聽說的。吉米在內心開始將失去的母親理想化，在那年春天開始創作的詩與初期歌曲裡，露西兒逐漸成為主題。過去吉米一直對科幻與太空感興趣，現在他在這些孩子氣的喜好中新增了對天使的著迷。「對他來說，媽媽變成天使，」里昂說，「他告訴我他相信媽媽是天使，一直跟在我們身邊。」

那年春天的某天晚上，德洛蘿絲聽到前門廊有聲音，於是拿著手電筒去查看。光線掃過門廊時，照到吉米圓潤的臉頰，他坐在角落的椅子上。「小鬼，這麼晚了，你在這裡做什麼？」她問。「沒事，阿姨。」他答道。

「他看上去很茫然。」德洛蘿絲多年後說，「那天晚上他很孤僻，我沒看過他那個模樣。」

德洛蘿絲試圖讓他心情好轉。「你要不要進屋來？」她懇求說，「我拿東西給你吃。」

「我只是在看星星，」他說，「我晚點會進去。」

「你在想媽媽嗎？」她問。

「你怎麼知道？」他答。「有一天我會見到她的，我會再見到她。」

「我知道你會再見到她，」德洛蘿絲說，「我們都會。」

吉米似乎軟化了，彷彿無法繼續承受這麼強烈的感情。接著，像魔法解除般，他說話的口吻回復到那個看了太多科幻漫畫書、在亞特拉斯戲院看過太多部《飛俠哥頓》的男孩。「有一天我會把自己發射到天空上，」他吹噓說，「我會飛到星星和月球上。我想飛上去，看看上面有什麼。」

「我想飛上天空，」他看著阿姨說，「從一個星球飛到另一個星球。」

6

美國西雅圖，
1958 年 3 月—1960 年 10 月

酷酷的高個子

「他彈奏〈酷酷的高個子〉的方式很動聽，會讓人以為他是呼嘯樂團的成員。」

——卡門・古迪

一九五八年春天，吉米和艾爾離開寄宿住宅，搬進燈塔山（Beacon Hill）的一間兩房住處，和康奈爾與厄妮絲汀・班森一起住。里昂再次被送寄養，不過仍有艾爾、吉米、康奈爾和厄妮絲汀四個人同住一間不到十四坪的屋子裡。

即使如此，這次搬家對吉米來說卻像是得到喘息空間。雖然住燈塔山讓他離中央區和朋友更遠了，不過也變得離哈汀家更近，而且還能回到厄妮絲汀的身邊——她會煮東西給他吃，像媽媽一樣照顧他；當然，她的藍調唱片收藏也很重要。厄妮絲汀甚至偶爾會帶吉米去「鮑伯桑莫萊斯的音樂世界」（Bob Summerrise's World of Music），還讓他選唱片。桑莫萊斯的著名唱片行有很多藍調及節奏藍調藝人的唱片可挑選，也有受歡迎的白人歌手的唱片，不過和一般情況相反的是，這些唱片都放在櫃臺下方。桑莫萊斯主持一個廣播節目，播放最流行的黑人音樂，吉米是忠實聽眾。

那年秋天吉米滿十五歲了，他的音樂品味開始變得成熟，現在他去派內爾家時，他們會播放艾默爾．詹姆斯（Elmore James）的唱片，並設法跟著唱片彈吉他。派內爾透過一個朋友弄來小理查的門票；此時小理查回頭開搖滾巡迴演唱會。他們成功提早偷溜進日場，並坐在前排。演唱會上，兩個男孩充滿活力，派內爾的朋友在演唱會後讓他們進後臺時，小理查認出他們，還拍了拍他們的背。「你們就是一直跳舞的那幾個小男生！」小理查興奮地說。隔天，吉米在學校告訴全班同學他遇到小理查的事，卻沒幾個人相信他有這麼幸運。兩人這年秋天也去聽了比爾．達吉特（Bill Doggett）的鍵盤演奏。

吉米從沒接受過正式音樂課程，而是向鄰家年輕人學習展現吉他技巧的短樂句，其中最值得注意的是綽號「壯漢」的蘭迪．史奈普斯（Randy "Butch" Snipes）。壯漢能模仿丁骨華克（T-Bone Walker）的招式，把吉他放在背後彈奏，還能做出絕妙的查克．貝瑞（Chuck Berry）鴨子步。許多午後時光，吉米坐在壯漢的腳邊看著他，在腦海裡想像自己怎麼樣才能做到同樣的技巧。

吉他技法是吉米少數在學習的事物，他的成績持續下滑。搬進新家與班森夫婦同住，使得吉米又得轉學，這是他在三年內唸的第四所學校。他九年級的成績單上有三科C和五科D，若要說有什麼好消息，那就是只有一科拿到F——諷刺的是，這是音樂的成績。吉米偶爾帶吉他去上學，不過看來並沒有讓音樂老師留下什麼好印象，他反而鼓勵吉米考慮走其他行業。音樂不及格所反映的，其實是吉米對藍調、節奏藍調、搖滾的興趣跟五〇年代晚期學校教的音樂理論之間有多大的差距，而非吉米剛萌芽的才華。那年他在標準化測驗中的百分等級排在第四十名，成績糟糕的部分原因是出席紀錄不佳。那年秋天，他有十一天曠課，而且幾乎天天遲到。「我不知道這是因為他家裡的情況，還是因為他對死板的學科缺乏興趣，」基米說，「吉米一向崇尚自由，學校不適合他。」

這樣的成績造成他在青少年時期最大的恥辱：雷斯契小學和他一起長大的孩子全都要上高中了，他卻被下令重讀九年級。這件事他幾乎絕口不提，被問到要上哪一所高中時還撒了謊。大部分認識他的成年人都記得吉米是聰明的孩子；其實他在學校遇到的問題，大多來自不用心或是蹺課。

吉米每次蹺課，都會像警察巡邏一樣做例行拜訪：他一定會去里昂的寄養家庭，順道去派內爾家看看，接著去找基米，再去泰瑞家。就算自己曠課，他也會在卡門下課後陪她走回家。他開始在路線上加入幾位樂手的家，希望能學到一些演奏的訣竅。「在那個年代，大家的心胸都很開闊，他們會示範重複樂段給你看、和你分享一些事，」鼓手萊斯特．艾克斯坎諾（Lester Exkano）說，「沒人想過音樂創作能賺錢，所以和其他樂手分享這些點子可說是一種自尊心。」艾克斯坎諾記得吉米當時最愛的吉他手是比比金（B.B. King）和查克．貝瑞。

有兩個音樂世家不只對吉米很重要，對這一帶渴望成名的音樂家來說也是。路易斯父子激勵了許多人——兒子是鍵盤手戴夫．路易斯（Dave Lewis），他的父親是老戴夫．路易斯（Dave Lewis Sr.）。「他們的地下室有一架鋼琴，家門永遠開放，」基米．奧吉威（Jimmy Ogilvy）說，「老戴夫會彈吉他，不過他主要都在鼓勵別人。他曾經向雷．查爾斯和昆西．瓊斯秀過幾招。」路易斯家提供一個鼓舞的環境，讓年輕人知道有創意是件好事。霍爾登（Holden）父子——兒子朗恩（Ron）和戴夫（Dave）以及爸爸奧斯卡（Oscar）——也以同樣的方式接待來客。從許多方面來看，這種非正式的、在西雅圖市中心的地下室與後陽臺開設的節奏藍調學校，成了吉米受到的高等教育。

那年秋天，吉米滿十六歲，音樂在他生命中變得愈來愈重要。他的木吉他彈得很熟練，不過最想要一把電吉他。「他對電吉他很著迷，」里昂說，「他把立體音響重新配線，想用來讓自己的吉他插電。」厄妮絲汀看到吉米對音樂的興趣愈來愈濃厚，就催促艾爾買個像樣的樂器給他。

他的課業仍是問題，就算重修前一年不及格的課，吉米依然讀得很吃力。他和艾爾在十二月再度搬家，搬去和葛蕾絲與法蘭克．哈契一起住幾個月，於是他又得轉到華盛頓中學。春季學期結束時，吉米的數學、英文和機械製圖再度不及格；他不能再次留級，所以校方准許他秋天上高中，無疑是希望新環境能讓他的成績進步。

哈契夫婦只和這對父子住了短短一段時間，很快就對艾爾的問題感到厭煩。「艾爾反覆無常；他經常喝酒、賭博，又不知何時才回家，」法蘭克．哈契說。一九五九年四月，他們又搬家了，這次搬進第一山丘（First Hill）上的公寓。這棟大樓鼠患十分嚴重，搞得艾爾根本懶得開瓦斯爐或使用廚房。同一條街上有妓女在工作，而公寓就在少年觀護所的對面，這或許提醒了吉米可能有什麼後果。

雖然周遭環境很糟糕，吉米卻在這間公寓得到童年時最大的喜悅——第一把電吉他。在厄妮絲汀不斷嘮叨著「買吉他給那孩子吧」的情況下，艾爾終於同意了，在邁爾音樂（Myer's Music）分期付款買下一把電吉他；他同時還買了一支薩克斯風，心想自己也要學學樂器。有段短暫的時間，罕醉克斯父子兩人一起即興演奏，但在下一個付款期限到來時，艾爾把薩克斯風拿去退掉了。

吉米的電吉他是白色的 Supro Ozark，這是右手吉他，不過吉米立刻重新裝弦，改成左手彈的吉他，這表示吉他的旋鈕反過來了，變得不好操控。吉米立刻打給卡門．古迪，對著電話大喊：「我有吉他了！」

「你已經有吉他了呀。」她說。

「不是，我是說真正的吉他！」他興奮地說，並且立刻跑去她家。他們走路去密尼公園時，吉米手裡拿著吉他雀躍地跳步。「別忘了，」卡門說，「我們小時候很窮，耶誕節沒有禮物可拿，而這就像是一口氣過五個耶誕節一樣，讓人忍不住為他開心。我想那是他人生中最快樂的一天。」

吉米在公園裡調整吉他，試彈了幾個用木吉他學到的短樂句。他已經花無數時光彈奏空氣吉他，所以顯得很有架勢，即使技巧還不純熟，看起來已經像個吉他手了。「我要當你的第一個粉絲。」卡門說。

「你真的覺得我會有粉絲嗎？」吉米問。她向他保證會有。

他們之間的關係已經進展到接吻，不過兩人都還在學習接吻技巧，每次接吻後，吉米會解釋剛才的親吻是哪一種。「剛才是把舌頭伸進嘴裡的法式接吻。」他會這麼說。在她的回憶中，他的吻「是最熱情火辣的」。那天在公園裡，吉米對吉他比對接吻還感興趣，這讓卡門感覺受挫，當然也讓她覺得更受他吸引，而吉米日後會把這項優勢磨練成一種本領。

吉他成為他的生命，他的生命也成了吉他。有了這件樂器，他的下一個執著目標就變成組樂團。接下來幾個月，吉米會跟住在附近任何一個有樂器的人一起演奏，大部分是輕鬆的即興演奏，而且多半沒接音箱，因為吉米還沒有弄到一臺；幸運的話，年長的樂手會讓吉米接上他們的器材，這時吉米就會盡情飆高音。他偶爾也能在男孩俱樂部試用音箱。他沒有吉他盒，所以直接揹著吉他走，或是裝在乾洗紙袋裡，讓他看起來像個流浪漢，而不是技藝精湛的吉他手。用紙袋裝吉他的吉米，就像是查克·貝瑞〈強尼·B·古德〉（Johnnie B. Goode）這首歌裡的主角。

當時吉米只懂幾個重複樂段，還不會彈出完整的歌。卡門·古迪記得，他學會從頭到尾演奏的第一首歌是呼嘯樂團的〈酷酷的高個子〉（Tall Cool One）。呼嘯樂團來自華盛頓州塔科馬，是受節奏藍調影響的搖滾樂團，因為是當地第一個完美表演〈路易路易〉（Louie, Louie）這首歌的團體而出名。

一開始，吉米受到當時的熱門流行歌曲吸引，經常和基米·威廉斯一起演奏，基米負責唱，而吉米用粗淺的吉他和弦伴奏。「我們會彈經典曲，」威廉斯說，「有許多法蘭克．辛納屈和狄恩．馬汀的歌，吉米很努力去掌握這些歌的節奏，他也很愛杜安．艾迪（Duane Eddy）。」專精輕快山區鄉村搖滾的艾迪，成了吉米第一個真正的吉他偶像，他很快就學會〈四十哩險惡路〉（Forty Miles of Bad Road）、〈彼得根〉（Peter Gunn）和〈因為他們還年輕〉（Because They're Young）。他學歌的速度很快，每天學會一首新歌，所以基米曾經開玩笑說吉米是「人體點唱機」。遇到一段很長的吉他獨奏時，吉米會用誇張的動作彈奏——就連杜安．艾迪也不一定適合這麼做。不過，搖滾樂只是吉米的眾多興趣之一，基米記得吉米這年夏天最愛的歌是狄恩．馬汀的〈這造就回憶〉（Memories Are Made of This）。

一九五九年九月九日，吉米開始在加菲爾德高中讀十年級，雖然晚一年就讀，高中對他來說仍是令他興奮的轉變。加菲爾德高中位於中央區的中心地帶，是西雅圖最族群融合的高中，也是該市最好的高中之一，學生的組成為五成白人、兩成亞洲人和三成黑人。這所高中規模很大，吉米就學的那一年，有一千六百八十八名學生就讀。

吉米在加菲爾德高中的第一個學期有二十天遲到，成績也沒有進步的跡象；他對上課的興趣低落到有老師形容他是「不是學生的學生」。他上學主要是為了能和基米、派內爾及其他住附近的朋友重新建立感情，他們每天聊的主要是音樂——有時連上課時也在教室後方討論。學校餐廳裡有一臺點唱機，學生可以播放音樂；總是有年輕人在組樂團或討論組團的事。附近一帶的樂團都不是正式樂團，演出陣容經常在變，全看誰在哪天晚上是否有空。他們會在上社會課的時候坐在最後排，安排誰要彈貝斯，以及下一個樂團要挑戰什麼樣的歌單。

吉米的第一場演出在赫希西奈會堂（Temple De Hirsch Sinai，位於西雅圖的猶太教堂）的地下室舉行，他和一群年紀比他大的男生一起表演。廣告宣傳上說這場表演是甄試，參加者有機會永久加入這個當時還沒有團名的樂團。「吉米在第一段表演中做了他平常那一套，」卡門．古迪回憶說，「他瘋狂彈奏，他們介紹樂團成員、聚光燈照在他身上時，他變得更瘋狂了。」第一段表演休息結束後，樂團回到舞臺上，但吉米沒有一起上臺，卡門開始擔心他身體不舒服；吉米在表演前很緊張，她怕他會吐出來。經過一番尋找，她在建築物後面的巷子裡找到他。吉米顯得意志消沉、哭喪著臉，他告訴卡門，他在第一段表演後就被開除了——他在職業生涯中第一個樂團的第一場表演就被開除。他沒有回家，而是坐在巷子裡一個小時，談論他這剛起步的生涯遇到的狀況有多悲慘。卡門試圖輕柔地建議吉米，也許他可以用比較傳統的方式演奏，不要那麼招搖；聽到女友居然這麼說，吉米還是被惹惱了。「我的風格不是那樣，」他堅持，「我才不要那樣。」她最擔心的是吉米能不能被雇用。

不久後，卡門和吉米的感情開始逐漸變淡，不過並不是因為兩人意見不合；有其他男生邀卡門去約會，她被這些男生吸引了。「我很喜歡吉米，」她說，「不過年紀比較大的男生有車，也有錢帶我出去玩。」卡門與吉米的約會幾乎都是在公園裡散步；他們經常路過一間免下車餐廳，看到其他的情侶啜飲可樂，在車上前座緊靠在一起。「年紀比較大的男生可以買漢堡給我吃，可是吉米既沒有車也沒有錢可以約會。」她和他在高中時期依然維持朋友關係，但他火辣的親吻很快就成了回憶。

吉米加入的第一個重要樂團是絲絨音調（The Velvetones），這是鋼琴手羅勃．葛林（Robert Green）和次中音薩克斯風手路德．拉布（Luther Rabb）組的團。「我們只是一群年輕人，」路德說，「我們的陣容經常在換，但有四個吉他手、兩個鋼琴手、幾個銅管樂手和一個鼓手。那是『歌舞秀』年代，每場演出都要有舞曲，我們得做打扮，在褲子上加閃亮的亮片。」

絲絨音調並不是優雅洗練的樂團。「我們的歌曲主要是吉他或鋼琴演奏，混合爵士、藍調和節奏藍調。」在這個樂團裡擔任吉他手的派內爾說。典型的絲絨音調樂團表演可能有〈下班後〉（After Hours）這類爵士經典曲，後面接著杜安．艾迪的〈反叛煽動者〉（Rebel Rouser）和〈彼得根〉，他們的招牌歌曲是比爾．達吉特的純演奏曲〈低俗酒吧〉

（Honky Tonk）。「這首歌成了吉米的經典曲。」泰瑞說。一開始，吉米並不是團裡最厲害的吉他手，不過他每天都在進步。吉米的天賦之一就是手指比一般人長，能夠繞過琴頸，彈出其他吉他手難以彈出的高音，他善加利用這點，彈出原來的編曲裡沒有的音。由於他是新手，有時候彈出來的音不見得悅耳，不過卻能吸引觀眾注意——不說別的，起碼他花招很多。

經過一次試演，絲絨音調樂團得到了在鳥園（Birdland）俱樂部平日晚上固定表演的機會，這個傳奇俱樂部位於麥迪遜大道和二十二街口。身為常駐樂手，現在吉米能免費觀摩其他樂團，和他靠表演能賺到的兩美元比起來，這是更大的福利。有一次去看團時，吉米說服戴夫．路易斯在他和樂團休息時，讓吉米上臺獨奏；這十分鐘的上臺時間，讓吉米有機會在毫無風險的情況下在觀眾面前練習，公開嘗試他的噱頭。路易斯日後說，吉米經常嚇到路易斯較年長、成熟的觀眾：「他彈奏的東西很狂野，但又不能隨之舞動，所以他們只能盯著他看。」

絲絨音調樂團每週五晚上固定在耶斯勒露臺鄰里之家（Yesler Terrace Neighborhood House）表演。在社會住宅的娛樂室表演並不光鮮亮麗，也沒有錢拿，不過給了吉米和團員實驗的機會。「那就像襪子舞會（sock hop）一樣，有些年輕人會跳舞，不過主要是表演給其他的年輕樂手看，」當地音樂人約翰．霍恩（John Horn）說，「他們演奏節奏藍調和一些藍調。當時吉米已經很引人矚目，光是反過來彈右手吉他就夠吸睛了。」

此時吉米還是沒有音箱，他也明白不能找父親幫他買一臺。艾爾雖然買了吉他，卻很後悔自己做了這個決定，還認為兒子花太多時間在音樂上。後來艾爾暗指自己很支持吉米早期的樂團，但這些樂團成員卻有不同的說法。「吉米會把吉他放在派內爾家，他怕如果放在自己家裡的話，吉他會被破壞，」絲絨音調的團員安東尼·艾瑟頓（Anthony Atherton）說，「他爸爸很反對他彈吉他，也反對家裡有音樂，就連練習也不行。」協助吉米溜出家門練團或表演，成了樂團每天的工作。有幾位團員也親眼看過艾爾發怒時打兒子的模樣。「艾爾就是那樣，」派內爾說，「他是很殘暴的人。一部分是因為那個年代的男人就是那樣，身邊沒有太太可以打的時候，就會打小孩。那個畫面真殘酷，簡直可怕極了。」

艾爾經常不在家，他在的時候，團員都知道接近他家門口時要小心。「雖然我當時只是青少年，也知道罕醉克斯先生顯然跟一般的爸爸不一樣，」艾瑟頓說，「我很怕他是因為他的怒吼聲，而且我看過他對待兒子的方式。帶樂器去他家的人都會惹上麻煩，他會說：『放下那個鬼東西，你沒辦法靠那個找到工作的。』」

有天晚上在鳥園表演結束後，吉米把吉他留在俱樂部後臺，心想這樣或許比放在家裡安全；他隔天回到俱樂部時，發現吉他被偷了。「他大受打擊，」里昂說，「但我想更令他難受的是，他知道得告訴我們老爸這件事，他也知道自己會被毒打一頓。」目前看來，吉米的音樂生涯就這樣結束了。

一九五九年秋天，吉米開始和貝蒂．珍．摩根（Betty Jean Morgan）交往，兩人是在學校認識的。貝蒂．珍在南方長大，說話帶著很重的口音，這對西雅圖的非裔美國人來說很不尋常。由於吉米缺錢，兩人約會時通常散步去雷斯契公園。貝蒂的父母很傳統，要是吉米想帶他們的女兒出門，得當面取得她父親的同意。吉米喜歡這種禮節。「他很貼心，」貝蒂．珍說，「我父母喜歡他，因為他很有禮貌。我媽很會做菜，他非常喜歡我媽。」吉米還擁有吉他時，會在貝蒂．珍的門廊上彈吉他討她歡心。

這年秋天，吉米滿十七歲。同校的麥克．田川（Mike Tagawa）記得他的穿著打扮總是過時兩年：「他穿著黑色錐形褲、立領黑白條紋襯衫，還歪著繫上寬一吋半的皮帶，基本上就是你會在電影《火爆浪子》裡看到的風格。」吉米後來找到《西雅圖郵訊報》的送報工作，但做不久，三個月後就辭職了，因為收不到錢。

不過，吉米經常幫忙父親除草，艾爾要他加入這項家族事業，和他一起工作。「如果吉米整天努力工作，」里昂說，「他會拿到一美元。這種工作很辛苦，吉米很討厭。」

相較之下，基米在雜貨店工作，一週能賺到五十美元，他想找吉米過去工作。「那筆錢能大大改變他的生活，」基米說，但艾爾不肯讓兒子做那份工作。「艾爾總是說：『我不能讓他外出工作到那麼晚，因為他得唸書、去學校上課。』」基米說，「不過，吉米當然很少去上學，也根本沒在唸書。」

隨著這群住在附近的男孩長大、找到工作或離開這一帶，他們之間的友誼也開始改變。吉米在許多方面似乎都趕不上其他男孩，就連他和貝蒂·珍的關係也只進展到接吻而已。一九五九年的除夕，他和基米一起度過，兩人演奏狄恩·馬汀的〈這造就回憶〉。到了午夜，吉米打電話給貝蒂·珍，但她住的地方只有幾條街遠，對她來說這幾乎算不上什麼浪漫之舉。

吉米當時如果有和別的女生上床，也從來沒有向朋友吹噓過。基米和派內爾記得他們都去了一場年齡較大且有性經驗的女生會去的派對，表面上看來，那一晚似乎給了吉米脫離處男的機會。派內爾一向比較精明世故，在進屋裡之前，他像大哥哥一樣，要吉米和基米坐在前門臺階上，跟他們說明重要資訊。「這些女生的父母都不在家，也許她們想要狂歡一整夜。希望你們知道該怎麼做。你們兩個有上過床嗎？」

吉米和基米都沒有回答；從他們的沉默和睜大眼睛的模樣，能明顯看出他們沒有經驗。「你們只要冷靜就行了。」派內爾說著就進屋裡去。

吉米和基米沒有跟上去，他們繼續待在門廊面面相覷，想找到勇氣。說到性，他們聯想到的是大人再三告誡不能搞大女生的肚子；更令他們不安的是，已經有認識的朋友當爸爸了。他們討論了一下，認真考慮懷孕會帶來什麼問題，畢竟他們的年輕歲月已經過得很辛苦了。兩人當時十七歲了，卻仍然是童男。「我承擔不起讓女生懷孕的後果。」吉米苦惱地說；基米也這麼想。最後，基米站起來離開，吉米也站起來，跟著他最要好的朋友一起回家，根本沒有進屋。

吉米最後把弄丟吉他的事告訴艾爾了，被狠狠說教了一番。有好幾個星期，吉米去上學的神情就像條獵犬。

弄丟吉他之前，吉米加入了一個叫做「搖滾之王」的樂團，這個樂團和絲絨音調一樣，團員都是高中生，不過有爭取到幾場專業級的收費表演。雖然這個樂團已經有小希斯這個傑出的吉他手，吉米先前在秋天的「樂團大賽」演唱會上引人矚目的表現，讓他得以加入樂團。「他看起來很古板，」鼓手艾克斯坎諾說，「不抽菸也不喝酒。他比其他人更瘋狂一點。」吉米平常或許有點古板，不過一讓他上臺，有了音箱和聚光燈，他就變了一個人。搖滾之王樂團有個經紀人，叫做詹姆斯．湯馬士（James Thomas），為他們爭取表演機會，還把他們打理成更專業的樣子，但他有一項要求，就是所有的樂團成員必須穿西裝外套。為了參加一場演出，吉米得租一件紅色外套，結果租外套的費用還超出表演收入。艾爾老是拿這件事提醒吉米。

吉米的吉他被偷走後，他在搖滾之王樂團變得無用武之地，最後幾個團員合力幫他買新吉他。那是一把白色的 Danelectro Silvertone，在西爾斯百貨以四十九點九五美元買下，還附贈搭配的音箱。和前一把吉他一樣，吉米通常把它放在別人家裡，以免惹父親發怒。吉米將吉他漆成紅色，還在正面用兩吋高的字母寫上「貝蒂・珍」這個名字。德洛蘿絲阿姨說，要不是比比金已經用過「露西兒」這個名字，他可能會寫上母親的名字。

比比金依然有影響力，所以他們的樂團經常翻唱〈日日藍調〉和〈方向盤〉等歌曲。搖滾之王的表演曲目可能會有查克・威利斯（Chuck Willis）節奏藍調原版的〈C.C. 騎士〉；漢克・巴拉德（Hank Ballard）版的〈扭扭舞〉，這比恰比・卻克（Chubby Checker）的流行版本慢；像〈搖滾知更鳥〉或〈你想跳舞嗎？〉這類熱門曲目；海岸合唱團（The Coasters）的熱門歌曲翻唱；胖子多明諾（Fats Domino）的〈藍莓丘〉；此外也幾乎一定有杜安・艾迪和查克・貝瑞的歌。樂團還會改編本地人最愛的〈大衛的心情〉和〈路易路易〉放進表演。「我們結合了藍調、爵士和搖滾，」艾克斯坎諾說，「我們表演任何會讓大家跟著節奏搖擺的曲目。」這些歌曲的動力來自艾克斯坎諾不尋常的鼓聲，他說這叫做「流動節拍」。「比較像是鬼步舞的拍子，」艾克斯坎諾說，「這樣比較容易跟著節奏搖擺。這絕對是黑人的風格，不過我們的表演綜合各種元素，大家都會來聽。」

一九六〇年六月，艾爾和吉米又搬家了，這次搬到東耶斯勒大道二六〇六號，離加菲爾德高中只有幾條街。吉米唸完高二時，藝術科拿到B，打字拿到D，戲劇、世界史和體育拿到F；他寧可退選語文、木工和西班牙文，也不願意成績不及格。「他就是不想唸書，」泰瑞說，「於是成績就不及格，這樣又進一步傷害他的自尊。」

九月加菲爾德開學時，吉米只上了第一個月的課，卻很快就能明顯看出他無法畢業。雖然校方數度警告，吉米若再次蹺課就會被退學，他還是缺席，結果在那年十月底正式被加菲爾德高中退學。校方檔案顯示他的離校原因是「工作轉介」，但他唯一的工作是在搖滾之王擔任吉他手。「他離畢業還早得很，問題不只是幾個學分或幾堂課，」校長法蘭克．哈納瓦特（Frank Hanawalt）說，「他缺太多課了，根本不可能補修。當時的法令規定如果學生不能經常來上課，我們就不能留下這個學生。」那一年，加菲爾德高中有大約一成的學生輟學。

多年後，已出名的吉米開始把自己的過去編造成神話，向好騙的記者述說了一個荒誕的故事，內容是種族歧視的老師發現他在自修室和白人女友牽手後，把他「踢出」加菲爾德高中。這個故事完全是虛構的：在這所學校，跨種族戀愛並非前所未聞，不過吉米並沒有可牽手的白人女友。那段時期就讀加菲爾德高中的人，全都不記得吉米除了貝蒂·珍外還有別的女友。吉米確實和白人女同學瑪莉·威利克斯（Mary Willix）交情很好，兩人成為好朋友，經常一起聊飛碟、潛意識和靈魂轉世。吉米和威利克斯之間是純友誼，這是他青少年時期少數交到的白人女性朋友。「其他白人女學生似乎都不認識吉米。」威利克斯說。就和吉米在加菲爾德與中央區和各種族的音樂人在這年秋天建立的友誼一樣，他和威利克斯之間的情誼也會給他留下深刻的印象。「吉米在加菲爾德體驗到的多文化共存令他永生難忘，」威利克斯說，「這裡真的很特別，唸過這所學校的人都受到影響。」這樣的友誼，包括許多是因為共同的音樂愛好而建立的情誼，對吉米造成的影響超過了課堂上學到的任何東西。

至於吉米日後說的、為假想白人女友被趕出自修室的那個荒謬故事，光去想像吉米坐在自修室裡，就能讓他的朋友和同學噴笑。實情是，在一九六〇年十月三十一日萬聖節那天，十七歲的吉米·罕醉克斯被退學了。

7

美國西雅圖，
1960 年 11 月—1961 年 5 月

西班牙城堡魔法

「西班牙城堡是西北區搖滾樂年代的聖殿，能去那裡表演就代表你成功了。」
——西雅圖DJ帕特．歐戴

其實吉米並不像他寫於一九六八年的歌曲〈西班牙城堡魔法〉（Spanish Castle Magic）所說的那樣，要花「半天」才能到達傳奇舞廳西班牙城堡；從中央區只要搭一小時的車就到了。不過進入這家位於華盛頓州肯特的俱樂部，是影響他生涯的關鍵時刻，因為西班牙城堡是西北區首屈一指的舞廳，能在那裡表演是此地音樂人的夢想。罕醉克斯第一次來到這家俱樂部是在一九五九年，他來聽那個年代在這個區域最受歡迎的樂團——呼嘯樂團，往後他只要一有機會就會回去。西班牙城堡在一九三一年落成，當時是座舞廳，能容納兩千人。這個場地裝設了時髦的霓虹燈，正面塗了灰泥，還有角樓，在一九六一年呼嘯樂團發表現場演奏專輯《城堡現場》（*At the Castle*）後，奠定了在西北區的歷史地位。DJ帕特・歐戴（Pat O'Day）為這座舞廳安排大部分的表演。「西班牙城堡是西北區搖滾舞曲表演年代的聖殿，」他說，「那是終極場地，每個本地樂團都想登上那個舞臺。」

吉米在一九六〇年末首度登上西班牙城堡的舞臺，那一次搖滾之王樂團要為另一個樂團做開場演出。那場演出本身沒有什麼特別之處，因為團員們都很緊張，不過在一九六〇年，搖滾之王已經能爭取到像樣的表演機會了。他們參加過西雅圖的海洋節，還在業餘的「全州樂團大賽」拿到第二名。

雖然西班牙城堡的觀眾主要是白人，不過它是族群融合的俱樂部，這一帶有許多白人音樂家全心接納節奏藍調和爵士樂。「西北區音樂圈深受非裔美國文化影響，」從西班牙城堡熱門樂團棋盤樂團起家的賴瑞・柯瑞爾（Larry Coryell）說，「西北音樂具有原創性，部分原因是西雅圖在地理位置上十分孤立。因此，呼嘯樂團、狂熱樂團和金斯曼樂團狂放的節奏藍調成了本地之聲。」

〈路易路易〉是這一帶的招牌曲，幾乎在每個樂團做的每場表演都會出現。這首歌的歌詞或許難懂，不過強而有力的節拍顯然很適合跳舞——它改編自理查・貝里（Richard

Berry）帶有加勒比海加力騷（calypso）曲風的原作。柯瑞爾所說的「狂放」，有一部分是把低傳真器材開得很大聲造成的，不過同時也是一種刻意的實驗。「我們會把喇叭的錐盆剪掉，在上面放毛巾，還把牙籤塞到低音單體裡，全都是為了做出粗糙的回授效果。」之後加入紫鯨樂團（Moby Grape）的傑瑞．米勒（Jerry Miller）說。吉米的破音實驗大約在這段時期開始：有一次他不小心摔到音箱，發現這種撞擊會讓吉他聲音失真。

最擅長「狙獷帥氣」風格的是來自塔科馬的呼嘯樂團。雖然陣容全是白人，但他們將自創的節奏藍調之聲發揮得淋漓盡致，他們的吉他手里奇．丹格爾（Rich Dangel）大大影響了吉米。丹格爾記得吉米曾在一場西班牙城堡的表演結束後去找他，讚美他的吉他演奏。「他很害羞，不過顯然是想討好我，」丹格爾說，「他說如果我們還需要一個吉他手，他願意代勞。」這個想法表面上看來很荒唐，不過可以看出過去很內向的吉米企圖自我推銷。在西班牙城堡表演的非裔美國吉他手不多，如果辦到了，吉米一定會很引人矚目。

吉米在西班牙城堡後臺徘徊的故事成了傳說。帕特．歐戴最常講這個故事：「以前有個黑人小鬼會在附近晃來晃去。他來找我，很有禮貌地說：『歐戴先生嗎？如果有人音箱壞了，我的後車廂裡有一臺，那臺很不錯。不過如果你要用的話，就要讓我上臺表演。』」在當時，音箱管子壞掉是常有的事。吉米的提議可說是一種小小勒索：要是需要我的音箱，就得連我一起用上。歐戴日後替吉米罕醉克斯體驗樂團的表演做宣傳，他和吉米都會滔滔不絕地說起西班牙城堡的往事，而這段故事雖然有一部分來自事實，但確實是誇大了，因為吉米沒有車，而且他當時唯一的音箱是Silvertone，沒有任何音樂人會說這臺「很不錯」。他的朋友山米．德蘭記得，有個住附近的人有一輛老舊的福特水星（Mercury），偶爾會被借來開去西班牙城堡。「吉米寫下『距離半天遠』這句歌詞時，是指這輛車拋錨了，因為有時候真的要花半天才到得了。」德蘭說。

車子出狀況為搖滾之王帶來不少問題。就像有一次，樂團預定要在溫哥華做一場酬勞不錯的表演，他們的車卻在加拿大邊界前拋錨了；後來他們在華盛頓州柏令罕（Bellingham）臨時做一場表演，當地警察卻勒令他們中止，於是他們的努力只能換來回西雅圖的巴士車錢。在這場出師不利的「半巡迴演出」之後，樂團原始陣容解散了，經紀人詹姆斯．湯馬士重組樂團，讓吉米擔任合音，使他的角色變得更為重要。吉米至今很少唱歌，他認為自己的聲音太弱了。湯馬士將樂團重新命名為「湯馬士與公貓」，自己擔任樂團的核心人物。在這樣的安排下，樂團在離西雅圖很遠的鄉間城鎮拿到幾場表演，然而車子的問題繼續破壞他們的機會。有一場在華盛頓州東部的表演能讓他們進帳三十五美元，也就是說吉米工作一個週末就能賺進大約六美元。鄉下的觀眾熱愛他們，尤其是吉米在藍調之王艾爾國王（Earl King）的〈來吧〉（Come On）這首歌曲中的獨奏，這已經成了公貓樂團的表演高潮。回程的車上，樂團興高采烈，後來卻被困在西雅圖東部的陣雪中。「當時大約是凌晨四點，」艾克斯坎諾說，「我們開的車是詹姆斯・湯馬士的一九四九年斯圖貝克（Studebaker）。大家都累了，所以我們就停在路邊睡一會兒，希望雪會停。」兩小時後他們醒來時，天氣轉為暴風雪，他們怕要是不繼續開車就會凍死；艾克斯坎諾開車時，車子偏離路面、撞進溝裡之後翻車。沒人受傷，不過這群年輕人都嚇到了。

然而吉米不只是被嚇到而已，他說他對深夜搭爛車感到厭煩。「我受夠這種鳥事了。」他對嚇壞的團員說。他話一說完就躺在雪地上，開始做雪天使，而其他團員在雪中走去尋找拖吊車；一小時後回來時，吉米還倒在雪裡，看起來像是死了，外套蓋在頭上。「我們真的以為他凍死了。」艾克斯坎諾說。他上前檢查吉米的生命跡象時，這名吉他手跳起來大喊：「騙到你們了！我才不會這麼容易就死掉！」

一九六一年春天，吉米的朋友大多從高中畢業了。非裔美國年輕男性的就業機會很少，通常只限於服務業；而在這個年代，就連許多服務業的工作，譬如百貨公司店員，也不雇用黑人。即使到了一九五〇年代，西雅圖的黑人雖然能在市中心的百貨公司買衣服，卻不能先試穿。由於前途受限，吉米的幾位朋友——包括泰瑞和基米——決定入伍從軍，這是這一帶非裔美國男生高中畢業後最普遍的選擇。

吉米因為輟學，生涯選擇比多數人更受限。除了幫忙父親做景觀美化和在樂團演奏外，他沒有其他工作經驗。那年春天，如果朋友遇見他，問他有沒有工作，他總是說公貓樂團就是他的工作。他擁有的只有吉他和音箱，不過這兩樣珍貴的東西就足以讓他想像當個吉他手的生涯。當漢克．巴拉德與午夜之客（Hank Ballard and the Midnighters）巡迴來到城裡，吉米拿到免費的門票，還帶著吉他去看表演；表演後，他纏著巴拉德的吉他手要他教幾個短樂句，一直糾纏到對方答應為止。吉米開始熱切地自我推銷；他或許缺乏財力，不過他有抱負和膽量。然而就算公貓樂團的表演大為成功，吉米一個月還是賺不到二十美元，而且他分到的錢大部分都拿去買器材和舞臺服裝了。十八歲的吉米在法律上已經成年，卻依然得靠父親養他。

那年春天，吉米接觸到另一個在西雅圖崛起的新星：李小龍。「地點是在雷尼爾大道的帝國保齡球館。」加菲爾德高中校友丹尼．羅森克蘭茲（Denny Rosencrantz）說。當時李小龍以在當地示範空手道和喜歡在保齡球館的停車場打架出名。吉米去那裡看朋友打保齡球，他自己沒錢打球，而除了和李小龍握手外，他大概和這位未來的武術傳奇人物沒有什麼交集。

那年春天，吉米與父親的關係依舊不和。艾爾覺得兒子很懶散，現在吉米從各方面來說都是男人了，因此艾爾更加直言不諱批評他。「我爸認為吉米想玩音樂的想法是胡扯，」里昂說，「他說音樂是『魔鬼的勾當』。」艾爾還是希望大兒子和他一起從事景觀美化；吉米討厭景觀美化的體力活，而且一想到要當父親的助手更是排斥。這對父子共事時，一起做粗活並沒有增進彼此的感情，吉米還抱怨艾爾只付他一美元。吉米和里昂兩人都會模仿父親沙啞的聲音說：「一美元給你。」一九六一年春天，艾爾有位園藝客戶看到艾爾打吉米。吉米在一九六七年的訪談中提起這件事：「他打我的臉，我逃走了。」里昂記得就算吉米已經十八歲了，艾爾還是會用皮帶「鞭打」他。

搖滾之王的其他團員個個都家境不好，但就連對他們來說，吉米家還是顯得特別貧窮。泰瑞．強森在加菲爾德高中正對面的漢堡店工作，吉米經常去那裡吃免費的食物。吉米從泰瑞那裡得知，這家餐廳關門時會把沒賣完的漢堡或薯條丟掉。就連泰瑞沒有值班時，吉米還是會在店家關門前上門，詢問有沒有要丟掉的剩食。一開始，有些員工很驚訝這個以前在學校認識的男生竟然上門乞討，不過他們很快就明白吉米的狀況多麼令人同情，並開始每天偷藏沒賣出的漢堡。幸運的話，吉米有時候會拿到六個漢堡，這時他會把這些漢堡帶回家，不過他經常在停車場就把拿到的食物狼吞虎嚥吃掉，像隻挨餓的野生動物一樣，邊吃邊看著對街以前唸過的那所高中。

吉米繼續和貝蒂．珍．摩根交往，他很少能有錢帶她去公園以外的地方，即使如此，吉米卻在這年春天向她求婚。這個舉動是一時衝動，貝蒂．珍和她父母從來沒認真考慮過。「我媽媽說得等我畢業再說，也就是一九六三年。」她說。雖然她父母喜歡吉米，他們很可能希望他先找到工作，再考慮和他們的女兒結婚。

到了五月初，結婚的事遇到阻礙，因為吉米受到西雅圖警局的監管。一九六一年五月二日，他因為搭乘贓車而被捕，送進前一年他住過的公寓對面的少年觀護所。艾爾把他保出來時，他告訴父親他不知道那是贓車，而且被捕時車子是停著的。艾爾在自傳裡寫道，這件事很快就解決了，吉米「不用坐牢」，但警方紀錄上卻不是這麼寫的：吉米初犯時坐牢一天後獲釋，短短四天後又因為搭乘另一輛贓車而被捕。兩起逮捕的時間太過接近，吉米再犯被捕時無法從寬處理，於是接下來的八天，他在少年觀護所裡度過。事情並沒有到此結束，吉米還得面對法院聽證會，他要被正式判刑，面臨嚴格的懲罰。

在那個年代，西雅圖警局經常因為對黑人男性過度執法受到批評。「就算只是走在街上，條子也會把你攔下來。」泰瑞說。一九五五年，西雅圖市長成立了一個專案小組，要調查中央區的警察暴力，該專案小組的報告結論是警察一般都認定「所有黑人身上都帶著刀」，以及「凡是開凱迪拉克的黑人，不是皮條客就是毒販」。吉米發暫兩輛車都不是他偷的，也不知道為什麼被偷，即使如此，他還是面臨每條罪名最高五年的刑期。

雖然吉米愛作夢，就連他也難以想像自己能在西雅圖以當音樂人為生。他已經對從軍表現出興趣，隨著上法庭的日子逐漸逼近，他認真考慮起這個選擇，因為檢察官經常接受服兵役作為認罪協商。這年春天，吉米已經試過要和安東尼．艾瑟頓一起加入空軍。「招募中心的人看了我們一眼，」艾瑟頓說，「然後說我們的體格不足以承受飛機的G力。」其實更有可能的原因是這兩個年輕人是黑人，當時空軍裡很少有非裔美國飛行員。

吉米的下一個選擇是陸軍。他去招募中心詢問如果從軍的話，能不能加入陸軍第一〇一空降師。他在歷史書上看過一〇一空降師的事蹟，還在筆記本上畫過他們著名的「嘯鷹」臂章。「他老是說他也要拿到一個那樣的臂章。」里昂說。吉米變得很迷戀這個臂章，因為它代表了佩戴者的身分。童年時他過著居無定所的漂流生活，因此那個臂章和背後代表的男子氣概，是一種強大的誘惑。

一九六一年五月十六日的少年法庭聽證會上，由公設辯護人為吉米辯護。檢察官同意如果吉米入伍從軍，就能暫緩兩年刑期，他被定罪的事則留下永久紀錄。隔天，吉米報名在陸軍服役三年，預定於五月二十九日搭火車前往加州奧德堡，開始接受基礎訓練。幸運的話，他很快就能加入著名的一〇一空降師——在諾曼第登陸行動時跳傘降落到敵軍防線後方的正是這個連。除了嬰兒時期做過幾趟旅行外，吉米從來沒有離開超過西雅圖方圓三百二十公里遠的地方。他連飛機都沒搭過，更別提從飛機上跳下來了。

在出發去參加基礎訓練的前一晚，吉米在公貓樂團做了最後一場表演。那是麥迪遜街上的戶外音樂節，公貓樂團在鳥園正對面的舞臺上表演——鳥園是吉米將近三年前與絲絨音調樂團起步的地方。里昂來看哥哥在樂團的最後一場表演，貝蒂．珍．摩根也有來。表演結束後，吉米把他買來的便宜萊茵石戒指送給貝蒂．珍，說這是訂婚戒指，接著對她做出比送戒指更意義重大的承諾：他問她願不願意保管他心愛的吉他，直到他能夠取回為止。

這場街頭舞會吸引了數百人，包括幾個學校的朋友，以及吉米在西雅圖十八年來認識的鄰居好友，其中一位是卡門．古迪，她和新男友一起來。卡門和吉米之間沒有嫌隙，她再次看到他在舞臺上時，也沒有悲喜參半的感覺。不過，身為少數看過吉米第一次公開表演（在猶太教堂地下室害他被開除的表演）的人，她不禁注意到他的演奏在如此短的時間內進步了這麼多。現在他顯得有自信，雖然獨奏仍然過度招搖，但演奏的氣勢讓觀眾目不轉睛看著他。「他演奏時仍然很狂野，」她回憶道，「不過他很厲害，非常厲害。」

隔天他就搭夜班火車前往加州。十五年前，吉米和外祖母克拉芮絲及媽媽露西兒一起搭過同樣的火車前往柏克萊。對三歲小孩來說，火車是充滿魔力的神奇機器，但成年的吉米在火車還沒駛出車站時，就已經感到寂寞。吉米的年輕歲月都在能夠從這個火車站走到的距離內度過，現在火車再次載著他南行，離開他視為家的唯一地方。

8

美國奧德堡，1961年5月—1962年9月

狂野的弟兄

「她非常討人喜歡，我相信也是個好母親，不過就如你說的，她有點受到『狂野的弟兄』引誘。」

——吉米寫給父親的信

一九六一年五月三十一日，吉米・罕醉克斯抵達加州的奧德堡兵營，開始接受美國陸軍基礎訓練。入伍時，他要求擔任文書員，並請求加入第一〇一空降師，但要在完成基礎訓練後才能得知最後的軍令。吉米事後說，選擇空降師是因為冒險從飛機上跳下來能換來每月五十五美元的獎金，這對於有生以來從沒賺這麼多的年輕人來說是一大筆錢。他也一度考慮過當陸軍突擊兵，那也是十分辛苦的職務。軍中紀錄顯示，他入伍一個月後體重是七十公斤，身高一百七十七點八公分。

多年後，吉米告訴一位訪問者他「馬上就很討厭陸軍了」，不過這個說法和他寫回家的幾封信相悖。至少在一開始，他很喜歡軍中生活的條理和例行公事，會規定什麼時候吃東西、穿什麼樣的服裝，以及幾點幾分該做什麼事。由於兒時缺乏照顧、青少年時期又十分獨立，他十分樂於聽從命令。最起碼每天都能吃到豐盛的三餐，這是他一生中最能持續攝取營養的時光。

吉米服役的前六個月寫了很多信給艾爾。一開始，他寫信回家的原因是要借錢——他抱怨軍餉遲發，應付不了基本需求；但很快地，他也把想家的心情和未來的渴望寫進信裡。吉米經常寫長信給艾爾，信裡帶著渴求和惆悵。吉米寫信不需要特別的理由——有一次，他寫信只是為了告訴父親他弄丟了一張公車票。艾爾有回信，他的信比較簡短，也不那麼常寫，不過這樣的通信對兩人來說都變得很重要，而且代表了這對父子曾經共有的最親密時光。儘管童年時是個鑰匙兒童，他依然是沒見過很多世面的脆弱男孩，像這樣離開親朋好友這麼久，軟化了他對家的感受。雖然父親有諸多缺點，吉米顯然很愛他，也感受到父親很愛自己。在信裡，這種情感比兩人過去的互動還要顯而易見。

吉米到達奧德堡後才五天就寫了第一封信，內容是懇求爸爸給錢（「拜託請你盡快寄一點錢過來」），並列出一長串開支項目（「成套擦鞋用品一點七美元；兩個鎖頭，各八十美分」）。他也提到自己對軍中要求整潔與儀容一開始的反應：「我們睡前得稍微打掃一下營房。我只想告訴你我還活著，雖然我要死不活的。軍中生活目前還不算太差啦，我過得還可以，雖然有時的確有一些『起起伏伏』。我的頭髮全部被剪掉了，全部喔，而且我還得刮鬍子。」吉米才剛開始長鬍子，所以刮鬍子對這個十八歲的大男孩來說是全新體驗。他在信裡盡力保持樂觀正向，不過可以明顯看出他在想家。「雖然我才來這裡一週，感覺上像過了一個月。時間過得很慢。」

接下來兩個月，吉米每週都撥出時間至少寫一封信回家，有幾週寫得更頻繁些。一開始他接到通知，要被派去維吉尼亞州李堡的打字學校，但這個軍令一直沒有下達，於是他等著被分發到渴望已久的第一〇一空降師。八月四日那天，他完成基礎訓練，成為二等兵。他將一個月前穿著陸軍軍服拍的照片和晉級的消息一起寄給父親，也寄給和他固定通信的德洛蘿絲、桃樂絲和貝蒂．珍。他對女友的感情因為遠距而變得更深，他把她的照片貼在鋪位上，一直說要娶她，甚至還寫信給貝蒂．珍的母親與祖母。他寫這些信很可能是為了巴結未來的姻親，但還有個原因是他很寂寞，收到任何回信都能提振他的情緒。

離開不到兩個月，吉米就請艾爾向貝蒂．珍的母親拿回吉他並寄給他，吉他於七月三十一日送達，這件喜事讓他又寫了一封信。這封信長達六張美軍訓練中心信紙，他在信中大力感謝父親寄來這把非常重要的吉他。一開始，吉米為了沒有立刻回艾爾的信而道歉：「我們到野外一個星期，如果在這種時候把郵票或信紙用完了，算你運氣差——這就是我遇到的情況。」關於這把吉他，吉米寫道：「看到它很高興，它讓我想起你和家鄉。」他抱怨被指派為期八週的任務，他的長官還威脅要把他的兵期延長一年。

艾爾最近剛和女友維琳分手，吉米利用這個機會談起他對父親女友的看法。「她非常討人喜歡，」關於維琳他這麼寫道，「我相信也是個好母親，不過就如你說的，她有點受到『狂野的弟兄』引誘。真希望她能明白，和你在一起對她來說是一生最好的選擇。不過我知道她還愛著你，以前她常對我說她有多在乎你，讓我被說服了，而我可是不輕易信人的，我對貝蒂就是這樣。」

吉米寫道，軍中生活沒怎麼改變他的個性，不過他學會如何打掃營區了。他很期待能看看艾爾新買的立體音響，他這趟回家打算帶他在基地拍的照片回去，還說如果能搭飛機，就能在週六晚上回到家。最後，他寫下給父親最動人的話：「只要有你在身邊，我就覺得一切完美，因為你是我親愛的爸爸，我永遠愛你……永遠……我獻上所有的愛，致親愛的老爸，我是愛你的兒子，詹姆斯。」

這封信最後，就和他接下來幾年大部分的信一樣，畫了一把小小的 Danelectro 吉他。他在信裡指的是接下來預計休假一週，他希望能飛回西雅圖；然而這次休假被延後了，一週後他寫了另一封信，說還在等正式的命令。「有些人等了兩三天或四天，」他說，「也有人要等幾星期，甚至幾個月……這讓人覺得時間都浪費掉了，雖然這些時間也是**算數**的。」吉米說的「算數」是指每過一天，他的三年兵期就會減少一天。他才入伍兩個月，卻已經開始數日子等著離開了。不過，信件最後還是有好消息：「我拿到一等射手的資格了，這是使用 M1 步槍的第二高資格。」嚴重近視的吉米如何達成這項功績，我們無從得知——有位陸軍軍醫已經在紀錄上單獨列出他的糟糕視力，要求他配戴眼鏡，吉米卻不願意戴。

九月一日，吉米終於獲准休假離營一週，他帶著吉他，想在收到下次任務前把吉他放在西雅圖。然而吉米沒有錢買機票，所以改搭巴士，這表示他的七天休假有四天都花在交通上。他在西雅圖下車時，鬍子刮得乾乾淨淨，穿著軍常服；他逢人就指著袖子上靠額外訓練贏得的藍帶子。「他穿那套制服看起來好帥氣，」吉米的表妹迪．霍爾說，「他很自豪地向大家炫耀。」

他與艾爾、里昂重逢時，大家情緒都很激動。穿著制服的吉米讓艾爾感到驕傲，他也注意到軍旅生活讓兒子變成熟了。軍服令里昂欽羨不已，而哥哥身上有五美元可以給他，也讓他大感驚奇。吉米去拜訪德洛蘿絲阿姨、桃樂絲及一些附近的老朋友，不過他最期待的是和貝蒂．珍重逢。休假時間他大多待在她身邊——說得較不浪漫一點，是在她和她父母身邊。「他告訴我父母，等我一畢業他就要娶我，我會成為陸軍新娘。」貝蒂．

珍說。在西雅圖的最後一天，吉米送給貝蒂．珍一個他從加州帶回來的絲質枕套，還對她說他每晚都躺在這個枕套上想著她，不過軍營不太可能容許士兵使用絲質枕套這種奢侈品。他在枕套上寫著：「永遠愛你，我一直是你的，詹姆斯．罕醉克斯，一九六一年九月七日。」

九月時，吉米和貝蒂．珍幾乎每兩天就寫一封信給對方。在兩人的頻繁通信中，只要吉米少寫幾封信，她就會指控他對她不忠。「你在那邊跟別人廝混……你最好寫信給我，甩掉那些醜女，否則你就不要來見我了。」收到幾封這樣的咆哮信之後，吉米寫信向艾爾抱怨女友「在一封信裡情緒會變兩、三次，有時候是四次」。吉米寫信告訴貝蒂．珍說自己沒錢，所以會晚點送她生日禮物，更是讓他們之間的問題雪上加霜。

延遲已久的軍令在萬聖節終於到來：吉米被派駐為肯塔基州坎貝爾堡第一〇一空降師的補給兵。他立刻寫信跟所有人昭告這個天大的好消息。艾爾也有好消息：他寫信說里昂離開寄養系統，他們兩人現在團圓了，吉米回信說他「真高興」聽到弟弟和父親重新團圓，他懂寂寞的感受：「我想到你、其他人和貝蒂時就是這種感覺。」吉米的信最後保證「會為了我們家的名聲盡力加入空降師……我會好好努力，讓罕醉克斯全家都有權佩戴空降師的『嘯鷹』臂章。」

他在十一月八日到達坎貝爾堡後，立刻寫信給父親，信末除了吉他圖案簽名外，還加了個小小跳傘兵。他寫道：

我來了，這裡正是我想來的地方。我加入了第一〇一空降師……這裡很辛苦，但我不能抱怨，到目前為止我也不後悔……我們第三天就從十公尺高的跳傘塔上跳下來，幾乎算得上好玩……我爬上通往塔頂的樓梯時放輕鬆慢慢走。有三個人走到塔頂後就放棄了。你隨時都能放棄，他們只往外看一眼就放棄了，這讓我邊爬樓梯邊思考起來。不過我下定決心，不管發生什麼事，都不會自願放棄。

吉米一到塔頂，跳傘長就幫他繫上套帶，將他從塔頂推下來。吉米寫說繩索「像長皮鞭一樣突然斷掉」，他掉在沙丘上。

那是全新的「體驗」。在這裡連續兩星期只有體能訓練和騷擾，接著去跳傘訓練班才要面對地獄。他們把你操得生不如此，一直處在焦慮和戰鬥中……他們把情況搞得很激烈，有一半的人退出。這是他們區隔出男人與男孩的方式，我祈求我這次能被分到男人那一邊。

十一月的一個下雨天，吉米在坎貝爾堡的一號士兵俱樂部練習吉他時，有位軍人碰巧聽到他彈奏。俱樂部裡有樂器和音箱提供出租，吉米沒有執勤或寫信時，就在那裡練習。

軍人比利．考克斯（Billy Cox）聽到音樂聲時，覺得很像是「貝多芬和約翰．李．胡克」的綜合體，因此很感興趣。考克斯在匹茲堡長大，擔任過幾個樂團的貝斯手。「我從沒聽過這種聲音，」考克斯說，「於是進去向他自我介紹。事情就是發生得這麼快。」考克斯借了一把貝斯，開始和吉米一起即興演奏。比利和吉米因為這樣的緣分，立刻成為私人和音樂上的朋友，這段友情持續將近十年。

有了考克斯這位團員兼第一位真正的軍中朋友，吉米的興趣轉移了。他仍然執意想拿到嘯鷹臂章；事實上，跳傘訓練班下個月就要開始了，不過他和考克斯馬上找來另外三位軍人，共組了一個五人樂團。他們沒有團名，陣容也一直換，不過這個以比利和吉米為核心的樂團每個週末都在基地俱樂部表演。有段時間，樂團裡只有他們兩人加一位鼓手共三個人，在這個編制下，吉米和比利分擔主唱的工作，但因為唱歌不是比利的強項，所以吉米在這個壽命短暫的樂團裡首度擔任核心人物。他還是不喜歡自己的歌聲，不過由於情況需要，他開始唱歌。

坎貝爾堡位於田納西州和肯塔基州的州界上，離納士維約九十七公里。在附近的田納西州克拉克斯維，有幾個服務軍人的俱樂部，包括粉紅貴賓犬（Pink Poodle），吉米成了那裡的常客，那個俱樂部的客人幾乎全是黑人；這是吉米第一次在南方發現真正的種族隔離。雖然陸軍已正式族群融合，軍人社交時依然會分種族，出了基地後，社會上也有許多地方是黑人不能去的。就連音樂也有分種族：南方黑人主要對藍調與節奏藍調感興趣；吉米美妙的〈路易路易〉演出，在這裡不受歡迎。考克斯記得，吉米那時漸漸對艾伯特．金（Albert King）、史林．哈波（Slim Harpo）、馬帝．瓦特斯和基米．里德（Jimmy Reed）深感興趣，這些都是在該地區發跡的藍調傳奇人物。

那年冬天，吉米終於得到從飛機上跳下來的機會，他在之後的訪談中描述過自己當時的興奮感。「第一跳真的是超出能力範圍，」他對《新音樂快遞》（*New Music Express*）這麼說，「飛機上有人從來沒搭過飛機。有些人吐了。」吉米沒有告訴訪談者的是，第一跳時也是他第一次搭飛機；不過他有提到飛機的聲音令他著迷（「飛機發出『隆隆』的聲音」），也提到跳傘的感受（「空氣『咻咻』吹過耳邊」）。他甚至還借了一臺相機，在幾次跳傘時拍了照片。他在一張拍攝同袍的快照背後寫道：「這是他觸地前一刻；他觸地時發出『啪』的一聲。」

吉米從軍時期是他人生中第一次、也是唯一一次有穩定收入的時光。他在一月升為一等兵，完成了拿到第一〇一空降師臂章的要求。他買下所有要寄給家人的嘯鷹臂章後，生平第一次發現身上有多餘的錢。他開始在寫給貝蒂的信裡放進二十五美元的儲蓄債券，他覺得這能向她父母證明他有能力養家活口。他花錢去照相館拍照寄給貝蒂．珍，在其中一張照片中，他穿著迷彩服在熱帶背景前擺姿勢；他還把一首詩黏在卡片上寄給貝蒂．珍，標題是「親愛的」。他在上面題字：「來自將永遠愛你的人，獻上真心。」一九六二年春天，他數度寫信提議如果她願意結婚，他要付錢讓她過去找他。「他希望我搭飛機去肯塔基州，」她說，「他寄了鑽石戒指當作訂婚戒指，也已經買了結婚戒指。」

吉米努力想說服貝蒂．珍和她的父母讓他們提早結婚，卻沒有成功，她的父母堅持要等到她畢業。不過，求婚遭拒只會再進一步慫恿吉米。也許他的行動出自他對貝蒂．珍的濃濃愛意，又或者只是因為他渴望脫離寂寞。

一九六二年三月，就連貝蒂．珍都注意到吉米信中的內容變了，樂團成為他主要談論的話題。同年初冬，他父親已經把吉他寄來；他再次擁有樂器，加上制服上已牢牢縫著嘯鷹臂章，第一〇一空降師當初的吸引力就變淡了。他對樂團的興趣日漸濃厚，原本對軍隊的崇高敬重也就逐漸消退了。「他們不讓我碰音樂。」幾年後吉米在訪談中說。他受過使用數種武器的訓練，但手中拿著吉他才最令他有安全感；他睡覺時依然把吉他放在胸口。隊友覺得他這樣很奇怪，使他更顯得格格不入。

他唯一覺得自在的地方，是與比利．考克斯一起成立的樂團。現在樂團取了名字，叫做隨興樂團（The Kasuals），漸漸在附近一帶打響名聲。他們週末在納士維和不同的軍事基地表演，最遠去到北卡羅來納州。吉米很快就發現在種族隔離的南方，非裔美國樂團通常只能對黑人觀眾表演。「他寫信告訴我，他在南部的黑人樂團裡並不好過，」貝蒂．珍說，「他說在田納西州看到從來沒在西雅圖見過的歧視，包括在音樂圈也很常有歧視。」不過，廣大的南方黑人群眾維持了好幾家俱樂部。吉米也發現自己遇見的單身黑人女性比在西雅圖還要多；外表俊俏、在舞臺上又出風頭的他，生平第一次發現自己有女人緣。

隨興樂團繼續向人群表演，在當地變得愈來愈出名，因此出現了巡迴演出的機會，唯一的問題是吉米和比利都是全職軍人。不管怎麼說，考克斯的兵期已經快結束了，但吉米不能離開軍隊，如果他擅離職守，就要等著坐牢。到四月一日，三十六個月的兵期只服役了十個月，他卻已經撐不下去了。四月二日，他向基地軍醫院通報說他有嚴重的私人問題，必須和基地的精神科醫師談談。吉米捏造了一個驚人的故事，說他變得有同性戀傾向，開始對同寢室的弟兄產生遐想。醫生要他休息一下。

那年的四月到五月，他變得經常去找基地精神病醫師，他告訴醫師他動不動就自慰，已經上癮了。他在營房自慰被逮到，這很可能是故意的舉動。他向醫師聲稱愛上了一位同班兄弟，又說自己睡不著，每晚都會被噩夢驚醒，還尿床好幾次。他說自己因為對那個同袍用情太深，瘦了快七公斤。從這些憑空捏造的招認可以看出他孤注一擲；假如這樣無法讓他除役，他就得面對同袍的排擠。沒有哪個軍人想讓人知道自己想退出，或在恐同的軍中被人發現是同性戀；光是讓人覺得你軟弱，就可能換來一場「毯子派對」——在宿舍裡毒打一頓，甚至來個幾發流彈。這個月裡，吉米還把吉他賣給同單位的另一位軍人，或許也是為了證明自己快發瘋了。

五月十四日，約翰．哈柏特（John Halbert）上尉終於替吉米做了完整的醫療檢查。吉米入伍時接受過徹底體檢，他的評估表上唯一註明的問題是「過去曾經結巴」；這次在填寫同一張表格時，吉米勾選了包括「胸口痛」和「同性戀」等七種病症。哈柏特上尉在吉米的醫療紀錄上打字寫道：「同性戀；自慰；頭暈；左胸疼痛、有壓力；體重減輕；經常難以入睡；私人問題。」哈柏特沒注意到吉米在自己的評估表上露出的馬腳：吉米入伍時，職業欄填「學生」，儘管他已經輟學一年了；入伍一年多後，他卻有了新的職業：「音樂家」。

軍方勉強同意了。哈柏特建議吉米以「同性戀傾向」為由除役。吉米從未坦承過自己的花招，就連好朋友也不知道；每當被問到為什麼離開軍中，他總是說在第二十六次跳出飛機時腳踝骨折。「我的背也受傷了，」他對一位記者說，「每次他們幫我檢查時我都會哀號，所以最後他們相信我，讓我退出。」在同年六月拍攝的一張隨興樂團照片中，可以看到他的腳踝上包著紗布；無論這是真的受傷，或者又是在騙人，我們無從得知，不過他的陸軍病歷上沒有提到腳踝骨折。

吉米的最後一次軍餉包含了二十一天未休假的獎金。他最初的計畫是回西雅圖和貝蒂．珍結婚，然後找份工作。「我站在田納西和肯塔基州界的坎貝爾堡大門外，身上揹著行李袋，口袋裡有三、四百美元，」他在一九六七年向《*Rave*》雜誌解釋，「我本來打算回西雅圖，那是一段很遙遠的路途……後來我想乾脆去附近的克拉克斯維看看，那晚就住在那裡，隔天早上再回家……」

他在克拉克斯維走進一間爵士酒吧，點了一杯酒，接著再喝一杯。「那天我出手特別大方，」他告訴《*Rave*》雜誌，「任何來要錢的我想必都給了。」幾小時後他走出酒吧，數數身上的錢，只剩下十六美元，不夠他回西雅圖。吉米說他的第一個想法是打電話向父親要巴士車資：「但我能猜到假如告訴他我短短一天就損失了快四百美元，他會怎麼說。不行，這樣行不通。我心想，我唯一能做的就是去買把吉他，然後設法找份工作。」

吉米還記得他在裝病時把吉他賣給誰，他偷溜回基地，把「貝蒂．珍」借回來；先前花了將近三個月想盡辦法離開軍中，最後他卻又偷偷回去睡以前的鋪位。

由於比利的兵期只剩三個月，他們打算讓吉米待在克拉克斯維等比利退役，兩人再一起闖出一番事業。他們的樂團有幾場週末的表演，然而吉米在接下來四年，斷斷續續只靠睡朋友家沙發或是和在俱樂部認識的女生同居過活。那年夏天，他開始和一位名叫喬伊絲的當地女子交往，這很可能是他第一次發生性關係。考克斯終於在一九六二年九月退役時，他們三人有段時間一起住在一間小小的公寓裡。

吉米和喬伊絲交往後，就不再幻想與貝蒂．珍結婚了。同個月他寫信給貝蒂．珍，告訴她他不打算回西雅圖，也不會回到她身邊，她就立刻把他的訂婚戒指寄還給他。先前結婚一直是吉米渴望的夢想，然而一旦這個美夢結束，他開始發現肉體的歡愉，就要等很多年後，他才會再談起要和一個女人安頓下來的事。

就連「貝蒂．珍」這把吉他也被拋棄了。比利．考克斯在克拉克斯維的一家樂器行與吉米共同簽帳買下一把 Epiphone Wilshire 吉他，陪伴吉米每晚入睡的心愛樂器「貝蒂．珍」，則被賣給當地的一間當鋪。

9

美國納士維，
1962年10月—1963年12月

獵頭族

「他就像獵頭族一樣。吉米一直想打敗最厲害的人。」

——吉他手強尼．瓊斯

比利．考克斯九月退伍後，和吉米一起全心投入音樂。他們的第一個機會來自吉米在克拉克斯維的酒吧認識的人，這個人為一家印第安納波利斯的俱樂部談表演。「吉米一直在認識新朋友，」考克斯說，「每次都得由我去告訴他：『這傢伙不老實。』總要有人腦袋清醒。」不過，這次考克斯聽從吉米的話。「最後我們開著一部一九五五年的普利茅斯北上，之後沒有再回去了。」

他們到印第安納波利斯時，發現這個俱樂部不願意找全黑人樂團來表演，卻因為沒有足夠的油錢回家，便開始去比較願意接受他們的場地找工作。抵達的當天下午，印第安納大道上的喬治酒吧正要舉辦「樂團大賽」，這裡是印第安納波利斯的主街中心地區。吉米和比利參加了比賽，翻唱雪瑞爾合唱團的〈士兵男孩〉，表現得很好，拿到第二名。「如果不是當地女生比較喜歡另一個叫總統的樂團，我們就會贏。」考克斯說。

第二名沒有獎金可拿，不過他們出色的表現讓總統樂團的吉他手阿爾方索．楊（Alphonso Young）決定退出，加入比利和吉米，他們一起成立名叫隨興國王（King Kasuals）的新樂團，由吉米領軍，哈利．巴契勒（Harry Batchelor）擔任主唱、比利擔任貝斯手、阿爾方索負責節奏吉他。阿爾方索能用牙齒彈吉他，每段表演中都有個固定橋段，是讓他用牙齒獨奏。西雅圖的布奇．史奈普斯（Butch Snipes）能泰然自若地使出這招，所以吉米不是第一次看到這種花招，但這是他第一次被同團團員搶走風頭。吉米學東西學得很快，他觀察阿爾方索在舞臺上的表現和演奏風格，很快就能模仿他。

樂團移居到克拉克斯維，在納士維的摩洛哥俱樂部（Del Morocco Club）找到工作，每週表演兩次；其他幾天晚上，他們在願意雇用他們的牛排館、路邊的點唱機小酒館或撞球館工作。這是吉米第一次嘗試當職業音樂家，而他發現就算花時間投入在事業上——少了讓他分心的學校或陸軍——賺到的錢依然沒有絲絨音調樂團在高中的襪子舞會表演賺得多。他窮到有段時間得在分租的公寓裡，和阿爾方索同睡一張單人床。「有時候吉米找女生過來，我們就會三個人一起睡，不過單純只是睡覺而已。」阿爾方索說。

那年秋天，吉米遇到的好事主要是認識女孩子。喬伊絲之後有佛蘿倫絲，接著是芙黛兒，後面還有數不清的其他女孩。喬伊絲在他身邊最久，兩人進展到她寄給艾爾一張和吉米在一九六二年十二月拍的合照，照片裡，喬伊絲看著鏡頭，而攬著她的吉米顯然在對別人拋媚眼。吉米繫著窄版領帶、穿著白襯衫和西裝外套，看起來風度翩翩、溫文爾雅，軍人髮型變長了，還梳成服貼的「油頭」，這是小理查發揚光大的「馬塞爾波浪」髮型變化版——接下來幾年，吉米都梳著這種髮型。

吉米十分帥氣有禮、言談溫和而且才華洋溢；當然了，他也身無分文。吉米善加利用這一點，強調他的貧困，讓人覺得他需要被拯救，這對許多女性來說難以抗拒。害羞的特質在唸高中時讓他顯得軟弱，卻在節奏藍調俱樂部裡成為一項優點——在這種地方，成年人的性慾往往表露無遺，很少有人在這方面是含蓄的。吉米很溫柔，而溫柔顯得性感。他很少遇到不想和他談戀愛、溺愛他、和他上床、通常還要讓他溫飽的女人。這種愉快恬淡的情景上演個幾週後，要拯救他的人發現她們照顧的小可憐其實是個大情聖，而且很可能有下一個南丁格爾排隊等著拯救他。

吉米在這段期間的女友全都是黑人；在這個時代和地點，光是和白人女性調情都可能惹來殺身之禍。納士維正是率先有唱片行隔離出「鄉土音樂」區和「黑人音樂」區的地方，這種隔離也延續到其他事物上。雖然種族歧視在田納西州不像在密西西比州那麼普遍（密西西比州甚至到一九六二年都還聽說有私刑），非裔美國人仍生活在一個被分隔的不平等世界。學校和住家依然實行種族隔離，而在歷經大規模靜坐示威民權運動之後，小吃店才剛開始族群融合。吉米加入的圈子更加封閉，因為他常待在對黑人開放的三、四家當地俱樂部。樂團開始巡迴時，讓他立刻想起自己的膚色，因為南方有許多加油站的廁所不許黑人使用。前一年，民權運動領袖麥格·艾佛斯（Medgar Evers）開始抵制這類加油站，他在一九六三年六月因為參與社運遭人暗殺。然而吉米既非社運人士，也非黑人分裂主義者，他向來最關注的就只有音樂，在他眼中音樂是不分膚色的。那年，衝浪音樂開始在白人觀眾之中受到歡迎，吉米練習時很愛用吉他彈奏衝浪音樂的滑音；不過，當他建議樂團打破常規，在表演中加入這種音樂，團員卻取笑他。

那年，練吉他就是吉米生活的中心。他會在睡前練吉他，睡覺時把吉他放在胸口，早上一起床又開始練。為了找出更多時間練習，他偶爾會買便宜的安非他命，好讓他能整晚不睡。這是吉米首度開始用非法毒品；他用的安非他命很便宜，效力不比咖啡因藥品 NoDoz 強多少。除了安非他命，他唯一用的非法毒品是大麻，這個年代的音樂人普遍都在用，不過因為沒有錢，他甚買不起大麻。

吉米對吉他的執著，讓他在克拉克斯維一帶得到一個綽號：瘋子。會取這個綽號，是因為大家覺得他練習過度，練到腦子不正常，變成瘋子了。吉他已經與他融合為一。比利·考克斯說吉米成功用五年練出二十五年的吉他功力，而阿爾方索·楊記得吉米會在去表演的路上練習，在徹夜的表演上演奏將近五個小時，接著又在回家的車程上繼續練。「他永遠拿著那把吉他。」阿爾方索說。吉米這種異常的執著就和薩克斯風大師約翰·柯川（John Coltrane）相似——約翰·柯川經常在表演間的休息時間練習，吉米也這麼做。有一次，吉米被人看到他帶吉他進電影院；他連在看電影的時候都捨不得放下吉他。

這樣的練習逐漸有了收穫。吉米的天賦，加上他特別著力於學習吉他的每個小細節，讓他成為吉他手。同團團員曾開玩笑說，看樣子吉米可以蒙著眼彈、倒立甚至在背後彈吉他；事實上，在一九六二年，這三件事他都已經能做到了。

不過，以音樂為生又是另一回事了。吉米猜想，在錄音室工作對生計或許有幫助，所以比利·考克斯在那年十一月被找去錄音室工作時，就拉著吉米一起去。那次是幫法蘭克·霍華與指揮官樂團（Frank Howard & the Commanders）在納士維的國王唱片公司錄音。吉米雖然有參與，但製作人覺得他的風格太誇張了，於是把他的麥克風關掉。實際上，吉米這時的風格非常狂放，長時間練習加上有異於常人的長手指，讓他彈奏時有如大師一般輕鬆，但依然少了偉大吉他手帶給吉他的獨樹一格音色。

納士維最出色的吉他手是帝國樂團（The Imperials）的強尼·瓊斯（Johnny

Jones）。吉米是在軍中跟瓊斯初識，當時帝國樂團每週二晚上固定在克拉克斯維表演。「那時候他還很嫩，」瓊斯說，「看起來卻像是背負著什麼使命。他就坐在舞臺正前方看我彈奏。」有一次在表演間的休息時間，吉米上前問能不能在中場休息時保管瓊斯的吉他，他保證會抱著吉他坐在舞臺正前方，不會把樂器弄壞，瓊斯同意了；隔週吉米問瓊斯，能不能在休息時間讓音箱保留原狀，於是瓊斯把音箱開著不關，主要是為了安撫吉米，讓他不要再來糾纏。吉米在表演之間的休息時間小聲彈瓊斯的吉他，與其說是要娛樂觀眾，不如說是想找出瓊斯音色背後的祕密。

吉米搬到納士維後，從不放過去聽帝國樂團表演的機會，希望能從瓊斯身上學到東西。吉米選了一位值得欽佩的導師：瓊斯二十六歲，只比罕醉克斯大六歲，不過他是跟羅伯．強生的弟子學吉他的。「當時我的吉他已經會說話了，」瓊斯說，「吉他會說話時，就像是在寫信一樣，只要加入標點符號就好。」瓊斯待過芝加哥，在弗雷德．金（Freddie King）、馬帝．瓦特斯、丁骨華克和羅柏特．拉克伍德（Robert Lockwood Jr.）的門下學習。或許更重要的是，他在貧窮的三角地帶農村地區長大，而且把這段艱辛的人生經驗放入他的演奏中。「吉米以前一直在聽唱片，可是從來沒有接觸過像我這種出身鄉間、身上沾滿泥土的人，」瓊斯說，「要當個藍調樂手就得這樣——必須卑微又有放克風格。吉米無法讓吉他的弦說話，所以不夠放克。」

瓊斯喜歡吉米，他們成為朋友，兩人常在晚上表演結束後坐在瓊斯車上的前座，吉米問他許多關於彈吉他的問題。「吉米很會分析，」瓊斯說，「但如果他想搞懂藍調，就得累積更多人生經驗。」吉米透過瓊斯見到兩位他一直崇拜的對象：比比金和艾伯特．金。「你真該看看吉米在比比金進來時眼睛發亮的樣子，」瓊斯說，「看到吉米在艾伯特．金身邊的模樣，還以為他上天堂了呢。」和對待瓊斯的方式相同，吉米一直纏著艾伯特．金，問他指法的問題，還有他是如何成功推弦的。大部分的年輕吉他手只會跟金說他有多厲害，莽撞的吉米直接問他怎麼做才會這麼厲害。藍調樂手很注重男子氣概，很少有人願意問這種問題，或暴露出沒經驗的樣子。令人意外的是，許多有地位的樂手不覺得吉米是威脅，他們相信這個瘦巴巴又邋遢的小男生絕對不可能進步到能夠挑戰他們的地位，因而樂意和他分享獨門絕技。

然而吉米有遠大的抱負，也對自己的命運充滿信念。他迅速吞食音樂知識，很快就吸收不同演奏風格，精通技法的速度遠超過指導者的想像。那年秋天，他向導師強尼．瓊斯下戰帖，來一場他們戲稱為「獵頭」的遊戲。吉米受到朋友賴瑞．李（Larry Lee）的慫恿，將一臺沉重的音箱推進瓊斯表演的俱樂部裡，走進去時，賴瑞嘲弄瓊斯說：「我們今晚找上你了，老頭。你最好拿出好表現。」挑戰者吉米的語氣稍微謙虛一點，只威脅說：「就是今晚了。」瓊斯要他們「放馬過來」，然後叫他們去戶外演奏臺。

決鬥開始後，很快就能看出吉米顯然遠遠不及對手。他的音箱不像瓊斯的那麼強而有力——這個教訓吉米會記在心上——他的演奏技巧雖然純熟，依然少了瓊斯已臻完美的低沉音色。事實上，吉米的某些獨奏還讓觀眾笑了，因為他想模仿比比金的企圖太過明顯。吉米下臺時一臉沮喪，瓊斯則穩坐老大的寶座。事後，賴瑞責怪吉米表現糟糕：「你在搞什麼啊？那個人把你打得落花流水。」吉米說話的方式一向不像同伴那麼俚俗，他的回答聽起來像是證實理論失敗的科學家：「我只是想嘗試做出比比金的音色，我的實驗失敗了。」吉米在其他場合又挑戰了瓊斯幾次，都無法打敗瓊斯。「他跑來找我單挑，」瓊斯笑著說，「但是倒下的總是他。」對吉米嶄露頭角的階段來說，這些失敗是必要的：有許多吉他手能模仿比比金，但比比金只有一個。

到十二月時，吉米放棄了。隨興國王樂團的表演機會沒有增加，他覺得沒有任何進展。他勉強借到足夠的錢搭巴士去溫哥華，和祖母諾拉住了一段時間。從他選擇去溫哥華而非西雅圖，就可看出他與父親之間關係緊繃，而且想要迴避貝蒂．珍。雖然溫哥華離西雅圖只有幾小時車程，吉米住溫哥華時並沒有回去看看，反而加入了鮑比．泰勒與溫哥華人樂團（Bobby Taylor and the Vancouvers）。「他們表演的是摩城風格的東西，」一年後加入他們的泰瑞．強森說，「也融合了一點衝浪音樂，還帶點車庫搖滾風的元素。」罕醉克斯擔任節奏吉他手，而之後成立切奇與瓊雙人組的湯米．瓊（Tommy Chong）則是主唱。

一九六二年尾，吉米和樂團在一家名叫「但丁的地獄之旅」（Dante's Inferno）的溫哥華俱樂部長時間駐唱。溫哥華人樂團才華洋溢，但他們的觀眾幾乎全是白人，令吉米感到很失望。他很快就體驗到他父親約二十五年前在溫哥華感受到的渴望：想待在一個自己的種族與音樂都真正受到接納的地方，而不是只被視為怪人。才過了兩個月，吉米就搭上南下的火車，回到密西西比州三角洲。他想尋找強尼．瓊斯所說的「泥土」。

在西雅圖長大的吉米，很少接觸到傳統南方靈魂料理。不過，他去拜訪祖母諾拉時——她曾在溫哥華的雞客棧當廚師——能吃到羽衣甘藍、玉米粥、後腿蹄膀、鯰魚、豬肚、玉米麵包、酥炸玉米球和地瓜派，這些都是南方料理的主食。諾拉主辦一年一度的教會募款餐會，她為餐會做這些傳統佳餚和其他食物。「以前我們會做粉腸晚餐，」諾拉曾在訪談中說，「賣的速度快到令人暈頭轉向。」這些晚餐的主角是粉腸，也就是豬的小腸。要把這道招牌菜做好得花五小時以上，諾拉在煮這道菜時，會吸引飢腸轆轆的鄰居前來。

為了向這種南方美食致敬，因而誕生「燉豬腸巡迴秀場」這個名稱，指的是深南部的一系列非裔美國人俱樂部。一般認為秀場路線從紐約的阿波羅劇院（Apollo Theater）開始，途經華盛頓特區的霍華德劇院（Howard Theater），還包括較不出名的鄉下場地。「燉豬腸巡迴秀場基本上就是表演給黑人觀眾看的隨便什麼地方，」藍調傳奇人物巴比．洛許（Bobby Rush）說，「可能是路邊的餐館、燒烤餐廳、撞酒館或酒吧。」

從一九六三到一九六五年，燉豬腸巡迴秀場成為吉米．罕醉克斯的生活。無論是和隨興國王樂團一起表演，或是受其他樂團雇用為伴奏樂手——這種情況比較常發生——罕醉克斯很快就覺得自己彷彿走遍從維吉尼亞州、佛羅里達州到德州的每家點唱機小酒館或酒吧。然而，就算每天晚上都有一場表演，他仍然難以維持生計。在這段期間，吉米學到了表演技巧、與觀眾互動以及巡迴音樂家生存之道等方面的寶貴經驗。這也讓他腦中產生出根深蒂固的觀念，認為巡迴音樂家的工作也包括要會表演：假如觀眾沒有看得入迷，音樂再怎麼真材實料也沒用。每經歷一場表演，吉米就學到更多三角地帶的傳統，他的演奏也更加成熟。

那年二月，隨興國王樂團增加了管樂器的編制。「我們想做出『秀』，」阿爾方索．楊說，「『秀』指的是那十年間流行的大型歌舞秀式樂團表演。燉豬腸巡迴秀場的許多觀眾期望看到的不只是音樂演奏：一個晚上的演出可能包含了喜劇、話劇和默劇。主持人雷蒙．貝爾特（Raymond Belt）加入隨興樂團的陣容，並在開場時模仿喜劇演員老媽梅布利（Moms Mabley），樂團得在這種鬧劇之後上場，而要超越反串喜劇表演的娛樂效果可不容易。

罕醉克斯已經是風格花俏的吉他手了，不過他在燉豬腸巡迴秀場這個溫床，第一次將他的「招式」練到完美——這裡的觀眾要求音樂家身兼表演家。他開始在背後彈吉他，像他曾經看到丁骨華克做的那樣，還模仿阿爾方索．楊用牙齒彈奏。比利．考克斯買了一條十五公尺長的吉他導線給吉米，好讓他能跑到舞池上演奏，有時則是在戶外的街上演奏。吉米在臺上與阿爾方索的互動，開始愈來愈有兩位吉他手在較量的感覺，使他們的表演看起來更刺激。阿爾方索建議吉米最好不要在休息時間練習，而是走出去見觀眾，吉米也接受了。「他很害羞，」阿爾方索說，「我要他留下來跟人互動，認識一下觀眾，和他們聊聊。這樣能培養每晚都會來看你的樂迷。」吉米很快就發現，與觀眾互動也是認識女孩子的好方法。

隨興樂團在田納西州、肯塔基州、阿肯色州和印第安納州到處表演，即使樂迷人數愈來愈多，他們的發展顯然有限。他們基本上是個舞曲樂團，只為黑人觀眾表演當下流行的節奏藍調熱門曲，註定無法大紅大紫。

為了糊口，大部分的團員都會兼差，吉米是例外，他拒絕了所有白天工作的機會，因為他想花更多時間在吉他上。這個決定在藝術上令人欽佩，但也表示他必須靠他人的慷慨過活。有位俱樂部老闆免費提供隨興樂團住宿，樂團欣然接受，不過他們很快發現事有蹊蹺：光是他們住進去的第一晚，就有人開槍射破窗戶。鄰居告訴他們，前任房客是非裔美國人，因為謀殺一個白人受到審判。不過，他們還是留下來了。「我們沒有別的地方可去。」阿爾方索說。在這之前，吉米偷偷住在施工中的房子裡，每天早上在工人上工前起床。

吉米雖然一直沒有白天的工作，還是參與了許多額外的音樂案子。這段期間，他為卡拉．湯瑪斯（Carla Thomas）、湯米．塔克（Tommy Tucker）、史林．哈波、傑瑞．巴特勒（Jerry Butler）、瑪麗恩．詹姆斯（Marion James）、查克．傑克遜（Chuck Jackson）和索羅門．柏克擔任伴奏樂手。這些都只是短暫巡迴，大多只去了這一帶的幾家燉豬腸巡迴秀場，不過這些經驗很重要。無論薪水多寡，只要是跟音樂有關的工作吉米都願意接，而且在每一次巡迴他都學到了東西。

吉米在一九六三年做的各種工作當中，最值得注意的是和索羅門．柏克一起巡迴。柏克已經是知名的靈魂樂歌手、傳教士和兼職殯儀業者，體重超過一百一十公斤，聲音十分洪亮。他已經有兩首四十大排行榜金曲，這表示他是吉米伴奏的對象中第一位真正的明星。「我有一張唱片叫做『就是搆不到（我張開雙臂）』，吉米把這首歌彈得真好，會令人飆淚。」柏克說。這次巡迴是五人豪華陣容，包括柏克、奧提斯．瑞汀（Otis

Redding）、喬·泰克斯（Joe Tex）、甜心派德桑托（Sugar Pie DeSantos），以及喜劇演員豬肉仔馬肯（Pigmeat Markum）。即使在這星光熠熠的陣容中，吉米依然格外出眾，是最傑出的吉他手之一，不過他誇張的作風使他和柏克不和。「有五天進展得很順利，」柏克說，「到了下一場表演，他卻瘋狂演奏一些和歌曲內容無關的東西，我再也受不了了。」有天晚上在巡迴巴士上，柏克用罕醉克斯向瑞汀換來兩位銅管樂手，就像球隊進行球員交易那樣。吉米待在瑞汀的團不到一週後，又因為類似的原因被炒魷魚。「最後我們把他丟在路邊。」柏克說。

接下來，同樣的情況一再上演。吉米找到工作，為走紅的摩城團體驚豔合唱團（The Marvelettes）伴奏，這次巡迴他和寇帝·梅菲（Curtis Mayfield）同臺，梅菲柔和的風格對吉米的吉他風格影響甚鉅。然而，吉米不小心弄壞了梅菲的音箱，結果又被炒魷魚了。吉米離團時，情況往往令他痛苦難忘：和巴比·沃麥克（Bobby Womack）短暫合作失敗時，沃麥克的兄弟趁吉米還在睡，將他的吉他丟出巴士車窗。吉米醒來時嚇壞了，得再借吉他來用。

吉米流落在外時總是找比利·考克斯幫忙。比利一向願意將他從荒涼的火車站或路邊餐館救出來，就像哥哥一樣。至於吉米真正的家人，他一直和他們保持聯絡，不過他寫回家的信很簡短，往往只有在城鎮間移動時寫明信片回去。「親愛的爸爸，」他在三月時寫道，「跟你說一聲，我到南卡羅來納州了。」那年春天，他寄了一張隨興樂團的照片給艾爾，在背面寫著：「我們是納士維最佳節奏藍調樂團之一。」考慮到納士維的音樂界主流是鄉村和鄉土音樂，這算不上什麼吹噓。

到一九六三年秋天，吉米已經參與過國內一些最佳樂團的巡迴，因此對隨興國王樂團逐漸喪失興趣；最後，隨興國王把他換掉了。同時間，他參加過任何願意雇用他的巡迴演出。在一次和華麗喬治（Gorgeous George）的巡迴中，吉米發現自己竟然向山姆·庫克（Sam Cooke）和傑克·威爾森敞開心房；另一次巡迴時，他加入一個為小理查開場的樂團，表演後，吉米和小理查的樂團一同即興演奏——這正是他青少年時期在西雅圖看過的樂團。這次練團讓他意識到，自己的演奏又繞回原點了：現在他能滿懷著敬意和小時候崇拜的樂團一起演奏。意識到這一點，也鞏固了在他心中萌生的想法：加入納士維的翻唱樂團不是他註定該做的事。

當某個紐約演出統籌來到納士維，提供吉米在紐約工作的機會，他立刻接受了。他企圖說服隨興國王的團員和他一起去，但沒有人願意考慮移居紐約。比利·考克斯太講求實際，仍然期待隨興樂團能在田納西州闖出一片天；團員阿爾方索·楊聽吉米保證他們能出名、賺大錢，但他已經開始擔心吉米愈來愈常吸安非他命。「他總是在吸這些『紅魔鬼』，和另一種叫做安非他命的藥丸。」阿爾方索說。他是耶和華見證人教派的信徒，痛恨所有的毒品。

那年十一月，就在甘迺迪總統遭槍殺一週前，吉米滿二十一歲了。一個月後，他搭灰狗巴士前往紐約。他再度將吉他揹在背上，就像小時候在電影《琴俠恩仇記》中看到的那樣。在巴士站，有位團員送了他一件米色長大衣，好讓他在紐約過冬；當時他唯一一件外套是陸軍制服，不太適合在講究品味的紐約穿。吉米上巴士時，他擁有的一切都裝在一個小小的行李袋裡。他有的不多，但當他走向後排座位——在南方所有的非裔美國人仍被要求這麼做——拿出吉他，又一次在公共場所練習。車上乘客聽到的音樂，足以讓任何一位經驗豐富的藍調愛好者興奮起來：在快速彈奏和熟練的技巧之下，是近三年在南方辛苦謀生磨練出的第一絲音色。坐在這輛巴士後方的藍調樂手開始彈奏出獨樹一格、只屬於吉米．罕醉克斯的聲音。

10

美國紐約，
1964年1月—1965年7月

哈林世界

「哈林世界是我們為當地音樂界取的名稱——黑人音樂界。這個概念也能放大，用來指女生、黑人社群、這裡的各種音樂。之後有個俱樂部就叫『哈林世界』俱樂部。」

——友人塔德拉・艾利姆

吉米在一九六四年初首度來到紐約市。由於吉米大部分的人生都住在黑人人口很少的西雅圖，他對哈林區的活力感到讚嘆，這裡住著超過五十萬名非裔美國人。在藝術上和政治上，這一帶都是當時非裔美國人真正的文化首都。吉米搬進第一二五街上的一家旅館，二十美元就能在一間房住一星期，然後開始闖蕩事業。

他很快就發現，吸引他來紐約的工作機會不見了。他在紐約誰也不認識，於是他開始經常去史莫的天堂（Small's Paradise）和棕櫚樹餐館（the Palm Café）這類俱樂部，尋找擔任伴奏樂手的表演機會。他在紐約的第一個月參加了阿波羅劇院週三晚上的業餘比賽，拿到第一名，還贏得二十五美元獎金；然而得獎並沒有讓他馬上得到工作，使他大失所望。吉米發現紐約的音樂界雖然規模很大，卻不容易進入，他在俱樂部找代班表演的機會時，經常遭到斷然拒絕。他以為紐約的風氣會比納士維更開放，卻發現哈林區的音樂圈非常狹隘，這裡只接受節奏藍調、爵士和藍調這些音樂類型，而且演奏這類音樂時，最好恪守過去大師的做法。「哈林區的黑人一點也不想聽搖滾樂，」塔哈卡·艾利姆（Taharqa Aleem）說，「他們有服裝規定，如果你看起來或聽起來不符合期望，大家就會迴避你。和市內其他地方相比，哈林區簡直就像另一個星球。我們稱呼這個圈子為哈林世界，因為我們的世界以這裡為中心。」

抵達紐約後不久，吉米認識了他在哈林區的第一個女友，莉索霏恩·普吉恩（Lithofayne Pridgeon），大家直接叫她霏恩（Fayne）。霏恩是很漂亮的非裔美國女子，在街頭長大，到十九歲時已經是哈林區的常客了。「霏恩是超級追星族，」日後與她結婚的塔哈卡說，「她看過奧提斯·瑞汀和詹姆士·布朗，這些人她都認識。」有些人稱她「阿波羅霏恩」，因為她常待在這家著名劇院的後臺。在吉米和霏恩第一次真正的約會，霏恩帶吉米回她母親家吃飯；她母親愛下廚，而嚴重挨餓的吉米很需要吃東西。之後莉索霏恩為成人雜誌《藝廊》（*Gallery*）寫的文章中說，她和吉米是在一場放蕩的狂歡派對上認識的，卻沒有解釋他如何能受邀參加這麼奇特的活動。莉索霏恩沒想到吉米這麼老派，他經常談起高中時期的女友貝蒂．珍。

兩人一起住進塞佛飯店，之後則和霏恩的母親一起住。在莉索霏恩的《藝廊》文章裡，她描述她與吉米的關係是建立在性愛上：「我們的活動都發生在床上，」她寫道，「他上床的樣子，就像密西西比運送木材的司機在晒了十小時太陽後，猛吃羽衣甘藍菜和玉米麵包的德行。而且他在床上很有創意，他會一再加碼演出。」根據莉索霏恩的說法，吉米在性方面貪得無厭：「有時候他差點把我弄成兩半。」唯一能與性慾相比的，只有他對彈吉他的熱情，因此她認為自己的情敵「不是女人，而是吉他」。吉米和霏恩經常為了這一點以及其他事爭執。有次吉米難得參加巡迴演出而出城，他在寫給霏恩的信裡懇求她別去聽那些貶低他的人說話。「別聽街上那些黑鬼說的話。」他寫道。此外，有天晚上，吉米不願意帶霏恩出門，兩人便吵了起來，他的理由是：「你知道我討厭在髮型不好看的時候出門。」吉米對頭髮很執著，會花好幾個小時確保他的捲髮看起來恰到好處。這是他當時唯一虛榮的地方：他衣衫襤褸、鞋子不合腳、借來的外套只能勉強保暖，但髮型一定要完美他才會出門。

雖然吉米迷戀莉索霏恩，不過也有其他人對他感興趣，包括霏恩的一位女性朋友。為了介紹這位朋友去認識別的對象，霏恩邀請塔哈卡．艾利姆到家裡來場四人約會。結果，塔哈卡帶了雙胞胎兄弟塔德拉（Tunde-Ra Aleem）一起來，變成五個人，讓這天晚上的氣氛變得不那麼浪漫。艾利姆兄弟被大家稱為「那對雙胞胎」，在哈林區土生土長，有吉米所沒有的世故與韌性。「我們馬上就愛上吉米了，」塔德拉說，「他年紀輕輕就觀察敏銳。」這天晚上最後，吉米對著霏恩、她的女性朋友和艾利姆兄弟講述他在南方巡迴演出和彈吉他的經歷，大家聽得很開心。來到紐約不到一個月，他就有了第一個哈林粉絲俱樂部。

艾利姆兄弟本身也是音樂人，不過暫時放棄了音樂這條路而跑去販毒。他們為「胖子傑克」泰勒工作——他擁有一家唱片公司，但靠毒品賺錢。「他是哈林區最有地位的毒梟之一。」塔德拉說。哈林區的音樂俱樂部充斥著毒品、娼妓、賭博，這些都是吉米曾在西雅圖傑克遜街稍微接觸過的東西；然而在哈林區，這些都是與音樂圈密不可分的大規模事業。「胖子傑克就像狄更斯筆下的人物，」塔哈卡說，「他總是在辦大型派對、邀來俊男美女，不過背後當然有黑暗的一面。當時我們以為這是脫離貧困的管道。」

這個圈子裡沒人比吉米更窮。胖子傑克提供他一份工作，要他去兜售毒品，不過吉米抵擋住了這個誘惑，他依然深信音樂是他人生中唯一的使命。之後他在某次訪談中解釋他對音樂以外的工作的看法：「大家都說：『要是你不找工作，你會餓死。』可是我不想做音樂以外的工作。我試過幾個工作，包括開車送貨，但我總是只做一星期就辭掉了。」吉米對音樂這個夢想的投入，讓艾利姆兄弟重新思考工作上的選擇；隔年，他們放棄販毒的工作，投身音樂。不過，吉米口中的音樂職業道德說好聽點是自相矛盾：他曾跟艾利姆兄弟同住一段時間，卻毫不介意付房租的錢是靠販毒賺來的。吉米能夠獻身音樂，全因為他享有其他人的資助。說到性的道德觀，吉米也並不清高。他在紐約的頭幾份工作之一，是與一位名叫潘泰拉的脫衣舞者一同巡迴。「她是個有異國風情的舞者，帶著一條蛇，」塔德拉．艾利姆說，「我們和她一起在全州到處旅行，吉米有時候會加入，負責伴奏。」

吉米最嚮往的就是和著名樂團一起巡迴。有天晚上，他透過霏恩的介紹去阿波羅劇院見山姆．庫克（庫克是她的其中一任前男友），向他詢問工作機會。庫克已經有吉他手了，但吉米還是放膽一試。一九六四年二月，吉米時來運轉，他聽說艾斯禮兄弟合唱團（Isley Brothers）要找新的吉他手。一九六四年二月九日，他們在紐澤西州艾斯禮兄弟的家裡第一次見面，那天晚上，披頭四上《蘇利文電視秀》（*The Ed Sullivan Show*），吉米和艾斯禮兄弟一起觀賞這場歷史性的演出，渾然不知這件事將徹底改變美國，讓搖滾樂變成稱霸排行榜的音樂類型。

三月時，吉米成為艾斯禮樂團的成員。他第一次進錄音室是為了錄製〈作證〉（Testify）這首歌，這首歌日後有不錯的銷量。在春天的巡迴中，他來到東岸、行經墩豬腸巡迴秀場路線，甚至去了百慕達。那年夏天樂團回到紐約時，吉米和他們一起進錄音室錄了幾首單曲，包括〈最後的女孩〉（The Last Girl），年輕的狄昂・華薇克（Dionne Warwick）還為這首歌合音。艾斯禮兄弟是當代最出名的節奏藍調樂團之一，不過吉米後來抱怨他在音樂上和穿著打扮方面受到嚴格要求。「我得聽從要求，」他在一九六七年的一次訪談中說，「我們穿白色毛海西裝和漆皮鞋，還要梳亮亮的油頭，不能以休閒裝扮上臺。要是兩隻鞋的鞋帶不一樣，會被罰五美元。天啊，真是受不了！」在艾斯禮兄弟偏愛的歌舞秀風格表演中，吉米在擁擠的戶外表演臺上站在後排，每段表演中只有二十秒的個人獨奏機會。他學會珍惜並善加利用這些片刻，但在演出的大部分時間觀眾看不到、可能也聽不到他。巡迴來到納士維時，吉米退出了，加入華麗喬治・奧戴爾的短暫巡迴。

華麗喬治巡迴到曼菲斯時，吉米在一個休假日順道去了斯塔克斯唱片公司（Stax Records）。一半出於天真、一半出於大膽，他走進前門，說他是巡迴來到這裡的吉他手，希望能見見吉他傳奇史蒂夫・克羅帕（Steve Cropper）。這次吉米難得身上沒有帶吉他，也許他覺得沒有帶著吉他去見克羅帕的勇氣。祕書告訴吉米，克羅帕在錄音室裡忙，請他晚點再回來。「我晚點就不在城裡了。」吉米這麼回答。

祕書來告訴克羅帕有個年輕人想見他時，他正關在錄音室裡，所以請她把那個人打發走。克羅帕工作到六點。他走出錄音室時，祕書走過來對他說：「那個人還在這裡。」吉米等了一整天。「我完全不認識他，」克羅帕說，「不過我見了他。」他覺得罕醉克斯很有禮貌，而且還熟知他的所有作品。當被問到背景，吉米謙虛地說：「我在紐約和幾個其他地方彈點吉他。」克羅帕問罕醉克斯有沒有在錄音室錄過音，他就提起自己和艾斯禮兄弟的作品，以及他曾為唐・柯維（Don Covay）的歌曲〈慈悲，慈悲〉（Mercy, Mercy）伴奏，這是吉米參與過、且第一次打進四十大排行榜的歌曲。克羅帕很驚豔：「是你彈的？那是我的愛歌之一。很高興認識你。」

克羅帕帶罕醉克斯去吃晚餐，他很高興有個年輕的樂迷，而且對方還這麼有才華。「後來我邀他回錄音室，」克羅帕說，「我們聊了好幾個鐘頭，我還秀了幾個重複樂段。」吉米也用克羅帕的吉他示範了〈慈悲，慈悲〉的短樂句。

對任何職業樂手來說，克羅帕都是個好榜樣：他是成功的錄音室樂手，彈起藍調時沉穩又原汁原味，而且他還共同創作了〈綠色洋蔥〉（Green Onions），這是他的布克提與曼菲斯樂團（Booker T. & the MG's）的排行榜冠軍金曲。罕醉克斯發現他是白人時很驚訝；他和許多聽眾一樣，認為克羅帕的放克吉他絕對是黑人演奏的。就某方面來說，他們兩人都是異數，企圖挑戰大眾認定的白人與黑人音樂定義。

這兩人在創作音樂和吉他交流上相當合拍。那年秋天，吉米剛滿二十二歲，在每晚表演一整年後，他的彈奏成熟了，從〈慈悲，慈悲〉開場的吉他重複樂段便可看得出來——他沒有抄襲比比金；事實上他誰也沒抄襲。「他的彈奏很放克，」克羅帕回憶說，「那個重複樂段很特別。」

吉米的吉他開始會說話了。

一如往常，吉米在錯過華麗喬治的巡迴巴士後，流落在堪薩斯城。他在城裡等待另一場巡迴來臨，想找個歌舞秀樂團加入，幾乎就像在等公車一樣；果不其然，不到一週就有另一個樂團雇用他。「我身無分文，這時有個樂團出現，把我帶回喬治亞州亞特蘭大。」吉米日後在一次訪談中說。我們不知道這是哪個樂團，不過吉米只和他們一起巡迴了幾星期——他和太多樂團一起表演過，連他也記不住每個樂團的團名。

那年夏天在亞特蘭大，吉米帶著吉他坐在餐廳裡，這時有另一個常客上前找他。「我問他會不會彈吉他。」格倫．威靈斯（Glen Willings）說，當時他是小理查的樂團搗亂者（The Upsetters）的團員。吉米回答會彈，而且他需要表演。威靈斯帶吉米去找小理查試奏，小理查當場就雇用他。至於吉米有沒有告訴小理查自己小時候看過他講道、在西雅圖的老鷹音樂廳後臺見過他，而且已經和小理查樂團的前身即興演奏過，就無從得知了。然而，小理查在正式雇用吉米之前，要來自西雅圖的邦普斯．布萊克威爾（Bumps Blackwell）打電話給艾爾．罕醉克斯，徵求他的同意——考慮到吉米已經二十二歲，這個舉動很奇怪。「邦普斯……打電話給罕醉克斯先生，看看他能不能加入我們，」小理查告訴作家查爾斯．懷特（Charles White），「艾爾．罕醉克斯對邦普斯說：『小理查是吉米的偶像，要是能加入他的樂團，他什麼鳥事都願意幹。』」小理查記得吉米在加入搗亂者時彈的是「比比金的藍調」，日後他試圖將吉米想結合搖滾樂與藍調的功勞全攬在自己身上。小理查還說吉米的舞臺動作、穿著風格甚至留小鬍子，靈感全來自他；這有一部分是小理查出了名的自吹自擂，不過他的吹噓也其來有自。小理查是無可匹敵的創新表演者，在這個年代長大的許多音樂人都受他影響。

小理查的搗亂者是吉米參與過的伴奏樂團中最受矚目的一個，他們的演奏極為精準。不過，這份工作在創作方面缺乏成就感，因為吉米發現小理查是極度的控制狂，連團員該站在哪裡都有要求。小理查表演〈什錦水果〉（Tutti Frutti）和〈天啊！莫莉小姐〉（Good Golly, Miss Molly）等熱門金曲時，觀眾會陷入瘋狂，不過對吉米來說，每天晚上都重複同樣的吉他和弦實在沒什麼挑戰性。一個月後，他們巡迴到納士維時，吉米的前一位導師強尼．瓊斯說這個位子不適合罕醉克斯。「吉米愈來愈出色，風格也變得更加炫技，我知道他不會跟在小理查身邊太久，」瓊斯說，「吉米很帥氣，小理查不會讓別人比他更稱頭。」

罕醉克斯在小理查身邊的日子，發生了一些他最愛的巡迴軼事，多年後他很喜歡反覆說著這些故事，還會邊說邊模仿小理查尖銳的聲音。有一段故事是，某天晚上吉米厭倦了穿樂團的制服，於是穿了一件緞面襯衫，表演後，他因為這種無禮的行為被團長小理查痛罵一頓，還被罰錢。「我可是小理查，」小理查大吼，語氣就和當牧師時一樣，「我是獨一無二的小理查！我是搖滾樂之王，只有我能耍帥。脫掉那件襯衫！」

一九六四年除夕夜在洛杉磯，搗亂者難得休假一晚。那晚吉米在加州人俱樂部（Californian Club）看艾克與蒂娜．透納歌舞秀（Ike and Tina Turner Revue），他在那裡看到一位女子團體的歌手，二十歲的蘿莎．李．布魯克斯（Rosa Lee Brooks），還對她說了一句聽起來不性感、卻絕對屬實的話：「妳長得像我的母親。」他說。蘿莎．李確實長得和露西兒很像。他們在午夜接吻，之後去小奈勒餐廳吃漢堡。布魯克斯有輛雪佛蘭羚羊敞篷車，開車時吉米坐在後座彈吉他，看起來就像遊行隊伍中的得獎者。之後他們回到他的旅館。「我們一整晚都在慶祝新年，直到黎明。」布魯克斯說。

那晚，吉米大部分的時間都在抱怨小理查。他討厭小理查用羞辱人的方式對待他，討厭他花花公子的行為，也討厭每晚都要演奏公式化的音樂。「我個人比較喜歡寇帝．梅菲。」吉米對布魯克斯說。他告訴她自己是寫歌新手，正在為未來的單飛生涯創作。兩人開玩笑說要成立雙人組。「我們打算成為另一個米奇與席維雅，或是艾克與蒂娜。」布魯克斯說。米奇與席維雅一九五八年的暢銷金曲〈奇異愛情〉是吉米的愛歌之一。

那一週，吉米去了布魯克斯的幾場演出，並在其中一場認識葛倫．坎伯（Glen Campbell）。布魯克斯很驚訝吉米熟知坎伯所有的錄音室作品，還說自己熱愛坎伯與海灘男孩（The Beach Boys）的合作。布魯克斯的母親經營一家餐廳，這讓吉米有段時間很感興趣，他們之間熱情如火的性關係也吸引著吉米。布魯克斯說她跟吉米在一起時，小理查曾提議要旁觀兩人做愛，但吉米拒絕了。

二月十九日，吉米寫信告訴父親他在洛杉磯，這張明信片揭露了一件事：吉米現在用的名字是莫里斯．詹姆斯（Maurice James）。接下來三年，吉米還會陸續使用其他化名。他選擇莫里斯這個名字的原因並不清楚，不過他對蘿莎．李說，選用詹姆斯是為了向偉大的吉他手艾默爾．詹姆斯致敬。換名字一事或許表示他打算離開小理查，追求個人生涯；如果這是他的意圖，這個策略並沒有奏效。那年三月他退出搗亂者後，立刻又加入艾克與蒂娜．透納的伴奏樂團。艾克．透納說，吉米加入的短暫時間內，他炫技的獨奏變得「花俏到太搶風頭了」，所以很快就被炒魷魚，重回小理查的陣容。

三月初，蘿莎．李．布魯克斯錄了一首單曲，歌名是〈我的日記〉（My Diary），並找吉米彈吉他。亞瑟．李（Arthur Lee）也參與這次錄音，這開啟了吉米和李之間長久的友誼。李聲稱自己是「第一個黑人嬉皮」，當時他是出了名的怪人，只穿一隻鞋子、戴著讓他看不見的墨鏡在好萊塢四處走動，不過之後他和他的樂團愛樂團（Love）做出了幾張具開創性的迷幻專輯。三人當天錄了兩首歌，吉米的吉他演奏在歌曲中相當突出。B面歌曲〈卡車〉（Utee）沒什麼特色，但〈我的日記〉證明了吉米稱得上是寇帝．梅菲的得意門生，他能編出讓人誤以為出自梅菲之手的吉他獨奏。這首歌在洛杉磯的廣播電臺上播過幾次，不過沒有走紅。

吉米雖然回到小理查身邊，兩人依然經常起衝突。四月在加州杭亭頓海灘的一場表演前，吉米要蘿莎．李．布魯克斯把他的頭髮弄捲，還穿著女裝上衣與圓頂硬禮帽上臺，這身打扮被視為是對小理查表示敵意。此外，吉米還在臺上做出小理查曾禁止他做的所有行為。「他用牙齒彈吉他、把吉他放在後腦杓，還磨蹭吉他，」布魯克斯說，「在場所有人都陷入瘋狂。」顯然小理查也氣瘋了，他不願意付吉米表演費。

吉米在小理查身邊的月薪是兩百美元，對伴奏樂手來說是公道的薪水，不過由於常被罰錢，他實際收到的薪水往往低於這個金額。在華盛頓特區的一場演出後，他錯過了巡迴巴士，而在追上樂團的時候，他心裡知道自己的工作可能不保。之後吉米堅持是他主動退出的，不過，小理查的兄弟兼巡演經紀人羅伯特．潘尼曼（Robert Penniman）對作家查爾斯．懷特的說法不一：「我要罕醉克斯走路……他是很厲害的吉他手，可是他老是遲到，每次都趕不上巴士，又愛跟女孩子調情，諸如此類的事情。」

至於蘿莎．李．布魯克斯，吉米離開小理查時向她保證會再回洛杉磯，但他一回到哈林區安頓下來後，洛杉磯似乎就變得很遙遠了。那年秋天，布魯克斯收到一封吉米的來信，問她能不能寄錢給他，好讓他把吉他從當鋪裡贖回來。那一年，吉米好幾次說他的吉他被拿去典當，主要是對女性贊助者說的——凡是見過他多愛吉他的，一定能被這套說辭打動，讓他順利要到錢。即使是像布魯克斯這樣被拋棄在五千公里外的情人，也無法抗拒這種懇求。蘿莎．李寄給吉米四十美元，連同一張她自己的照片。「一想到他沒有吉他，我就不忍心。」她說。之後她再也沒收到他的消息了。

11

美國紐約市，
1965年7月—1966年5月

栩栩如生的夢

「我曾做過栩栩如生的夢，在夢裡，一九六六年是我發生大事的一年。」
——吉米．罕醉克斯接受《*Open City*》訪問

一九六五年夏天，吉米．罕醉克斯回到紐約，有段時間在哈林區與霏恩．普吉恩或艾利姆兄弟同住，或是在時報廣場附近住便宜的旅館。離開小理查的樂團後，他回到艾斯禮兄弟合唱團一個月，在紐澤西州的度假勝地表演。不過，吉米對擔任伴奏樂手的生活感到厭倦，開始重新思考生涯規畫。這年夏天，他第一次嘗試轉型成錄音室樂手。吉米從沒提過與史蒂夫．克羅帕見面對這個改變有多大的影響，不過可能影響很大。

這年七月，吉米向幾家唱片公司毛遂自薦，要擔任錄音室樂手。他開始寫歌，雖然

技巧還不純熟，他還是帶著一些初步想法——包括至少一個試聽帶——去找蘇唱片（Sue Records）的賈吉．莫瑞（Juggy Murray）。蘇唱片於一九六二年發行吉米．麥葛里夫（Jimmy McGriff's）的暢銷金曲〈我得到一個女人（第一部）〉，旗下有一批節奏藍調藝人。雖然吉米的歌沒有勾起莫瑞的興趣，不過對方願意雇用他擔任吉他手。莫瑞建議雙方先談妥合約，但吉米連看也沒看就簽下兩年的合約。然而他事後可能後悔了，因為莫瑞有好幾個月都沒接到他的消息。吉米就和許多初出茅廬的樂手一樣，認為有製作人對他感興趣就是足夠的報酬。後來唱片公司出現財務問題，從來沒有要求他履行合約，這是他當年發生的少數好事之一。吉米在那年夏天確實有找到錄音室的工作，對象是節奏藍調樂隊指揮威格斯先生（Mr. Wiggles）。威格斯雇用吉米為金三角唱片公司（Golden Triangle）的一系列單曲演奏。「他彈吉他時就像暴風似的。」威格斯說。和吉米在這段時期許多其他錄音室作品一樣，這些作品沒有列上他的名字——四十五轉單曲唱片很少列出唱片藝人以外的人員名單。

在一九六五年八月八日寫給艾爾的一封信裡，吉米提到生涯上的轉變。「我從頭開始，」他寫道，「站在別人後面演奏無法像自己表演那樣闖出名號。不過我和其他人一起巡迴是為了曝光，看看這一行的運作方式，而且最主要是想進入狀況。我推出唱片時會有一小批人已經認識我了，他們對唱片的銷量會有幫助。」他吹噓說艾爾可能很快就會在廣播上聽到他的歌：「萬一你在三、四個月後聽到我的唱片時覺得很難聽，也別覺得丟臉，等著錢滾進來就是了。」吉米在信中署名為莫里斯・詹姆斯，不過他這時也開始使用其他藝名，像是吉米・詹姆斯（Jimmy James）和吉米・吉姆（Jimmy Jim）。這樣換名字讓大家很困惑，假如他的目標是打響名號，這種做法並沒有幫助。不過，換名字反映了吉米個性中一項重要的特質：每當他對音樂、時尚或文化上的興趣改變時，就會持續重新改造自我。日後，這種變色龍般的特質會讓成為巨星的吉米顯得神祕、難以捉摸。然而在沒有樂迷會對他驚豔的生涯早期，這麼做讓他無法培養出一批擁護者。

一九六五年十月，「莫里斯・詹姆斯」住在一家便宜的市中心旅館，叫做美國旅館。月初時他在旅館大廳遇見寇帝・奈特（Curtis Knight），他是紳士（The Squires）樂團的團長。奈特雖然是吉他手兼團長，主要的賺錢管道卻是拉皮條。「他是玩樂團的皮條客。」另一個也在同個圈子的音樂人盧尼・楊布魯德（Lonnie Youngblood）說。奈特邀吉米加入紳士樂團，吉米同意了。根據奈特的說法，吉米那個月本來考慮要放棄音樂，並為了付房租再度典當吉他。奈特借給吉米一把吉他，而且意識到只要吉米向他借吉他，他對吉米就有一定程度的控制。接下來的八個月，奈特把吉米當作樂團的主要門面。紳士樂團雖然比吉米參與過的其他樂團遜色許多，卻有一大優勢：奈特以吉米為中心，承諾要把他捧紅。一九六五年時，奈特已經推出過幾首單曲，卻沒有任何一首登上排行榜。他和吉米第一次一起錄音是把巴布·狄倫的〈宛若滾石〉（Like a Rolling Stone）改編成〈你作何感想〉（How Would You Feel），雖然有了吉米熱力四射的吉他獨奏，仍然無法打入排行榜。

〈你作何感想〉的質感聽起來像翻唱歌，因為是替經營ＰＰＸ製作公司（PPX Productions）的製作人艾德·查爾平（Ed Chalpin）錄製的。查爾平成功經營起唱片公司的手法，是將匆忙錄製的美國熱門歌曲翻唱行銷到海外市場。查爾平一直關注美國排行榜，只要一首歌開始走紅，他就會趕快為海外市場錄製翻唱版。一開始，查爾平覺得吉米並不起眼，因為他不會看樂譜，但在聽過吉米演奏後，查爾平意識到他有才華，於是在一九六五年十月十五日和他簽下錄音和製作唱片的合約。

這份合約聲明吉米要「在三年間專為ＰＰＸ企業製作與演奏及／或演唱」，不過吉米在簽約之前並沒有看。合約上也註明罕醉克斯要「每年製作……至少三個錄音期」。吉米會收到他製作的所有唱片零售價的百分之一作為報酬。有了這份合約，ＰＰＸ將擁有吉米「製作的所有母帶的獨家分配權」。至於現金報酬的部分，吉米會得到「一美元」，這是當時許多音樂界生意往來的標準合約條款——他們不事前做現金交易。基本上，吉米沒有拿到預付款，用來交換未來拿到錢的機會，不過零售價百分之一的版稅價碼比當時多數合約要高。

這份合約是在跟PPX所屬錄音室同一條街上的咖啡店裡簽署的。「他很樂意簽約，」查爾平說，「他知道從來沒有伴奏樂手能拿到版稅。我付給他的版稅很優渥，沒有扣除額。而且他知道他會成為藝人，如果歌曲暢銷，而唱片上有他的名字，他就能拿到版稅。」查爾平有先見之明，知道要用某個神奇的字眼引誘吉米：藝人。光暗示吉米是藝人，而非伴奏樂手，就足以讓他像陷入夢境一般被催眠。「他很想成為獨當一面的藝人，」查爾平說，「這讓他願意簽下任何合約。」

接下來八個月，吉米為查爾平進錄音室演奏二十多次，根據日後法庭的判定，他參與的歌曲一共有三十三首。他們錄製的大部分歌曲中，唯一的亮點是吉米的吉他獨奏，因為寇帝·奈特並不是好歌手。或許可以說，吉米與奈特在錄音室的合作為他帶來最大的好處，是讓他在查爾平的錄音室裡學會錄音和疊錄的基本知識。〈沒有這樣的動物〉（No Such Animal）是吉米參與的歌曲當中唯一突出的作品，一部分是因為吉米輕快的獨奏，也因為奈特並沒有在這首歌獻唱。

查爾平也安排了可說是吉米整個生涯中最奇怪的錄音工作：為B級片女演員珍·曼絲菲（Jayne Mansfield）錄音。曼絲菲以異常豐滿的上圍出名，我們大概可以想像，吉米發現自己身為錄音室樂手，竟然淪落到在曼絲菲小姐五音不全獻唱〈當雲朵飄過〉（As the Clouds Drift By）這首歌時為她伴奏，內心作何感想。

寇帝・奈特與紳士樂團經常在紐約的「紫洋蔥」和「溫蒂妮」等俱樂部表演，卻一直無法吸引固定觀眾，吉米加入後也沒賺到什麼錢。不過好處是紳士樂團不做巡迴，只在紐約一帶演出，而且吉米還在幾首歌曲獻唱。然而，因為紳士樂團只表演翻唱歌，原先提議的創作自由也等於不存在。吉米當時的專長之一，是演奏像威爾森・皮克（Wilson Pickett）的〈深夜時分〉（In the Midnight Hour）這類熱門金曲時，加入夠多的新吉他演奏，好讓經常來看他們的觀眾能在每場表演都聽到獨特的東西。他這麼做只是為了自己的滿足感——當時紳士樂團並沒有願意當回頭客的熱情粉絲。

當吉米發現他在紳士樂團賺的錢不足以維持生計，就和喬伊・迪與燃星者樂團（Joey Dee and the Starliters）上路巡迴，在六十天內做了五十八場表演。這份工作對吉米來說是意想不到的收穫，因為燃星者樂團很受歡迎，他們的〈薄荷扭扭舞〉（Peppermint Twist）是排行榜冠軍金曲。「吉米在我紐澤西州洛迪的車庫裡試奏，」喬伊・迪說，「我們立刻就雇用他了。他是很棒的吉他手。」燃星者是吉米自從離開西雅圖以來加入的第一個種族融合樂團，他們的音樂比他早期的樂團更偏向搖滾樂。他們的巡迴地點主要在東北地區，不過也去南方做了幾場表演，吉米在那裡發現，身處在種族融合的樂團比在全黑人團體表演更加辛苦。他們得在黑人經營的旅館過夜，有時候離表演場地八十公里遠，還因為多數餐廳不歡迎樂團裡的三位黑人團員，而得在廚房裡坐在麵粉袋上吃飯。雖然吉米日後抱怨自己拿到的錢太少，不過與燃星者樂團相處的時光讓他親眼看到是有白人音樂人願意支持民權的。「有很多人願意付更多錢給我，要我不帶黑人樂手一起巡迴，可是我拒絕了。」喬伊．迪說。在這次巡迴中，燃星者表演的觀眾多達一萬人，這是吉米見過最大型的表演。不過由於身為種族融合樂團帶來的衝突，許多場地不讓他們在表演間的空檔離開後臺區域。

或許因為團員們要共同承擔種族歧視的重擔，燃星者樂團感情很好，吉米很快就贏得他們的心。「他一開始非常害羞，」團員大衛．布里加蒂（David Brigati）說，「但後來他敞開心胸，跟我們說了與艾斯禮兄弟合唱團和小理查一起上路的瘋狂故事。」吉米也說了和詹姆士．布朗（James Brown）一起巡迴的故事，說他有次打斷這位靈魂樂教父說話，布朗不但揍了他，還把他開除。

身為舞曲樂團，燃星者不得不照本宣科演奏他們的熱門金曲。不過，吉米每晚都有一個獨奏的機會，他會將吉他放在後腦杓彈奏。這次巡迴也是吉米在加菲爾德高中和軍事基地的幾場表演之後，第一次面對著白人觀眾表演。「某些城鎮的觀眾全是白人。」布里加蒂說。令吉米驚奇的是，他發現有年輕女孩會擠在舞臺前，向他投以熱切的目光，這讓當時自認為長得不英俊的吉米很意外。「吉米臉上長了很多青春痘，」友人塔德拉．艾利姆說，「這使他更加內向。」這些年輕白人粉絲幫助吉米增加自信，他開始向團員吹噓自己的女性粉絲團。「他像磁鐵一樣吸引她們，」布里加蒂說，「他有某種特質，似乎就是能吸引女生。」

在水牛城的一天晚上，三位印度女性說吉米的臉長得像某位印度教神祇，並且與吉米上床——她們是在飯店遇見他的，甚至不是樂團的粉絲。在巡迴中的一次停留，有個愛冒險的白人女性跟布里加蒂上床，完事後談到她的跨種族性幻想。她向他提議打電話找其他樂團成員來，於是布里加蒂打了。「我根本還來不及下床，」布里加蒂說，「就有個男人壓在她身上。」不過，吉米先停下來，很有禮貌地問能不能脫掉他的牛仔靴。布里加蒂離開房間，在兩小時後回房時，只有這個女人在房間裡。她告訴布里加蒂這是她一生中「最美好的一天」。

旅程中的性愛是吉米巡迴樂手生活的例行之事，但就連這些機會也不足以維持他對燃星者樂團的興趣。他事後對《新音樂快遞》說：「在從薄荷扭扭舞榨取薪水後，我得退出。」不過他一定知道離自己發行唱片的夢想還很遠。在和燃星者一起巡迴時，他慶祝了二十三歲的生日。隨著一九六五年進入一九六六年，他向幾個朋友坦承他夢想新的一年會改變他的一生。「我做過栩栩如生的夢，在夢裡，一九六六年是我發生大事的一年。」他告訴一位記者，「聽起來有點傻，但這真的是實話。」

然而，這偉大的命運還不會來臨，因為一九六六年初，吉米再次回到以前的生活：回去和寇帝．奈特與紳士樂團一起表演、偶爾試圖接些錄音室的工作、擔心下一餐有沒有著落。他的感情生活也不順遂，因為他在哈林區主要的女友霏恩．普吉恩嫁給塔哈卡．艾利姆了。吉米仍然和他們兩人同住一間公寓，而這種情況讓霏恩很不自在。「霏恩不懂我們結婚後，我怎麼還會願意讓他留宿。」塔哈卡說。有天晚上塔哈卡和霏恩吵架，他們以為家裡沒有別人。「她要我把他趕走，」塔哈卡說，「但我說：『讓他留下來吧。』」事後他們發現吉米無意中聽到他們的對話。

吉米一聽到他可能很快又要流落街頭，就搬進一家便宜的旅館。一月十三日，他寄了一張帝國大廈的明信片給艾爾：「在紐約這個破敗的大城市裡，一切都馬馬虎虎，」他寫道，「這裡發生的都是壞事。」他因為房租逾期而面臨被驅逐的命運，也經常沒吃東西。要說他有什麼慰藉，從寫給父親的明信片上最後一句話可以看得出來：「告訴班和厄妮，我彈的藍調他們絕對沒見識過。」他吹噓的對象是厄妮絲汀．班森，是她的豐富唱片收藏讓吉米接觸到藍調藝人。他寫的這句「這裡發生的都是壞事」有可能是其中一首經典歌曲的歌詞，不過也顯現出他內在與藝術上的轉變。吉米在一九六五年承受的悲慘情況——貧窮、在南方巡迴期間經歷的種族差別待遇、寂寞——讓那年成為他在母親過世之後最難熬的其中一段歲月。不過，這些苦難也使他成為更成熟的藝術家；這讓他沾上更多「泥土」、有更多感染力，這是強尼・瓊斯說每個偉大藍調樂手必備的東西。吉米不只是演奏藍調，也過著藍調人生。

國王寇提斯與全明星樂團（King Curtis and the All-Stars）在哈林區的「史莫的天堂」俱樂部演出需要吉他手時，立刻拯救了吉米。「史莫的天堂」是吉米・史密斯（Jimmy Smith）生涯起飛的地方，這裡舉辦過當代所有重要的非裔美國音樂人的演出。非裔民權領袖麥爾坎X曾在這裡當服務生。「當時的吉米無所畏懼；在哈林區，不管你本事多差，都一定要符合必備條件，」塔哈卡・艾利姆說，「你可以很差勁，但你的穿著打扮、外表、走路和說話的方式一定要和大家一樣。」整晚大部分的時間，吉米在樂團後面擔任節奏組的一員。他的第一次獨奏是關鍵時刻，而他表現得很出色；全明星樂團的鼓手是即將成為傳奇人物的「美男子」伯納・普迪（Bernard "Pretty" Purdie），而吉他手是柯奈爾・杜普利（Cornell Dupree），這也有加分效果。杜普利本身就是著名的吉他手，和他同臺讓吉米學到互動演奏，以及如杜普利所說的，如何演奏得「更順」，加入更多情感和熱情。吉米很快就學會這個樂團的作品。「這麼多年來，我從沒見過其他吉他手這麼快學會。」

伯納·普迪說。

接下來幾個月，吉米和國王寇提斯一同演奏、錄音，同時也偶爾和紳士樂團做幾場零星的表演。即使如此，他依然沒錢吃飯和付房租。那年冬天，黛安娜·卡本特（Diana Carpenter）在百老匯大道和第五十二街轉角的火腿蛋咖啡店遇見吉米。她注意到他是因為那天很冷，他卻只穿著一件沒有內裡的薄夾克。「他的姿勢讓我看到他的鞋底有個洞。」她說。這家餐廳的低消是五十五美分的水，吉米面前就只擺了一杯水。

當時十六歲的卡本特是逃家少女，在當阻街女郎。她和皮條克一起在餐廳裡，她要離開的時候，吉米對她說：「你真可愛！」她很驚訝他竟敢放肆在皮條客面前對她說話。這惹得皮條客不開心，他叫吉米「閉嘴」，並把卡本特從餐廳裡拉走。幾星期後吉米又遇見黛安娜，這次沒有皮條客在身邊，於是他們開始交往。

一開始，她的工作對吉米來說不是問題，反而是件好事，或許甚至可說是他的癖好。她賺的錢遠比他多，即使在工作一整天之後，她也依然能滿足他的性慾。「他充滿精力，」她說，「一個晚上做兩、三次。」卡本特是淺膚色的非裔美國人，吉米也對她說她長得像他母親；也許這是他最愛的臺詞，不然就是他最容易被長得像露西兒的女人吸引。卡本特只在白天工作——她發現這麼做最容易避免被逮捕——所以晚上有空去聽他的許多場演出。「他一直在抱怨寇帝·奈特欠他錢，」卡本特說，「可是就算寇帝付錢，吉米賺的錢也不夠付房租。」有人以為吉米是卡本特的皮條客，不過雖然他靠她吃飯，卻沒有替她拉皮條。

即使有她的收入，他們手頭還是不寬裕。有天晚上他們走在第五大道上，吉米要她選出他有錢後她最想戴的珠寶。她指向一個驚人的寶石。「有一天我會買給你。」他吹噓說。他們最常聊起的話題就是他以後會變得多富有、多出名。「多有錢？」他問。「超有錢又超出名。」她回答。有時候這種對話內容比較黑暗。「如果我不在一年後變得有錢又出名，我會瘋掉。」他有次這麼對她說。吉米的幻想變得愈來愈急切，就彷彿如果不趕快實現，這些幻想就會化為烏有。他每天練習好幾個小時，而且因為付不起計程車資，只得把借來的音箱從附近的俱樂部硬拉四個街區，拖回飯店。

有一次吉米回家時，發現有個嫖客掐住卡本特的喉嚨，他抓住這個人，把他從房裡推出去，而這起事件讓他對她的工作觀感變得負面。同個星期，黛安娜遭到逮捕入獄，被送上前往中西部的巴士。她逃脫後回到吉米身邊，吉米哭著說他怕她被嫖客殺了。有一次她描述童年遭受的性虐待時，他崩潰大哭，他告訴她自己也是這種性虐待的受害者，不過除了說是發生在小時候的事，並沒有提起太多細節。

五月初，卡本特發現自己懷孕了，在吉米的堅持下，她不再當阻街女郎。吉米唯一的收入來自零星的演出，到暮春時兩人得靠偷東西才能過活。有一次，吉米和卡本特兩人都在商店裡行竊，店主看到了，就拿球棒追他們。他們跑了好幾條街才甩掉店主，差一點就逃不掉。吉米經常怒斥：「我要改變這種鬼情況。我再也受不了了。我不想死得像狗一樣淒慘。」為了賺錢，卡本特偷偷回去街頭拉客。吉米發現她騙他後拿皮帶打她。「我們都知道我當時懷孕了，」她說，「那是他唯一一次那麼做。」他邊打她邊還說起長篇大論，她從來沒聽他這樣說話過。「我叫你怎麼做，你就要照做！」他吼道，「你要這麼固執，我就給你好看。我早就說過了，你都不聽。」吉米平常的言行舉止不是這樣，他爆發出的惡意使卡本特震驚。

從此以後兩人間的關係開始惡化。當卡本特建議他們揮霍一下，去看金髮性感女神拉娜．透納主演的《秋霜花落淚》（*Madame X*）日場電影，吉米發起怒來，他以為那是關於娼妓的電影。於是她氣沖沖地跑出去找了個嫖客，但對方其實是臥底警察，她當場被捕。這個警察發現她未成年，讓她選擇坐牢三年，或是收下巴士車票回到家鄉父母身邊。她懷有身孕、餓著肚子且又擔心未出世孩子的健康，就選了巴士車票。一九六七年二月，她生下一個名叫塔蜜卡（Tamika）的女兒，體重不到兩千三百公克。從懷孕的時機和她在街上拉的客人都是白人看來，卡本特確信吉米是這孩子的父親。她不知道該寫信到哪裡才能找到他；他們住過太多廉價旅館了，讓她放棄再次找到他的想法。

吉米與卡本特這段關係或許讓他不想再與妓女交往，不過這些女性和他的過去之間有個無可否認的關連：廉價旅館、放蕩的生活方式和艱困的生活，這些全都讓他想起兒時生活。這或許並非吉米想要的人生，卻是他熟知的生活方式，就這個層面而言，這種生活使他自在。

卡本特離開後（也可能在她離開前），吉米立刻就和他的第一位白人女友卡蘿．薛若基（Carol Shiroky）開始交往。她也是妓女，不過她是應召女郎，不在街上拉客。這段關係既短暫又混亂。薛若基買了把新吉他給吉米，幫助他脫離寇帝．奈特的掌控，吉米花了好幾個小時銼平琴衍——那是右手吉他，他把弦重新裝成左手彈的，因此硬體方面必須做些更動。

吉米透過薛若基認識了麥可．夸希（Mike Quashie），他在西四十四街的「非洲客房」表演，人稱「蜘蛛王」。夸希曾在一九六一年登上《生活》（*Life*）雜誌封面，他將凌波舞引進美國。他身高一百八十八公分，卻能抖動肩膀從離地約十八公分的橫竿子下鑽過去。夸希在薛若基的旅館房間裡見到吉米，看到這位吉他手的頭髮上戴了粉紅色和黃色的捲髮器，他以為吉米是皮條客。夸希說了些巫毒教的故事要娛樂吉米，然而吉米沉默寡言，讓夸希不太開心。「他情緒十分低落，」夸希說，「他總是談起他的憂鬱、挫折感和焦慮。他過得不如意。」日後吉米一些震撼世界的舉動，如戴圍巾、跪地表演和用火，其實是在模仿夸希。吉米在紳士樂團嘗試了一些這種誇大的行為，卻沒得到什麼迴響。

在一場讓吉米特別生氣的紳士樂團演出後，他將不滿寫進一首詩裡。詩中描述他所謂的朋友只對他誇大的穿著打扮感興趣，卻「不懂我的思考方式」。他當時的朋友很少，因此詩中所指涉的對象一定是紳士樂團的團員。他一直沒把這首詩寫完，也沒為它譜曲，和許多他在這段時期寫的文字一樣，這首詩只是草草寫在小紙片上的想法，然後就放進吉他盒裡了。這首詩的標題可說是總結了吉米過去和未來的心魔；他將詩題名為「我時尚上的朋友其實是思想上的敵人。」

12

美國紐約，
1966年5月—1966年7月

我的問題孩子

「如萬花筒般奇幻的影像在我眼前湧現，互相交替、色彩斑駁，以圓圈狀和螺旋狀開合，爆發成色彩繽紛的山，重新組合、混合成為持續不斷的潮流。特別驚人的是每個聽覺上的感受，像是門把發出的聲音或是一輛經過的車，都轉化成視覺上的感受……就我所知，沒有任何其他已知物質能以這麼低的劑量激起如此強烈的精神效果、如此劇烈改變人類意識及我們對內在和外在世界的體驗。」

——艾伯特．霍夫曼博士，《LSD：我的問題孩子》

一九六六年五月底一天晚上，一位棕色眼睛的女孩、一個出身明尼蘇達州的民謠歌手和一種迷幻藥進入吉米．罕醉克斯的人生，三者都對他的生涯造成不可磨滅的影響。這三股力量幫吉米打開了一個尚未開發的內在世界，永遠改變他至今似乎註定當配角的命運。這些改變發生後，他本來的生活——在小理查身邊當小弟，或扮裝在節奏藍調歌舞秀跳舞——都將成為遙遠的不愉快回憶。這是他不斷重新改造自我的下一個階段，這個形象強烈且長留人心。

他首先遇見的是女孩。她是二十歲的琳達・基斯（Linda Keith），一位美貌出眾的模特兒，與吉米恰恰相反：她是英國的猶太人，家世富裕、受過高等教育，是倫敦搖擺年代的潮流人士中不可或缺的一員。還有一點或許更令吉米刮目相看：她當時的男友是滾石樂團的凱斯・理查（Keith Richards）。琳達在一九六三年開始和理查交往，見證了滾石樂團的誕生，這讓她可說是擁有英國音樂界的王室地位。滾石樂團預定一個月後將抵達美國，進行受到高度期待的一九六六年巡迴；琳達提早來到美國，要深入感受紐約的俱樂部圈。身為音樂迷的她熱愛藍調，旅行時會帶著一箱最愛的四十五轉唱片。她美麗、聰明又懂音樂，一出現就足以讓年輕男子神魂顛倒。

她在五月底走進獵豹俱樂部（The Cheetah Club）時，迷倒了在場的男子，而吉米正在那裡和寇帝・奈特與紳士樂團做另一場令他痛苦的演出。那年春天，他一直發誓要永遠退出奈特的樂團，而他最後終於實現這個誓言——這場表演正是他最後一次與紳士樂團合作。也難怪他想離開：俱樂部裡沒幾個觀眾。

獵豹俱樂部所在的建築物曾經有紐約最華麗的世紀初舞廳之一。這裡在一九六六年四月重新開張，成為鋪著斑紋皮毛壁紙的高雅俱樂部，不過還沒熱門起來。俱樂部內有一邊是酒吧，表演者在十五公尺寬的舞臺上表演。琳達記得在這個可容納兩千人的場地裡，只有不到四十個人在場。一開始她不太注意樂團，不過後來她注意到吉他手。「他

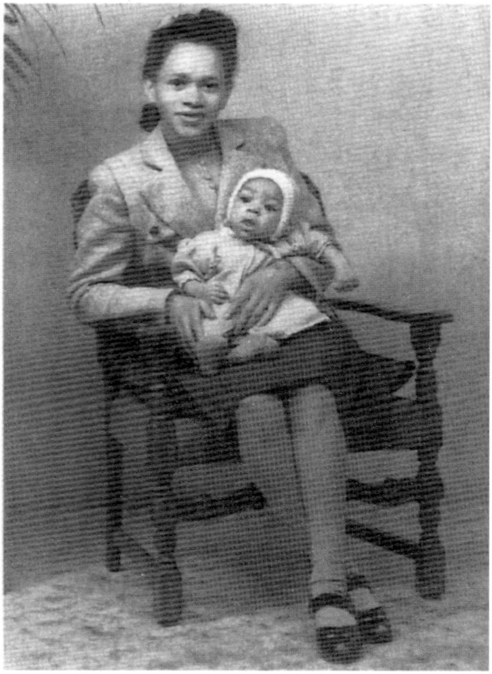

吉米・罕醉克斯和他的母親露西兒；這是吉米在襁褓中拍的第一張照片。

吉米的阿姨德洛蘿絲把這張照片寄給嬰兒的父親艾爾時，寫下這句話留念：「向爸爸獻上我所有的愛，寶寶罕醉克斯。」她用「寶寶」來稱呼吉米，沒有用原先取的名字，因為艾爾認為那個名字是露西兒用另一個男朋友的名字取的。

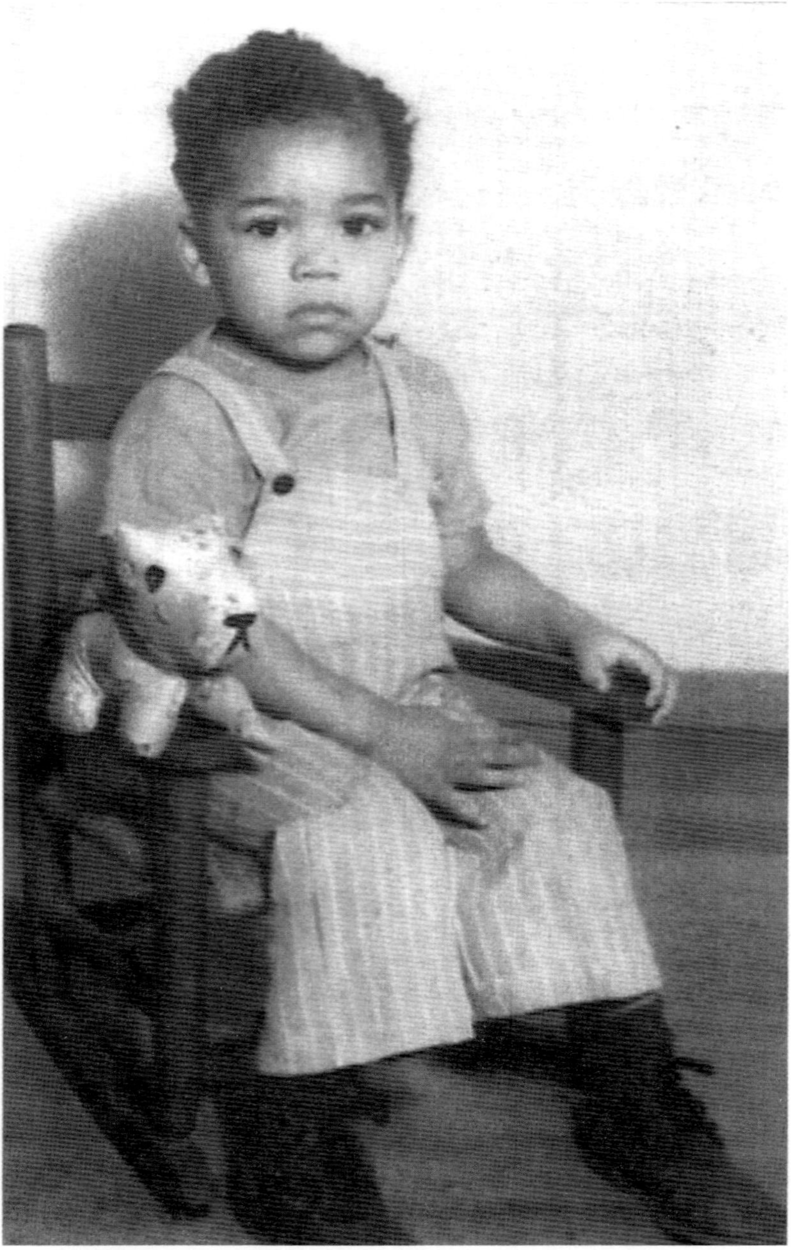

© DELORES HALL HAMM

吉米的阿姨德洛蘿絲在吉米三歲時拍下這張照片。原先的照片說明用吉米的小名「小鬼」稱呼他。

七歲的吉米（穿著條紋襯衫的男孩）站在弟弟里昂（穿著水手服的男孩）後面。

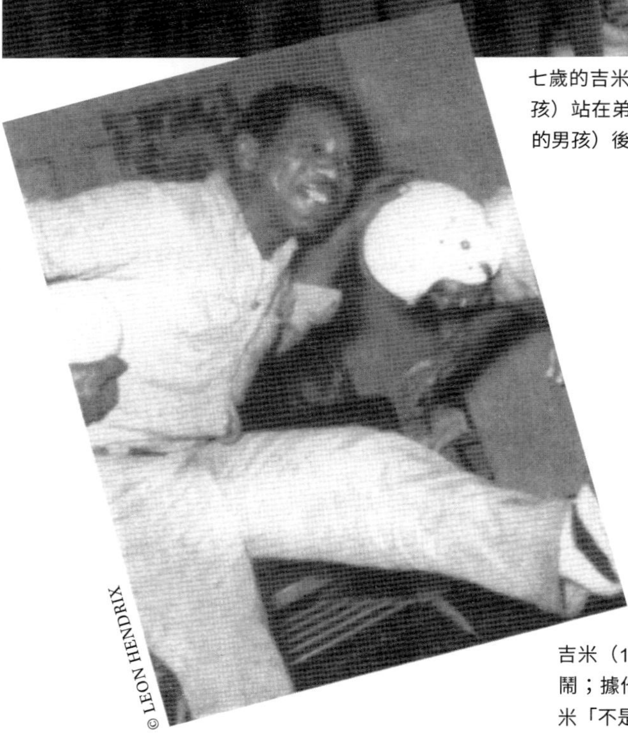

吉米（15歲左右）正和艾爾嬉鬧；據他的足球教練所說，吉米「不是運動員的料」。

© LEON HENDRIX

穿著足球衣的吉米擺好姿勢，和艾爾拍照。

© DELORES HALL HAMM

吉米彈著吉他，和搖滾之王樂團（The Rocking Kings）在臺上表演，攝於1960年。

吉米在陸軍兵營裡，拿著吉他。吉米用高中情人的名字「貝蒂・珍」替這把吉他命名。吉米曾拿著這把寫上女友名字的吉他拍照，這是已知僅有的幾張照片之一。照片中左邊是節奏藍調歌手、吉他手波・迪德利（Bo Diddley）的專輯。

© BETTY JEAN MORGAN

吉米在1960年9月22日寄這張照片給高中時的情人。儘管假的熱帶背景讓照片看上去很有異國情調，但在服役期間他多半待在肯塔基州。

© BETTY JEAN MORGAN

吉米和軍中弟兄在照相館合影，他把這張照片寄給他的女朋友。他在照片背面寫著：「照片裡有些地方照得不是很清楚，但還是寄給妳，親愛的，請留存在妳心裡。」

吉米（左）在1962年5月把這張照片寄給貝蒂・珍・摩根（Betty Jean Morgan）。他在照片背面寫著，隨興國王樂團（King Kasuals）已經加了幾位合音天使。

© JANICE HARGROVE

1966年夏天，在啥咖啡（Cafe Wha?）俱樂部的後臺。吉米拿著咆哮之狼（Howlin' Wolf）的專輯。他用髮捲弄出了一頭像巴布・狄倫一樣的髮型，沒多久又會換成爆炸頭。

吉米罕醉克斯體驗樂團：鼓手米奇・米切爾（Mitch Mitchell）、吉米與諾爾・瑞丁（Noel Redding）。

© MICHAEL OCHS ARCHIVES

© DOUGLAS KENT HALL

1968年2月12日，在吉米的西雅圖返鄉演唱會後臺。弟弟里昂（身穿白色大衣者）轉過身看吉米；繼母瓊恩（June）站在吉米的左邊；父親艾爾用手遮著臉。

© DOUGLAS KENT HALL

1968年2月12日，吉米與艾爾·罕醉克斯。在這場演唱會之前，吉米和他的父親已經有將近七年沒見面了。

1968年2月12日，在後臺。

© DOUGLAS KENT HALL

吉米一邊試戴弟弟里昂的眼鏡一邊開玩笑。他視力不好，但不願意戴眼鏡。

© PHOTO BY ULVIS ALBERT, COURTESY EXPERIENCE MUSIC PROJECT

1968年2月12日，在後臺。

1968年11月28日，吉米在紐約的愛樂廳後臺。前一天是他26歲生日。

© DAGMARFOTO.COM

吉米坐在他的其中一部雪佛蘭Corvette跑車上。他視力差，加上開車魯莽，所以經常把車撞毀。

© MICHAEL OCHS ARCHIVES

吉米和他的多年女友凱西·艾金翰（Kathy Etchingham），在他們兩人的倫敦公寓裡。

吉米在後臺，周圍都是警察。吉米曾在日記裡寫道：「你能想像南方的警察會保護我嗎？」

© JOHN TITCHEN

1969年2月，吉米在夏威夷，戴著花環。

© MIRRORPIX.COM

莫妮卡・丹納曼（Monika Dannemann）。吉米在睡夢中猝死時，她就睡在他旁邊。

© MICHAEL OCHS ARCHIVES

吉米的葬禮在西雅圖的鄧萊普浸信會教堂舉行。

© JOHN TITCHEN

1970年，吉米在夏威夷。罕醉克斯曾說，死亡時「你所做的就是擺脫掉那個老身體」。他在27歲去世。

的手在吉他琴頸上下移動的模樣很好看，」她說，「他的手很厲害。我發現自己看他演奏看得入迷。」

琳達是知名吉他手的女友，不是星探，不過她看出吉米擁有異於常人的能力。看到他對著一小群不懂得欣賞的觀眾表演，更是點燃了她的正義感。「他是很棒的吉他手，而且是很棒的藍調吉他手，」她回憶，「他顯然是當明星的料，不過他的外表看起來很怪，這個地方也很奇怪，好像不該是這樣。」這段表演結束後，吉米在酒吧啜飲著酒時，琳達和她的朋友邀他來她們這桌，對他大加讚揚。受到美麗的模特兒注意，對吉米來說是陌生的體驗；當琳達告訴他她是凱斯·理查的女友，而且理查很快就會來紐約，不難想像吉米臉上是什麼表情。

琳達和她的朋友留下來看最後一段表演。結束後，她們邀吉米回六十三街的一間公寓。他們在那裡聊音樂、政治，無可避免也聊到毒品。琳達有個朋友是毒品行家。吉米被問起對搖腳丸有沒有興趣，他的回答同時表現出天真，也暴露出他對迷幻藥完全沒經驗。「不了，我不想要，」他說，「不過我想試試那種叫迷幻藥的東西。」他說的時候一副很認真的樣子，並不知道搖腳丸就是迷幻藥（ＬＳＤ）的俗稱。

在一九六六年之前，吉米對毒品的體驗只限於大麻、大麻樹脂、廉價安非他命，或是在難得的情況下碰過幾次古柯鹼，部分原因是他經濟條件不好。「在曼哈頓，大家選擇的毒品是古柯鹼和大麻，」塔哈卡·艾利姆說，「當時在哈林區沒有人嗑迷幻藥。」有些非裔美國人把迷幻藥視為「白人」的毒品。之後在這年夏天，吉米企圖說服他在上城的朋友盧尼·楊布魯德和他一起嗑藥。「吉米說人的心靈裡有一大堆亂七八糟的東西、蜘蛛網什麼的，嗑這種藥能清除雜念、讓心志專注。」楊布魯德說。盧尼教訓了吉米一番，說搖腳丸很危險，這種毒品可能會讓你的思考方式變得像白人一樣。「那是白人小子的毒品，」楊布魯德說，「我不想要幻覺。我有太太、小孩、車子和公寓了。」

艾伯特·霍夫曼（Albert Hoffman）博士在一九三八年研究麥角菌時，發現了麥角酸二乙胺（lysergic acid diethylamide, LSD）。霍夫曼意外服了這種物質後，立刻注意到它引發的幻覺效果。之後他在自傳《ＬＳＤ：我的問題孩子》（*LSD: My Problem Child*）中描述他第一次陷入幻覺的體驗：「我陷入如夢一般的境界，閉著眼睛（我覺得陽光太過刺眼），察覺到一連串不間斷的奇幻畫面，奇特的形狀浮現出強烈如萬花筒的色彩。」到了一九四○年代，山德士製藥廠在市場上行銷ＬＳＤ，標榜從酗酒到思覺失調都能治好。在這種藥物引發爭議後，一九六五年八月停止正式銷售，但當作非處方藥的使用變得十分廣泛。罕醉克斯第一次服用時，它還是合法藥物（一九六七年它在美國變成非法）。

提摩西·李瑞（Timothy Leary）博士是首批針對迷幻藥進行全面試驗的科學家——

主要是在自己身上試驗——他宣稱服用迷幻藥的「狀態」和「場景」對整個體驗來說和劑量一樣重要。「狀態」指的是用藥者的心態，而「場景」是指用藥的環境。對吉米．罕醉克斯來說，他第一次嗑迷幻藥的狀態和場景極為理想：他受到一位知道羅伯．強生是誰的聰明英國模特兒大加稱讚，人在一間時髦的公寓裡，牆上漆成帶有豹紋的紅色，而且還聽著基斯的藍調唱片收藏——即使沒有毒品，也夠讓他心醉了。不用說，這次的體驗很順利。

吉米日後向朋友描述他第一次體驗迷幻藥的幻覺時說，他「照鏡子時以為自己是瑪麗蓮．夢露」。一九六六年五月以後，他變得經常照這面鏡子。麥角酸二乙胺從此成為他餘生創作音樂時的濾鏡。這並不是說他創作所有作品時都嗑嗨了；然而，他一進入迷幻藥的世界後，迷幻的思考方式就展現在他演奏的內容、他所譜寫的音樂和歌詞上。吉米向親近的朋友堅稱他彈奏的是顏色而不是音符，而且他彈奏時能在腦海裡「看見」音樂。他對創作過程的描述，與霍夫曼博士描寫的第一次迷幻藥體驗相似得詭異：「每個聽覺上的感受……都轉化成視覺上的感受。」

毒品並非這晚唯一改變吉米的東西。巴布．狄倫的《金髮美女》（*Blonde on Blonde*）才剛推出兩週，琳達．基斯手邊就有一張。除了沒碰過迷幻藥，吉米也還沒聽過狄倫最新的唱片。當狄倫在專輯開場曲〈雨天女人12與35號〉大唱「大家一定都要茫」

時，他很可能已經飄飄然了。日後吉米說《金髮美女》是他最愛的狄倫專輯；邊陷入迷幻邊第一次聽〈我要你〉、〈再度困在車上聽著曼菲斯藍調〉和憂傷的〈眼帶憂傷的羅蘭茲女子〉，任何人都會留下不可磨滅的深刻印象。

琳達日後描述這晚是「神奇的一夜」，不過暗示她與吉米當晚有發生性關係的傳聞並不正確。「我當時正在和凱斯〔理查〕交往，」她說，「而且我是有中產階級價值觀的中產階級女孩。」然而那天晚上為吉米帶來的新體驗，對他來說確實很私密。他們當晚的談話內容主要是吉米最熱衷的音樂與吉他，並非他平常會和女人聊到的事。最後，琳達的朋友討論三角洲藍調和芝加哥藍調哪個更好聊到累了，就去另一間房間睡覺。吉米和琳達在客廳一整晚沒睡，不過她堅稱兩人之間清清白白。

琳達驚訝於吉米在談起自己的生涯時毫不保留，甚至可說是天真。他顯然對人生的處境感到挫敗，但不羞於談起他的失望，這項特質在講求男子氣概的吉他手身上並不常見。吉米一度將他放在吉他盒裡的粉紅色塑膠髮捲捲在頭上，他在自己認為品味高雅的人面前上捲子，讓琳達很震驚。

他們兩人都狂愛藍調這個音樂類型。琳達很懂美國民謠，彷彿為了證明這一點，她從旅行箱裡拿出好幾張鮮為人知的四十五轉唱片。她播放了強尼·泰勒（Johnny Taylor）的〈小藍鳥〉、史諾克·伊葛林（Snooks Eaglin）的〈獻上我的真心〉，以及其他幾首罕見的藍調B面歌曲，當中有許多都是凱斯．理查的私人收藏。單曲都播完後，他們就一再回頭重放《金髮美女》，就像是不能對這張唱片置之不理似的。吉米告訴琳達他很仰慕狄倫，他們都同意這張專輯是天才之作。吉米一整晚都拿他的吉他跟著彈。「那是你所能想像最特別的演唱會了，」琳達說，「我放一張唱片給他聽的時候，他要麼跟著彈奏，要不就是向我彈奏他自己的版本。就像一場私人獨奏會。」

他們也談到寫歌的話題，以及能讓一首歌有力量的因素是什麼。吉米告訴她他寫了幾首曲子，還對她彈奏了初期版本的〈紅色房子〉，和幾首日後收錄在《你體驗了沒》（*Are You Experienced?*）專輯中的歌曲。琳達很驚豔，一直追問她的這位新門徒為什麼花這麼多時間巡迴，卻只為別人伴奏。她問了一個顯而易見的問題：「你為什麼和寇帝．奈特一起表演？」吉米對這個問題的回答直截了當：「我沒有自己的吉他。」這時卡蘿．薛若基是否已經買吉他給吉米，我們無從得知。「那時他有可能是在利用我得到一把吉他，但我現在覺得不是。」琳達後來回憶說。

她說會幫他弄一把吉他。這時她已經完全相信吉米的實力，願意竭盡所能幫助他。那晚吉米還告訴她自己的本名是吉米．罕醉克斯，不是他當時的藝名吉米．詹姆斯。她問他為什麼不唱歌。「這個嘛……我不是很會唱歌。」他說。自從中學時期吉米覺得歌聲比不上基米．威廉斯，他就一直覺得自己歌喉不好，不過由於有狄倫這樣的歌手走紅，讓他對自己逐漸改觀。「現在大家不是要你唱歌好聽，」那年他在寄給艾爾的一封信裡寫道，「而是要你隨興唱，不過歌曲的節奏要好。這就是我要達成的目標。這就是關鍵。」不過他依然對自己沒把握，和寇帝·奈特一起演出時只唱過幾首歌而已。

「你唱得很好呀。」那晚琳達聽他在客廳唱了好幾個小時後這樣回應。如果她需要任何佐證的話，答案就在唱機上：巴布·狄倫，有他證明就夠了。在《金髮美女》模糊的封面上，那個穿著長外套、頂著狂亂髮型的削瘦男子盯著吉米看，除了膚色以外，這個人幾乎就和吉米一模一樣。而他的歌聲就是令吉米無法忘懷。

雖然《金髮美女》促進吉米的野心，也讓他更加相信自己能唱歌，不過其實他在和琳達·基斯共度一晚的幾年前，就已經對狄倫感興趣了。他對狄倫的欣賞，有些人稱之為執著，使他與哈林區的朋友意見相左。霏恩·普吉恩記得吉米在一九六五年拿身上最後一點錢去買狄倫的《重回61號公路》，這讓她很不開心。更早之前，吉米還曾帶著〈在風中飄蕩〉（Blowin' in the Wind）去一家哈林區俱樂部請ＤＪ播放。這位ＤＪ由於不熟悉狄倫，同意播放這張唱片，結果是不智之舉。吉米被憤怒的群眾趕出俱樂部，他們大喊：「帶著你的鄉巴佬音樂滾出去！」

吉米在聽到《金髮美女》不久後，買了一本巴布．狄倫的歌譜。既然他不會看樂譜，吸引他的一定就是狄倫的歌詞了。他一直把這本歌譜帶在身邊，經常是他的行李裡唯一裝的東西。當音樂家保羅．卡魯索（Paul Caruso）在一九六六年初遇見吉米時，吉米問他的第一個問題是：「你是怎麼留出巴布．狄倫頭的？就是那種白人的爆炸頭？」或許吉米必須使用髮捲，不過他成功留出了狄倫的髮型。

罕醉克斯日後聲稱他一九六六年在麥克道格街（MacDougal Street）上一家叫「水壺裡的魚」（Kettle of Fish）的俱樂部裡見過狄倫。狄倫對他們的關係唯一做過的評論，來自他為一九八八年一場博物館展覽寫的一段文字：「我在吉米變成明星前不久認識他，〔不過〕在那之後很少見到他。」

琳達．基斯吸引吉米的原因之一，正是她是他遇過唯一也欣賞狄倫的女人，在兩人第一次共度的這一晚，他聊狄倫聊個沒完。她對吉米的私生活更感興趣，一度問起他有沒有女友。「很多個。」他回答，不過他唯一提到名字的是「霏恩阿姨」，他說每週會和她在上城吃一次飯。他沒有提起當時很可能與他同居的卡蘿．薛若基，或是懷了他的小孩的黛安娜．卡本特。

兩週後，吉米在獵豹俱樂部巧遇音樂家瑞奇．海文斯（Richie Havens）時，滿腦子仍然都是狄倫。當天晚上，吉米和卡爾．荷姆斯與指揮官樂團（Carl Holmes and the

Commandeers）一起演出，這又是一個二流的節奏藍調樂團。吉米的演奏令海文斯十分驚豔，他問起吉米是在哪裡學的。後來兩人的話題轉移到狄倫身上，海文斯說他有在自己的表演上翻唱〈就像個女人〉（Just Like a Woman）。吉米想去聽他翻唱，還問了在哪裡表演，於是海文斯就描述起格林威治村的咖啡館圈子。雖然吉米斷斷續續在紐約住了兩年，海文斯卻覺得他看起來對紐約很陌生。「你一定要去格林威治村，」海文斯說，「那邊是引領潮流的地方。」離別之前，海文斯寫下幾家格林威治村俱樂部的名稱，其中包括「啥咖啡」（Café Wha?）。

啥咖啡俱樂部位於格林威治村的中心地帶，麥克道格街與米內塔街（Minetta Street）的街角。啥咖啡可說是個地洞，是位於黑暗地下室、鋪著泥牆的一間凹室。讓這家俱樂部出名的，是三重唱團體彼得、保羅與瑪麗（Peter, Paul And Mary）當中的瑪麗．崔佛斯以前曾在這裡當服務生，以及狄倫幾年前曾在這裡表演，而稱不上是新星嶄露頭角的舞臺。這裡沒有酒類營業執照，因此吸引的對象是青少年，而無論觀眾或是表演樂團幾乎清一色全是白人。夏天時，啥咖啡早上十點開門，營業到凌晨兩點。這裡平日不收入場費，不過顧客要在每場表演消費一杯飲料，而大家通常會點杯「綠老虎」，也就是氣泡水加萊姆汁，一杯要價七十美分。音樂家做五段表演，總酬勞是六美元。吉米就在這個不起眼的場地，開始徹底改變他的生涯，以及他的人生。

那年春天，罕醉克斯首次探索格林威治村，在四、五月時去做了幾次「考察」。保羅・卡魯索清楚記得他第一次看到吉米走在麥克道格街上的模樣：「他看起來很可笑，穿著條紋褲、帶有蓬蓬袖的加勒比海風格襯衫，還搭配小理查風格的小捲髮。」看起來就像是被釋放出來的哈林區海盜，走到格林威治村的披頭族、放蕩不羈的藝術家和文人以及激進人士當中。反文化運動在一九六六年才剛崛起，而格林威治村正是誕生地之一。長髮正流行，愈來愈多男性配戴珠子，接觸毒品的人增加了，性與婚姻的社會規範也受到挑戰。吉米一直沒有融入哈林區，但在格林威治村，他的誇張風格受到接納與鼓舞。

我們不清楚罕醉克斯第一次走進啥咖啡是哪一天，不過幾乎可以肯定他在某個星期一又回到那裡，這家俱樂部在那天晚上開放自由試演。他試演的那天，珍妮絲・哈格羅夫（Janice Hargrove）就和平常一樣在現場——她男友在這家俱樂部當洗碗工，之後她也成為這裡的女招待。「任何人都可以上臺試試看，」她回憶說，「大部分的人都馬馬虎虎。吉米上臺表演後，在場的十五個人都大為讚嘆。」吉米的作品還不多，所以他表演了幾首翻唱，不過他讓吉他獨奏成為表演的重點。俱樂部經理說要雇用他。當晚因為一時興奮，又或者以為這樣很安全，吉米把吉他留在俱樂部一晚。舊事再度重演，他的吉他被偷了。

吉米隔天晚上回到俱樂部時，發現吉他不見了，於是大發脾氣。俱樂部老闆找來所有員工問話，卻徒勞無功；為了他在啥咖啡的第一場演出，吉米得去借樂器。「有人拿了右手吉他給他，」哈格羅夫說，「他毫不猶豫，把吉他翻過來就開始彈了起來。光這一點就讓我們超級驚訝。他眼睛都不眨一下，直接翻轉吉他就開始彈奏了。他拿別人的吉他反著彈，就和彈自己的左手吉他一樣厲害。」這天晚上演出結束時，吉米又受邀隔天晚上再去表演。

同一週，吉米在曼尼樂器行（Manny's Music）買吉他時，遇見一位名叫蘭迪・沃爾夫（Randy Wolfe）的十五歲逃家少年。罕醉克斯向沃爾夫吹噓，說他當天晚上在啥咖啡有一場個人表演，要邀請他加入他的樂團。而當時在曼尼樂器行工作、日後加入杜比兄弟搖滾樂團的傑佛瑞「臭鼬」巴克斯特（Jeff "Skunk" Baxter），受邀為這場表演擔任貝斯手。就這樣，吉米走進一家樂器行，遇見兩個陌生人，當場就組了一個樂團。

他決定替這個臨時成軍的樂團取名為「吉米・詹姆斯與藍色火焰」。他之所以選擇這個團名，是因為小派克爾（Junior Parker）有個叫做藍色火焰（The Blue Flames）的團體，不過他有時也會用「雨花」這個團名來稱呼，一切視心情而定。開始在啥咖啡表演後不久，罕醉克斯決定把他的名字拼成 Jimi，覺得這樣看起來比較有異國情調。啥咖啡唯一的入口看板是三明治式黑板，所以要改名字一點也不麻煩。「藍色火焰」的陣容不斷更換，而由於其中有兩位樂手都叫蘭迪，吉米就稱沃爾夫為「加州蘭迪」（這日後成了他的藝名），另一位叫做「德州蘭迪」。吉米顯然是樂團的目光焦點，這讓許多觀眾根本沒去注意其他團員。「吉米當時並沒有多少『吉米・罕醉克斯的音樂』，」塔德拉・艾利姆說，「最後他就表演翻唱，可是會讓這些歌擁有吉米的風格。」加州蘭迪說那年夏天樂團只寫出四首原創歌曲，而其中唯一成為吉米固定曲目的是〈倒楣先生〉（Mr. Bad Luck），這首歌日後成為〈望向遠方〉（Look Over Yonder）。有些在場的人堅稱吉米表演了早期版本的〈性感女郎〉（Foxy Lady）和〈太陽來的第三顆石〉（Third Stone from the Sun），不過若是如此，這些曲目也很罕見，並非表演中的重頭戲。

吉米表演的不是「罕醉克斯的音樂」，而是翻唱咆哮之狼的〈殺戮之地〉（Killin' Floor）、狄倫的〈宛若滾石〉等歌曲，並加上自己獨特的印記。「我們表演當下流行的歌曲，」藍色火焰鼓手丹尼・泰勒（Danny Taylor）說，「不過吉米總是會表演加長版。我們表演〈日昇之屋〉、〈加油，史路皮〉、〈午夜時分〉、〈祈求好運〉和〈慈悲，慈悲〉等等。」晚上的表演包含比較多節奏藍調，搖滾樂較少。為了增加演出長度，他的樂團有個將近二十分鐘長的〈夏日時光〉（Summertime）版本。表演的另一個高潮是改編版的〈野東西〉（Wild Thing），這是穴居人樂團（The Troggs）那年夏天的排行榜冠軍暢銷金曲。穴居人樂團的版本是精簡的兩分四十二秒，而吉米竟能把這首歌加長成十二分鐘的作品，還能夠每段表演都彈唱這首歌，每次卻都做不同的演奏。脫離了燉豬腸巡迴秀場受限的表演後，吉米不介意將藍調和聲運用在搖滾樂的和弦進行中，或是在藍調經典曲目中間安插一段狂野的搖滾獨奏。許多藍調吉他手都能推弦增加音程，吉米卻是把這套準則應用在整首歌上。他改變了他演奏的音樂，變成他自己的風格。

到了一九六六年六月，吉米也正在拿濁氣樂團（The Fugs）一位成員為他打造的簡陋版破音效果器做實驗。這個效果器放在吉他與音箱之間，能使音色失真、變得厚實——它讓輕巧的弦聽起來變沉重，厚重的弦聽起來則像大錘一樣。這種迷幻的音色在結合了推弦以及把音量開到最大讓音箱超載所造成的回授時，聽起來和吉米在西班牙城堡聽到的「航髒」西北區樂音十分相似。一九六六年的吉米技巧高超到能迅速精通新的效果，並做出音樂性。他掌握這類簡陋電子設備的能力超強，吸引一群吉他手讚嘆他對新技術的運用。「太厲害了，」鼓手丹尼．泰勒說，「他能讓吉他發出的尖銳聲音簡直就是藝術。」

即使對那些對電吉他沒興趣的人來說，「藍色火焰」的演出依然值得一看。這是吉米第一次不受約束地帶領樂團，他把以前看過小理查、索羅門．柏克、傑克．威爾森和強尼．瓊斯演出的招式全用上了，將黑人的舞臺表演帶給白人觀眾看。吉米模仿在凌波舞表演上戴圍巾和珠寶的麥可．夸希，做出充滿異國風情的打扮。表演一開始，他就使出所有看家本領：用牙齒彈吉他、把吉他放在背後或胯下彈、用腿以充滿性暗示的方式磨蹭吉他，還要在做這些事的同時跟上歌曲的節奏。他把自己在燉豬腸巡迴秀場和麥可．夸希「蜘蛛王」表演上看到的「秀」搬演到啥咖啡，為白人觀眾帶來精華版。假如吉米嘗試在納士維「摩洛哥俱樂部」或是哈林區「史莫的天堂」做出一樣的表演，絕對會被觀眾嘲笑到下臺，因為他的表演非常誇張。不過在一九六六年夏天，那些來自長島、泡在啥咖啡俱樂部的年輕白人覺得他充滿魔力。受狄倫、搖腳丸、淩波舞蜘蛛王、琳達．基斯的鼓舞，以及在格林威治村認識的新朋友激發，全世界很快就會熟悉的這位「吉米．罕醉克斯」，就在紐約這家昏暗的地下室俱樂部誕生了。七月一日時，啥咖啡為吉米加薪——現在他每晚的酬勞是十美元了。

13

美國紐約，
1966 年 7 月－1966 年 9 月

黑人版狄倫

「因為他的髮型，我們都叫他『黑人版狄倫』。只要見過他就不會忘記他。他很像用熱梳子梳理過；看起來就和狄倫一模一樣。」

——艾倫·麥克爾維

藍色火焰樂團在啥咖啡表演了幾個星期，若要說他們建立了一大群追隨者是誇大其詞，不過他們確實吸引了幾位忠實粉絲，也讓格林威治村眾多音樂人當中有一部分注意到他們。瑞奇·海文斯叫紐約公認最棒的吉他手麥可·布魯菲爾德（Mike Bloomfield）去聽；布魯菲爾德看完表演後，說再也不要碰吉他了。「罕醉克斯知道我是誰，那天他就在我的眼前讓我無地自容，」布魯菲爾德受訪時說，「現場就像是在發射氫彈、飛彈滿天飛——我無法向你形容他讓樂器發出的聲音。他就在現場用一把 Stratocaster 彈出所有吉他能發出的聲音……真希望我明白他是怎麼做到的。」布魯菲爾德說到做到，沒有出現在下一場預定的表演上，瑞奇．海文斯得頂替他的位置。

布魯菲爾德的反應，就和許多第一次聽吉米現場演出的吉他手一樣：吉米的才華就彷彿否定了他們的才能，彷彿他的彈奏是針對他們似的。他們覺得吉米的崛起是針對他們個人的，這使得他們既敬佩又嫉妒。就連吉米的排練都開始吸引愛好者前來。吉他手巴茲．林哈特（Buzzy Linhart）看過一場吉米的排練，當時吉米可說是向幾個吉他手做了一整場演出。「雖然聽眾只有幾位音樂家，他依然在表演，」林哈特說，「他能把吉他拋出去，接住的時候同時彈奏。」吉米人生中第一次遇到其他人對他讚嘆，受到這樣的關注使他陶醉。

琳達．基斯仍然在尋找像當地吉他手一樣敬佩吉米的唱片製作人。她帶滾石樂團的經紀人安德魯．朗格．歐德姆（Andrew Loog Oldham）去啥咖啡聽演出，希望他會有興趣簽下吉米。琳達試圖用感性手法推薦吉米，卻發現歐德姆對他沒什麼興趣。「比起簽下吉米，我更關心她與吉米間的互動，」歐德姆說，「她很顯然認識他，而且和他很熟。她是我樂團主奏吉他手的女友，這一點讓我擔心。雖然我心裡有一部分確實喜歡他的音樂，卻也看得出他是麻煩，而我光是應付滾石就夠多麻煩了。」歐德姆記得吉米從臺上對琳達說了幾次話，這一點讓這位經紀人不安，這可能只是因為假如凱斯．理查在場可能會出事。「凱斯可能會殺了與他女友有染的人。」歐德姆說。

琳達對這晚的記憶與歐德姆不同，她說歐德姆就是不懂得欣賞吉米，他眼中只看到吉米穿著二手店買來的衣服。「安德魯認為吉米很遜，」她說，「吉米的形象確實很糟糕，而安德魯只注重形象。安德魯的特色就是喜歡弦樂器和音牆。安德魯就是不懂吉米的好。並不是人人都會喜愛吉米。」剛好吉米那週長了很多痘子，這大概也對情況毫無助益。

不屈不撓的琳達又試了一次，這次她聯絡種馬唱片（Sire Records）的西蒙．史坦（Seymour Stein）。史坦喜歡吉米的表演，尤其是罕醉克斯有幾首原創歌曲這一點，然而當吉米因為氣餒開始摔吉他，這一晚情況開始惡化。琳達慌了，或許是因為那把吉他是她從凱斯．理查那裡偷來的，不過吉他很容易就修好了。史坦又和琳達去聽吉米第二次，卻只看到琳達與這位吉他手吵架，於是生意也談不起來了。

那年夏天，琳達．基斯與凱斯．理查的關係因為種種原因開始破裂，其中包括理查對吉米的嫉妒。琳達這方主張她和吉米一直沒有正式交往，而兩人沒有在一起是因為吉米不願意定下來。「我對他說，假如要和我在一起，他就不能繼續和這麼多女人交往，」她說，「我對他下最後通牒，而他選擇其他女人。我想我是少數不能接受他這樣的女人。他的女友都必須扮演次要的角色，她們得提供他某樣東西：金錢、食物或是更多女人。」

吉米能應付這麼多個女友，還能哄騙每個女友，讓她們以為自己是他的唯一，這讓琳達·基斯很驚訝。「他對女人很有一套，」她說，「那些說自己是他一生摯愛的女人，在當下大概真的是他的摯愛，至少他是這樣告訴她們的。」她記得有次在萊諾克斯飯店（Lennox Hotel）吉米的房間裡，有七個女人睡在他的床上，她們很可能是妓女，而不是吉米的女友，然而這個畫面仍然令她印象深刻。吉米主張自己這麼花心是他的「天性」。吉米無法專注在單一伴侶身上，讓琳達覺得受傷；奇怪的是，吉米也因為琳達的道德標準較高而感到受傷。事實上，他覺得自己錯失了好機會。吉米盡可能避免直接起衝突，他比較喜歡在起爭執或不自在的情況下離開，這也是他處理兩人關係的方式——他繼續渴望得到她，但又拋不掉與他萍水相逢並上床的其他女人。

雖然吉米如此風流，琳達依然努力不懈要讓全世界注意到他；少有音樂人能像他如此幸運，有這麼堅定的擁護者。琳達甚至曾經帶滾石樂團去中城的舞廳溫蒂妮（Ondine's）看吉米表演。滾石光是出現在別人的表演上，就能登上八卦專欄，然而他們去看吉米表演時卻沒有被報導，樂團也對吉米沒什麼興趣。他們那晚大部分的時間都在跳舞或打發仰慕者；唯一注意吉米的滾石成員是凱斯·理查，他無法不注意自己的女友開口閉口都是這個叫吉米的傢伙。

說句公道話，藍色火焰樂團在溫蒂妮的表演大概不是他們的最佳表現，因為這家俱樂部位於中城，而且主要是迪斯可舞廳。藍色火焰一向比較吸引格林威治村較為寬容的觀眾。吉米從來沒有嘗試讓他的樂團在哈林區表演，他認為他們表演的搖滾與藍調綜合體在哈林區不會太成功。吉米一再邀請朋友盧尼·楊布魯德去啥咖啡看藍色火焰的表演，但也理解自己的音樂與楊布魯德喜歡的類型差距很大。「吉米開始和那些年輕白人怪胎混在一起，」楊布魯德回憶說，「他一直彈他寫的歌給我聽，還要我和他一起錄音，但我聽到這些歌時覺得很怪。」罕醉克斯一再向楊布魯德吹噓，只要有了適合的樂團，他們兩人就可以「稱霸啥咖啡」。「我一點興趣也沒有，」楊布魯德說，「我還是回去史莫的天堂那個難搞的老地方了。」

有好幾個月，吉米一直在兩種音樂文化之間拉扯：一邊是嚴謹、守舊的上城哈林區節奏藍調傳統，另一邊是格林威治村發展出的民謠與搖滾鬆散綜合體。傑出的音樂才能使他能在兩邊都自在發揮，然而他知道不能把下城的音樂帶回上城。「如果他把那種東西帶去哈林，是會被嘲笑的。」塔哈卡·艾利姆說。吉米的黑人朋友中，艾利姆兄弟是少數去格林威治村看過他表演的。「他在那裡得到啟示，」塔德拉·艾利姆說，「那對他來說是藝術上的頓悟。」和吉米生涯中其他重大事件一樣，這種融合不同音樂類型的做法並非事前的計畫。吉米一開始並沒有打算結合藍調、搖滾和節奏藍調，只是他在音樂上如此天馬行空，結合不同音樂類型就成了無可避免的結果。那年夏天，他在格林威治村的地下俱樂部打造的獨特樂音可說是意外，卻是富有眼光的美好意外。

琳達．基斯找了安德魯．朗格．歐德姆、西蒙．史坦和滾石樂團都不成功，讓她覺得自己失敗了。「我真的是一點機會也不放過，」她說，「我開始懷疑自己，以為我瘋了。」拯救她和吉米的人是動物樂團（The Animals）的貝斯手布萊恩「查斯」錢德勒（Bryan "Chas" Chandler）。動物樂團是成功的英國樂團，有八首打進排行榜前四十名；他們一九六四年的〈日昇之屋〉在英美兩地都是排行榜冠軍。錢德勒打算在動物樂團一九六六年的美國巡迴結束後離團，正在尋找替人製作唱片的機會。雖然錢德勒當時只有二十八歲，卻也在世界知名搖滾樂團待了十年，聽得出什麼歌能成為熱門金曲。那年夏天，他聽到美國歌手提姆．羅斯（Tim Rose）的〈嘿喬〉（Hey Joe），確信只要能在英國找到適合的藝人翻唱這首歌，就能締造暢銷金曲。

八月二日晚上，琳達在一家俱樂部外面巧遇錢德勒。「我從來沒和查斯說過話，不過我知道他。」她說。錢德勒十分顯眼．他身高一九三，有紐卡斯爾礦工的桶狀胸膛——他在發現音樂之前原本是要當礦工的。琳達對查斯說，他該去聽聽格林威治村的一個吉他手，於是他們安排好隔天下午去。

週三下午，錢德勒和琳達去啥咖啡看表演時，有二十幾個青少年在店裡啜飲著綠老虎；穿著西裝的錢德勒顯得十分醒目。「他的穿著比在場的人都體面，看得出來他是經紀人那一型的。」吉米的樂團成員丹尼．泰勒說。罕醉克斯已經得知錢德勒要來的小道消息，於是使出渾身解數表演。巧合的是，吉米才剛發現提姆．羅斯的〈嘿喬〉這首歌，而當他彈奏出這首歌時，錢德勒興奮到不小心把奶昔灑在自己身上。「我當場覺得他是我見過最厲害的吉他手。」錢德勒在紀錄片《吉米罕醉克斯傳奇》（*A Film About Jimi Hendrix*）中回憶說。

表演結束後，吉米、錢德勒和琳達在一張餐桌坐下，錢德勒向他自我介紹。錢德勒向吉米問起〈嘿喬〉，問他如何為這首歌編出獨特的吉他部分。他們湊巧都喜愛〈嘿喬〉的機緣，成了兩人合作關係的起點。聊天時，錢德勒聽到吉米為小理查和艾斯禮兄弟合唱團一同巡迴的時光，使他確信吉米擁有當明星的素質。「我坐在那裡心想：『一定有什麼蹊蹺，一定有人好幾年前就簽下他了，』」錢德勒多年後受訪時說，「我簡直不敢相信有這傢伙在，竟然沒人為他做點什麼事。」吉米向錢德勒提起賈吉．莫瑞和蘇唱片的合約，錢德勒說他會盡力處理好這件事。吉米被問起還有沒有其他合約時，他沒有提起——或者是忘了——他和艾德．查爾平與PPX唱片簽的合約。

錢德勒問吉米願不願意考慮來英國，他確信吉米能在那裡成功。之後說起這件事時，吉米總是說他當場就答應了，但許多格林威治村音樂圈的人印象中不是這樣：一開始，去英國的想法讓吉米害怕。他對英國知道得很少，甚至還問他的電吉他插上英國的電能不能正常運作。不過，會面結束時，雙方握手成交了。錢德勒還要在美國巡迴一個月，不過他向吉米保證會回來處理好所有細節。

就算吉米認真看待錢德勒說的話，從他對朋友說的話或接下來幾個月的生涯安排也看不出來。他繼續在格林威治村表演，心想或許能在美國簽約出唱片。要等到五週後錢德勒回來時，吉米才去辦護照。在這段期間，他回到格林威治村慢慢累積粉絲。

讓更多音樂人轉而支持他的音樂理念並不困難。小約翰．哈蒙德（John Hammond Jr.）表演到一半時，有個朋友跑進來告訴他，對街有個人正在彈奏哈蒙德新專輯的歌曲。哈蒙德在前一年錄了具影響力的《眾多道路》（*So Many Roads*），錄音陣容是一群未來的超級巨星：羅比．羅伯森、李翁．赫姆和加斯．哈德森，他們都是日後樂隊樂團（The Band）的成員；還有查理．莫索懷特以及麥可．布魯菲爾德。哈蒙德去了啥咖啡，驚訝地發現吉米正在彈羅比．羅伯森在《眾多道路》當中演奏的短樂句，還彈得更好。表演結束後，哈蒙德向他自我介紹。「吉米告訴我，他來自西雅圖，」哈蒙德說，「他很坦誠、友善，而且才華洋溢。任何聽過或看過他演奏的人，都知道他有一天會成為明星——這一點很明顯。」兩人變成朋友，哈蒙德同意讓吉米加入他的樂團兩週，在阿哥哥咖啡屋（Café Au Go Go）表演。同一週，哈蒙德安排他的父親、赫赫有名的老約翰．哈蒙德（John

Hammond Sr.）來聽吉米。老約翰・哈蒙德旗下已經有比莉・哈樂黛、巴布・狄倫等藝人，之後還會簽下布魯斯・史普林斯汀，在見過吉米之後成為另一個決定不簽下罕醉克斯的業界傳奇人物。

雖然阿哥哥咖啡屋只能容納兩百人，卻是格林威治村提供亮相機會的俱樂部，許多音樂人在這裡被發掘。加入哈蒙德的樂團後，吉米回歸伴奏吉他手的位置，不過他在演出期間能表演一段獨奏。音樂人基蘭・凱恩（Kiernan Kane）是在現場聽吉米在阿哥哥咖啡屋第一場表演的二十人之一。「他能用 Stratocaster 彈出來的東西不可思議，」凱恩說，「他非常炫技，但也很有料，以一種古怪的方式吸引你。」隔天晚上凱恩又回去聽，場內人少到他能坐在前一晚所坐的同一個位子，也就是吉米的正前方。

第一週的表演時，艾倫・麥克爾維（Ellen McIlwaine）是俱樂部的主秀，在這段期間她與吉米成為朋友。他已經是暖場表演的重頭戲，卻大膽要求能不能在麥克爾維表演時加入她的樂團；她在驚訝之餘答應了。理論上吉米應該是伴奏吉他手，卻成功讓整個晚上變成「吉米的秀」，那晚他獲得許多粉絲。「他讓所有人驚豔，」在這家俱樂部工作的比爾・多諾文（Bill Donovan）說，「他把吉他放在背後彈，使出所有他從丁骨華克那裡偷來的招式。我們還以為這些是他發明的。在場的人都不知道這是追溯到一九二〇年代的黑人傳統。」聽眾人數逐漸增加，吉米的名聲也一起打響。

然而，隔週有真正的藍調樂手現身阿哥哥咖啡屋時，吉米就遭受到有如當年在納士維單挑吉他的恥辱。吉米嘗試用擠進哈蒙德和麥克爾維樂團的同一招，詢問著名口琴樂手朱尼爾・威爾斯（Junior Wells）能不能和他一起表演。當演出進行到一半，威爾斯向聽眾宣布：「聽說觀眾當中有個很棒的人需要表演一下。」吉米爬上臺時，威爾斯回化妝室去了。迷惑不解的吉米帶領樂團表演了三首歌，他預期威爾斯會回來；威爾斯確實回來了，但他對吉米破口大罵：「你這個下流的爛人！以後不准再妄想偷走我的樂團！」威爾斯把吉米擠下臺。起先吉米一臉困惑，以為威爾斯會說這是場惡作劇；但情況顯然不是開玩笑時，吉米的臉色變得蒼白。「他非常沮喪，」比爾・多諾文說，「我以為他會哭。在那之後，我們有好幾天沒見到他。」

麥克爾維是格林威治村少數曾經看過吉米和全黑人樂團一起表演的人。「我在亞特蘭大看過他和國王寇提斯一起表演，」她說，「因為他的髮型，我們都叫他『黑人版狄倫』。」麥克爾維問自己的經紀人，會不會考慮和吉米合作，經紀人回答：「妳不想找他加入妳的樂團吧——他是黑人。」格林威治村雖然是美國最前衛的圈子之一，但這裡的音樂圈還沒達成種族平等。有天晚上，阿哥哥咖啡屋找來一個傳統全黑人靈魂樂歌舞秀樂團，吉米和麥克爾維一起看他們表演。全是白人的格林威治村爵士樂迷對這個樂團興趣缺缺。吉米對麥克爾維說：「他們從來沒看過靈魂樂樂團。」知道這件事對吉米來說很重要：如果要成功吸引白人聽眾，就必須達到平衡——要是「秀」的成分太多，就會失去這些聽眾。在坐著的白人觀眾面前表演時，艾斯禮兄弟的樂團編排好的舞步會顯得過於正式；同時，吉米又得選出幾個動作，用來打造出表演藝人的形象，因為光只是當個有才華的吉他手，不代表就會走紅，無論你是黑人或是白人。他必須炫技，卻不能太誇張；就連在臺上的性感程度都必須拿捏好，不能顯得滑稽。在和麥克爾維合作的一場表演上，有個樂團成員在吉米獨奏時，朝他的胯下丟一條牙膏嘲笑他。

到了八月，吉米想辦法為藍色火焰樂團安排在阿哥哥咖啡屋做為期兩週的表演。現在他不用在哈蒙德或麥克爾維背後發光發熱了；他擁有自己的舞臺。吉米從巴茲·林哈特那裡聽說狄倫偶爾會來阿哥哥咖啡屋之後，每晚都會掃視觀眾，希望看到他那出名的偶像。有天晚上，在俱樂部小小的化妝室裡，他問比爾·多諾文一個問題，這個問題對於在格林威治村居住和工作的人來說，聽起來幾乎顯得幼稚。「我超欽佩一個叫巴布·狄倫的歌曲創作者。你聽說過他嗎？」吉米問。「嗯，有啊，我聽說過他。」多諾文回答。接下來，吉米花了二十分鐘讚嘆《金髮美女》有多偉大。

琳達·基斯依然經常去聽吉米演出，到八月底時，她已經和凱斯·理查分手了。理查很生氣，為了報復，他打電話給琳達的父母，說他們的乖女兒在紐約和一個「黑人毒蟲」有染。琳達的父親顯然沒有意識到，由凱斯·理查口中說出吉米是「毒蟲」這件事有多荒唐，他慌張起來。理查明確告訴基斯先生，可以在哪裡找到琳達和他所說的情人。基斯先生雇了個出庭律師，立刻讓琳達受法院監護，接著飛去紐約硬把她帶回英國。

基斯先生跑去阿哥哥咖啡屋找女兒的那天晚上，吉米在那裡表演。這或許不是第一次有憂心忡忡的父親為了犯錯的女兒毅然找上吉米，但對方是體面的英國紳士父親，絕對是史無前例。有個密友跑去後臺警告吉米和琳達，說基斯先生就要闖進化妝室了。吉米轉向鏡子整理頭髮。「我看起來還可以嗎？」他問。琳達事後回想，覺得這是緊張情況中詼諧的一刻：「就好像這個狂野的男子只要把頭髮整理好，就能在我那年長的英國猶太父親眼中變得能容許似的。」她說。她父親低調將琳達從俱樂部裡帶回英國。她有兩個月見不到吉米，不過她有寫信去啥咖啡，請他們轉交給他。

九月第一週時，查斯．錢德勒回到紐約。這一週吉米沒有任何俱樂部表演，於是錢德勒光是要找到他就得費工夫調查，他事後說自己花四天跑遍了中城的廉價簡陋旅館。他找到吉米後，兩人開一連串的會，規畫如何以藝人吉米．詹姆斯的身分向全世界亮相。

雖然錢德勒最初的身分號稱是吉米的經紀人，不過他從一開始就和動物樂團的經紀人麥可．傑佛瑞（Michael Jeffrey）合作，兩人很快就成為吉米的共同經紀人。查斯外向、喜歡交際，談生意的方式主要是在酒吧邊喝邊談，而傑佛瑞是著重隱私的知識分子，許多人覺得摸不透他。雖然傑佛瑞身高只有一百六十八公分（幾乎比錢德勒矮了三十公分），但因為總是戴著墨鏡，所以散發著黑暗陰險的氣勢。他曾隱約暗示自己在英國情報單位擔任過祕密職位，甚至有人說他殺過人。這些謠言可能是誇大其詞，不過傑佛瑞也很少反駁。就像許多具影響力的搖滾樂經紀人，從齊柏林飛船的彼得・葛蘭特（Peter Grant）到巴布・狄倫的艾伯特・格羅斯曼（Albert Grossman），傑佛瑞在談生意時運用恐懼和恫嚇來達成自己的目的。

英國的移民法很嚴格，光是要讓吉米入境英國，就需要能夠擔保他過去清白的護照。由於吉米是巡迴音樂家，沒有文件能證明他的過去，這類文件就得憑空杜撰。他們偽造信件，讓吉米看起來是應演唱會統籌的邀約來到英國。傑佛瑞借了幾百美元給錢德勒，好向蘇唱片的賈吉・莫瑞買回吉米的合約。他們還得從西雅圖取得吉米的出生證明，並讓他補打所需要的疫苗。這些都由傑佛瑞處理；光靠一通電話，他就能避開法規。

吉米最擔心的事依然是未來生涯的音樂走向，而錢德勒一直想迴避這個話題；吉米也誤以為查斯想簽下吉米的整個樂團，這個敏感的話題查斯說之後會處理。吉米希望加州蘭迪和他一起去，甚至聯絡了蘭迪的繼父徵求他同意，不過顯然十五歲的逃家少年蘭迪是不可能取得護照的。吉米也請其他藍色火焰的團員和他一起去。「吉米問我想不想一起去，」鼓手丹尼・泰勒說，「但我不想被困在那裡。」這件事也是吉米最大的擔憂。吉米還邀比利・考克斯一起去，但比利禮貌地婉拒了，並祝吉米好運。

隨著作出決定的時間日益逼近，吉米心中依然存疑，不過紐約沒什麼讓他留戀的事物，因此搬家也沒什麼風險。事後他說自己當時的想法是：「我會在那裡挨餓撐過去。」就像他在美國一路挨餓撐過來一樣。吉米在最後一次和錢德勒會面時表達了他最後的疑慮。「我這個吉他手去英國有什麼意義？」他問錢德勒，「你們那裡有艾力克・克萊普頓和傑夫・貝克，不需要再多一個吉他手。」接著吉米自己替錢德勒回答了：「如果你能保證你會介紹我和克萊普頓認識，我就去倫敦。」錢德勒說這件事他可以保證，他一定會讓吉米見到艾力克・克萊普頓。就這樣，出發日定在九月二十三日。

吉米一向不喜歡道別。他去拜訪了霏恩・普吉恩、卡蘿・薛若基、艾利姆兄弟和盧尼・楊布魯德，也開口向他們借錢。他告訴大家自己要去英國短暫停留、出張唱片，很快就會回美國了。「對在哈林區、甚至是西雅圖長大的人來說，」塔德拉・艾利姆說，「英國就像外星球一樣。」吉米沒有打電話或寫信告訴父親要出國的事。到了一九六六年，他與艾爾之間變得很少聯絡，而去國外發展音樂事業也不是艾爾會支持的事。

一九六六年九月二十三日晚上，吉米在甘迺迪國際機場搭上泛美航空的班機。這是他人生中第一次搭頭等艙——機票錢當然是麥可・傑佛瑞出的。吉米的行李只有吉他和一個小旅行袋，裡面裝著換洗衣物、粉紅色塑膠髮捲和一罐用來治痘子的凡德瑪（Valderma）面霜。他僅有的其他物品是留在朋友那裡的幾件衣物。他窮到在出發去機場前順道去了阿哥哥咖啡屋一趟，看看能不能向約翰．哈蒙德的樂團團員借錢。鼓手查爾斯．奧提斯（Charles Otis）給他四十美元，這是他上飛機時身上僅有的錢。

14

英國倫敦，
1966年9月—1966年11月

婆羅洲野人

「妳一定要下樓來看看查斯帶回來的這傢伙，他看起來就像婆羅洲野人。」
——樂團團長祖特．曼尼的妻子朗妮對吉米的描述

吉米．罕醉克斯在九月二十四日週六早上九點抵達希斯洛機場，首度踏上英國國土。有位動物樂團的巡迴工作人員提著他的吉他通關，因為法律限制入境的外國人在英國工作，而吉米不想讓人認為他是來工作的。雖然耍了這個小技倆，麥可．傑佛瑞辦公室的媒體宣傳人員東尼．嘉蘭（Tony Garland）還是來機場和他們會合，並且花兩小時處理吉米的工作許可。「我得編造出吉米是來英國收版稅的知名歌手這套說法，」嘉蘭說，「否則他們不讓他入境。」最後，吉米拿到為期一星期的簽證並獲准入境。

在離開機場的路上，他們順道去富勒姆拜訪祖特和朗妮・曼尼（Zoot and Ronnie Money）的家。祖特是個成功的樂團團長，而他的妻子經常出沒在俱樂部的圈子裡，查斯想盡快找人炫耀他的新藝人。吉米拿出他的Strat吉他，嘗試透過曼尼家的立體音響彈奏幾首歌，卻沒有成功，於是他拿了把木吉他開始彈。十二年後將協助成立警察樂團（The Police）的安迪・桑瑪斯（Andy Summers）就住在曼尼家的地下室，聽到了騷動聲，於是上樓來加入這場非正式派對，目睹了罕醉克斯的技巧，成為英國第一個因吉米而目眩神迷的吉他手。

二十歲的凱西・艾金翰住在樓上，這天她睡到很晚。艾金翰是很有魅力的棕眼女孩，工作是美髮師與兼職ＤＪ。她曾經與滾石樂團的布萊恩・瓊斯、誰樂團（The Who）的凱斯・穆恩以及幾位其他的搖滾樂明星交往過。朗妮試圖叫醒她，要告訴她客廳裡有個新來的轟動人物。「我隱約記得床因為樓下的騷動而搖晃，」艾金翰說，「朗妮說：『快起來，凱西，妳一定要下樓來看看查斯帶回來的這傢伙，他看起來就像婆羅洲野人。』」「婆羅洲野人」這個稱號日後成為吉米在倫敦小報上的綽號之一，這是因為吉米外表邋遢，也因為他的種族，兩者在倫敦音樂界都十分不尋常，彷彿他是人類學上的新發現似的。錢德勒像這樣帶著他到處炫耀，確實可以說他是個新發現。這個稱號當然帶有種族歧視的意味，而且這種描述也絕對不會用在白人音樂家身上。不過，吉米喜歡這個綽號，這讓他聽起來很有意思、帶有異國風情，這些都是他希望發展出的特質。報紙還稱他為「茅茅」（Mau Mau），這也是帶有爭議的稱號，而爭議性一向是讓新人吸引媒體注意的重要元素。

艾金翰因為前一晚參加派對太累了，沒有力氣去看一眼這所謂的野人，不過當天晚上她出門去「聖詹姆斯的蘇格蘭人」（Scotch of St. James）喝一杯時，吉米正在臺上。「蘇格蘭人」是一家吸引音樂家和業界人士前來的俱樂部。吉米要求上臺即興演奏，而這次的情況和他首次去哈林區俱樂部時不同，他立刻受到歡迎。在倫敦，他的種族不僅不是問題，反而帶給他一大優勢：音樂團的黑人太少了，又有許多美國藍調的樂迷，這讓他立刻受到眾人信賴。

吉米開始彈奏時——在場的人記得他主要表演藍調曲目——俱樂部陷入寂靜，觀眾全都陶醉地看著他。「他太厲害了，」艾金翰說，「大家沒看過這種表演。」動物樂團的艾瑞克・伯登（Eric Burdon）是當天晚上在場的眾多音樂人之一。「他厲害到讓你無法忘懷，」伯登說，「你會忍不住停下來看他。」吉米演奏藍調經典曲，加上使出他的花招，立刻成功讓聽眾驚豔。

查斯從他坐的包廂叫艾金翰過去，他的身邊坐著幾位年輕女性，包括朗妮・曼尼和琳達・基斯。雖然吉米受到的熱烈反應讓他感到鼓舞，這位經紀人也在擔心會違反吉米的臨時簽證。「我要叫他下臺，」錢德勒宣布，「他不應該工作，就算沒酬勞也不行。」吉米被從臺上拉下來，最後來到包廂坐在琳達．基斯身邊。

琳達暫時離座時，吉米找凱西．艾金翰過去。琳達回來後，艾金翰記得接下來發生的事十分戲劇化：「琳達對朗妮說了幾句我的壞話，接著打了起來。餐桌的桌面是石板，我們的桌上放了一瓶威士忌。朗妮拿起這瓶威士忌，在石板上砸破，拿參差不齊的邊緣抵著琳達的下巴。這些事都發生在一轉眼間。」艾金翰記得查斯慌張起來，他不希望吉米捲入酒吧的打鬥，堅持要凱西搭計程車送他去他們的飯店。琳達說這個說法「真荒唐」，否認發生過這種事。如果確有其事，兩個英國「小妞」為吉米大打出手，應該會讓吉米覺得很有趣。

不過，接下來的戲劇化事件確確實實發生了：吉米才剛離開俱樂部，就因為不知道英國行車方向與美國相反，而走到一輛計程車前。「我勉強抓住他的領子，把他拉回來，計程車與他擦身而過，」艾金翰說。回到飯店後，吉米與凱西去了酒吧，吉米在酒吧問她：「你想去我房間嗎？」覺得吉米迷人又帥氣的艾金翰同意了。接下來兩年間，兩人斷斷續續交往，艾金翰成為他交往最久的女友之一。在當時，或許更重要的是艾金翰認識音樂圈的所有人，於是她成為吉米進入新社交圈的管道。她的朋友包括誰樂團、滾石樂團和許多其他樂團成員，這些人很快就與她這位新男友交上朋友。

吉米踏進英國不到二十四小時，就已經讓倫敦音樂圈的重要地帶驚豔，還交到一個女友。他一向擅長轉型，不過才在英國待了一天，他的人生就如此迅速轉變，他自己應該也很驚訝。那天發生的事也反映出，看似隨機的事件經常決定了吉米的私生活和事業：他認識一個女孩，然後那個女孩成了他的女友。若說他在倫敦的第一天充滿了機緣巧合，那麼他接下來兩年的人生也遵循類似的模式。曾經很難做到的事，譬如吸引大家注意他的音樂、試圖賺足夠的錢糊口，突然變得如此容易，讓人覺得像是命中註定似的。在過去二十三年間，吉米一直努力尋找自我，努力在他覺得自己被排擠的世界找到安身之地。才在倫敦待了一天，感覺上他整個人生就完全重寫了。

從搖滾樂史的時間軸來看，吉米·罕醉克斯來到倫敦的時機再完美不過。雖然搖滾樂的起源地是美國，而史上第一張搖滾唱片很可能是艾克·透納的〈火箭八十八〉（Rocket 88）——吉米在為艾克和蒂娜伴奏的短暫時期學會了這首歌——但在一九六六年，倫敦才是整個文化圈的中心。罕醉克斯在六〇年代時尚、攝影、電影、藝術、劇場與音樂百花齊放時來到這裡。《時代》雜誌在一九六六年四月為「搖擺倫敦」（Swinging London）做了封面報導，告訴全世界倫敦是文化潮流的領導者。作家尚恩·李維（Shawn

Levy）所說的倫敦「青震奇蹟」（youthquake miracle），吉米能看到最顯眼的跡象應該就是時尚了。在倫敦，大家留長髮、穿短裙，摩登派和搖滾樂迷已經把為了去聽演唱會盛裝打扮的簡單舉動化為政治宣言。

一九六六年，「英倫入侵」在美國的高峰已過，不過英國樂團仍持續稱霸世界各地的銷售排行榜，披頭四在英美兩地也依然是最受歡迎的樂團。「在披頭四出現之前，」維克．布里格斯（Vic Briggs）說，「沒人覺得搖滾樂有前途。大家認為玩搖滾樂兩年之後就得去找真正的工作。可是披頭四改變了一切，大家開始擁有真正的音樂工作了。」倫敦滿街都是夜總會、演唱會場地和酒吧，光是留意披頭四的活動就夠你每天晚上忙了——米克．傑格（Mick Jagger）稱他們「有四個頭的野獸」。

在來到倫敦的第一週，吉米有兩個主要目標：成立樂團，以及拿到正式工作許可，好讓他能在英國工作。錢德勒起初打算把罕醉克斯包裝成美國進口的原汁原味藍調樂手，推銷給英國大眾。要做到這點，錢德勒就必須讓吉米在倫敦那些提供亮相機會的俱樂部登臺表演，這表示他一定要拿到工作許可。「查斯能做到這件事的唯一方法就是透過麥可．傑佛瑞。」艾瑞克．伯登說。傑佛瑞有需要的人脈，也知道該賄賂哪些政府官員，因為他認識那些經營英國俱樂部同業組織的表演經紀人；某些線索暗示他認識黑幫分子。「在那個年代，英國深陷黑幫掌控，」艾瑞克．伯登說，「就像整個音樂圈都由法蘭克．辛納屈操控似的。」

事實上，比起辛納屈，傑佛瑞更像是詹姆士．龐德，他說話輕聲細語，總是戴著一頂駱駝毛帽子。傑佛瑞的音樂事業是從他在紐卡斯爾經營阿哥哥俱樂部開始起家的。「他展現出很會哄騙人的功力。」伯登說。這家俱樂部遭逢可疑的火災之後，保險理賠金幫助他簽下紐卡斯爾的動物樂團作為旗下第一組藝人，他因此認識了查斯。紐卡斯爾擁有獨特的工人階級文化，而且當地口音也很特別——查斯說紐卡斯爾的泰恩賽德人口音，而原來說東倫敦口音的傑佛瑞會說好幾種語言，包括俄語。雖然在六〇年代的倫敦，階級差異逐漸瓦解——這是社會革命的一大重點——查斯的出身是工人階級，而傑佛瑞則來自上流階級的公學。傑佛瑞是有教養的人，卻不介意挑戰常規：為了逃過稅務海關總署的查帳，他將帳冊放在俄羅斯，希望能使查帳員混淆。

傑佛瑞—錢德勒經紀公司的辦公室位於房租低廉的傑拉德街三十九號，一棟像兔子洞般複雜的大樓二樓。這附近有許多攝影師、藝術家和其他在社會邊緣工作的人，包括離三戶遠的色情片工作者。傑佛瑞比較喜歡在辦公室裡工作，而錢德勒通常在附近的酒吧出沒。

吉米新樂團的第一位成員是諾爾．瑞丁，他是一位二十歲的吉他手，原先是惹人愛樂團（The Loving Kind）和寂寞樂團（The Lonely Ones）的成員，雖然這些樂團不太出名，卻是有用的學習經驗。諾爾在《*Melody Maker*》雜誌上看到「徵求樂手」的廣告，前來應徵動物樂團吉他手的職位。他被問起有沒有興趣加入吉米的樂團。「查斯問我會不會彈貝斯，」諾爾說，「我說不會，不過我願意試試。」瑞丁拿起他沒彈過幾次的貝斯，和吉米一起即興演奏，他們彈了〈嘿喬〉和〈慈悲，慈悲〉。事後吉米問他能不能聊聊，諾爾便建議去酒吧談。吉米在酒吧第一次喝到英式苦啤酒，他說諾爾的捲髮讓他想起巴布．狄倫。任何模樣像巴布．狄倫的人吉米都能接受，因此諾爾就得到了貝斯手的工作。就像吉米許多音樂上的選擇一樣，這個決定是一時衝動，不過吉米不論做什麼事都是憑著一股衝動。諾爾接受了，條件是要拿到十先令好搭火車回家。諾爾成為傑出的貝斯手，不過他一直懷抱著想當吉他手的念頭，這使得他與吉米之間一直有一種競爭意識，不僅是在音樂上，有時候他們想引誘同樣的追星族上床時，也延伸到私事上。

他們在那週為樂團取了名。根據諾爾的說法，是麥可．傑佛瑞想出「吉米罕醉克斯體驗」這個名稱。「我們都覺得這個團名很棒，不過我們真的是一種『體驗』。」諾爾說。

他們繼續為了團員的空缺找人試奏時，錢德勒與吉米的想法出現分歧：由於罕醉克斯過去主要待在歌舞秀風格的大型樂團，他深信需要九人樂團，還要有節奏藍調傳統編制的管樂器。錢德勒想要小一點的樂團，因為這樣花費比較低，也因為他想把樂團的重點放在吉米身上。吉米甚至聯絡了以前他家附近的朋友泰瑞．強森，邀他來加入自己所規畫的大型樂團。「我當時在服兵役，」強森說，「他想盡辦法找到我。他想找個風琴手。」泰瑞說他才剛延長服役時間，還要在空軍待四年，而吉米的回答反映出他對當初選擇的兵種有何想法：「有辦法離開的，」吉米告訴他，「說你是同性戀就行了。」強森告訴吉米，冒這樣的險可能會害他被同袍殺死。泰瑞拒絕冒險，吉米只好回頭找英國樂手來試奏。

或許是為了滿足吉米想要鍵盤手的欲望，錢德勒打電話給深受爵士影響的藍調搖滾樂團布萊恩奧格三位一體（Brian Auger Trinity）的團長布萊恩．奧格，並向他提議一個十分激進的點子。「我有個來自美國很厲害的吉他手，」錢德勒告訴奧格，「我認為他很適合擔任你樂團的主奏吉他手。」錢德勒期望奧格把他的吉他手維克．布里格斯開除，基本上就是交出他的樂團，讓吉米來帶領，但這個提議冒犯了當時對吉米．罕醉克斯一無所知的奧格，於是他拒絕了。錢德勒退一步問能不能至少讓吉米在三位一體當天晚上的演出和他們即興演奏，奧格同意了。

三位一體的吉他手維克．布里格斯正在為演出架設器材時，錢德勒來到俱樂部，問能不能讓吉米加入。帶著英式禮貌的布里格斯答應了——這種禮貌在美國應該會完全格格不入——甚至還拿了把吉他給吉米，不過吉米說他自己有帶。布里格斯用 Marshall 早期推出的音箱，那是一款有四臺六吋喇叭的實驗性型號，比後期的 Marshall 堆疊音箱小，不過還是十分強而有力。吉米將吉他接上音箱時，把音箱的音量鈕轉到最大，使布里格斯相當吃驚。「我從來沒把控制鈕開到五以上，」他回憶說。吉米注意到布里格斯一臉驚恐，說：「別擔心，老兄，吉他上的音量調得很小。」吉米喊出四個和弦，要布萊恩·奧格開始。

他發出的聲音是一面回授與破音的音牆，光是這樣就足以讓俱樂部的所有人注意到他了；這也是吉米愛上強而有力的 Marshall 音箱的一刻。吉米演奏複雜的音樂卻顯得一派輕鬆，讓在場的人震驚。「大家都目瞪口呆，」奧格回憶說，「他跟克萊普頓、傑夫·貝克、艾爾文·李等許多英國吉他手不同的地方是，你聽得出來克萊普頓或貝克的演奏受到哪些影響。英國有很多比比金、艾伯特·金、弗雷德·金的追隨者。可是吉米不追隨任何人——他演奏的是新的東西。」吉米現在的角色換了，他站上了當初強尼·瓊斯在納士維的地位：他立刻被視為領導型人物、每場對決的贏家。

十月一日週六這天，艾力克·克萊普頓和他的樂團鮮奶油樂團（Cream）在倫敦市中心的理工學院有一場表演。幾天前，查斯·錢德勒巧遇克萊普頓，對他說想介紹吉米給他認識。當然了，見到克萊普頓是錢德勒在離開紐約前對吉米許下的承諾。克萊普頓提起理工學院的表演，提議錢德勒可以帶他要提攜的新人過去。克萊普頓的意思很可能只是樂意單純見見吉米，不過吉米卻帶了吉他來。錢德勒、吉米和兩人的女友在表演前半段站在觀眾群裡，表演間的休息開始時，錢德勒向舞臺上呼喊，找克萊普頓過來，問他吉米能不能上臺即興演奏。這個要求荒謬到鮮奶油樂團的所有團員——克萊普頓、傑克・布魯斯（Jack Bruce）和金格・貝克（Ginger Baker）——都不知道該說什麼：從來沒有人要求和他們一起即興演奏過，大多數人會因為他們有英國最佳樂團的名聲而卻步。最後，傑克・布魯斯說：「好啊，他可以接我的貝斯音箱。」吉米將吉他接上備用的聲道。「他上臺表演了咆哮之狼〈殺戮之地〉超猛的翻唱版，」在現場觀看的東尼・嘉蘭說，「我從小就認識艾力克，知道他有多崇拜艾伯特・金，而艾伯特・金做過這首歌的慢版翻唱。吉米開始表演時，比艾伯特・金的版本快了大概三倍，看得出來艾力克目瞪口呆——他不知道接下來會如何。」克萊普頓接受《*Uncut*》雜誌訪問時回憶說：「我心想：『天啊，他就像嗑了迷幻藥的巴弟・蓋（Buddy Guy）。』」

傑克・布魯斯日後談起他對這起傳奇事件的回憶時，將焦點放在克萊普頓的反應上，還間接提起當時倫敦一個聲稱『克萊普頓是神』的塗鴉。「艾力克一定覺得很難面對，」布魯斯說，「因為〔艾力克〕是『神』，而這個無名小卒一來就給他難堪。」另一位倫敦的熱門吉他手傑夫・貝克（Jeff Beck）那天晚上也在觀眾群裡，他也因吉米的表演感到警覺。「就算表演很爛——而且並不爛——都登上了媒體。」貝克事後說。吉米才到倫敦八天就見到了神，還讓他難堪。

彷彿吉米這年秋天還需要更多好運似的，法國歌手強尼．哈立戴（Johnny Hallyday）聽了他在一家俱樂部的即興演奏。哈立戴非常欽佩吉米，邀請吉米在他十月的法國巡迴擔任暖場佳賓，而這正是錢德勒想要的首度演出機會。然而，他們還是得找個鼓手，就算只是臨時鼓手也行。錢德勒打電話給剛離開喬治費姆樂團（George Fame）的約翰「米奇」米切爾（Mitch Mitchell），請他來試奏。米切爾才二十歲，不過有相當豐富的巡迴與錄音室經驗。身高一七〇的米奇個子矮小，卻是精力十足的鼓手，在兩次試奏後就拿到這份工作了。從三人首度一起排練，吉米罕醉克斯體驗樂團的音量就大得驚人。在一次排練時，有個熟悉的人物出現在錄音室門口，請他們小聲一點——他是作曲家亨利．曼西尼（Henry Mancini）。

在前往法國前，三位團員都與錢德勒和傑佛瑞簽下了製作合約。這些合約讓錢德勒和傑佛瑞能拿到所有營收的百分之二十；唱片銷售方面，團員間平分所有版稅的百分之二點五。吉米另外和錢德勒簽了出版合約，讓錢德勒能在六年期間拿到吉米歌曲創作營收的百分之五十利潤。樂團拿固定薪水，起薪是每週十五英鎊，作為未來收入的預付款。或許這些合約看起來相當偏袒經紀方，之後也讓經紀方遠比樂團本身富裕，不過當時沒人知道這個樂團到底賺不賺得到錢，而且多數沒沒無聞的樂團都樂意有薪水可拿。為了支付樂團的器材費用和旅費，傑佛瑞向父母借錢，錢德勒也賣了他的貝斯。團員們同意要是樂團賺大錢，會透過一家設立在巴哈馬、叫做「亞美塔」（Yameta）的空殼公司處理收入，好規避英國的國內稅務局。傑佛瑞成功用這方法為動物樂團大部分的收入逃稅，不過就連查斯·錢德勒都偷偷抱怨這些空殼公司對傑佛瑞最有利；有這些公司就不可能進行精確的會計作業。

吉米本身很滿意每週十五英鎊的薪水。一如往常，他連看也沒看就與傑佛瑞和錢德勒簽下合約，只關心自己會先拿到的錢。他拿預付的薪水用來在倫敦的時尚精品店治裝，這些店有獨特的店名，像是「祖母去旅行」或「我曾是基秦拿伯爵的男僕」，兩家店都專賣古著服飾。在「祖母去旅行」，顧客要從四點五公尺高的坐牛酋長畫像下方走進店裡，入口上方有個標語寫著：「一個人要麼是一件藝術品，要不就穿上一件藝術品。」吉米一直將這句話放在心上。外套的部分，吉米將破破爛爛的紐約大衣換成一件從大英帝國風光時期遺留下來的華麗古董軍外套；他還買了幾條色彩鮮豔的絲絨長褲。雖然錢德勒鼓勵他買毛海西裝，吉米卻說他不想再走這個風格了，要換新的路線。他選擇的衣服全都很誇張，卻也讓他人生首度走在時尚的尖端。歌手泰瑞·里德（Terry Reid）記得吉米的服裝在其他音樂家之間是熱門話題：「甚至在我們知道他的名字以前，我們就叫他『那個看起來像走進女生衣櫥，把裡面的東西全穿上身的傢伙』。」這個從小穿別人送的舊衣服的男孩，突然變成了引領時尚潮流的人，他是第一批探索「復古風」的男人。

身穿燈芯絨褲、軍外套和一頂巨大的黑色西部帽，再搭上一頭凌亂的髮型，吉米光是走在路上就引人注目。「大家會停下來盯著他看，」艾金翰說，「不是因為他們知道他的音樂，而是因為他看起來很奇怪。」艾金翰本身穿著時髦，總是跟上最新流行，搭配穿著古董軍服的帥氣吉米，兩人構成一幅強烈的畫面。吉米和艾金翰偶爾在Selfridges百貨公司購物，光是兩人一起公開亮相，就足以讓其他購物顧客竊笑：這有一部分是因為兩人跨種族的戀愛超越了那個時代，不過主要是因為吉米的外表相當古怪。

吉米和艾金翰很快就同居，不過是住在旅館裡，而吉米付不起住宿費用。艾金翰在一家俱樂部巧遇林哥·史達（Ringo Starr）時，向他抱怨他們狹小的旅館房間，林哥便提議讓他們住他沒在使用的一間兩房公寓，於是吉米和艾金翰與查斯及他女友一起搬進蒙塔古廣場三十四號。音樂家和經紀人當室友並不尋常，這也顯示錢德勒當時扮演了像父親的角色。至於吉米自己的父親，他有好幾個月沒寫信給艾爾了，他嘗試打電話給艾爾時，卻發現他搬家了。接著吉米打給在西雅圖的厄妮絲汀·班森，厄妮絲汀告訴他艾爾再婚了，新的繼母是個名叫仁花「瓊恩」綾子（Ayako "June" Jinka）的日本人，也是五個孩子的媽媽。

接下來吉米打給艾爾。艾爾在自傳裡寫道，吉米在電話上談論樂團和英國的生活，而艾爾告訴吉米自己的結婚過程，還打算領養瓊恩的一個小孩。不過吉米和艾金翰兩人對這通電話的說法十分不同。「吉米打對方付費電話，」艾金翰回憶說，「艾爾很生氣他這樣浪費錢。吉米一直告訴他英國的事，艾爾卻不信。」吉米本人事後說，艾爾聽到吉米在倫敦時說的第一句話是：「我偷了誰的錢用來付旅費。」最後，吉米將電話交給艾金翰，希望她的口音能說服父親自己的行蹤是真的。「罕醉克斯先生，這是真的，吉米在英國這裡。」艾金翰說。艾爾的回應使她大吃一驚，幾十年後仍然記得。「告訴我兒子，」艾爾對她說，「叫他寫信給我。我才不付電話費。」語畢，艾爾就掛電話了。在放下話筒後，吉米對艾金翰說：「他連自己的小孩都照顧不好了，幹嘛領養別人的小孩？」

十月十三日週四這天，吉米罕醉克斯體驗樂團在法國埃夫勒的新奇劇院首度登臺表演。他們擔任強尼．哈立戴的暖場佳賓，表演長度只有十五分鐘。這是古怪的組合：哈立戴經常被稱為「法國貓王」，而比起體驗樂團想達成的老練藍調搖滾，他的風格確實接近貓王許多。體驗樂團的表演短到沒什麼時間留下任何好印象或壞印象。他們表演了

〈嘿喬〉、〈殺戮之地〉和幾首翻唱。一家法國報紙說吉米是「詹姆士．布朗和查克．貝瑞的糟糕結合，他整整十五分鐘都在臺上做怪表情，還用牙齒彈奏。」諾爾記得樂團當時排練得不夠，而且外表邋遢。「吉米還在習慣在臺上唱歌這件事。」諾爾說，「我們彼此還不熟。」

幾天後，短暫的巡迴帶他們來到巴黎的奧林匹亞音樂廳。因為哈立戴很受歡迎，那天的門票賣完了，場內擠滿了兩千五百名粉絲。布萊恩．奧格的三位一體樂團也加入陣容。「如果法國觀眾不喜歡你，」奧格說，「就要當心了，因為可能會有人朝你丟番茄。不過要是他們喜歡你，就會陷入瘋狂。」體驗樂團表演與首演大致相同的歌單，不過聽起來更有自信一些，還加入了吉米令人驚豔的〈野東西〉翻唱。這是他們第一場真正的精采表演，法國人就此愛上他們。「吉米完全征服了觀眾。」維克．布里格斯說。錢德勒的計畫開始奏效：至少在法國，吉米的藍調與搖滾綜合體是有觀眾的。

巴黎表演過一週後，同時也是吉米抵達英國滿一個月時，錢德勒帶樂團進錄音室錄製〈嘿喬〉作為首張單曲。吉米建議用〈慈悲，慈悲〉作為B面歌曲，不過錢德勒說如果他想賺到音樂出版費，就得自己寫歌。雖然吉米依然對自己寫歌的功力沒把握，在錢德勒的鼓勵下，他坐下來花一個晚上寫了〈心無罣礙〉（Stone Free）這首歌，這是他第一次創作出完整的歌曲。錢德勒日後說，他只是建議吉米寫下自己的感受，這就足以協助他發展出寫歌能力了。這首歌的架構簡單，歌詞十分真實，描寫吉米不想被任何一個女人綁住，因此他「心無罣礙乘著微風」。

吉米第一次登上英國媒體，是在十月二十九日的《*Record Mirror*》：「查斯．錢德勒簽下一名二十歲的黑人，並將他帶進英國，他叫吉姆．罕醉克斯。別的先不提，這個人用牙齒彈吉他，還在某些地方被捧為『下一個大人物』的人選。」這份第一篇媒體報導把吉米的年齡講錯了，說他是黑人，拼錯了他的名字，而且主要只談論他的舞臺花招。雖然報導錯誤百出，這則新聞還是讓吉米很興奮。他把報導剪下來，把它當作貴重物品放在皮夾裡。記者凱斯．阿塔姆（Keith Altham）說：「現在回頭看或許很荒謬，不過早期他的花招在宣傳上是有必要的。要先吸引媒體注意，才會有人注意你。」吉米樂於展現各種誇張的花招：他喜歡這樣做帶來的關注，不過很快就厭倦於每晚都要在特定時刻表演這些花招。

接下來，體驗樂團前往德國慕尼黑，傑佛瑞安排他們在大蘋果（Big Apple）俱樂部表演四晚。吉米在慕尼黑寄了一張明信片給父親。「親愛的爸爸：雖然我弄丟了地址，我還是覺得一定要在離得太遠前寫給你。我們現在在慕尼黑，我們剛離開國巴黎和南錫。現在我們在倫敦附近表演，目前我就住在倫敦。我有自己的樂團，大約兩個月後就會推出一張唱片，是吉米罕醉克斯體驗樂團的〈嘿喬〉。希望你收到這張明信片。我會再好好寫封信。我想情況稍微好轉了。」

在「大蘋果」，樂團每晚要做兩場表演，這在他們接下來一年當中成為常態。吉米每晚都拿出全套表演兩次，每次的觀眾愈來愈多，也愈來愈熱情。「這是我們大家第一次意識到會發生轟動的事，」諾爾．瑞丁說，「可以感覺到我們快成功了。」吉米利用一條長吉他導線在表演時走進觀眾群，他回到臺上時把吉他先丟上去，結果把琴頸撞裂了。損壞吉他讓吉米很不開心，他知道買新吉他得花兩個月的薪水，於是一怒之下抓住琴頸高舉在頭上，用力砸在舞臺上。這可能是他整晚做出的花招中，唯一沒有事先排練過或是為了取悅觀眾而做的。儘管如此，觀眾卻瘋狂鼓掌，表演最後還把吉米拉下臺。錢德勒看到這樣的反應，便當場決定要吉米在接下來的表演多砸幾把吉他。破壞吉他——往往是經過每晚修復的同一把吉他——成為吉米表演中偶爾出現的一部分，他會在其他花招無法激起觀眾情緒時這麼做。這成為吉米的一大驚嘆號，也是他排除多年憤怒與挫折感的管道。經歷長久等待才拿到第一把吉他的男孩，現在則是在舞臺上摧毀吉他。

15

英國倫敦，
1966年12月—1967年5月

自由的感覺

「我們不想被歸類。如果一定要貼標籤的話，我想稱之為『自由的感覺』。這是搖滾、瘋狂、藍調和派對音樂的綜合體。」

——吉米・罕醉克斯接受《*Record Mirror*》採訪

那年十一月，吉米・罕醉克斯滿二十四歲，這是他成為崛起新星後的第一個生日。不過雖然他愈來愈有名，卻還是在鞋底藏著一張捲起來的美元紙鈔，這是他多年貧窮留下的習慣。以前在燉豬腸巡迴秀場時期，他本來放的是一美元硬幣，不過被他花掉了，之後便換成一張紙鈔。他經常將這最後一美元用來脫離困境，之後再放一張新的進去。在英國，他換成放一英鎊紙鈔，並決定將隱藏的地方換成帽子內緣。他告訴凱西・艾金翰：「當你曾經身無分文，就永遠忘不了那種感受。」

到了十一月，媒體宣傳人員東尼·嘉蘭開始撰寫吉米的第一篇正式媒體個人簡介，吉米一一點名他曾伴奏過的節奏藍調傳奇樂團時，令他感到難以置信。嘉蘭記得他們曾一起用音響聽國王寇提斯的唱片，他問起吉米知不知道這個吉他手是誰。「那是我彈的，混蛋。」吉米帶著大大的笑容說。嘉蘭擔心如果在個人簡介上列出所有吉米曾經伴奏過的數十個樂團，記者可能會以為這是偽造的。

暫且不論媒體個人簡介，光是吉米腳上穿的靴子就道盡他多年來的艱辛。「那些鞋子的鞋底都完全磨破了。」嘉蘭說。他的鞋子不僅是舊，也完全跟不上流行。「他有那種拉鍊在側邊的尖頭皮靴。」諾爾·瑞丁說。有些人以為鞋底磨破是造成吉米步伐古怪的原因，不過就算在他買了一雙時髦的十一號方頭古巴靴後，他依舊維持奇特的內八走路方式。「從他走路的方式可以看得出來，他小時候穿的鞋子尺碼不合，所以走路方式完全不對，」艾瑞克·伯登說，「他走路的時候，腳趾看起來像是形成一個三角形。」

其實吉米許多地方都有稜有角：他走路時，兩隻腳的腳趾朝內拖著步伐走；他的身體是倒三角形，寬闊的肩膀下面是極為細瘦的腰；假如他和另外兩位體驗樂團的成員一起走在街上，一定是形成三角隊形，吉米走在前面，諾爾和米奇跟在後面。雖然諾爾和米奇的膚色極白——他們的皮膚白到幾乎呈現半透明——三位成員的外表從某個時期起開始融為一體：他們穿著相同，三人都留類似髮型，撇開膚色不談，說他們是兄弟也不為過。他們有獨特造型，這有一部分是吉米向時髦的英國設計師學來的，不過主要還是美麗的意外，取決於吉米當天剛好看到什麼影響他的事物。米奇和諾爾是吉米的追隨者，無論在樂團或時尚上都是：當吉米改穿喇叭褲時，他們也跟著穿。諾爾天生就能留出捲曲的爆炸頭，他的頭髮甚至留得比吉米更長，米奇則得燙髮才能達成同樣的效果。不過，他們的髮型是相當突出的特徵，隨著他們都留出爆炸頭，三人開始變得像頭重腳輕的搖頭娃娃。「留那麼大頂的頭髮，」艾瑞克·伯登說，「他們的頭髮變得和身體一樣寬。」這樣大片的髮型在打背光或拍照時十分壯觀，幾乎所有攝影師都強調出他們的爆炸頭。他們不只是上相，更是幅美麗的畫面。

在「一袋釘子」俱樂部舉辦的記者會和演唱會，讓吉米迎來與《*Record Mirror*》的第一場訪談。「英國很時髦。」吉米在一篇標題為「現象級先生」的報導中這麼說。他說自己不想為樂團的音樂貼上類型的標籤，但如果一定要分類的話，「我想稱之為『自由的感覺』。這是搖滾、瘋狂、藍調和派對音樂的綜合體。」樂團受訪時，主要發言者是吉米，不過諾爾和米奇也經常插嘴說些詼諧的話。三人當中諾爾最愛開玩笑，不過他們對當搖滾明星都抱著輕鬆的心態。吉米會叫諾爾模仿彼得·謝勒（Peter Sellers），而吉米則經常模仿小理查。他們的友誼建立在一起巡迴和錄音的共同經歷上，不過就和任何工作關係一樣，這是吉米的樂團，這一點籠罩在一切之上。諾爾和吉米在樂團裡關係最親近，然而諾爾常覺得吉米太過逾矩，會指使樂團要在錄音室演奏什麼。由於所有商業往來都由經紀人處理，而玩樂團本身就像是青少年時期的延伸，最能讓他們建立感情的就是幽默和孩子氣的惡作劇，當然還有他們對所創作音樂的共同自豪感。「一度感覺上就像是我們一起對抗世界。」諾爾憶道。

在看錄音室時，吉米第一次見到誰樂團。「他的模樣邋遢，」彼特．湯森說，「我對他的印象一般。」吉米試圖忽略當時心情很差的鼓手凱斯．穆恩（Keith Moon），他一直大吼：「是誰放這個野人進來的？」湯森告訴吉米幾個去哪裡買音箱的建議，但同時也心想這個美國佬是否需要一流的設備。

幾天後，湯森第一次看到吉米的表演，終於明白大家為什麼那麼大驚小怪。「我立刻成了他的粉絲，」湯森說，「他在倫敦的第一次巡迴我全都看了，大概有六場。」這些俱樂部巡迴表演包括布拉西、上勾拳、推擠、祕密酒吧、七又二分之一和一袋釘子等俱樂部。雖然這些都是小型場地，每場表演的酬勞不超過二十五英鎊，不過大家對他們感到興奮，吉米也被吹捧為倫敦最炙手可熱的吉他手。遠比體驗樂團出名的樂團成員，包括滾石和披頭四，都開始來看他的表演，和他攀談。吉米曾在紐約見過滾石樂團的布萊恩．瓊斯，不過現在瓊斯成了最熱衷推廣吉米的人，他拉了其他明星一起來看吉米表演。一開始因為見到這麼多傳奇人物而感到驚奇的吉米，現在則看到他的偶像變成自己的粉絲。

在一場表演後，艾力克．克萊普頓邀請吉米回他的公寓，吉米帶著凱西．艾金翰一起去。雖然氣氛友善，但艾力克或吉米都不太健談，結果主要由兩人的女友在交談。即使這兩位吉他手都很敬重對方，不過他們的背景迥異，唯一的共通點是熱愛藍調。「那次見面氣氛很緊張，」凱西．艾金翰說，「他們都很敬畏對方。我們得讓話題圍繞著音樂。」吉米在數小時後離開時對艾金翰說：「剛才那樣真辛苦。」

十二月小理查來倫敦時，吉米告訴艾金翰說他們要去拜訪這位著名的歌手。凱西穿上洋裝，吉米也穿上他最體面的衣服，包括那件古董軍服外套。他們到達小理查的旅館時受到迎接，小理查見到吉米很開心。當天晚上氣氛輕鬆，只在吉米追討他在小理查樂團伴奏時被欠的五十美元時稍微變得緊張。小理查拒絕付錢，他主張吉米錯過樂團的巴士時就失去了這筆薪水。吉米需要這筆錢，不過能以樂團團長的身分出現在小理查面前更加重要，光是這一點就像是報了仇。

雖然吉米離開時沒拿到五十美元，他走路回家時依然心情愉快，直到他和艾金翰被七個警察包圍。一開始兩人不知道做錯了什麼事，心想警方或許是因為跨種族的兩人獨處而被惹惱。接著，一位警察向吉米大吼：「你知道我們的士兵穿著那件制服死去嗎？」他指的是吉米的古董外套。吉米維持有禮，說他無意冒犯。之前他曾因為這件外套被退伍老兵騷擾，他經常說自己是第一〇一空降師的退伍軍人，使對方冷靜。雖然日後的吉米被視為反文化的革命性人物，他一直都很尊敬軍人。他甚至還調查了這件外套的歷史，發現這不是前線軍隊穿的款式，而是由「照顧驢子的士兵」穿的。他試圖向警察解釋這些。有個警察堅持穿著可能有死亡士兵穿過的外套就是叛國，吉米回應：「有人穿著皇家陸軍獸醫部隊的西裝外套死去嗎？」這個警察認為吉米對他無禮，強迫吉米脫下外套，還告訴他要是他們又抓到他穿這件外套，就會逮捕他。警察離開時，被羞辱的吉米站在原地，手中拿著折起來的外套。警察一離開視線，他就把外套穿上走回家去。

雖然吉米在音樂界逐漸打響名號，而且在吉他手之間很有名，他能不能賺到錢還是未知數；答案完全取決於體驗樂團的首張單曲〈嘿喬〉成績如何。樂團在拿到唱片合約之前就開始錄專輯了；如果〈嘿喬〉失敗，就沒有機會推出專輯了。迪卡唱片公司（Decca Records）聽了〈嘿喬〉的試聽帶後拒絕了，至少也有其他兩家唱片公司也是。最後，錢德勒說服了誰樂團的經紀人基特·蘭伯特（Kit Lambert）和克里斯·史坦普（Chris Stamp）讓吉米加盟他們新成立的軌道唱片公司（Track Records）。軌道唱片公司為他們敲定了上電視節目《預備，出發！》（*Ready, Steady, Go!*）的機會，這是少數能讓樂團在英國各地曝光的媒體管道。體驗樂團錄的集數於一九六六年十二月十六日播出，這也是他們發行單曲的日子，而這首歌立刻成為熱門金曲。

這次成功並非完全自然發生。這首單曲高居排行榜第四名，但這是因為吉米的經紀公司動了手腳，衝高單曲的排名。「他們到處跑唱片行，把唱片全買下來，好拿到高名次，」艾金翰說，「這叫做買榜，我知道有這麼一回事是因為我也買了幾張。」在艾金翰記憶中，單曲登上第六名時，是她少數看到吉米高興到跳起來的時刻。「他說：『太棒了！我們去酒吧慶祝吧！』」錢德勒也利用這個機會說了個笑話，很符合體驗樂團式的幽默：「吉米，你的報酬是跟凱西一起去南非共度兩週。」在當時的南非，他們兩人的關係會害得他們被逮捕，或遇到更糟的下場。

為了慶祝，吉米在酒吧喝了杯啤酒。他在美國很少喝酒，但在英國喜歡上了酒吧的社交生活，開始變得較常喝酒。他也開始變成老菸槍，經常在第一根菸抽完之前就點第二根菸。在英國音樂圈，毒品也無所不在，尤其是大麻樹脂。吉米最愛的招式是向麥可．傑佛瑞學來的：將菸草從香菸裡取出來、塞進大麻樹脂，然後再將菸草塞在外面。有了這種香菸，吉米即使在公眾場合抽茫了，也不會有人注意。有一次在演唱會後臺，他邊跟警察談話、邊抽大麻樹脂菸。

迷幻藥才剛開始在倫敦傳開，所以一開始在體驗樂團的巡迴廂型車裡並非常見的毒品；他們偏好的是便宜的安非他命，這不會使他們亢奮，不過能幫助他們醒著演出或錄音一整晚。這年冬天，樂團在英國各地做多場表演，努力要籌錢作為錄音費用。在倫敦以北幾小時遠的城鎮表演後，又趕回城裡在錄音室時段較便宜的半夜錄音，對他們來說是稀鬆平常的事。「我們在曼徹斯特表演，然後從曼徹斯特開車回倫敦，」瑞丁說，「我們凌晨三點回來錄音，接著五點上床睡覺，隔天早上起床後又要跑回北部做另一場表演。隔天晚上，我們又跑回倫敦錄更多歌曲。我們的第一張專輯就是這樣錄好的。」

在體驗樂團為《預備，出發！》拍攝〈嘿喬〉那天晚上，他們進CBS錄音室錄了〈紅色房子〉、〈性感女郎〉和〈太陽來的第三顆石〉。錄音師麥可・羅斯（Mike Ross）看到他們的巡演工作人員搬來四組兩臺一組的Marshall堆疊音箱，加起來一共有八臺音箱，令他目瞪口呆。他問吉米要不要拿麥克風放在每組音箱前，不過吉米建議在三點六公尺外放一支麥克風就好。樂團開始演奏時，羅斯被迫跑回控制室裡，因為樂團發出的聲音震耳欲聾。「我在那間錄音室沒聽過這麼大聲的聲音，」羅斯說，「讓耳朵很不舒服。」

〈紅色房子〉是吉米花了一年多創作的歌曲之一，而就和許多最後收錄在首張專輯的作品一樣，他曾在紐約表演過一些片段。一九六七年一月，吉米由於急著要趕快完成一張專輯，每兩天就寫出一首歌。他覺得這年冬天歌曲像是自動找上門似的，幾乎是無意識就寫出來了。然而，〈紅色房子〉這首歌來自吉米的一段過去。雖然十二小節藍調歌曲的基本主題——歌手心愛的女人移情別戀——和藍調音樂本身一樣有長遠的歷史，不過吉米告訴諾爾，這首歌是在寫他的高中女友貝蒂．珍．摩根。貝蒂．珍是吉米的初戀，她確實也有個姊妹，就和歌詞裡描寫的女子相同；不過，貝蒂．珍的家外觀是棕色的，而非紅色的。這時的吉米已是夠成熟的歌曲創作人，知道「棕色房子」聽起來沒那麼響亮。不過，重要的不是歌詞或歌名；吉米以精采的吉他獨奏傳達情感，讓這首歌成為他的第一首藍調經典。

最能證明吉米擁有神祕靈感來源——以及渾身上下的音樂細胞——的是〈風在呼喚瑪麗〉（The Wind Cries Mary）這首歌。一月十日下午，吉米在自家公寓裡接受《*Melody Maker*》的訪問。當天晚上，艾金翰要為吉米煮東西，結果吉米批評她的廚藝。平常談到這件事時，她會開玩笑地凶他說：「不吃就餓肚子吧。」她的廚藝經常是兩人吵架的原因，而這次吵得很凶。「我氣到亂丟鍋子，然後衝出門。」艾金翰說。隔天她回家時，吉米已經寫好了〈風在呼喚瑪麗〉這首歌，而瑪麗正是艾金翰的中間名。

這首歌的錄音對吉米來說也一樣容易。有一次，樂團在錄音室的時段剩下二十分鐘時，錢德勒半開玩笑地問罕醉克斯：「你還有別的東西要錄嗎？」吉米拿出這首剛寫好的新歌，樂團當場學會這首歌。「我們完全沒排練，」諾爾說，「以〈風在呼喚瑪麗〉這首歌來說，吉米只要彈和弦，曾經當過吉他手的我很快就能學會，我們掌握到感覺後就錄了這首歌。我們沒有急，不過心裡知道要趕快錄下來。」這二十分鐘的錄音時間，甚至還包含了罕醉克斯的吉他疊錄。他們這天晚上錄製的版本成為第三張單曲。

體驗樂團史上最多產的一天是一九六七年一月十一日，那天樂團在錄音室裡工作一整天，晚上還在「一袋釘子」做了兩場表演。白天他們在德萊恩利亞錄音室（De Lane Lea Studio）錄了好幾首歌，其中包括〈紫霧〉、〈五十一周年紀念〉（51st Anniversary）和另一個版本的〈太陽來的第三顆石〉。兩週前，吉米在演唱會後臺寫了〈紫霧〉的歌詞草稿。雖然這首歌一直被大家與迷幻藥帶來的豐富想像力做連結，不過吉米說靈感來源是他在讀了菲利普．何西．法默（Philip José Farmer）的小說《光之夜：夢之日》（*Night of Light: Day of Dreams*）摘錄後，做了一場與小說情節相似的夢。在歌詞早期初稿中，吉米在歌名下方寫了「耶穌拯救」這行字，這句話出自這本小說，或許他考慮用來作為副歌。這首歌推出後，成為體驗樂團第二張成功的單曲，而他抱怨這個版本被縮短了。「原版的歌詞大約有一千字，」他在一次訪談中說，「我很生氣，因為那根本不是〈紫霧〉。」

這次漫長的錄音比平常更辛苦，光是錄〈紫霧〉就花了他們四小時；結束後，吉米和樂團還要在「一袋釘子」做兩場表演。這家傳奇俱樂部看起來就像出自狄更斯的小說，它位於蘇活區一條狹窄街道上長樓梯底下的溼冷地下室。這天晚上聚集在這裡看體驗樂團的人，可說是集結了倫敦搖滾樂菁英級的大人物：假如這天晚上有炸彈轟炸「一袋釘子」，英國音樂圈可能將消滅殆盡。關於這天到底有誰在場眾說紛紜，不過多數說法都有提到艾力克・克萊普頓、彼特・湯森、約翰・藍儂、保羅・麥卡尼、林哥・史達、米克・傑格、布萊恩・瓊斯、披頭四的經紀人布萊恩・愛普斯坦（Brian Epstein）、約翰・恩特維斯托（John Entwistle）、唐納文（Donovan）、喬治・費姆（Georgie Fame）、丹尼・萊恩（Denny Laine）、泰瑞・里德、傑夫・貝克、吉米・佩吉（Jimmy Page）、露露（Lulu）、赫理斯樂團（The Hollies）、小臉樂團（The Small Faces）、動物樂團，以及或許是當中最重要的人，羅傑・梅耶（Roger Mayer）。梅耶並不出名，不過他是電子設備奇才，閒暇時會為吉他手研發效果器盒。梅耶聽了演出後大為驚豔，日後為吉米製作給他專用的器材。

歌手泰瑞・里德還沒看過體驗樂團，他回憶說：「就好像全世界的吉他手都來了。」里德來到「一袋釘子」坐下時，驚訝地發現保羅・麥卡尼就坐在他身邊。「你看過這傢伙了沒？他很厲害。」麥卡尼說。吉米的表演開場更讓里德震驚。「謝謝你們來，」吉米上臺時說，「我想表演這首歌，因為我知道這首歌很受你們喜愛。它是排行榜冠軍。」光是這句話就足以讓這群音樂家觀眾吃驚。「我們心想，」泰瑞・里德說，「如果這首歌是排行榜冠軍，我們就不會喜愛，因為我們討厭擠進前十名的歌。」接著吉米介紹〈野東西〉這首歌。「〈野東西〉是一首聽過就忘的流行歌，那正是我們大家反對的東西！」里德說，「接著他開始把這首歌表演得轟天動地，帶領我們飛上外太空。想像一下世界上最爛的歌變成最美的歌。」里德中間去了洗手間，回來時遇見布萊恩．瓊斯。「前面那裡一片溼答答。」瓊斯警告他。里德回答：「你在說什麼？我沒看到水啊。」瓊斯說：「地上都是吉他手的淚水。」

這晚體驗樂團在「一袋釘子」做了精采的表演之後，接著在「七又二分之一」俱樂部駐唱一週。克萊普頓、湯森和傑格都回來看他。湯森在其中一場表演上發現克萊普頓就站在他旁邊。他們兩人都因為吉米突然出現在音樂圈十分驚訝，並且立刻成為吉米的粉絲，不過也都擔心吉米會如何影響到自己的音樂生涯。這年冬天，他們倆就只因為討論罕醉克斯及如何因應他的出現，而發展出友誼。在這場表演上，他們看著吉米熱烈表演〈紅色房子〉時，手指不小心觸碰到。克萊普頓抓住湯森的手，兩人就像看精采電影的女學生一樣十指緊扣。

雖然米克．傑格在紐約對吉米沒什麼好感，吉米在倫敦造成轟動後，他也不得不對吉米改觀。傑格帶安妮塔．帕倫貝格（Anita Pallenberg）和瑪莉安．菲絲佛（Marianne Faithfull）去看其中一場俱樂部表演。「米克告訴我他曾在紐約看過罕醉克斯，」菲絲佛說，「我想他對我說的話是：『他會延燒全世界。』」一月下旬吉米在祕密酒吧表演時，米克帶菲絲佛回去看他。在表演間休息時，吉米來到他們這一桌，明目張瞻地在傑格面前向菲絲佛調情。或許是因為吉米與凱斯．理查的女友琳達．基斯的關係，傑格將吉米視為競爭對手；他們都在同一個房間時，米克會昂首闊步，想蓋過罕醉克斯的鋒頭，就像爭豔的孔雀一樣。吉米對米克的反應是直接表現出敵意，毫不掩飾對菲絲佛的意圖。「他問我為什麼跟米克在一起。」她說；這個問題當時沒幾個男人敢提出。為了想勾引她上床，吉米對菲絲佛說〈風在呼喚瑪麗〉是寫給她的；然而，菲絲佛展現出忠誠。「那是我人生中最後悔的事之一，」她說，「我該站起來說『好啊，老兄，我們走吧』才對。」她確信吉米為了勾引她，什麼事都願意做，就算只是為了讓傑格嫉妒。

吉米仍然和艾金翰在一起，但他似乎無法忠於伴侶。更糟的是，錢德勒覺得該讓吉米在媒體上打造單身漢的形象，所以每當有人去他們的公寓做訪問，艾金翰都會被趕出去。有時候會有女記者來採訪，而艾金翰不只一次在回到家時得把衣衫不整的女生趕出公寓。同時，吉米卻像他父親一樣善妒，並且會在喝酒時發作。艾金翰很有魅力，在吉米的心目中，所有男人都對她有意思。有天晚上在「一袋釘子」，艾金翰在講電話，吉米以為她在和別的男人說話，於是搶走話筒拿來打她；他突然的暴力行為除了傷人外也很驚人，因為這很不像平常的他。她尖叫起來，這時約翰．藍儂和保羅．麥卡尼正走進俱樂部，他們冷靜地將電話從吉米手中拿走。

吉米很少訴諸暴力，當他表現出攻擊性，往往是因為喝太多酒。「一袋釘子」的事件也顯示出他容易發怒，與他平常彬彬有禮的形象完全相反。投入在表演中的能力讓他成為才華洋溢的音樂家，但也讓他容易一時衝動、意氣用事，有時不顧後果。這一點使他擅長音樂上的即興演出，然而反覆無常、幾乎幼稚的性格使關心他的人痛苦。有天晚上，在曼徹斯特的表演結束後，艾金翰發現吉米在女廁裡與一個剛認識的女孩發生性行為。面對這樣的背叛，艾金翰變得堅強起來，她唯一的反應是逆來順受：「快一點，否則會趕不上回倫敦的火車。」吉米的藉口是：「她想要我的簽名。」雖然艾金翰是吉米最親近的人，他們吵架的頻率高到查斯．錢德勒將她拉到一旁，勸她不要再在公開場合和吉米爭吵：查斯覺得公開鬧事可能會傷害到吉米的形象。艾金翰對查斯說這太荒唐了，於是她和吉米依然會吵架，有時在倫敦的俱樂部裡吵起來。

一月底時，體驗樂團與誰樂團一同在著名的沙維爾劇院（Saville Theatre）做了兩場表演，出席觀看表演的有藍儂、麥卡尼、喬治．哈里森（George Harrison）和鮮奶油樂團的團員。其中一場表演結束時，傑克．布魯斯離開劇院，回家寫下〈你的愛帶來陽光〉（Sunshine of Your Love），靈感便是來自吉米。

在英國漫長且著名的搖滾樂史上，沒有任何人像吉米一樣在倫敦如此迅速崛起——他人生的前三分之二都待在西雅圖，來到英國時，除了透過《豪邁王子》漫畫吸收的事外，對這個國家的歷史一無所知。不過在一九六七年早春，吉米的表演能否在倫敦以外的地方成功還是未知數，因為英國其他地方的品味並沒有那麼前衛。體驗樂團在這年春天完成首張專輯，並決定命名為《你體驗了沒》。這張專輯是樂團湊出時間在好幾間不同錄音室錄製的。錢德勒將幾個月以來的所有錄音費用加總時，發現錄音一共只花了七十二個小時。他和傑佛瑞有好幾次無法付清費用，錄音室因而保留他們的帶子，作為脅迫他們結清帳款的籌碼。為了加快錄音速度，錢德勒欺騙樂團，讓他們以為是在排練，而其實錄音正在進行中。「查斯總是說：『好了，小夥子，咱們排練一遍，』」諾爾說，「我們排練一遍歌曲後，查斯說：『好，再來一次。』可是他已經瞞著我們錄下第一次了。排練第二次後，我們走出去抽根菸，這時他說：『錄好了。』我們說：『什麼意思？根本還沒開始啊！』但他已經錄下第一版了。」為了錄製這張唱片，錢德勒賭上一切，包括他大部分的錢和所有個人名聲。初期的樂評證明他這一切努力是值得的，像是由《新音樂快遞》的凱斯．阿塔姆寫的這篇樂評：「罕醉克斯勇敢推出這張專輯，做出既原創且振奮人心的音樂型態。」最後專輯推出時，最高登上英國排行榜第二名，僅次於第一名的披頭四。

吉米對首張專輯感到滿意，不過他對專輯的製作並不完全滿意。他收到第一張醋酸鹽膠片的試聽片時立刻帶回家，打電話找布萊恩．瓊斯過來聽。布萊恩和朋友史坦尼斯拉斯．德羅拉（Stanislas De Rola）一起過來。「我們整晚沒睡，一直聽著那張醋酸鹽膠片，」德羅拉說，「吉米對自己的唱片很自豪。」布萊恩．瓊斯也很喜歡，說日後想為吉米製作唱片，吉米說會考慮這個點子。吉米所有的倫敦朋友，像是瓊斯和德羅拉，都和音樂產業有關，私人與工作關係兩者間沒什麼界線。話說回來，當時吉米的人生全都投入在音樂產業上，沒有工作以外的世界。

專輯發行前，體驗樂團要在英國各地的電影院巡迴，這是他們第一次進入英國內陸地區。這趟是和他人共同巡演，與吉米過去在燉豬腸巡迴秀場的歌舞秀巡迴類似。主秀是沃克兄弟樂團（The Walker Brothers），其他陣容還有英格伯．漢普汀克（Engelbert Humperdinck）和凱特．史帝文斯（Cat Stevens），體驗樂團則為這古怪的組合開場。巡迴第一天，吉米、查斯．錢德勒和記者凱斯．阿塔姆在後臺討論吉米該怎麼做才能在這怪異的陣容中脫穎而出。他們提到砸吉他，不過阿塔姆認為現在湯森是這一招的招牌人物。「也許我該摔一頭大象。」吉米開玩笑說。接著阿塔姆想出一個似乎同樣不可能的建議：「真可惜你不能燒吉他。」這個提議讓吉米的眼睛亮起來，他派一名工作人員去準備打火機油。在化妝室裡嘗試幾次後，他宣布至少有可能讓吉他看起來像是著火。表演時間到來，體驗樂團以〈火焰〉（Fire）為五首歌的簡短表演畫下句點，這時吉米將打火機油倒在吉他上，然後丟火柴上去。他試了三次，最後吉他終於燒了起來。吉米把吉他像風車一樣轉動，接著有個舞臺工作人員衝上臺朝吉他潑水。該市消防署長就在後臺，他對吉米說教好幾分鐘；吉米抗議說他揮舞吉他是為了滅火。只有兩千人目睹這個燒吉他的噱頭，不過事情上報紙後，成為人人津津樂道的話題。沒幾個搖滾樂手擁有這種能引起媒體關注的神奇能力；吉米似乎是這方面的天生好手。到了一九六七年中，他在英國所做的一切都上了報。與沃克兄弟共同巡迴的其中一場表演時，有個瘋狂粉絲拿把剪刀追著吉米，還成功剪下他的一撮頭髮——就連這件事之後也上了新聞。現在，他的表演廣告中吹捧道：「別錯過這個狄倫、克萊普頓和詹姆士．布朗的綜合體。」

雖然這趟共同巡迴為吉米帶來全新的粉絲群——主要來自沃克兄弟的粉絲——吉米厭倦了後臺有如馬戲團的氣氛。巡迴來到利物浦，他們在帝國劇場做兩場表演，而他與諾爾在表演間的休息時間偷溜去一家當地酒吧，卻因為酒保誤以為他們穿著小丑的戲服而被拒絕接待。這種事絕對不會發生在共同巡迴的藝人英格伯．漢普汀克身上，因為他永遠身穿晚禮服。之後在同一天晚上，巡迴經理內維爾．切斯特（Neville Chesters）同意順道送一位利物浦朋友回倫敦。團員喜歡這個人，決定讓他在接下來兩週擔任巡迴工作人員——他的名字叫做萊米・凱爾密斯特（Lemmy Kilmister），日後成立了機車頭樂團（Motörhead）。

這年三月，報紙《快訊》刊登了一篇關於體驗樂團較為深入的報導，吉米為這篇報導填寫了一份詢問個人好惡的「生活路線」問卷。他不喜歡「柑橘果醬和冷冷的床單」，喜歡「音樂、頭髮、山和田野」。他最愛的食物是草莓鮮奶油蛋糕與義大利直麵，嗜好是「讀科幻小說、畫風景畫、做白日夢，以及音樂」。他列出最喜愛的作曲家是狄倫、馬帝・瓦特斯和莫札特。不過他回答問起他過去的問題時，最能一探他的內心。他謊報年齡，說自己比真實年齡小三歲，因為經紀人告訴他年輕能吸引更多女孩。父母的部分他只寫了父親，手足則只提到弟弟里昂。他說他在事業上的抱負是「參演電影，用我閃耀的光芒撫摸大銀幕」。問卷上大部分的問題，他都以調情、諷刺的言語回答，不過在「個人抱負」類別下，吉米寫下自己想要「有自成一格的音樂」，這個目標在他到英國的第一年就已經達成了。接著他又加了一行字，說在西雅圖老家只有少數人會懂。他寫道自己真正的志向是「再次見到我母親和家人」。

英國很少有人提過吉米談起母親。為吉米寫媒體個人簡介、為他整理《快訊》這篇報導的東尼・嘉蘭，不知道他的母親是生是死；凱西・艾金翰至少知道她死了。「他告訴我她是因喝酒而死，」她說，「不過他也說她是天上的女神、是天使。」雖然當時吉米的母親已經過世將近十年，吉米依然會夢到她，並且偶爾浮現一閃即逝的回憶片段。他告訴艾金翰，他最鮮明的回憶是有一天母親開車時，他和里昂坐在後座。那是夏天，車窗拉下來了，他能在空氣中聞到她的香水。吉米很少談起這麼深刻的情感或記憶。「他平常不是肉麻的人。」凱西說。艾金翰的童年也吃過很多苦，這是她與吉米少數的共通點。

吉米大部分的空閒時間都在練習吉他，不過他也喜歡看電視上的荒唐喜劇《呆子秀》（The Goon Show），以及玩英國版的大富翁。他很少休假，偶爾放假時會讀科幻小說。他最愛的桌遊是〈戰國風雲〉（Risk），這個遊戲的主題是征服世界。「這個遊戲他很擅長，他玩的目的就是要贏。」艾金翰回憶說。

晚春時，《你體驗了沒》在英國及歐洲發行前夕，吉米關注起另一個征服世界的方法：錢德勒和傑佛瑞開始規畫如何將體驗樂團推向世界各地。他們幾乎只靠吉米活力四射的現場巡迴，讓他在歐洲成為明星，不過這一招在美國能不能管用還是未知數。三月時，華納兄弟（Warner Bros.）唱片公司與傑佛瑞簽約，成為吉米新專輯在美國的發行商，還付了破紀錄的十五萬美元高價買下版權。華納兄弟在新聞稿上吹噓道：「我們要引進一種全新的宣傳概念，能在短時間內將吉米推向巔峰。」

絕佳的宣傳機會又一次在機緣巧合下發生。製作人盧．阿德勒（Lou Adler）和音樂人約翰．菲利普斯（John Phillips）在籌備那年六月於加州蒙特利舉辦的一場音樂節。安德魯．朗格．歐德姆和保羅．麥卡尼擔任該活動的英國顧問。麥卡尼早期就在推廣罕醉克斯：保羅為《*Melody Maker*》寫了〈紫霧〉的樂評，說吉米是「神奇手指罕醉克斯；他絕對是吉他佼佼者」。歐德姆和麥卡尼都選擇誰樂團和罕醉克斯作為該音樂節最重要的英國藝人。這場表演賺不到什麼錢，不過這是吉米打進美國的重要曝光機會。吉米首張專輯的進口版開始進入美國爵士樂迷社群，其中有幾首歌也在美國地下電臺播放，然而吉米在自己的故鄉依然沒沒無聞。

吉米很少談起去美國表演的事——他受到英國這麼熱情的接納，很難想像回到那個長久以來難以獲得肯定的國度。五月在沙維爾劇院的一場表演上，他在介紹一首歌時說：「我在家鄉後院演奏時，小孩會圍上來聽，說這音樂很酷。現在我要感謝你們讓這裡變成我的家。」錢德勒來到他的公寓，宣布體驗樂團很快就要前往加州時，艾金翰記得吉米只說了一句話：「我要回家了，回美國的家。」

16

英國倫敦，
1967 年 6 月—1967 年 7 月

從傳聞成為傳奇

「吉米罕醉克斯體驗樂團擁有未來，觀眾立刻明白這一點。當吉米下臺時，他從傳聞成為傳奇。」

——彼特．強森於《洛杉磯時報》報導蒙特利流行音樂節

在前往美國參加蒙特利流行音樂節前，吉米．罕醉克斯在英國還得再表演幾場演唱會，也得做一些錄音工作。雖然《你體驗了沒》在英國剛推出，樂團立刻開始著手進行第二張專輯，兩張專輯的錄音時間似乎完全沒有間隔。「查斯很老派，他認為『有四小時的時段就要好好利用。』」吉米在工作上也一樣努力：演奏音樂是他最愛的事之一，所以在錄音室待一整天，對他來說只不過是更多彈吉他的機會。

這張之後命名為《軸心：大膽如愛》（*Axis: Bold as Love*）的專輯錄音同樣相當迅速，

但由於樂團拿相位、吉他效果、回授和羅傑．梅耶做出的一些器材來實驗，使錄音過程變得複雜。梅耶平日的工作是政府的聲學分析師，休息時他為吉米．佩吉和傑夫．貝克打造效果器，包括早期版本的破音效果器。他在「一袋釘子」看到罕醉克斯表演時，就像法蘭克斯坦博士找到他的怪物一樣，從那時起，梅耶就也為他製造效果器。梅耶打造了一臺「八度」效果器，吉米在彈〈紫霧〉時使用這個器材——它能讓吉他的音色改變整整八度，創造出一種超凡的效果。「吉米老是問我：『羅傑，我們能做出什麼？』」梅耶說，「我們設法運用聲音創造情感、描繪出畫面。當時我們只有簡陋的技術，不過要是缺少什麼東西，我們就會打造出來。」吉米為梅耶取了「活塞」的綽號，還說他是他們的祕密武器。運用梅耶的發明，再加上VOX娃娃效果器（Vox Wah-Wah）和法茲破音效果器（Fuzz Face）等商業產品，吉米得以創造出其他吉他手難以模仿的聲音。

技術也可能為吉米帶來麻煩，尤其是在場地音響系統較差的演唱會舞臺上。當他的設備故障或走音，他就一定會灰心氣餒，因而影響到表演。五月二十九日在斯伯丁的一場表演上，四千名觀眾看到吉米在臺上鬧脾氣。吉米停下來幾次為吉他調音之後，觀眾嘲笑他，這時他大吼：「幹，就算他媽的花一整晚，我也要把吉他調好音。」他身為表演家的名聲已經開始為他帶來問題；觀眾想看奇觀，要是沒看到報紙上寫的那種表演，他們就變得沒耐性。女性主義學者潔玟．葛瑞爾（Germaine Greer）看了斯伯丁的表演，事後她在《Oz》雜誌上寫道：「他們……根本不在乎〈嘿喬〉有沒有走音，他們只想聽他演奏任何東西，然後諂媚他。他們要他對吉他口交、拿陽具摩擦吉他，不想聽他演奏。不過吉米一如往常，想要彈出美妙的音樂。他動手了，拿著吉他亂搞一通，大家都呻吟並搖擺著，而他鬱悶地看著他們，明白他們聽不到他想做到的事，永遠也聽不到。」

要是這天的觀眾對吉米混亂的表演感到沮喪和困惑，開場樂團平克佛洛伊德的表演也同樣令人迷惑。三天後，吉米去看了平克佛洛伊德在倫敦的表演，發現在場觀看的明星幾乎就和他自己的演唱會上一樣多。平克佛洛伊德強烈的迷幻音樂比吉米更挑戰極限，他們的無畏激發了吉米。同一週，披頭四在英國推出《比伯軍曹寂寞芳心俱樂部》（*Sgt. Pepper's Lonely Hearts Club Band*）——這正是唯一阻止《你體驗了沒》登上排行榜冠軍的專輯。吉米喜愛《比伯軍曹》，覺得披頭四和他一樣探索迷幻的領域，可說是命中註定。

在吉米人生中最具傳奇性的兩場表演中——體驗樂團於六月四日的「再會英國」演唱會——這張披頭四的專輯都扮演了某種角色。這兩場表演（日場和晚場）在沙維爾劇院舉行，這裡的所有人是披頭四的經紀人布萊恩．愛普斯坦。因為愛普斯坦的緣故，披頭四可能會參加，這將是他們三天前發行這張重要專輯後第一次公開亮相。保羅．麥卡尼已經冒險推薦吉米參加即將到來的蒙特利流行音樂節，假如吉米在倫敦表現不佳，拿出像潔玫·葛瑞爾在斯伯丁看到的那種表現，就會釀成一場災難。

體驗樂團上臺前三十分鐘時——就在普洛柯哈倫樂團（Procol Harum）首度表演〈更淺的蒼白陰影〉（A Whiter Shade of Pale）驚豔全場後不久——吉米衝進化妝室，向諾爾與米奇說他有一首為表演開場的新歌，手中拿著一張《比伯軍曹》。他將唱片放上一臺他買的可攜式唱機，其他團員啞口無言坐在那裡，看著他播放專輯同名歌曲。「我們要用這首歌開場。」吉米宣告。米奇和諾爾不可置信地看著彼此。「我們以為他腦袋壞了。」諾爾說。吉米播放這首歌好幾次，他們邊聽邊學會和弦。

體驗樂團在歡聲雷動之下上臺。在場的許多人都能清楚看到——吉米應該也是——保羅·麥卡尼和喬治·哈里森就坐在愛普斯坦的包廂裡。觀眾群中還有罕醉克斯一貫的大明星粉絲：艾力克·克萊普頓、史賓賽·戴維斯（Spencer Davis）、傑克·布魯斯和流行樂歌手露露。吉米首先感謝暖場樂團，也感謝觀眾前來，他們「有很久很久」都不會再在英國表演了。語畢，他開始演奏《比伯軍曹》。

在《比伯軍曹》專輯發行後僅僅三天就翻唱這首歌，而且還有披頭四在場，是吉米一生中做過最勇敢的事之一。假如他表演的版本比原版遜色，或單純只是模仿、而非受到原曲啟發，將會是奇恥大辱。若他的表現不是一流，就是侮辱了這座劇院的經營者布萊恩·愛普斯坦，以及披頭四本身。這個極為魯莽的選擇令人難以置信，需要完全的自信才能做到——這正是吉米擁有的。他不再是四年前在納士維的摩洛哥俱樂部被取笑下臺的比比金模仿者；技術上的能力加上極度自信使他勢不可擋。「披頭四不敢相信，」艾迪．克拉默（Eddie Kramer）說，「罕醉克斯表演他們剛推出的新專輯歌曲，還為這首歌想出超精采的全新編曲。這需要膽量和男人的衝勁。」吉米甚至還加了一段充滿回授的獨奏，使這首歌充滿個人風格。雖然聽得出是翻唱哪一首歌，不過他也找到讓吉他帶領旋律的方法，而非披頭四使用的管樂器。「我們幾乎沒做什麼準備就這麼做了，」諾爾說，「但我們做什麼事都是這樣。我們無畏無懼。」

這首《比伯軍曹》翻唱只是沙維爾劇院表演的開端；接下來，體驗樂團又表演了一小時，曲目包含〈性感女郎〉、〈紫霧〉、〈嘿喬〉，以及巴布．狄倫的〈宛若滾石〉翻唱版。這天晚上吉米有遇到技術上的問題，雖然暫時受到影響，但表演並沒有完全被破壞。唯一的破壞發生在吉米砸爛他口中「我親愛的吉他」時——隔天在倫敦的酒吧，比起《比伯軍曹》的翻唱，更多人談論砸吉他的事，不過其實這種賣弄行為比起翻唱這首歌的風險更低。吉米在表演《你體驗了沒》這首歌時，換成一把上面有他手繪圖案的Stratocaster，吉他背面上寫了一首他獻給英國的詩，內容是：「願這份愛／或出於灰心喪志的純粹迷惑／毀了不得與真實自由表達音樂的宇宙吉普賽女王肉體上做愛的感受／我親愛的吉他／請安息／阿門。」表演結束時，吉米將這把吉他砸爛，然後將碎片踢向觀眾。

評論家休·諾蘭（Hugh Nolan）寫道，體驗樂團偷走了倫敦的心，還「用五千萬噸氫彈的威力轟炸這座城市。」諾蘭說假如吉米在蒙特利之旅之後還會回到英國——有人擔心他一回到美國就會留在那裡——「吉米·罕醉克斯可以確定的是，這裡將永遠改變。」更重要的是保羅·麥卡尼的認可，他說這首《比伯軍曹》翻唱是「我生涯中最榮幸的事之一」。

表演後，體驗樂團受邀參加布萊恩·愛普斯坦的私人派對。令他們驚訝的是，麥卡尼嘴裡叼著一大根大麻菸開門，他還將大麻菸遞給吉米，說：「老兄，剛才他媽的超讚。」一年前的吉米還在和寇帝·奈特與國王樂團一起翻唱節奏藍調歌曲；似乎一眨眼間他就成了倫敦寵兒，而且更棒的是他還抽著披頭四給的大麻。

兩週後，體驗樂團和布萊恩·瓊斯以及艾瑞克·伯登一起從希斯洛機場飛往紐約市做短暫停留，接著前往加州參加蒙特利的表演。紐約讓吉米立刻想起自己雖然在倫敦音樂界擁有一席之地，但在充滿種族爭議的美國，他仍然是非裔美國人。樂團在切爾西旅館辦理入住手續，但是大廳有個女人誤以為吉米是門僮，堅持要他幫她提行李，於是他們離開了。之後在同一天，吉米就是攔不到計程車。他的穿著打扮很誇張——他身穿花襯衫搭配一條亮綠色圍巾——而憶起種族藩籬令他打從心底發寒。才經歷了五小時的飛行，他就從披頭四的密友變成了門僮。

吉米開始探索格林威治村的俱樂部之後，情況逐漸好轉。他在一家餐廳巧遇發明之母樂團（The Mothers of Invention），他們知道他在英國走紅，還請他喝啤酒。他還在阿哥哥咖啡屋遇見瑞奇・海文斯，海文斯聽到他的成功故事十分興奮。稍後，吉米去場景俱樂部（The Scene Club）看門戶樂團（The Doors）表演，這場表演讓他更了解美國搖滾樂的方向。

隔天，體驗樂團飛往舊金山過夜。吉米上一次去灣區是被派駐到奧德堡時。這六年之間，舊金山發生了徹底的改變：青年運動進行得如火如荼，在日後命名為「愛之夏」的這段期間，有數千名青年搬到海特區一帶。在倫敦，即使是最前衛的音樂人也身穿時髦的西裝，但在舊金山，穿著卡納比街服飾的吉米看起來就像是《小公子》（*Little Lord Fauntleroy*）的主角。美國的青年時尚追求穿牛仔褲，留長髮並蓄鬍。與英國不同，美國的青年運動已經因為越戰變得十分政治化——一九六七年時，每週都有數百名美軍在越戰傷亡。馬丁・路德・金恩博士（Dr. Martin Luther King）呼籲反戰和人權運動抗議人士團結起來，美國各地經常出現遊行示威。在大規模的青年運動之下，有一些搗亂分子在活動鬧事，蒙特利流行音樂節也無法倖免。這場音樂節受到激進的青年國際黨（Yippie）和街頭行動劇團體掘地者（Diggers）煩擾，他們要求音樂節開放免費入場。

舉辦「第一國際音樂節」（也就是後來大家所稱的蒙特利流行音樂節）的動機，是希望提升文化上對搖滾樂的尊重。「約翰・菲利普斯（媽媽與爸爸樂團成員）、保羅麥卡尼、我和其他幾個人談到搖滾樂並沒有像爵士樂一樣被視為藝術。」共同製作人盧・阿德勒說。ABC電視臺提供資助，他們想播放音樂節三天的片段集錦，作為該週的主題電影。活動場地是蒙特利郡露天遊樂場，而彭尼貝克（D. A. Pennebaker）被雇來拍攝。

體驗樂團在週五抵達，那是音樂節的第一天。主辦單位運來數十萬株蘭花，蒙特利的每個人彷彿頭髮上都戴了花。音樂節統籌計畫有一萬名粉絲參加，卻來了至少九萬人，他們於是在音樂節外面架設幾個「備用」舞臺，作為即興表演用。惡名昭彰的奧古斯都・奧斯利・斯坦利三世（Augustus Owsley Stanley III）在後臺免費發送迷幻藥給音樂人，這件事或許最為呼應當時的思潮。在奧斯利自製的迷幻藥當中，他最喜歡紫色的，而吉米發現這種毒品被聽過他英國單曲的人取了「紫霧」的綽號，使他十分詫異。

體驗樂團要到週日晚上才會表演，於是吉米在週六加入觀眾，與電旗樂團（The Electric Flag）的巴弟・邁爾士（Buddy Miles）、艾瑞克・伯登和布萊恩・瓊斯待在一起。吉米穿著他的古董軍服外套，上面別了個寫著「我是處子」的徽章，而瓊斯穿了件古董巫師外套。「他們看起來超怪異的，」艾瑞克·伯登說，「布萊恩打扮得像穿皮草的有錢老太太，吉米則是非常誇張。」週六這天吉米看了電旗樂團，接著是大哥控股公司樂團（Big Brother and the Holding Company），因而看到珍妮絲·賈普林（Janis Joplin）帶來這場音樂節最具代表性的演出之一。然而，週六的高潮是奧提斯·瑞汀，他以表演功力及才華驚豔全場。接在奧提斯後面表演的是史蒂夫·克羅帕，吉米在後臺與這位吉他手簡短聊了一下。沒沒無聞的吉米去斯塔克斯唱片公司見克羅帕，也才只是短短三年前的事。

吉米特別高興能在後臺和紫鯨樂團的傑瑞·米勒聊聊，兩人初次見面是在西雅圖的西班牙城堡。他們拿蓋兒·哈里斯（Gail Harris）的胸圍尺寸開玩笑，她是曾為呼嘯樂團合音的青少女。當天晚上許多人在做即興演出，吉米要求借用米勒的 Gibson L5 吉他試音。吉米帶著吉他去一個備用舞臺，有一些人在那個舞臺周圍睡覺。「觀眾看到他時發出抱怨聲，因為沒有人知道他是誰，而且他們想睡覺，」艾瑞克·伯登說，「他開始彈起美麗、哀傷的旋律，最後演變成愉快的即興演奏。」關於有哪些音樂家和他一起演出眾說紛紜，不過這天晚上昏昏欲睡的觀眾應該看到了吉米和死之華樂團（The Grateful Dead）的朗恩「豬舍」麥可南（Ron "Pigpen" McKerman）、傑佛森飛船樂團（Jefferson Airplane）的約馬·考克寧（Jorma Kaukonen）和傑克·凱西迪（Jack Casady），可能還有死之華的傑瑞·賈西亞（Jerry Garcia）一起在臺上演奏〈溜狗〉（Walking the Dog）

和〈早安，女學生〉（Good Morning Little Schoolgirl）。「當時這些人都還不是大人物，」傑克·凱西迪說，「蒙特利最獨特的一點，就是讓這些音樂家有機會彼此見面。」到了週日，在死之華表演時，吉米又在後臺發起另一場即興演出，包括珍妮絲·賈普林、媽媽凱絲（Mama Cass）、羅傑·達崔（Roger Daltrey）、艾瑞克·伯登和布萊恩·瓊斯全都一起合唱《比伯軍曹》。「我們很大聲，」伯登說，「比爾·格雷翰（Bill Graham）跑下舞臺說：『他媽的閉嘴！你們影響到舞臺上的演出了。』」

雖然沒人能預料到蒙特利音樂節在歷史上的重要性，吉米很清楚這是體驗樂團在美國首度登臺，一切都指望這場表演。「對罕醉克斯來說，回到美國有點奇怪，」諾爾說，「他離開時是節奏藍調翻唱樂團的人，卻以搖滾樂團的身分帶著兩個白人回來。對他來說，很多事都改變了。」吉米過去無法在美國成功，現在依然沒把握能走紅——在英國成功並不保證在美國也能做到。為了讓人注意，吉米整個下午都在他的 Stratocaster 上畫迷幻的旋渦。

蒙特利的安排並不嚴謹，還沒明確訂定週日的演出團序。媽媽與爸爸樂團要做壓軸表演，而拉維·香卡要開場，不過吉米和誰樂團的表演時段尚未決定。「吉米和誰樂團來到蒙特利時，大家都很渴望受到關注，」彼特·湯森說，「我們的表演很短，而且都很好勝。我實在很不想接在吉米之後上臺。」罕醉克斯對誰樂團也抱持同樣想法。也安排在當天下午表演的死之華同意在「任何時段」表演。主辦者約翰．菲利普斯最後決定擲硬幣解決，贏的人先上場，輸的人則排在後面。誰樂團贏了，吉米顯得輸不起。「如果我要接在你後面，」吉米用威脅的語氣告訴湯森，「我就要使盡全力。」吉米氣呼呼地跑去找打火機油，同時誰樂團上臺做出精采的表演，他們在美國的事業就此起飛。湯森在表演最後砸吉他時，動作激烈到吉他碎片甚至打中九公尺外的導演彭尼貝克。

在後臺的吉米巧遇藍調計畫樂團（The Blues Project）的艾爾．庫帕（Al Kooper），他們兩人聊起狄倫——庫帕曾和狄倫一起表演過。罕醉克斯問他願不願意和他一起上臺表演〈宛若滾石〉，但庫帕拒絕了。接著吉米去媽媽與爸爸樂團的帳篷，和媽媽凱絲與她男友李．基佛（Lee Kiefer）聊了一下。「奧斯利跑來，」基佛回憶說，「接著吉米嗑了搖腳丸。那可是真正厲害的貨，保證不會出現可怕幻覺的那種。」似乎蒙特利的每個人都服用了奧斯利的搖腳丸，吉米開玩笑說，他很失望死之華在他之前上臺，因為等到他上臺時，嗑了藥的觀眾已經不那麼嗨了。吉米算好自己服搖腳丸的時機，好讓他最嗨的時間發生在表演期間。

輪到體驗樂團表演時，布萊恩．瓊斯上臺為他們做開場白。「我要向各位介紹一位好友，他和你們一樣是美國人，」他告訴觀眾，「他是傑出的表演者，也是我見過最令人激動的吉他手：吉米罕醉克斯體驗樂團。」體驗樂團以〈殺戮之地〉開場，接著演出

〈性感女郎〉；但要直到第三首歌〈宛若滾石〉，吉米才開始贏得觀眾的心——他的專輯還沒在美國推出，這是他們唯一認得的歌。「這時候應該可以看到上千人的嘴呈O形，因為大家都瞠目結舌，」在場觀眾之一保羅．保迪（Paul Body）說，「我們沒聽過這樣的音樂，也沒看過像他這樣的人。」吉米穿著黃色荷葉邊襯衫、紅色緊身褲、那件刺繡軍服外套，頭上戴著頭帶。他拿出平常所有的花招，包括用牙齒彈奏、把吉他放在背後和胯下彈，不過這些排練過的花招搭配了創新的歌曲，以及過去七個月以來一直在巡迴、功力紮實的樂團。「我們征服全場，」諾爾說，「我們做到了。這場表演奠定我們在美國的地位。」

吉米唯一的失誤發生在〈風在呼喚瑪麗〉曲末，這時他的吉他嚴重走音。吉米不能換吉他：他可是特地為了這個場合為Stratocaster做彩繪。他靠著不怕吉他走音的回授效果努力撐過〈紫霧〉；接著他告訴觀眾：「我要在這裡犧牲一樣我熱愛的東西。不要以為我這麼做是笨蛋，我沒有瘋。這是我唯一能做到的方法。」他介紹接下來的歌曲是「英美兩地的頌歌」，接著開始表演〈野東西〉；表演兩分鐘後，他拿起一罐龍森牌打火機油，將吉他點燃。他邊倒打火機油邊跨在吉他上方，最後跪下去，手指像巫毒教祭司一樣擺動。吉米曾表演過這一招，不過從來沒有在電影鏡頭下或一千兩百名記者面前做過——這是在場的作家、樂評與記者的估計人數。彼特．湯森與媽媽凱絲一起坐在觀眾群中看吉米表演。當吉米砸起燃燒中的吉他，凱絲轉頭對湯森說：「他偷了你的表演。」「不對，」他開玩笑地說，「他是在做我的表演。」吉米帶著打火機油的味道走下臺時，修．馬沙凱拉（Hugh Masekela）開始大喊：「你征服他們了！」安迪．沃荷（Andy Warhol）和妮可（Nico）是最先迎接吉米的人。表演前他們不太注意他，而現在他們親吻他的雙頰，就像兩名貴婦迎接首次在社交場合亮相的年輕女子一樣。妮可事後形容吉米在蒙特利的演出是她看過「最有性張力」的表演。

蒙特利讓吉米．罕醉克斯在美國成了明星，不過他並沒有馬上走紅；還要再過六個月，彭尼貝克的音樂節電影才會上映，大批記者也需要時間在全國各地刊出報導。彼特．強森（Pete Johnson）在《洛杉磯時報》寫道，到了表演結束時「吉米罕醉克斯體驗樂團擁有未來，觀眾立刻明白這一點。當吉米下臺時，他從傳聞變成了傳奇。」幾乎每篇關於音樂節的報導都提到體驗樂團是最令人印象深刻的表演，雖然評語有好有壞。吉米曾經不確定自己能不能在美國成功；蒙特利證明了他能。「那是他對世人正式亮相，」艾瑞克．伯登說，「他準備好建立起功績了。」

並非所有評論都是好評，但即使是負評也引發了爭議，這對沒沒無聞的藝人來說依然有幫助。《君子》雜誌（*Esquire*）的羅伯特．克里斯特高（Robert Christgau）說吉米是「迷幻版的湯姆叔叔」，而日後成立《滾石》雜誌的楊．溫納（Jann Wenner）為《*Melody*

Maker》所寫的評論中說：「雖然他彈吉他時帶有靈活的節奏和一些小招數，但他並非我們耳聞的偉大藝人。」彼特．湯森很失望他的表演仰賴這麼多花招。「吉米做起我們做過的花招時——那些都只是花招——我發現我低估了吉米有多願意為了吸引關注而幹蠢事。他不需要做這些事。這是沒有意義的演藝圈鳥事。我砸吉他一開始是很嚴肅的藝術學院概念，帶有明確的宣言。」假如湯森嘗試和吉米討論「宣言」，吉米很可能會把吉他砸在湯森的頭上。

音樂節隔天，吉米在蒙特利機場巧遇湯森。為了消除前一天的緊張氣氛，彼特說：「聽著，不要放在心上。我很想要一塊你砸的吉他碎片。」吉米冰冷地瞪著他，說湯森是白鬼。吉米鮮少對白人使用種族歧視的稱呼，但當他像在機場這樣生氣時，也可能口出惡言。吉米表現出的惡意令湯森大為吃驚；他們在英國時，經常談到種族在音樂圈扮演的角色。「我們稍微談過他『拿回』被滾石樂團或克萊普頓挪用的美國黑人藍調，然後再包裝成英國白人的音樂賣回美國，」湯森回憶說，「當然我們談起這件事時，一直覺得這是天大的諷刺，大家倒也接受。」蒙特利音樂節幾個月後，湯森和罕醉克斯重修舊好，並發展出長久的友誼，但在蒙特利機場，雙方在惡言相向中別離。雖然吉米在蒙特利表現出色，有充分的理由感到開心，登機時卻表情扭曲，依然因為與湯森的交談而憤怒。他也意識到——這或許是第一次——名聲伴隨著妒忌和詭計而來。

蒙特利使吉米在媒體上大量曝光，不過出名並不代表就能賺到錢。音樂節之後，他們獲得昇恩音箱（Sunn Amplifiers）的代言合約，這讓他們有免費設備可用，還與麥可．戈斯坦（Michael Goldstein）簽約，找他擔任樂團在美國的公關經理，不過他們仍然缺乏表演機會。唯一找上他們的是比爾．格雷翰，他邀請他們在舊金山的費爾摩禮堂（The Fillmore）為幾場表演暖場。他們只做了一晚的暖場表演，之後由於觀眾反應熱烈，便擔任主秀一週，而同場表演的還有珍妮絲．賈普林的大哥控股公司。在這系列表演中，吉米與珍妮絲愈走愈近，謠傳說他們曾在表演間在費爾摩後臺的廁所發生性關係。雖然兩位主角從來沒有直接證實這段關係，雙方的樂團團員全都認為確有其事。吉米與在倫敦的凱西．艾金翰依然是同居關係，他巡迴時的舉止卻像個單身漢。珍妮絲應該很有意願，或許是她主動開啟兩人的肉體關係，而這兩位明星在後臺牆邊親熱的畫面，將與臺上的音樂表演一同成為聞名的費爾摩禮堂流傳的歷史。

七月初，樂團在聖塔芭芭拉有一場表演，還在威士忌阿哥哥做他們在洛杉磯的第一場表演。威士忌阿哥哥的表演吸引了星光熠熠的觀眾陣容，其中包括媽媽凱絲與吉姆．莫里森（Jim Morrison）。著名的追星族潘蜜拉．德斯．巴雷斯（Pamela Des Barres）也在場，她覺得這場表演是吉米在洛杉磯的崛起時刻。「表演前，洛杉磯沒人知道他是誰，」她說，「事後所有人都知道他。」表演後，吉米向德斯．巴雷斯調情，不過出人意外的是，雖然這是她追星生涯早期階段，卻覺得吉米的性吸引力對她來說太強了。「他渾身上下都性感，」她說，「他顯然充滿吸引力，但我當時應付不來。」不過，在月桂谷的一場派對上，吉米遇見了更有意願的對象，蒂馮．威爾森（Devon Wilson）。威爾森是高䠷、有魅力的非裔美國人，也是史上第一批「超級追星族」的一員。她的本名是艾達．梅．威爾森（Ida Mae Wilson），在十五歲當阻街女郎時，取了蒂馮這個名字。她在一九七六年成為所謂的追星族，接下來三年間斷斷續續是吉米的床伴。蒂馮極為美麗，也非常聰明；她長得有點像是身材更豐滿的約瑟芬．蓓克（Josephine Baker）。若不是因為持續沉迷毒品，使她經常臉色蒼白，否則她其實能當上模特兒；但她反而與當紅搖滾明星在一起，從中尋求權力與自我。她一見到吉米後，就一直追著他。

威士忌阿哥哥的表演隔天，體驗樂團飛往紐約做兩場俱樂部表演，接著又搭飛機去佛羅里達州傑克遜維爾參加頑童樂團（The Monkees）的巡迴，擔任暖場佳賓。這趟巡迴是麥可．傑佛瑞安排的。當傑佛瑞告訴查斯．錢德勒巡迴的事，錢德勒的回答是：「你他媽瘋了嗎？」頑童樂團是流行樂現象級人物，所有場次的票都售完了，然而這是搖滾樂史上最古怪的搭配之一。「他不太合我們觀眾的胃口。」頑童樂團的彼得．托克（Peter

Tork）說。事實上，體驗樂團唯一贏得的新粉絲只有頑童樂團的四位成員。「我們提早到場，從後臺看他，」托克說，「他的表演太美了。我很愛看他手指彈奏的樣子——他顯得毫不費力，看起來就像根本沒在彈一樣。」托克認為吉米的吉他彈奏就和英國女王的「王室揮手」一樣不費力，動作輕鬆到可以重複一整天都不會累。「多數吉他手的手臂都很緊繃，彈奏時彎腰駝背，」托克說，「但彈得愈輕鬆——吉米就彈得超輕鬆——情感表達就能愈豐富。」

吉米雖然熱愛表演，心情卻依然很差；為青少年當紅樂團開場，讓他覺得是一種退步，除了頑童樂團能不斷供應大麻之外，對他來說這場巡迴沒什麼好處。錢德勒說服演唱會統籌在短短八場表演後就換掉體驗樂團，然而為了讓吉米繼續受爭議包圍，錢德勒發了一份不實新聞稿，聲明體驗樂團從巡迴除名是因為「美國革命女兒會」抱怨他的表演「太過情色」。女兒會的成員大概也不是罕醉克斯的粉絲，不過這份新聞稿完全是捏造的。然而，因為太過情色從巡迴除名是大好的宣傳話題，《新音樂快遞》一篇報導的標題更進一步煽動爭議：「罕醉克斯：他到底是自行退出，或是被踢出去？」

取消巡迴後，體驗樂團的行程出現一大片空白，而他們填補空白的方式是在紐約進錄音室，並安排幾場俱樂部表演。格林威治村的阿哥哥咖啡屋，是少數願意臨時找他們表演的場地之一。距離未出名的吉米以吉米．詹姆斯的名義在阿哥哥咖啡屋表演才不到一年，現在他回到這個他被朱尼爾・威爾斯冷落、為約翰・哈蒙德伴奏的俱樂部。因為場地很小，這些表演付的錢遠遠不及體驗樂團在英國能拿到的酬勞。不過看到每晚大排長龍的景象，一定讓吉米覺得揚眉吐氣。吉米一到紐約就先找到查爾斯・奧提斯，歸還他出發去英國前借的四十美元。終於能付清欠款讓他覺得吐了一口怨氣，不過更美好的是，他過去曾告訴格林威治村所有人要做到的事，現在他做到了：雖然看似不可能，他去了倫敦，回來時變成了明星。

17

美國紐約，
1967 年 8 月—1968 年 2 月

黑色噪音

「他完全不用手彈奏，放著讓他的娃娃效果器將聲音彎曲、破壞成瘋狂的失真旋律。而且音量一直開到最大，貝斯和鼓築起一面黑色噪音牆，不但耳朵聽到了，眼球也感受到壓力。」

——出自一九六八年二月二十三日《紐約時報》報導，標題為〈黑人版貓王？〉

接下來一個月，體驗樂團都在紐約的俱樂部表演，這讓吉米有時間與上城的朋友重新聯絡感情。哈林區很少有人跟得上英國音樂圈的風潮，於是吉米帶了一張英國版的《你體驗了沒》，用來說服朋友他真的在倫敦走紅了。「我們不知道他紅了，」塔德拉．艾利姆說，「我們認為詹姆士．布朗很紅，但是對吉米就不太確定了，因為我們沒聽說過他走紅的事。」艾利姆兄弟覺得他奇裝異服，不過吉米從口袋裡拿出一把迷幻藥時，他們就知道吉米不再是以前認識的那個害羞男孩。然而，艾利姆兄弟聽他的專輯時，不確定吉米說他走紅是不是真的。「我們心想，『可憐的吉米，他紅不起來的，』塔德拉說。這時艾利姆兄弟在哈林區音樂圈已經是大人物，他們安排吉米見見具影響力的黑人電臺DJ法蘭奇·柯羅克（Frankie Crocker），心想這樣可能會讓吉米的歌登上黑人廣播電臺。然而，柯羅克很討厭吉米的唱片，這場會面也讓所有參與者都難堪，吉米離開時顯得灰心喪志。

有天晚上，吉米和艾利姆兄弟一起去史莫的天堂，心想也許他能以勝利的姿態回歸這個以前常出沒的地方。結果，吉米在舊金山買的古怪服裝與非裔美國人的穿衣風格差異太大，使他遭到嘲笑。若不是艾利姆兄弟介入，為吉米失禮的行為道歉，否則他就要和別人打起來了。「吉米戴著巨大的女巫帽，」塔德拉說，「而別人都戴著一種叫做『短沿帽』的帽子。他穿超寬的喇叭褲；別人都穿緊身褲。他什麼都比我們誇大：他的頭髮更大、褲子更寬，每個地方都更誇張。但是他在黑人社群不受歡迎。」

格林威治村的人對他的反應好多了，這裡有不少人聽了他英國單曲的進口版。他去拜訪巴茲·林哈特充滿毒品和音樂的閣樓時，受到名人一般的對待。「不誇張，我們真的有一噸黎巴嫩紅大麻，那是有人用私人飛機運進來的。」林哈特說，「吉米常常過來，還有狄倫、羅傑·麥昆（Roger McGuinn）、大衛·克羅斯比（David Crosby）跟其他人也是。」或許吉米是為了想巧遇狄倫（兩人不斷錯過），或許只是為了大麻，他很常去找林哈特，並且一起即興演奏。有天晚上，吉米服用迷幻藥後連續彈奏八小時，他的耐力讓在場的其他音樂家讚嘆。

吉米離開的這一年間，就連格林威治村也變了：披頭族被嬉皮、毒蟲、花之子取代；穿著打扮、吸毒和音樂是使年輕人凝聚或分裂的關鍵，種族在反文化運動之下變得不那麼重要了。這個月，體驗樂團在救贖俱樂部表演兩週，這段期間吉米經常在表演休息時拜訪早期搖滾雜誌《*Crawdaddy*》的辦公室。雖然某些音樂人可能會想試圖影響媒體，但看來這不是吉米的目標：「我們會聊聊音樂，不過有時候他只是來抽大麻的，」《*Crawdaddy*》編輯保羅．威廉斯（Paul Williams）說，「只要加入迷幻圈，你就是不法分子，屬於吸毒社群的一員。在這個時間點，吉米跟白人嬉皮待在一起，比和非裔美國人在一起更自在、更安全。」吉米成為《*Crawdaddy*》的大粉絲，當這本雜誌刊登他的照片，還搭配一篇簡短樂評，他便準備了一大疊雜誌，發給參加附近伯茲樂團（The Byrds）演唱會的人。他大喊：「我叫吉米．罕醉克斯，快看這本雜誌！裡面有一篇關於我的文章。」群眾當中只有少數幾個人知道他。這件事反映出吉米在美國有多麼不出名。在倫敦，有粉絲在街上追著他，要剪下他的頭髮；在美國，他卻自己發小冊子。

那年八月，吉米和以前的樂團朋友寇帝．奈特碰面，放了《軸心：大膽如愛》的試聽帶給他聽。「我現在對一些東西很感興趣。」他對奈特說。兩人想一起吃頓晚飯，吉米身上卻沒有現金。奈特說吉米可以向艾德·查爾平借錢——他就是和吉米在一九六五年以一美元預付款簽約的製作人。

凌晨兩點時，奈特和罕醉克斯來到查爾平的公寓把他叫醒，接著三人一起去小餐館吃晚餐。這天晚上發生的事再奇怪也不過，反映出吉米自相矛盾的性格：比起音樂事業，他永遠更重視音樂本身。彷彿讓吉米活在當下、充滿創作力的基因，使他毫無審慎思考音樂交易的能力。吉米與查爾平之前簽的合約又回來糾纏他：吉米在英國走紅後，查爾平便想阻止體驗樂團錄製任何新作品。查爾平與吉米在法庭上是對立的兩方，吉米卻把他當老朋友一樣歡迎，似乎毫不耿耿於懷。

在查爾平記憶中，他與吉米、奈特共進晚餐時氣氛友善，事後他還借給吉米一點錢。吉米做了一個看似不可思議的決定，不過有錄音為證：這天半夜他進錄音室為查爾平錄了六首歌。錄音時，吉米有警告查爾平不要把他的名字放在任何唱片上。「你不能……在那東西上放我的名字。」查爾平說吉米的態度親切，並沒有一般人認為打官司時會有的敵意。「他很喜歡我在一九六五年為他做的錄音，於是一九六七年又回來了。」查爾平說。吉米最感興趣的似乎是展現出他有多精通娃娃效果器。查爾平做了錄音，後來以吉米的名字發行，使得他們之間的法律問題更加複雜。如果這次錄音還不夠奇怪，吉米八月又回去與查爾平和奈特做了一次錄音。

八月時，體驗樂團在紐約又做了幾場表演，也在美國各地做了一些表演，包括在好萊塢露天劇場為媽媽與爸爸樂團擔任暖場佳賓。他們在八月二十一日飛回英國，這是他們近三個月以來首度回去。他們到達英國時，有兩家大報做了專題報導，他們還上了幾個電視節目，宣傳最新的英國單曲〈點燃午夜的燈〉（Burning of the Midnight Lamp）。吉米與凱西・艾金翰熱情重逢，不久後卻又開始因為她的廚藝吵架。

直到一九六七年九月一日，《你體驗了沒》才終於由重奏唱片（Reprise Records）在美國發行。美國版專輯沒有收錄〈紅色房子〉、〈你能否看見我〉（Can You See Me）和〈記得〉（Remember），不過有收錄英國專輯裡沒有的單曲：〈嘿喬〉、〈紫霧〉和〈風在呼喚瑪麗〉。令人困惑的是，有兩首歌的拼字被更改了（『Foxy Lady』被改成『Foxey Lady』，而〈你體驗了沒？〉『Are You Experienced?』這首歌曲與專輯名稱現在都加上了問號。）美國的評價大多是正面的，尤其是來自地下媒體的樂評，不過有幾篇負評證明了吉米的風格有多革新。查斯・錢德勒在《紐約時報》看到的一篇糟糕樂評，證實了他先前要吉米去英國發展是正確的決定：「這張唱片是結合肉慾與不幸的噩夢般體驗。」這篇樂評寫道。《紐約時報》對專輯的封面評價更低，說「三人從蓬鬆髮型之下以譏諷的眼神望過來，看起來就像超現實的陰陽人，加深了墮落的主題。」吉米曾被英國媒體冠上許多誇張的稱號，但只有《紐約時報》說他是陰陽人。幾個月後，《紐約時報》寫了篇讚揚吉米的報導，而那時吉米已經大為走紅，沒空理會他們。

在美國，尤其是所謂「年輕一代」當中，憤慨的主流報紙作家不太能傷害到搖滾樂手；調頻廣播電臺重要多了，而《你體驗了沒》成為這類電臺的首批重要內容。相對地，吉米在英國和歐洲是流行樂明星，比較可能上電視、讓單曲在商業廣播電臺上播放。《紐約時報》說讓吉米雌雄莫辨的魚眼效果封面照片，反而在美國推動了這張專輯的銷量。少有搖滾樂明星像吉米一樣上相——他幾乎在每張照片裡看起來都很帥氣，不過這張由卡爾．費里斯（Karl Ferris）拍攝的照片，是十年內最精采的迷幻影像之一。由吉米的胯下由下往上拍攝的角度，為樂團帶來一種愛麗絲夢遊仙境式的氛圍，暗示著專輯封面裡有個幻象世界等待聽眾進入。這個封面加上具開創性的音樂，使得這張專輯成為重奏唱片公司史上銷售最快的專輯之一，比他們旗下的法蘭克．辛納屈賣得更好。吉米青少年時期還在西雅圖時，崇拜著像狄恩．馬汀和辛納屈這些唱情歌的流行歌手；銷量超越辛納屈，是他從沒想過能在真實世界實現的里程碑。

回英國後不久，罕醉克斯和凱西．艾金翰搬進上柏克萊街的公寓。他們依然與查斯及他女友一起住，而查斯住進新公寓裡最好的房間。吉米雖然身為明星，查斯依然是他的老闆，他們之間的關係錯綜複雜：查斯身兼藝術總監、顧問、朋友、雇主，有時甚至還是保鏢。有次在酒吧裡出事時，他痛毆一個威脅吉米的醉鬼。「他們會聊科幻小說，還一起玩《戰國風雲》，」艾迪．克拉默說，「吉米非常信任他，他走進錄音室時，相信查斯能幫助他實現夢想。」雖然錢德勒和吉米很親近，兩人還是會在錄音室裡吵架，這在經紀人與喜怒無常的藝人之間是常有的情況。「吉米行使他的權力，」巡迴經理內維爾．切斯特說，「這時他已經知道自己想要什麼，也知道他要音樂聽起來如何。查斯喜歡緊湊、簡短的歌曲；吉米則想將歌曲延伸加長。」吉米和錢德勒共事的第一年，他讓錢德勒做出大部分的決定，可以說他只是後駕駛座的乘客；而他成功之後，便不想再事事都聽從錢德勒了。

樂團的營運方式有點像個失常的家庭。擔任父職的麥可．傑佛瑞處理大部分的生意安排，他一直把錢德勒視為資淺的合夥人，以不耐煩的態度對待他。他們的辦公室開始支付樂團團員和他們女友的諸多個人開銷，雖然樂團有穩定收入，卻依然入不敷出。「我得幫他們的公寓付房租，」行政主管崔西．蘇利文（Trixie Sullivan）說，「他們到哪都搭計程車或豪華禮車，還記在公司的帳上。」傑佛瑞主要的辦公室職責是擋住不停煩擾他們的債主，這件事很少託付給錢德勒處理。為了填補財務缺口，樂團在一九六七年九月開始在歐洲做簡短巡迴。他們在瑞典是巨星，光是在斯德哥爾摩就賣出一萬六千張演唱會門票。

在英國，〈點燃午夜的燈〉是吉米第一張無法打入排行榜前十名的單曲，不過樂團先前的熱門單曲依然在廣播上播放。十月六日，BBC拍攝樂團的現場表演，拍攝完成後，他們愉快地玩起即興演奏，史提夫·汪達打鼓與吉米和諾爾合奏。十月的主要工作是《軸心：大膽如愛》的錄音，以及英國一些零星的表演，主要是在北方。雖然他們在倫敦是明星，有些在偏遠城市的表演卻很少人來看。吉米在其中一場表演上對觀眾開玩笑說：「謝謝你們兩位。」

十月底時，《軸心：大膽如愛》專輯完成了。經紀方決定這張專輯的英國版與美國版要用同樣的封面。當媒體宣傳人員東尼·嘉蘭第一次拿出這張帶有宗教風的封面圖像打樣時，罕醉克斯並不喜歡它取經於印度教的設計。「你們搞錯了，」吉米說，「我不是印度人。」不過吉米逐漸喜歡上這張帶有藝術感的封面——軌道唱片花了五千多美元製作——或許是因為它呼應著專輯裡的迷幻音樂。

許多樂團推出第二張專輯時，都會遭逢挫敗，不過吉米的《軸心：大膽如愛》更加成熟，反映出更有凝聚力的新聲音。在一九六六年，歌手金·法利（Kim Fowley）問吉米「是哪個圈子的」，吉米的回答可以用來描述《軸心：大膽如愛》：「科幻搖滾。」這張專輯的開場曲是〈EXP〉，吉米在曲中假裝成他在格林威治村的朋友保羅·卡魯索，在廣播上談論飛碟。就算這些歌曲的主題不是科幻小說，聽起來還是宛如來自外星球，帶著夢幻感。吉米在錄音室裡使用梅耶做的眾多效果器，搭配左右聲道調整和立體聲相位。「我們什麼都會做做看，什麼事都願意為他嘗試，」艾迪．克拉默說，「我們的規則就是沒有規則。」

到了錄製《軸心：大膽如愛》時，吉米在錄音室裡顯得更加自在，不過唱歌對他來說還是不容易。每首歌往往先錄製樂團演奏的音軌；歌聲是之後加上去的。等到吉米要錄歌聲時，他堅持必須把在錄音室裡遊蕩的眾多追星族與巴結他們的人請出去；就算清場了，吉米還是常對自己的歌聲不滿意，在〈西班牙魔法城堡〉這首關於一家西北區傳奇俱樂部的歌曲最後，他咕噥著說：「我不會唱歌。」不過，錄製吉他的部分時——就像精采的〈小翅膀〉（Little Wing）曲中縹緲的吉他演奏——他卻無所畏懼。

錢德勒和傑佛瑞本來考慮將樂團取名為「吉米．罕醉克斯與他的體驗」，不過覺得這樣太令人困惑；然而這個團名更能貼切形容他們錄《軸心：大膽如愛》時在錄音室裡的運作方式。吉米向諾爾和米奇抱怨說希望他們付出更多，但當這兩位團員提出想法時，卻經常遭到斷然拒絕。即使如此，吉米還是同意將諾爾的〈她真美〉（She's So Fine）收錄在專輯裡。這首歌也種下未來失和的種子：吉米決定不要發行這首歌作為單曲，使得諾爾心懷不滿。諾爾也抱怨說，吉米會在錄音前示範自己想要貝斯如何演奏，有時候還不讓諾爾參與混音，他自己錄製貝斯的部分。這個舉動主要出自吉米的完美主義——假如他精通打鼓，可能也會用同樣的方式對待米奇。

在《軸心：大膽如愛》完成最後混音、尚未發行時，吉米又回到錄音室錄下〈天使〉（Angel）的試聽帶。這首歌反映出他寫的歌逐漸以自身為題材，這個趨勢在創作〈西班牙城堡魔法〉和〈沙堆成的城堡〉開始成形。吉米從來沒有直接說明〈天使〉的主題，不過歌裡有個「來自天堂」的女性形象提供支持。有句歌詞寫道：「銀色翅膀在孩子的日出之下形成剪影。」〈天使〉與〈小翅膀〉的主題十分相似，後者在訴說一名女子走在雲端，回頭望著歌曲中的主角。當記者請吉米解釋〈小翅膀〉時，他說這首歌是在蒙特利寫的：「我想把身邊看到的一切描寫成一個女孩的形象……並且取名為『小翅膀』，接著就會飛走。」吉米說的話掩飾了這兩首自傳式抒情曲的真正主題：日後他告訴弟弟里昂，這兩首歌都是關於他們的母親露西兒。

《軸心：大膽如愛》於一九六七年十二月一日在英國發行（美國在一個月後發行）。英國的樂評大為讚賞這張專輯。「毫無疑問是成功的專輯。」《*Record Mirror*》寫道。「太厲害了，」《*Melody Maker*》的樂評讀起來更像是在宣傳新宗教：「讓你的耳朵驚豔、超乎你的想像、令你欣喜若狂，無論如何請一定要全心投入在罕醉克斯的音樂裡。」吉米對專輯的解釋也與天有關：「我們試圖讓許多怪異的歌曲進入另一個次元，好得到天外飛仙的效果，像是從天上降臨的音樂。」

《軸心：大膽如愛》發行時，體驗樂團正在進行又一次的英國巡迴，沒什麼時間享受成功的滋味。這次他們和平克佛洛伊德、行動樂團（The Move）以及暢快樂團（The Nice）一同巡迴。首場表演在倫敦的皇家亞伯特廳，這場表演被稱為「煉金術婚禮」，不僅因為參演樂團的風格特異，也因為他們的迷幻音樂風格。吉米為平克佛洛伊德樂團中總是一臉陰鬱的席德．波瑞特（Syd Barrett）取了個綽號，稱他為「愛笑的席德．波瑞特」。《*Disc*》的休．諾蘭寫道，吉米「振奮人心的激動表演提供了流行樂表演陣容最轟轟烈烈、最有靈魂、最刺激的終曲——或許只有披頭四能與他匹敵」。一如體驗樂團一向嚴苛的巡迴步調——他們往往一個晚上表演兩場——這次的巡迴中，他們在二十二天裡做了三十二場表演。

吉米在巡迴期間滿二十五歲，工作團隊為他準備了生日蛋糕。他回到倫敦的家時，艾金翰送他一隻巴吉度獵犬當禮物，吉米將這隻狗取名為愛瑟．弗路，不過平常都稱牠為「耳朵女王」。吉米經常談起小時候養的叫做王子的狗，艾金翰正是為了重現他的美好回憶才買了這隻狗。不過王子個性獨立，愛瑟卻連去屋外上廁所都不肯。吉米和艾金翰偶爾帶牠去海德公園散步，這絕對是引人注目的景象；然而最後這隻狗變得太胖，無法再住在他們的公寓裡，於是艾金翰為愛瑟找了個鄉間宅邸，將牠送走。

隨著充滿巡迴的一九六七年如旋風般來到尾聲，疲憊與勞累感也隨之襲來。在《*Melody Maker*》的一篇年末訪談中，吉米首次暗示一飛沖天的走紅生涯令他吃不消。「我想休息六個月，去上音樂學院，」他說，「我受夠了想寫歌卻寫不出來。我想寫出神話故事，搭配太空風格的音樂。」他還暗示雖然他想保留米奇和諾爾作為核心團員，他也打算加入其他音樂家輔助他們。樂團為了應付強烈的疲勞感，便使用更多興奮劑和鎮靜劑，幾乎每天都靠這些毒品入睡或醒來。諾爾．瑞丁在回憶錄中寫道，毒品變成一種「我能嗑得比你多」的遊戲。吉米的忍受力比其他團員或工作人員都高，假如諾爾用兩顆，吉米就用四顆。樂團身為吸毒者的名聲開始引來藥頭和追星族，他們將任何想像得到的毒品都帶進樂團的化妝室。諾爾記得有人給他一排古柯鹼，結果其實是海洛因；他吸了之後變得很不舒服。

當樂團在一月展開北歐巡迴時，疲勞開始影響他們。他們來到瑞典的第一天，連一場表演都還沒做，吉米就在酒後大肆破壞旅館房間。瑞丁在回憶錄中詳細描述了當時的情況：「我們都喝得爛醉；吉米開始和一個同性戀瑞典記者一起消磨時間。也許是他灌輸吉米這個念頭，總之吉米建議我們該一起來個四人行。」瑞丁說這個點子太荒唐了，瑞典人卻一直堅持。他們沒有發生任何性行為，不過吉米卻把旅館房間砸爛，因而遭到逮捕。他在繳交罰金後被釋放，樂團得付出這趟巡迴三分之一的收入作為法律費用。這起事件衝擊了他們的財務狀況，然而更大的代價是吉米的事上了媒體──在一九六八年，破壞旅館房間對流行樂明星來說，仍然是丟人現眼的行為。

吉米和諾爾在巡迴時與上百名年輕女性上床，並且經常把和追星族上床視為一種比賽，兩人還常因此吵架。諾爾在他的回憶錄《你體驗了沒？》（*Are You Experienced?*）中，將巡迴描述為「濫交」。諾爾所描述吉米與瑞典記者提議上床的事，不是唯一暗示吉米是雙性戀的軼事──讓他對女性有性吸引力的特質，偶爾也會引來男性想和他上床。至少有兩次，吉米是主動提議的一方，不過這兩次他都吸食了不少毒品。寇斯比、史提爾斯、納許與尼爾揚（CSNY）樂團的鼓手達拉斯．泰勒（Dallas Taylor）有天晚上接到女友打電話邀他過去。泰勒到那裡時，發現女友和吉米一起在床上──兩人都赤身裸體，嗑藥嗑得很茫。「我心都碎了。」泰勒說。吉米非但沒有震驚，甚至還邀請泰勒加入他們來個三人行；泰勒拒絕並離開了。亞瑟．李也提過吉米曾經嘗試邀他一起三人行。這些傳聞究竟真的代表吉米是雙性戀，或者只是因為吸毒而一時狂熱，我們無從得知。

在體驗樂團巡迴時的縱情狂歡行徑當中，最古怪的是他們和追星族親熱時十分隨便──他們常在後臺沒有隱私的地方發生性行為，還經常交換性伴侶。「他們都會和同樣的女生上床，」行政主管崔西·蘇利文說，「那些女生先是和巡演工作人員上床，然後一路找上地位更高的人。」吉米總是將「自由性愛」掛在嘴上，彷彿這是他人生哲學的守則，但是這種自由是有代價的。「好笑的是你得叫他們全去看醫生，因為有個追星族讓他們全染上淋病。」蘇利文補充道。雖然當時還沒有愛滋病，濫交還是可能帶來麻煩：淋病或其他性病、因嫉妒而盛怒的情人，以及懷孕。後者對吉米來說最可怕，卻不足以讓他採取避孕措施。

在瑞典巡迴期間，吉米有個情人是大學生，名叫伊娃·桑德奎斯特（Eva Sundquist）。之前某次巡迴時，他在火車站遇見她，之後便不斷追求她，甚至還在舞臺上呼喚她的名字，並說出他住在哪家旅館，希望她會去找他。「他事先寄巡迴的行程給我，」桑德奎斯特告訴《每日郵報》，「我和家人一起住，我父親不認可這段關係。他不能來我家，所以我就去不同旅館見他。他一向是完美的紳士，非常親切、貼心。」根據桑德奎斯特的說法，她在一九六八年一月將處女之身給了吉米，而當時正是吉米因為破壞旅館房間被捕的巡迴期間。

體驗樂團在一月底前往美國，進行當地的首次大規模巡迴。《你體驗了沒》已經在美國賣出一百多萬張，成為熱門暢銷專輯，但是美國對《軸心：大膽如愛》的評價冷淡。《滾石》雜誌說吉米的音樂聽起來「像輛爛車」，他的歌曲「基本上很無趣」，還批評他的歌聲。其他樂評反應較為熱烈，但是眾多評論都有個共通點：樂評總是立刻說吉米是「搖滾樂最傑出的吉他手之一」，但他整體的藝術才能或是寫歌的技巧並沒有受到重視，有時甚至完全沒提。無論他喜不喜歡，吉米．罕醉克斯已建立起吉他之神的公眾形象，這一點是無法改變的。

公關經理麥可．戈斯坦收到指示，要創造出一場為美國巡迴揭開序幕的「活動」。由於軟機器樂團（Soft Machine）和動物樂團也是傑佛瑞與錢德勒的客戶，於是他們也加入記者會。戈斯坦將這場記者會命名為「英國人來了」。他打算讓樂團搭直升機降落在泛美大樓頂樓，並在那裡舉辦記者會。不過，由於天候不適合直升機飛行，這個點子沒有成功，樂團得搭巴士到場。即使如此，還是有十幾家雜誌社和廣播電臺採訪吉米。

其中一場訪談的對象是《*Crawdaddy*》的麥可．盧森巴姆（Michael Rosenbaum），吉米在這場訪談中得以闡述他的一些信念。吉米在大部分的訪談中——尤其是音樂媒體的訪談——會使用街頭口語，把「帥喔」、「你懂的」、「酷」等用詞掛在嘴上。他的用語除了讓他顯得時髦，另一個附帶的好處是聽起來意思更加隱晦。他再次提起美國革命女兒會害他從頑童樂團巡迴除名的謊話，並說：「年輕人喜歡我們。」被問起〈大膽如愛〉（Bold As Love）這首歌時，吉米說某些顏色適合搭配特定的情緒，他的目標是演奏出那些顏色。他說《軸心：大膽如愛》專輯裡，他只喜歡三首歌（〈大膽如愛〉、〈小翅膀〉和〈小女子戀人〉），並威脅說：「我們的下一張唱片會完全符合我們要達成的目標，否則等著瞧。」這不像是宣傳新唱片的藝人會說的話，他的媒體公關人員還得出面控制住這些未經思索的言論。

巡迴從舊金山的費爾摩與溫特蘭德的表演開始。麥可．林登（Michael Lydon）為《紐約時報》寫了一篇標題為〈黑人版貓王？〉的文章，熱烈讚賞他們的表演。吉米發現在舊金山的表演竟然由艾伯特．金為他暖場。罕醉克斯與強尼．瓊斯一起在納士維表演時第一次認識艾伯特．金，現在看到金擔任他的暖場佳賓感覺一定很奇怪。雖然日後金回憶兩人熱情重逢，但他並不是願意輕易將舞臺拱手讓人的藍調樂手。「那天晚上我替他上了一堂藍調課，」金後來接受《*Musician*》雜誌訪問時說，「〔吉米〕在地上有一排按鈕，還有一大堆疊在一起的音箱。他按下按鈕就會啟動煙霧……不過說到真正演奏藍調，我應該能輕易演奏出他的歌，但他沒辦法演奏我的。」那天金一定錯過了吉米一部分的表演，因為吉米的歌單上有一首叫〈鯰魚藍調〉（Catfish Blues）的歌——這是馬帝．瓦特斯〈大男孩〉（Mannish Boy）的新版翻唱。

在舊金山表演現場的人應該不太同意艾伯特．金的說法。比爾．格雷翰在回憶錄《比爾．格雷翰獻上》（*Bill Graham Presents*）中說吉米「是最頂尖的術士加上最頂尖的彈奏能手，有傑出的情感表達能力」。格雷翰也認為吉米跨種族的吸引力十分獨特。「繼奧提斯．瑞汀之後，」格雷翰寫道，「〔吉米〕是美國史上第一個黑人男性，能讓觀眾中大量白人女性忽略他的種族，渴求他的肉體……他是繼奧提斯以來第一個美國白人當中的黑人性感象徵。」吉米現在吸引愈來愈多的女性粉絲，許多人同時受到他的性魅力與吉他技巧吸引，這正呼應了格雷翰的描述。

舊金山之後，體驗樂團在加州各地做了幾場表演，最後一場是二月十一日在聖塔芭芭拉的演出。多數巡迴場次門票都賣完了，吉米證明他在美國走紅的程度不輸給英國。然而，聖塔芭芭拉的表演之後不久，諾爾注意到吉米顯得緊張不安；他看了巡迴行程表後才明白原因——他們的下一站是西雅圖。

18

美國西雅圖，
1968 年 2 月—1968 年 5 月

新音樂太空地震

「罕醉克斯就像濁氣樂團一樣，在這場新音樂太空地震中帶來藝術上的震撼。要是忽視他野性的表達方式，便是等著受到埋藏在原始光芒之下的新價值支配。」

——湯姆．羅賓斯寫於《*Helix*》

一九六八年初，吉米．罕醉克斯進行美國首次大型巡迴時，他僅存的正常生活早就被巡迴音樂家四處奔波的生活方式取代。光是在這趟巡迴，體驗樂團就在五十一天裡走遍四十九座城市，在臺下的時間大部分都在旅行。巡迴經理內維爾．切斯特統計出他在這趟巡迴開了兩萬九千公里的路，而這還只是樂團這一年三趟巡迴中的第一趟。他們的巡迴路線經常規畫不佳，逼得他們必須大老遠前往一場表演，接著又要原路返回，再去下一站。他們一直缺錢，因此麥可．傑佛瑞覺得不能推掉任何一場表演，就算是讓樂團得整晚旅行的臨時邀約也是。為了一九六八年西雅圖的表演，體驗樂團從聖塔芭芭拉搭飛機到西雅圖，隔天早上又回洛杉磯。樂團在某些站之間搭飛機，不過主要是開車，經常得在租來的旅行車後座忍受好幾小時的車程。

整趟巡迴中，就屬二月十二日在西雅圖中央體育館的表演最令吉米緊張。他有七年沒有踏上家鄉的土地，而上次返鄉時的情況大不相同：一九六一年那時，他穿著軍服從軍中休假回家。在那之後，他的人生發生了太多事，他的家人也改變許多。父親再婚後，吉米現在有個新繼母，以及五個繼兄弟姊妹。吉米離家時，弟弟里昂還只是個孩子；現在里昂二十歲了，成為帥氣的年輕人，不過仍稚氣未脫。里昂成為街頭混混，在市中心一家撞球館工作；假如吉米留在西雅圖，很可能也會面臨相同的命運。彷彿這樣壓力還不夠大，西雅圖的表演雖然是臨時敲定的表演，一週前才開始宣傳，但門票賣完了。

演唱會前一週，統籌帕特·歐戴打電話給吉米，問他想不想在西雅圖做什麼特別的事；吉米說想為加菲爾德高中的學生做一場免費表演，歐戴說他會盡量安排看看。談話結束後，吉米印象中認為他會獲頒西雅圖市的儀式之鑰，歐戴卻不記得有談到這件事。無論如何，這一週吉米接受《週日鏡報》訪問時，提起了這項他以為即將發生的殊榮，表示很驚訝自己在西雅圖的機遇有如此戲劇化的轉變：「我在那個城市唯一期望看到的鑰匙是監獄的。」吉米說。他在一九六〇年離開西雅圖時，因搭乘贓車面臨入獄五年的命運；現在他則以英雄的姿態回來，要在門票售罄的表演登臺。

班機在演唱會當天下午抵達時，吉米是最後一個下飛機的人。里昂就和其他家人一樣，許多年沒見到吉米了，對哥哥的外表感到吃驚：「他戴著一頂超大的帽子，還穿著紅色絲絨襯衫。他的頭髮很蓬，看起來好狂野！」相較之下，里昂則戴著短沿帽，身穿直筒褲。艾爾的外表讓吉米嚇一跳——他父親老了許多，而且生平第一次剃掉八字鬍。這也是吉米唯一一次看到父親打領帶。在抵達西雅圖之前，他曾在一次訪談中提到他怕父親可能會抓住他，把他的頭髮剪掉；但艾爾沒有這麼做，反而牽起吉米的手，將另一隻手放在他的背上，說：「兒子，歡迎回家。」他們的重逢很熱情，再婚似乎讓艾爾變得溫和。吉米見到新繼母瓊恩，對她印象不錯。

其他團員去旅館時，吉米被帶回艾爾家，受到朋友和鄰居團團包圍。有些在場的人開始喝起艾爾的波本威士忌，但吉米在喝之前先問過艾爾，看得出來吉米雖然二十五歲了，還是很聽父親的話。阿姨德洛蘿絲和桃樂絲．哈汀過來拜訪，吉米開始說起搖擺倫敦的事。「他看起來好成熟，」德洛蘿絲說，「就像個嬉皮！」吉米向里昂問起住附近的朋友，發現其中有許多人都在越南從軍，包括泰瑞．強森和基米．威廉斯。非裔美國人去越南從軍的人數特別多，吉米經常想到假如他沒有退役，可能也會被派駐到越南。

等到吉米該為晚上的演唱會做準備時，他請厄妮絲汀．班森幫他的頭髮上捲子。「我現在的生活有個問題，」他告訴她，「就是我得吃藥才能睡，還得吃藥才能表演。」吉米很少像這樣坦白說出成名帶來的問題，但是面對像厄妮絲汀這樣的人時，他就是無法說謊。當他抱怨巡迴的事，她擔心他可能會哭起來。她幫他上捲子，也對他提出忠告：「你得休息一下。」雖然吉米已經是大人了，事後厄妮絲汀覺得他依然像是她以前照顧的那個鑰匙兒童——他似乎還是一樣迷失。

在當晚的表演上，吉米全家人坐在第一排。吉米的其中一個繼妹仁花琳達（Linda Jinka）舉著一張標語，上面寫著：「歡迎回家，吉米，愛你的妹妹。」雖然這種座位安排是為了尊敬家人，卻害他們正對著喇叭，艾爾在震耳欲聾的表演中得用手指塞住耳朵。至於演唱會本身，樂團像平常一樣表演了九首歌，觀眾反應最熱烈的曲目是〈性感女郎〉和〈紫霧〉。吉米點名當地的高中，在提起加菲爾德高中時，獲得最熱烈的歡呼。湯姆．羅賓斯為報紙《*Helix*》評論這場表演時，寫道吉米是「穿著埃及反串服裝的黑矮人牛仔版王爾德」，而歌聲「像覆盆子果醬——又濃又甜」。不過，羅賓斯覺得吉米的表演功力值得讚賞：「雖然罕醉克斯的音樂大多很膚淺，他本人卻是令人興奮的表演者；缺乏內涵的部分，他以風格彌補。事實上他是風格大師，技藝驚人的黑人表演大師。他是使用了強效迷幻藥DMT的黑人民權領袖亞當．克萊頓．鮑威爾，好得不得了。」

大部分的觀眾眼光沒這麼敏銳：他們只覺得吉米是成功的同鄉，光是走上臺就值得為他喝采。

演唱會後派對在豪華的奧林匹克飯店舉行。這裡是市內最高檔的飯店，與吉米小時候住過、靠一個瓦斯爐生活的廉價旅館天差地遠。吉米向客房服務點了牛排，還堅持家人也點，記在他的帳上——這可能是吉米人生中第一次請父親吃飯，光是這一點就足以讓他大為滿足。吉米給里昂五十美元，還對艾爾說有任何需要就告訴他。到了午夜，吉米的經紀人提醒他安排了早上八點要去加菲爾德高中，只剩下幾個小時。吉米無視要他早點上床的建議，在凌晨一點回到艾爾家玩大富翁。吉米和里昂一整晚都開心地喝著艾爾的波本威士忌。吉米很失望里昂在當街頭混混，要弟弟改邪歸正，不過他的規勸沒什麼效果；吉米知道里昂的童年過得和自己一樣辛苦，而里昂不像吉米，有吉他能阻止他沉淪。雖然里昂展現出藝術技能，身為吉米．罕醉克斯弟弟的缺點就是經常被拿來與更有才華的哥哥比較。

早上七點半，記者派崔克．麥唐諾（Patrick MacDonald）到艾爾家接吉米去加菲爾德高中的集會——麥唐諾被要求負責確認吉米準時出現。他們到加菲爾德高中時，統籌帕特．歐戴坐豪華禮車與他們會面，吉米以為車上會有諾爾和米奇，車上卻是空的；歐戴無法叫醒團員和巡迴工作人員，也沒有幫吉米找到吉他。歐戴很驚訝吉米還穿著前一天演唱會所穿的衣服；他沒有洗澡、睡覺，而且還宿醉。「他無法演奏，連說話都沒辦法，」加菲爾德高中校長法蘭克．菲德勒說，他從吉米國中時期就認識他了。他們放棄讓吉米表演的想法；歐戴建議他只要發言、接受學生發問就好。

集會在加菲爾德高中的體育館舉行，那是唯一能容納全校一千兩百名學生的場地。歐戴做了簡短介紹，告訴大家吉米曾是加菲爾德鬥牛犬足球隊的成員，現在則是國際知名的巨星。「年輕人開始起鬨，」為活動擔任攝影師的彼得．里奇斯（Peter Riches）說，「許多人顯然不知道吉米是誰。」說來古怪，有些起鬨的人是非裔美籍學生，他們沒聽過吉米的音樂，因為甚至連西雅圖的黑人廣播電臺都沒有播放他的音樂；有些人也覺得他的穿著風格不妥當。「當時的加菲爾德高中充滿政治色彩，黑人民權運動十分興盛，」學生維琪．希特（Vickie Heater）說，「來了這麼一個奇怪的嬉皮音樂家讓年輕人覺得很煩。」

在接受記者訪問和上電視時，吉米能發揮魅力、隨興發言；但是在加菲爾德，宿醉與極度緊張使吉米失去勇氣。他不知該說什麼，只嘟噥著說：「我待過這裡，也去過很多地方，都成功了。」接著他停頓了很久，才說〈紫霧〉這首歌是為加菲爾德高中寫的——該校的代表色是紫色和白色。話說到這裡，吉米簡短的演說結束了；觀眾開始吹口哨起鬨。

歐戴拿起麥克風，鼓勵大家發問。有個男孩舉手問：「你離開加菲爾德多久了？」吉米離開了整整七年半，但這個問題卻把他考倒了。他低頭喃喃地說：「大概兩千年了吧。」另一個學生問：「你是怎麼寫歌的？」吉米停頓了一下，再次低頭看著地上。「現在我要向你們道別，走出那道門，坐上豪華禮車去機場。我走出那道門時，集會就結束了，鐘聲會響起。我聽到鐘聲時，就會寫一首歌。非常謝謝大家。」話一說完，他就走了出去。整場集會的長度不到五分鐘。

有些學生開始發出噓聲，校長叫大家回去上課。歐戴和派崔克．麥唐諾去找吉米，卻找不到他。他們先去禮車找，接著去體育館，都沒看到他。麥唐諾開始去教練的辦公室一一尋找，最後在一間黑暗的辦公室裡看到一個彎腰駝背的身影。麥唐諾問他是否還好，吉米回答：「還好，只是少了吉他我無法面對觀眾。我心裡不好過。」他們往禮車走去，在快走到時，麥唐諾請吉米替記者會新聞資料袋的內容簽名。吉米在簽名前讀起他的個人介紹，他說：「我從來沒看過這個。」這是他那天頭一次露出開心的表情。資料上把他的年齡少報三歲，他早期的經歷有許多都被歪曲，還放入許多不實的內容。「這太好笑了。」吉米笑著說。他坐上禮車，還沒關門就替自己在集會的行為道歉。「整件事演變成這樣真是奇怪，」歐戴說，「一切都是他的點子，他很想回到母校，這應該是一場返校活動，他到場時卻嚇到了。」或許就和高中歲月不堪回首，卻倉促參加十周年同學會、想改造自我的許多人一樣，吉米原本想要以英雄的身分回到加菲爾德高中，反而和七年半前一樣，帶著失望與難堪的苦澀滋味離開。

在西雅圖度過瘋狂的二十四小時後，讓吉米身心俱疲，但他沒有時間休息。樂團將在接下來的十四天裡做十三場表演。二月二十五日他們來到芝加哥，在芝加哥市立歌劇院做兩場售罄的表演：一場是少見的下午三點日場，接著是七點的晚場。日場表演結束後，樂團搭豪華禮車回飯店。車子行駛在密西根大道時，有輛車開到他們旁邊，一位年輕女子把身子伸出窗外，指著她公事包上的字：「芝加哥石膏鑄模工」。吉米用手勢示意要對方跟著他們。

來到芝加哥希爾頓飯店時，三位團員下車站在人行道上；體驗樂團一向沒有隨行保鏢。三個年輕女孩興奮地跑向他們。「我們是芝加哥的石膏鑄模工，」其中一人說，「想幫你們的陽物做模型。」二十歲的辛西亞．奥布列頓（Cynthia Albritton）是這個三人組的帶頭者。吉米的回答是：「噢對，我知道你們。上來房間吧。」美國的追星族圈子關係很緊密，洛杉磯有個女人曾告訴吉米，辛西亞在做搖滾明星的生殖器石膏模型。雖然辛西亞曾經印過T恤，卻仍然是新手，還沒為任何明星做過石膏模型。吉米同意當她的第一個實驗對象，諾爾自告奮勇當第二個，而米奇難得理智清醒，拒絕了這個請求。

三個女孩跟著吉米去他的房間。辛西亞躲進廁所，開始小心調配用來做模型的牙科用石膏，而另外兩人與吉米開始進行。其中一個女孩像科學家般拿著寫字板做筆記，雖然她還沒見過陰莖，看到吉米的命根子大小還是令她難掩驚訝。「我們沒想到會是那樣的尺寸，」辛西亞後來在筆記上寫道。辛西亞拌石膏時，另一個女孩開始用嘴刺激吉米的生殖器。他被激起性慾後，她們就把一個裝滿石膏的花瓶套在他的陰莖上，叫他整整一分鐘不要動，還要保持勃起，等石膏變乾。辛西亞的筆記上寫著：「他的老二是我看過最大的！我們得將整個花瓶套到底。」諾爾．瑞丁後來描述自己的模型鑄造時，說整個過程「沒那麼情色，反倒是比較像在看診」。鑄模過程中，房間裡很安靜。「其實不太色情，」辛西亞說，「吉米是我們的第一批鑄模對象，我們沒有幫他上足夠的潤滑劑，害他許多陰毛被石膏黏住。要取下來只有一個辦法，就是一根一根拔下來。」光是拔陰毛就花了將近十分鐘。這時吉米不再聽話配合，開始拿變硬的模型刺激自己的陰莖。「他拿著模型做出猥褻的動作，其實就是在性交，因為模型的大小完全符合他的尺寸，」辛西亞說。正當吉米拿著模型磨蹭，看起來就像他在舞臺上觸摸吉他的模樣，巡演經紀人傑瑞．史提克爾（Gerry Stickells）打開房門。看到吉米拿著裝滿牙科用石膏的花瓶上下擼動，身邊還有個年輕女孩拿寫字板做筆記，史提克爾竟然眼睛都不眨一下，由此可見體驗樂團的巡迴——還有吉米的生活方式——有多放縱。「嗯……準備好的時候告訴我就是了。」這位巡演經紀人說完這句話就離開了。

三人接著去諾爾的房間，不過他的模型做得沒有這麼順利。諾爾在回憶錄裡寫道：「我的成品很不尋常——長得像開瓶器。」諾爾將鑄模成果不佳怪罪於石膏不夠好，以及史提克爾開門的時機不對。吉米問辛西亞打算拿這些模型做什麼。「我告訴他我想拿來做展覽，他說沒問題。」她說。當她日後在藝廊展出這些模型時，有一家報紙說吉米的模型是「米洛的陰莖」。

吉米或許擁有傲人的陰莖，卻也因漫長的巡迴疲憊不堪。在會後派對上，大部分的團員和工作人員都在與追星族約炮——諾爾和辛西亞一起離開——但米洛的陰莖只渴求休息，一個人坐在角落。其他團員狂歡時，吉米在椅子上睡著了，帽子安穩地蓋在臉上。

三週後在渥太華，吉米在後臺發生了遠比鑄模女孩浪漫的相遇。他來到城裡發現瓊妮·蜜雪兒（Joni Mitchell）——他第一次見到她是在格林威治村——在同一條街上表演。一九六八年巡迴初期，吉米開始每天寫日記，以下是他三月十九日的日記內容：

來到渥太華，飯店很美，這裡的人很奇怪。晚餐很棒。和瓊妮・蜜雪兒通了電話。我想今晚要用我那臺厲害的錄音機錄下她（祈求好運）。弄不到任何大麻。東西都是假的。景觀很美。第一場表演的聲音超讚，第二場的不錯。去了那家小俱樂部看瓊妮。真棒的女孩，歌詞宛如天堂。我們都去了派對。有好多好多女孩。回飯店聽錄音帶、抽菸。

吉米在渥太華有兩千三百個座位的神殿劇院做了兩場表演。出人意料的是，頑童樂團預定擔任他的暖場佳賓（不過後來取消了），從這件事可看出他在一年之間變得多紅。在渥太華的舞臺上，吉米說了一段關於越戰的話，日後他常會提起這個話題：「與其在那裡打仗，為什麼不讓大家回家？與其背著 M16 步槍、手榴彈和坦克，為什麼不回來背著有回授的吉他？這樣比槍更好。」

隔天，瓊妮再次成為他日記的重點：

我們今天離開渥太華。我和瓊妮吻別，在車上睡了一兒，在公路旁的小餐館停留，真的那種小餐館，像電影裡的那種……今天晚上在

> 羅徹斯特沒發生什麼事。去了一家超級難吃的餐廳。有惡棍跟蹤我們。他們可能在害怕，弄不懂我們。我戴著印第安帽、留著墨西哥八字鬍，米奇穿著童話故事外套，諾爾戴著有豹紋帶的帽子，戴眼鏡，還有那種髮型和口音。各位晚安。

寫了這篇日記後不久，一成不變的巡迴生活主宰了吉米的生活，也榨乾他的創意。之後他的日記內容往往寫著「S.O.S.」，代表「同樣的鳥事」（same old shit）。比較特別的一天是三月的克里夫蘭行。樂團在演唱會前晚抵達，日後以寫劇本聞名的喬·伊斯特哈茲（Joe Esterhaus）說服吉米在一家當地俱樂部即興表演，用來為《時代》雜誌報導增加話題性。因飾演《星艦奇航記》史巴克一角走紅的李奧納德·尼莫伊（Leonard Nimoy）也在現場，他和吉米一起狂歡，兩人形成不尋常的合照組合。吉米讓尼莫伊看他帽子上的徽章，包括「要做愛不作戰」、「不計代價追求和平」、「詹森是蠢人」、「嗑茫了」，還有他當天晚上剛買到的「吹噓一下」。這天晚上吉米和一群克里夫蘭追星族上床。「時間一久，對城市的記憶變成建立在有哪些小妞上。」他在這段時間受訪時說，「我們來到新城市時，除了找小妞之外什麼事都沒空做，所以自然而然會記得那些小妞，不過最近我會搞混哪些小妞是在哪些城市。」公關經理麥可·戈斯坦陪同吉米參加這場巡迴，就只為了避免他說出這種話，卻徒勞無功。吉米很少聽從經紀人的話，光是讓他別惹麻煩就是很耗費心力的工作。

隔天，體驗樂團上一家廣播電臺，接著在克里夫蘭的公共音樂廳做了兩場表演的第一場。日場一結束，吉米立刻離開音樂廳，搭計程車去一家汽車經銷商。雪佛蘭業務員見到他時非常驚訝；他們唯一服務過的另一位名人是黛娜．舒兒（Dinah Shore），她的照片就掛在牆上。吉米試開了一輛一九六八年的全新 Corvette Stingray 跑車，然後就從當晚表演的收入抽出八千美元現金，買下這輛車。吉米沒有駕照——視力不好的他絕對無法通過視力測驗；他也沒有車庫，或是除了倫敦公寓以外的住所。吉米住在英國，卻在克里夫蘭買車，讓他一時不知道該把車子放在哪裡。他說服一位業務員將車開去紐約市，讓他的經紀公司安置。接著吉米搭計程車回音樂廳，開始進行第二場表演。表演一小時後，他正準備點燃吉他時，表演因為有炸彈威脅而中止。炸彈並沒有被發現，因此吉米在休息後回到臺上宣告：「只有吉米可以燒毀房子。」接著激烈完成了剩下的表演。吉米完全不覺得這天有什麼特別之處，反而再度在日記寫下「同樣的鳥事」。他用來買車的八千美元在一九六八年是一大筆錢，尤其是對他這樣貧窮出身的人來說，但吉米一開始賺錢，很快就會花掉。雖然成功了，他還是和身無分文時一樣，把人生過得就像每天都是最後一天。對一個從小到大一無所有的人來說，他很快就接納了揮霍的生活。

然而，吉米即使再瘋狂，也不像吉姆．莫里森那樣放縱。這兩人在那個月內起了兩次衝突：第一次是在一家紐約市的俱樂部，吉米和錢伯斯兄弟（Chambers Brothers）一起即興表演。莫里森在觀眾當中，醉醺醺的他搶走麥克風，大聲說些不堪入耳的話。在這場災難性的即興演出上——之後流出了私下錄音——莫里森爬到吉米身上大喊：「我想吸你的老二。」莫里森的音量大到俱樂部裡其他人都聽到了，其中也包括珍妮絲．賈普林。這天晚上的混亂讓賈普林受不了，她朝莫里森的頭上丟了一瓶威士忌，讓一切哄亂停息，最後她被趕了出去。一個月後，在體驗樂團蒙特婁的演唱會上，莫里森又出現了，他成功擠到觀眾最前排。保全人員一直將他推回去，於是他大喊：「嘿，吉米！讓我上去唱歌啊，我們一起幹這件事。」罕醉克斯婉拒了，接著莫里森大喊：「你知道我是誰嗎？我可是門戶樂團的吉姆．莫里森。」罕醉克斯回答：「我知道你是誰。我是吉米．罕醉克斯。」

一九六八年四月五日是這場瘋狂巡迴中，少數真正特別的夜晚。他們安排在有三千個座位的紐華克交響樂廳做兩場表演。樂團從紐約坐禮車過去時，經過一輛戰車，讓他們好奇是否有戰爭爆發。從某個層面來看確實如此：金恩博士在前一天遭到暗殺，不過吉米到了可能會發生暴動的紐華克才得知這件事。他們的白人禮車司機聽到消息後，一定要吉米和他一起坐在前座才肯開車。

在音樂廳，警察下令吉米只做第一場表演，取消第二場。表演開始時，只有四百人前來。吉米告訴他們：「這首歌獻給我的一個朋友。」接著彈起一段很長的哀傷藍調曲子。這是吉米哀悼金恩博士逝去的方式，表演動人到令許多觀眾感動落淚。樂團表演時，音樂廳外響起槍聲。在即興演出一小時後，吉米放下吉他走下臺，沒有人鼓掌——觀眾知道這是葬禮的輓歌。然而，吉米的哀悼尚未結束；當晚回紐約市時，他在世代俱樂部和巴弟·蓋一起即興演出。隔週吉米私下捐了五千美元給向金恩博士致敬的紀念基金，完全沒有對外公開。金恩博士提出的種族團結與非暴力思想，在寧可避免正面衝突的吉米心中引起強烈共鳴。「當愛的力量克服對權力的愛，」吉米曾說，「世界就能和平。」

在吉米這年春天寫的歌裡，開始出現一些社會意識的元素，這些歌曲他大部分打算放進第三張專輯《電子淑女國度》。在〈燃燒的房子〉（House Burning Down）裡，他呼籲大家「要學習，不要燃燒」，這個觀點呼應了金恩博士的主張。這首歌和其他幾首是四月和五月初在「唱片工廠」錄音室錄製的。即使在錄音錄滿八小時的日子，吉米還是會去當地俱樂部即興表演。位於西八街的世代俱樂部是他最愛流連的地方之一，場景俱樂部也是。當時吉米住在華威飯店，他把飯店房間當作非正式的錄音室，用來錄歌曲試聽帶。在為吉他手麥可．布魯菲爾德舉辦了特別瘋狂的派對之後——參加的賓客中包括楚門．柯波帝（Truman Capote）——吉米被趕出飯店，搬去五十六街的德雷克飯店。

雖然吉米的唱片銷量還是很好，樂團燒錢的速度卻和賺錢一樣快，於是完成下一張專輯的壓力愈來愈大。四月十九日，軌道唱片在英國發行了《精選輯》（*Smash Hits*），集合了他們最熱門的歌曲，這暫時減輕了財務上的壓力，不過大家還是最擔心下一張正式專輯，因為進度十分緩慢。吉米開始堅持每首歌都要錄好幾次；由於他不滿意前兩張專輯沒有呈現出他心目中的成果，他不再願意聽查斯．錢德勒或其他團員的話。「吉米試圖取得掌控權，」諾爾．瑞丁說，「我經常錄音錄到一半就離開，而且我也不否認我會咒罵吉米。」諾爾接下來一年的日記當中，有一篇足以總結樂團面對的壓力：「大眾希望我們每次都要進步，同時又期望我們不要變，這種壓力太大了。」吉米邀請許多攀關係的外人進錄音室，也令錢德勒感到不安。錄音時段變得像一場加長的派對，這和前兩張專輯錄製的方式迥異。樂團早期錄音時堅守的職業道德感已不復存在，現在的錄音變得很悠閒，做大量即興演奏。氣餒的錢德勒在這年春天退出製作人的角色。

五月初，諾爾在一次錄音中途氣得奪門而出，因而錯過了〈巫毒之子〉（Voodoo Chile）的錄音。和這段時期的許多錄音一樣，這次錄音源自當天晚上在場景俱樂部的即興演奏。俱樂部關門後，吉米帶了所有人移師到唱片工廠。「吉米邀請所有人回錄音室，」傑克．凱西迪說，「至少有二十人在場，大部分的人根本不該出現在那裡。」在大約早上七點半時，當天的錄音正式開始，陣容包括由吉米彈吉他、米奇打鼓、交通樂團（Traffic）的史提夫．溫伍德（Steve Winwood）彈電風琴、傑佛森飛船的傑克．凱西迪彈貝斯。這首歌只錄了三次，不過長度很長：發行版長度有十五分鐘，這是罕醉克斯正式錄音作品中最長的一首。在錄了幾次後，凱西迪得離開去做表演，不過他們最後一次錄的〈巫毒之子〉最後成為母帶。那年的錄音與首張專輯時期查斯嚴格控管的製作方式十分不同，但這種自發性符合吉米音樂靈感上的演變。〈巫毒之子〉成為他最歷久不衰的歌曲之一。

到了一九六八年中期，吉米的生活完全以音樂為中心：他要麼在錄音室，要麼在即興演奏，再不然就是在演唱會表演。少了吉他或演唱會的舞臺，他就漫無目標。樂團的美國巡迴最後一場表演是邁阿密流行音樂節，因為下雨而取消了，於是吉米在飯店酒吧發起一場即興表演，參與者有法蘭克．札帕（Frank Zappa）、亞瑟．布朗（Arthur Brown）和約翰．李．胡克（John Lee Hooker）。「那可能是我這輩子聽過最美妙的音樂。」崔西．蘇利文說。在邁阿密時，吉米得從廁所窗戶逃出飯店，因為雖然樂團靠那次巡迴賺了五十萬美元，卻沒有錢付房費。體驗樂團首次美國巡迴結束的方式，就與他們做的每場表演一樣瘋狂。在邁阿密流行音樂節這天，吉米沒有寫日記，不過可以想像要是他有寫，應該就會和那個瘋狂春天的其他許多篇日記一樣，內容只是一句「同樣的鳥事」。

19

美國紐約，
1968 年 7 月—1968 年 12 月

首先登陸月球

「罕醉克斯十分傑出，我希望他先登陸月球。要是他繼續照這樣下去，他會的。」

——出自《滾石》雜誌的《電子淑女國度》專訪

一九六八年中，兩年前建立起吉米罕醉克斯體驗樂團的體制開始瓦解。查斯．錢德勒對錄音室裡緩慢的工作進度感到氣餒，因而辭去製作人的職位。他也不再擔任吉米的共同經紀人，但他離開的方式有待爭議：查斯一直堅持是他當場辭職，但是行政主管崔西．蘇利文卻記得吉米可以選擇要查斯還是麥可．傑佛瑞。「吉米自己選擇留在麥可身邊，」崔西說，「查斯一直沒有原諒他這麼做。」傑佛瑞以三十萬美元買下錢德勒的股份。雖然錢德勒最初很生氣，不過這個改變可能有益他的健康——與吉米合作太辛苦了，使得錢德勒已經罹患由壓力引起的脫毛症，因而開始大量掉髮。而對吉米來說這是一大損失，因為錢德勒是建立起吉米罕醉克斯體驗樂團真正的首腦。「查斯是少數對吉米有話直說的人，」凱西．艾金翰說，「吉米失去他後，身邊都是些唯唯諾諾的人。」傑佛瑞選擇不參與吉米大部分創意上的決定，只要吉米願意巡迴和錄音就好；相反的，錢德勒是少數會告訴吉米他判斷失誤的人。

日後查斯指控傑佛瑞為了討好吉米這個客戶，變成吉米的「迷幻藥伙伴」。的確，這時的吉米服用愈來愈多的迷幻藥；他覺得這種毒品有助於他創作歌曲，也讓他能暫時逃脫身為吉米．罕醉克斯的一切。「迷幻藥讓他完全自由，」吉米的朋友迪靈．霍（Deering Howe）說，「讓他脫離搖滾樂、脫離黑人身分、脫離成名的壓力，帶他去一個完全自由的地方。」不過，每當記者向吉米問起迷幻藥的事，吉米都小心翼翼，不想讓人覺得他為迷幻藥背書。「要是我吸食搖腳丸，那也只是為了個人娛樂、為了好玩，或者只因為它讓我開心，不是為了心理上的原因。」他在一九六七年說。吉米往往不正面回答關於吸毒的問題，經常說：「音樂能讓你安全地嗨。」

與錢德勒拆夥後，吉米必須換個地方住；除了藝術上的往來，他們也還住在同一間公寓裡。艾金翰在倫敦梅費爾區的布魯克街二十三號租了間新公寓，在一棟喬治式建築裡占用兩層樓，而樓下有間小餐館。隔壁的房子曾經是巴洛克時期大作曲家韓德爾的住處，吉米日後說這為他帶來寫歌的靈感。由於吉米身為名人，他必須預付六個月的房租，不過他在這裡想製造多少噪音都行。

那年夏天，吉米還心繫另一個合約：他與麥可．傑佛瑞簽約接手紐約市西八街五十二號已經歇業的世代俱樂部。這家俱樂部一直是吉米最愛的即興演出場地之一，雖然他們最初打算重新開張，最後卻決定弄成錄音室。會更改決定有一部分原因是《電子淑女國度》漫長的錄音時段造成超高的錄音室費用——光是錄這張專輯時租錄音室的費用就能買一間了。

到一九六八年中，吉米和傑佛瑞愈來愈常待在美國，因為樂團在這裡巡迴能帶來更多營收。「我是美國人，」吉米對《*Melody Maker*》說，「我愛英國，但我一直沒有家。」米奇．米切爾對《*Melody Maker*》的說法更言簡意賅：「面對事實吧，美國才是賺大錢的地方。」只有美國才有他們現在表演的大型場地。

在倫敦辦公室因沒繳房租、家具被收回而關閉後，傑佛瑞在紐約設立了經紀辦公室，這件事也反映出樂團營運方式的巨大轉變。「我回倫敦去拿我們的東西時，」崔西．蘇利文說，「東西全不見了，就連電話也是。剩下的只有地板中間的一大疊紙。」雖然體驗樂團的演出酬勞愈來愈高，支出卻也同時飆漲，樂團的營運似乎搖搖欲墜。諾爾．瑞丁和其他人經常抱怨，說覺得傑佛瑞盜用他們的錢。崔西說：「問題在於我們連自己有多少錢都不曉得。包括麥可和吉米在內，他們的生活方式就是『咱們馬上花光吧』。」要是吉米聽說某場演唱會的門票收入是一萬美元，往往會花一萬元買珠寶或服飾，完全沒考慮到演出需要的支出，或是要給傑佛瑞的境外公司亞美塔一成收入。光是豪華禮車的費用每個月就要好幾千美元。「吉米會為了剛認識的女孩在精品店裡花一萬美元，之後卻再也沒見到她。」崔西說。樂團常在倫敦的祕密酒吧用餐，他們在那裡記的帳高達每個月四千美元。與艾德・查爾平為了當初的ＰＰＸ唱片合約持續進行的訴訟，也要花上吉米好幾千美元。

罕醉克斯和傑佛瑞都過度慷慨，而且吉米經常直接把錢給人。一九六八年，為了補償霏恩・普吉恩在他身無分文時的支持，他開始替她付房租。在第一次拜訪西雅圖後，吉米寄了一萬美元給父親，讓他買新車和貨車。

吉米也會去資助一些理想，有時候私下進行。當艾比・霍夫曼（Abbie Hoffman）和青年國際黨為了匿名散布大麻要尋找資助者，吉米出了一萬美元。他們的想法是將大麻寄給從紐約市電話簿裡隨機選出的人，並且附上一封信，說收到大麻的對象現在成了罪犯，以及說明現在有多少人因持有大麻入獄。雖然青年國際黨原來打算寄出一萬四千根大麻菸，卻因為在信封上打字和捲大麻菸太費工而無法達成，不過他們還是成功寄出幾千根，這件事還上了新聞。吉米贊助這起惡作劇的事多年後才被發現。

到了七月底，體驗樂團在路易斯安納州巴頓魯治展開第二次美國巡迴。這是他們第一次在深南部表演，諾爾和米奇對吉米的緊張不安感到驚訝。吉米抱怨說，來到種族隔離仍是常態的州會讓他擔心。他們錯過班機，所以得開車去什里夫波特，這讓吉米更焦慮了。他們停下來吃午餐時，吉米告訴團員他不能進去他們選的餐廳。「我以為這種事就算在路易斯安納州也不可能發生。」諾爾說，他說服吉米和他們一起進去。吉米是餐廳裡唯一一個非裔美國人，雖然他們受到餐廳接待，卻引來許多人怒目而視，於是很快就離開了。幾天前，他們才在機場巧遇傳奇搖滾樂手傑瑞．李．路易斯（Jerry Lee Lewis）——路易斯沒有認出吉米。

西雅圖的帕特．歐戴現在宣傳吉米大多數的演唱會，他記得在南部的幾場表演上，種族之間的氣氛十分緊繃。其中一場表演上，吉米和一位金髮女郎勾著手走過後臺的門時，受雇保護吉米的警員掏出槍指向吉米，並且大喊：「那個黑鬼沒資格碰那個女孩。」歐戴心想，或許他這位名人客戶會在種族衝突引起的槍戰中喪命。歐戴有個同伴站出來擋在吉米和槍口之間，不過又有兩名員警到達，他們也掏出槍。最後警察放下槍，但是他們和整組保全人員退出當晚的工作，以示抗議。「他們離開表演，因為受不了有黑人和白人女孩在一起。」歐戴說。事後歐戴怒不可遏，吉米卻保持冷靜，他告訴歐戴：「五十年前，我連走進這間劇院都不可能；五十年後，不會有人在乎。」吉米在日記裡寫下的內容也同樣達觀。事發當天他寫道：「我們可以改變美國，不是讓美國從白變黑，而是從老人到年輕人……能想像南方的警察會保護我嗎？」這則日記最後提到他當晚的床伴——顯然就是讓警察不開心的那位：「回到飯店，嗑茫了，和高䠷的南方金髮妞『小普』做愛。」

那年九月，巡迴來到西雅圖。吉米的二度返鄉之旅比第一次順利一點，卻依然出現風波。在這次短暫停留當中，吉米都把時間用來和里昂一起狂歡，這激怒了想炫耀名人兒子的艾爾。「我們很晚才回家，」里昂說，「家裡依然滿滿都是等著吉米出現的人。我爸在門口等待，手上拿著皮帶，他說：『你們進房間等著挨打吧。』吉米和里昂難以置信，他們看著艾爾，心想該不會真的要在一屋子鄰居的面前挨打；吉米二十五歲，而里昂二十歲了。在幾位鄰居的介入之下，艾爾把皮帶收起來，卻還是氣了一整晚。

吉米沒有和樂團一起去溫哥華做下一場表演，而是和家人開車過去。他們開吉米買給艾爾的新車，車上塞了吉米、里昂、艾爾的第二任妻子瓊恩，以及瓊恩七歲的女兒珍妮——她在那年被艾爾領養了。他們在華盛頓州弗農山附近的丹尼餐館停下來吃午餐，坐了很久才有人來服務——這一定讓吉米以為自己又回到路易斯安納州了。他們是餐廳裡唯一一組非白人的客人，其他客人猛盯著他們看。「我們在那裡坐了好久，」里昂說，「最後有個小女生過來向吉米要簽名。她父母想把她拉住，她卻開始大喊：『他是吉米·罕醉克斯。』她跑過來我們這一桌，然後吉米幫她簽名。」一直等到其他客人也紛紛認出吉米之後，才有人過來服務他們。就連在家鄉華盛頓州，吉米還是只能靠自己的名氣得到與白人相等的待遇。

在溫哥華，吉米很開心能表演給祖母諾拉看，他將〈性感女郎〉獻給她。事後諾拉向一位電視臺記者評論這場表演時說：「他彈吉他的樣子，我的天！真不懂他怎麼能忍受那麼吵的聲音。」吉米也和堂親黛安與巴比，以及姑姑珀爾見面。珀爾曾在吉米小時候照顧他一年，吉米就像對媽媽一樣向她抱怨自己忙碌的行程。「吉米當時已經變得很不快樂，」堂親黛安·罕醉克斯回憶說。「他對著我媽媽哭泣。他想退出，不想再回去巡迴了。」不過珀爾對吉米說他沒有選擇：他的經紀公司、工作團隊和樂團生計全都仰賴他，現在有三十個人靠他發薪水。接下來兩年，吉米經常抱怨這件事，然而或許是因為兒時曾經貧困，他似乎就是無法拒絕巡迴或工作。

兩天後，體驗樂團來到華盛頓州斯波坎。《斯波坎每日紀事報》有位評論家寫道：「罕醉克斯搶盡風頭……他外表如此俊美，音樂成就又如此之高，令人無法將目光從他身上移開。」演唱會結束後，有位巡演工作人員邀請十八歲的貝西·摩根（Betsy

Morgan）參加在達文波特飯店舉辦的會後派對。摩根在演唱會的座位離舞臺太遠了，所以一開始沒有認出主辦派對的米奇和諾爾。「他們本人長得像小矮人，」她說，「因為他們好矮，鼻子又長長的。」吉米找上她時，她也不認得他；最後他向她自我介紹，讓她羞愧到臉都紅了。他問她想不想去他房間聽他的新專輯《電子淑女國度》，說這張專輯的主題就是像她這樣的女孩。

吉米在電梯裡試圖吻摩根，而還在唸天主教高中的她低下頭閃避。「你有看過地上這種格紋地毯嗎？」她說。

「是因為我是黑人嗎？」他在遭到制止後說。

「當然不是了，可是我才剛認識你。」她回答。這晚的氣氛就此改變，吉米的心情也變好了。他大可以甩掉摩根，很快找到另一個願意跟他上床的人，不過他反而被她逗樂了。電梯門打開時，他像對待公主一般用手臂擋住門，對摩根說，「我們的樓層到了，女士。」

到房間後，吉米打開衣櫃，接著兩人有將近一小時都在試穿衣服，邊聽新專輯邊玩扮裝遊戲。他們就像一對去逛第五大道薩克斯百貨公司的閨中密友，邊實驗不同穿搭邊咯咯笑。「他有條羽毛長圍巾，他會戴上它，像以前的電影明星一樣在房裡大搖大擺地走來走去。」摩根說。吉米有絲絨服裝和鮮豔的水綠色西裝。後來他們坐在沙發上，聊起兩人的背景和人生故事，話題包括她的學校、目前的流行和當地發生的事。「他想知道我有沒有門禁，」摩根說，「還想知道上女子天主教高中是什麼情況。」有些動機不純的人可能會利用這個機會將話題轉向性，吉米卻保持紳士風度。「他比我在剛薩加預備中學交往過的男生更乖。」摩根說。

雖然吉米生命中經歷過許多事，他卻對聊自己的事感到厭倦，反而喜歡聽別人聊些甘苦談。他的天賦之一是讓別人覺得自在、受到重視。他聆聽摩根詳細描述她在西北區第一個大型音樂節——天之河搖滾音樂節（Sky River Rock Festival）——的經歷。「我告訴他我如何把鞋子弄丟、到處都是泥巴、我沒搭上車，還有那裡有一大堆嗑了藥的人。」她說。雖然先前在派對上大家都公然抽大麻，摩根卻完全沒看到罕醉克斯喝酒或吸食毒品；他只喝了咖啡，拿咖啡杯的方式就像個英國紳士。

摩根在天之河音樂節遇見一個自稱曾經是吉米同學的人，而吉米確實也認識對方。隨著夜愈來愈深，吉米一直沒說想睡，雖然他露出疲態，卻一直待在沙發上。她問起〈紫霧〉裡是否有句歌詞是「失陪一下，我要親吻這男人」，令他捧腹大笑。她日後回想起來，覺得他似乎「感到寂寞」，而且雖然外表開朗，卻是個帶著「深深的悲傷」的男人。

隔天早上九點，吉米得離開了。他們聊天聊了八小時，而他馬上就得前往波特蘭。他送她下去大廳，還給她二十美元坐計程車。兩人臨別時有點尷尬：她知道朋友不會相信她見過吉米，所以向吉米要了簽名，他親切地答應了，寫道，「致貝西，我們共度的夜晚太美妙了。」還在下面加了女學生會寫的X和O（代表親吻和擁抱）。她上計程車後，看著他寫的話，才發現兩人連親吻都沒有。

一週之後，巡迴來到洛杉磯，樂團要在有一萬八千個座位的好萊塢露天劇場開唱，門票已經售罄。舞臺前的樂池裝滿了水，觀眾很快就把這裡變成戲水池，為表演帶來歡樂的混亂氣氛。吉米將一首歌獻給好友鼓手巴弟・邁爾士，卻看到巴弟企圖爬上舞臺時被保全人員毆打。他們表演了十一首歌，其中包括美國國歌〈星條旗〉——那年稍早，吉米開始表演這首歌的改編版，他加入了一段很長的吉他獨奏。許多樂評覺得這個版本沒有誠意；納特・弗里蘭德（Nat Freedland）在《自由新聞》（*Free Press*）上稱這首歌是「冗長又刺耳的版本——面對現實吧，這不是激動人心的歌曲」。

吉米利用巡迴中短暫的休假，在洛杉磯的班乃狄克峽谷租了一棟豪宅，其他巡迴的搖滾樂團——包括滾石樂團——也曾住過那裡。他只住了一個月，不過那裡是吉米住過最豪華的房子。因演出情境喜劇《豪門新人類》（*The Beverly Hillbillies*）而走紅的演員巴迪・艾布森（Buddy Ebsen）住在隔壁，當他看到吉米搬進這個富人區，一定覺得自己目睹了《豪門新人類》的真實版。在洛杉磯的這四週是吉米兩年來第一次放假，不過他的樂團這個月還是做了幾場表演和一些錄音。他請人把他的 Corvette 跑車從紐約開過來，但是因為他視力不好，車子抵達的當天就被他撞毀了；之後他又買了另一輛。吉米在休假時做的事就和他在紐約與倫敦時一樣——每天都睡到很晚，晚上去日落大道的俱樂部演奏。他在威士忌阿哥哥遇見一位名叫卡門．波雷諾（Carmen Borrero）的女服務生，她曾是花花公子俱樂部的兔女郎；這位貌美的波多黎各金髮女郎很快就成為吉米最喜愛的同伴。

很快地，吉米的弟弟也來洛杉磯當他的同伴。里昂才剛入伍，卻為了去找他出名的哥哥而擅離職守。里昂發現當吉米帥氣的弟弟有一些好處：他在表演後臺能找到「一堆古柯鹼、約翰走路、大麻和各種亂七八糟的東西」，里昂回憶說。在一場表演結束後，吉米帶里昂去艾瑞克．伯登的家參加派對，有許多花花公子的模特兒也在場。吉米對卡門．波雷諾說：「這是我弟弟，他是個大傻瓜，不過擔待一下吧，他想要什麼都給他。」

里昂才二十歲，不過已經有行騙經驗的他覺得經紀人在騙吉米，也常常提出這一點。這個忠告讓吉米不耐煩——或許是因為有幾分真實性。更惹怒吉米的是，里昂有一次開走他的豪華禮車兜風好一段時間。「吉米有三輛禮車，他把毒品都放在車上，」卡門說，

「吉米發現他的車子跟毒品失蹤時氣壞了。」

追星族的人數比兩兄弟多，於是里昂善加利用這個機會。「洛杉磯的每個模特兒都對吉米有興趣，」里昂說，「但是她們無法接近吉米，所以就找上我這個小弟。事後她們說：『你去告訴你哥，我是你上過最棒的對象，你要告訴他我的事。』」最後當巡迴展開下一階段，經紀公司給了里昂錯誤的行程，里昂便不再跟在吉米身邊，不過大批追星族依然煩擾著吉米。「她們會在晚上隨時出現，睡在他的門前，」卡門說。吉米和幾個追星族上了床——雖然他和卡門在交往，也坦承自己還愛著在倫敦的凱西．艾金翰——但就連他出了名強烈的性慾，也應付不了那麼一大群想和他上床的人。

一九六〇年代晚期，洛杉磯的音樂圈充斥著毒品，而吉米的名氣不但引來許多追星族，也招來許多藥頭，他們帶來古柯鹼、巴比妥藥物、安眠酮和海洛因；對吉米來說，這些毒品是情緒催化劑，尤其如果又加上喝酒，會使他陷入瘋狂狀態；他在班乃狄克峽谷的房子遭竊時正是如此，當時他的吉他、衣物和一本歌詞簿都被偷了。吉米在格林威治村的老朋友保羅．卡魯索人在洛杉磯，吉米在迷幻藥加上酒精催化之下勃然大怒，把遭小偷的事怪罪在卡魯索身上。「他以為是我偷的，因為我是沒錢的嬉皮。」卡魯索說。他對吉米說這件事與他無關，但吉米的態度沒有改變。「你上次真的有感覺是什麼時候？」吉米問，接著朝卡魯索的腹部揍下去。「他打我的力道大到讓我喘不過氣，」卡魯索說，「我開始往山丘下跑，他朝著我丟石頭和木棍。」卡魯索跑進附近的威士忌阿哥哥，對諾爾說吉米瘋了。「用力揍他的臉，」諾爾這樣建議，「他自找的。」吉米愈來愈常在吸毒後變得疑神疑鬼，諾爾認為他這樣不值得同情，而是應該得到教訓。

幾天後，吉米和卡門．波雷諾之間發生了另一件更激烈的事。雖然吉米一向公然出軌，卻對卡門與其他男人的友誼感到嫉妒，尤其是艾瑞克．伯登。「吉米當時在喝酒，可是他實在不能喝酒。」她說。吉米以為她和伯登有染，便朝著卡門丟空的伏特加酒瓶，打中她的眼睛上方。「大家趕快把我送醫，怕我這隻眼睛會失明。」她說。看到平日穩重的吉米變得這麼暴力，令艾瑞克．伯登震驚。「那是悲劇萌芽的瞬間，他開始攻擊別人，」伯登說，「他事後道歉，還對我說了些小時候被打的事。這是暴力的循環。」吉米很少將自己的問題歸咎於童年，比較常說是毒品惹的禍。

然而和毒品相比，酒精對吉米造成的負面影響一向更加嚴重。喝醉後他會砸爛飯店房間，就像他一九六八年在瑞典那樣。「他會把房間砸個稀八爛，」吉米的朋友赫比．沃辛頓（Herbie Worthington）說，「真的想不到這麼有愛的人會那麼暴力。」雖然吉米吸食許多毒品，酒精卻對他的人格造成更大的傷害，就像他的父母親也曾因酒精陷入黑暗。「他不能喝酒，喝了會變成大爛人。」沃辛頓說。

一九六八年九月二日凌晨四點半，在丹佛一家飯店的房間裡，吉米寫下《電子淑女國度》專輯封面設計的最後指示。他想使用攝影師琳達．伊斯曼（Linda Eastman，日後嫁保羅．麥卡尼為妻）拍的照片，還草草寫了段唱片封套文字，標題是「致滿是鏡子的房間的信」。吉米最愛用「滿是鏡子的房間」這句話描述當超級巨星的瘋狂體驗：名聲就像遊樂場裡的鏡子，扭曲到變得像是一種牢籠。吉米已在一九六八年稍早寫下〈滿是鏡子的房間〉並錄了一次，日後他至少會再錄一次，因為這個概念令他著迷，一再回頭探討。吉米用偷拿的飯店紙筆寫下五頁唱片封套文字，內容探討許多主題，其中也包括自我反思。「我上回感覺到太陽溫暖的問候，並不是很久以前，但感覺像是多年前的事了。」接著他提起他養的巴吉度獵犬艾瑟、一位邊境衛兵、一匹光滑的馬，和一道「液體彩虹」。他還為專輯的印刷廠寫下詳盡的指示。「我們自己的問題夠多了，不想再去擔心這個簡單又有效果的版面。」他警告說。

雖然吉米寫了詳細的說明，唱片公司卻忽視他大部分的要求。重奏唱片在九月十七日於美國匆促發行這張雙碟專輯後，它幾乎立刻登上《告示牌》（*Billboard*）排行榜冠軍，這對雙碟專輯來說是很少見的情況。吉米精采翻唱巴布．狄倫的〈沿著瞭望塔〉——這也成為體驗樂團在美國最暢銷的一張單曲——推動了這張專輯的成功，在當年度稱霸排行榜很長一段時間。〈沿著瞭望塔〉成為廣播電臺的常播歌曲，許多樂評將吉米的版本列為少數優於原版的狄倫作品翻唱。被大家說他超越了自己的偶像，對吉米來說一定是最高的肯定。

這張專輯在英國發行時，因為備受爭議的封面設計而捲入風波。他們找來二十一位女子進行拍照；原先的點子是要讓這些女子把吉米當作神一樣，圍繞在他身邊。吉米在訪談裡解釋過，《電子淑女國度》是他為追星族取的綽號：「有些人叫她們追星族，不過我喜歡用『電子淑女』這個稱呼。」他解釋說。然而吉米改變主意，沒有參加封面的拍攝。這些女子被問到願不願意為了更高的酬勞脫衣服拍照，就這樣誕生了一張充滿裸女的封面——吉米很討厭這張封面——並在專輯發行時引發高度爭議。遺憾的是，由於封面過於情色，許多商店不願意上架，或是堅持要用棕色紙袋包住。這張專輯在英國最高只登上排行榜第五名，封面的問題很可能妨礙了專輯的銷售。

《電子淑女國度》的錄製過程十分艱難，還讓吉米損失了查斯．錢德勒這位製作人。雖然日後大家公認這是吉米錄音室專輯中的傑作，當年的評價卻好壞參半，有許多樂評對這張十六首歌的雙碟專輯長度提出質疑。《*Jazz & Pop*》雜誌的法蘭克．柯夫斯基（Frank Kofsky）說他不知道是否「有必要給我們這樣一張冗長、時而單調的雙碟專輯」。吉米持相反看法，在受訪時說他更希望能發行三碟的專輯。「我們只放了一半想放的東西進去。」他解釋說。

多數樂評不免會說《電子淑女國度》是「概念專輯」，或是持完全相反的看法，說這張專輯沒有足夠的一致性。「罕醉克斯是優秀的音樂人，他在噪音上加了科幻概念。」東尼·格洛弗（Tony Glover）在《滾石》雜誌上的樂評寫道，「專輯裡沒有真正的概念（不像《比伯軍曹》的旅程）——而是有某種整體性、一種能量流動。」格洛弗接著說這張作品「是對罕醉克斯的腦袋更深入的窺探……罕醉克斯究竟是迷幻界的卓越黑人？或者只是超強的音樂人／製作人？端賴你想相信的是形象，還是你的耳朵」。

不是只有《滾石》雜誌的評論提到吉米的種族——當時他在許多雜誌上都被稱為「卓越黑人」。地下報紙《東村軼聞》（*East Village Other*）的《電子淑女國度》樂評標題是「罕醉克斯：流行樂界的拳王阿里？」而評論家理查·高德斯坦（Richard Goldstein）說吉米是「湯姆叔叔」，因為他吸引的觀眾主要是白人。就連《*Ebony*》雜誌在描述吉米時，也忍不住要套用刻板印象。「他看起來就像是巴布·狄倫和婆羅洲野人的綜合體。」報導上如此引用英國媒體早期的比喻。

到了一九六八年後期，吉米發現自己的一舉一動——甚至是沒做的事——都可能衍生種族、社會和政治上的後果。一九六八年十一月下旬——他二十六歲生日的前幾天——

他與艾利姆兄弟一起走在格林威治村，這時有個叫賣黑豹黨報紙的小販看到他們。「吉米．罕醉克斯！吉米．罕醉克斯！你一定有一塊錢買黑豹黨的報紙吧！」小販大喊。「好啊，老兄。」吉米一邊喃喃地說，一邊塞張紙鈔到小販的罐子裡，然後就走了。接著小販舉起那張美元鈔，開始以附近的人都能聽到的大噪門吼著：「吉米．罕醉克斯要看黑豹黨的報紙！」小販對艾利姆兄弟變得咄咄逼人，將罐子遞到他們面前問：「吉米．罕醉克斯買了黑豹黨的報紙，你們不買嗎？」艾利姆兄弟在哈林區土生土長，而一九六八年黑豹黨、黑人穆斯林等團體就在哈林區爭地盤。「很不巧，我們是騙徒組織的成員，才不會怕黑豹黨。」塔哈卡說。小販繼續搖動他的錢罐，雙胞胎則將錢罐推開往前走。「是吉米．罕醉克斯要看黑豹黨的報紙，我們可不要。」塔德拉說。

隨著吉米的名氣愈來愈大，想找他代言理念的人也愈來愈多。前一年在倫敦，化名邁克爾十世（Michael X）的黑人叛亂分子麥可．阿布杜．馬利克（Michael Abdul Malik）要求與吉米見面。凱西．艾金翰記得吉米不敢見邁克爾十世，卻更怕拒絕他，因為邁克爾十世是著名的罪犯（他之後被判謀殺罪，遭到處決）。吉米同意和他見面，不過帶了艾金翰一起去。邁克爾十世沒有談論政治，而是整晚都在責怪吉米竟然交了個白人女友；吉米盡快離開了他的公寓。艾金翰記得吉米在回家的路上停下來，好一陣子全身都因憤怒與恐懼發抖。他是「吉米．罕醉克斯」，全世界最熱門的流行樂巨星，而他也逐漸成為眾人的標靶。

20

英國倫敦，
1969 年 1 月—1969 年 5 月

電子教堂音樂

「我們演奏我們的音樂，『電子教堂音樂』，因為這對我們來說就像宗教。」
——出自吉米接受CBC新聞的休．寇瑞訪問

一九六九年初揭開吉米罕醉克斯體驗樂團終結的序章。吉米在幾次受訪時提起想和其他音樂人合作，「很快地，也許在這新的一年，我們只做幾場表演後就會解散，」他對《*Melody Maker*》說。吉米暗示解散只是暫時的，他會視需要加入其他音樂人，錄製《電子淑女國度》正是如此。但是在一九六九年，吉米與兩位團員的關係變了很多，雖然諾爾．瑞丁並未離團，卻已經有英國報紙說他是「前體驗成員」。這三人曾經一起旅行到各個地方，就連休假時間也一起行動，現在他們休假時卻分道揚鑣。「在查斯．錢

德勒離開後，我們開始變得疏遠，」諾爾說，「金錢和流行樂明星的光環把我們沖昏頭，讓我們都忘了自己也是人。」現在諾爾和吉米彼此充滿敵意，而米奇盡量不去招惹他們。樂團一九六八年的美國巡迴結束時，米奇和諾爾馬上趕回英國度假，吉米則待在紐約，繼續每晚在俱樂部做即興表演。吉米在一月二日抵達英國，這是將近六個月以來他第一次回到自己的公寓裡，以及凱西．艾金翰的身邊。

吉米在一月接受幾家媒體採訪，這些採訪都在布魯克街的公寓裡進行。查斯離開後，吉米決定不再假裝是單身漢，公開介紹艾金翰是他的女友。他這麼做可能是受到謠傳的影響：一九六八年底，有傳言說吉米已經結婚了，《*Disc and Music Echo*》雜誌問起這些報導時，查斯不但否認，還表現得很震驚：「要是他打算結婚，大家都會知道，因為我會拿來大作宣傳。」錢德勒像是想維持吉米的性感形象似的，還接著補充：「他有幾百個女友。」對錢德勒來說，任何為吉米帶來爭議、讓人以為他單身的宣言，都是好的媒體宣傳。吉米決定停止這一切，向《每日鏡報》首度公開宣布凱西「是我現在的女友、過去的女友，應該也會是我未來的女友。她就像我的母親、我的姊妹等等；她是我出身切斯特的小野洋子。」吉米公開兩人已經兩年的關係，讓艾金翰覺得自己的地位受到某種程度的肯定，但她更希望吉米不再出軌。

一九六九年一月，體驗樂團上BBC的現場電視節目《露露新鮮事》（*Happening*

for Lulu）。兩年前，對剛出道的他們來說，上電視是必要的曝光機會，但到了一九六九年，吉米對電視媒體的虛假變得不耐煩。他們安排體驗樂團表演兩首歌，節目最後吉米還要和主持人露露合唱。在表演完〈巫毒之子〉（Voodoo Child）後，露露還在說話時，吉米不照著劇本走，反而用吉他發出回授聲；緊張的露露將介紹詞說完：「現在，他們要為各位演唱讓他們在國內走紅的歌曲〈嘿喬〉，我很愛聽他們唱這首歌。」他們表演了兩分鐘的〈嘿喬〉後，吉米停頓下來：「我們不想再表演這首爛歌了。我們想把一首歌獻給鮮奶油樂團，不管他們樂團現在是什麼情況。我們把這首歌獻給艾力克．克萊普頓、金格．貝克和傑克．布魯斯。」話說完後，樂團開始演唱〈你的愛帶來陽光〉。當體驗樂團演奏這首歌的加長版，向最近解散的鮮奶油樂團致敬，攝影機外的舞臺監督用手勢示意吉米停下來；罕醉克斯的反應——只有舞臺監督看得到——是向他比中指。體驗樂團繼續演奏，最後把現場節目剩下的時段全占用了。他們終於結束時，製作人氣瘋了。「你們再也不會上BBC了。」他威脅說。這件事看起來像是臨場發揮，不過吉米告訴艾金翰他早有預謀。「我才不要跟露露一起唱歌，」他告訴艾金翰，「我看起來會很可笑。」

三天後，吉米讓加拿大廣播公司（Canadian Broadcasting Channel, CBC）的休．寇瑞（Hugh Curry）來到他的公寓，做一段長篇電視訪問。這個月吉米在多場訪談中，開始提起「電子教堂」或「天空教堂」音樂的概念，那次訪談也不例外。他告訴寇瑞：「我們把自己的音樂稱為『電子教堂音樂』，是因為這對我們來說就像宗教。」當寇瑞提議「電子教堂音樂」可能是比「電子淑女國度」更好的專輯名稱，吉米露出笑容。「嗯，有些女士對我們來說也像是教堂。」他說。他這麼說時，艾金翰就在攝影機外；她早已明白吉米根本不可能被馴服。

隔週，體驗樂團展開又一次的歐洲巡迴，起點是瑞典哥特堡。在哥特堡的查斯・錢德勒去看了這場表演。事後他說吉米找他重回經紀公司，但是他拒絕了。錢德勒對這場表演的評語是，這個過去由他指導的樂團現在變糟了；他說他們表演時不再團結，還說這是「難看的演唱會」。

隔天晚上，在斯德哥爾摩兩場表演的第一場上，吉米將那晚獻給他在瑞典最愛的追星族，伊娃・桑德奎斯特。「她是來自阿斯嘉的女神。」他說。表演後，吉米和她在卡爾登飯店共度一晚。一週前，吉米才在媒體上向艾金翰示愛，他在瑞典卻厚臉皮公然在舞臺上邀請伊娃去他的房間。那晚留下了影響長遠的後果——伊娃・桑德奎斯特因為這次的幽會懷孕了。

至於表演本身，吉米說：「我們今晚只會唱厲害的舊歌。我們大概有六週沒有一起演奏了，所以今晚要即興演出。希望你們不介意，我們要順其自然，看看會發生什麼事。」他還轉頭對諾爾和米奇說：「反正你們也分不出來。」不過許多觀眾也聽到了這句話。一年前的他是絕對不會這樣侮辱觀眾的。一九六九年，吉米開始向任何願意聆聽的人抱怨他的觀眾不懂他，樂迷只想聽暢銷單曲。「他說他受夠了表演暢銷歌曲，還說他想進化，」艾金翰說，「卻還是一直表演暢銷歌曲。」吉米雖然不滿他的觀眾，卻還是做出滿足他們的表演，會有這種矛盾的心情，是因為他害怕失去努力建力起的粉絲群：在他的觀眾大幅增加時，他還是常提起以前的苦日子，似乎忍不住害怕那種苦日子會回來。那晚，樂團表演了他們在歐洲最熱門的歌曲〈嘿喬〉。

這場斯德哥爾摩的表演，是體驗樂團第一次在瑞典遭受負評。「罕醉克斯顯得無精打采又疲倦，」樂評路維．拉斯慕森（Ludvig Rasmusson）寫道，「他看起來像是想逃離這一切，失去了演奏的喜悅。他彈起吉他時漫不經心……其他的一切特質都沒了——包括活力、投入、放肆和詩意。」拉斯慕森對諾爾與米奇的評語更加嚴苛，說他們很無趣。「〔吉米〕居然忍受這兩個沒想像力的樂手這麼久，可真奇怪。」這樣批評他們並不公道；米奇和諾爾是有才華的音樂人，只是他們確實仰賴吉米的活力推動表演，或是搞砸表演。後來諾爾說，表現不佳是因為在瑞典很難找到毒品，他在回憶錄裡寫道：「走投無路之下，我在兩場表演間跑出去，想盡辦法弄來一顆安非他命。」他們將這顆安非他命藥丸弄碎後吸食。過去音樂曾經是凝聚樂團的力量，但無止盡的巡迴把他們變成行屍走肉，現在只有毒品帶來的暫時解脫能讓他們團結。諾爾過去會在日記裡詳盡列出他們音樂上的成就，不過他的日記很快就變得像配藥學參考書；至於吉米則是完全放棄寫日記。

幾天後，在德國杜塞道夫的飯店酒吧裡，吉米遇見莫妮卡・丹納曼（Monika Dannemann），她是出身富裕家庭的高䠷金髮花式滑冰教練；她看了前一晚的演唱會，去飯店希望能見到吉米。兩人聊了一整個下午。多年後，她的說法是接下來幾天她都待在他身邊。

在歐陸的短暫巡迴結束後，吉米在二月十八日及二十四日要在皇家亞伯特廳表演。這兩場表演相當重要，體驗樂團還因此難得做了彩排——他們現在很少彩排了。這兩場表演讓他們很緊張，因為會錄影。兩位美國電影工作者傑瑞・戈斯坦（Jerry Goldstein）以及史提夫・戈德（Steve Gold）與傑佛瑞共同成立了合資公司，要為體驗樂團製作一部紀錄片。

雖然彩排時很順利，第一場演唱會卻出師不利，因為吉米吸食了過多的古柯鹼。「他茫到腿都軟了，」崔西・蘇利文說，「我得推他上臺。」更糟的是，吉米開始將他在俱樂部即興演奏的鬆散風格運用在體驗樂團的表演上。這場表演或許令人失望，但不令人意外的是，當天晚上稍晚他在公寓裡做的即興演出，充滿了演唱會缺少的靈感：他坐在床上抱著木吉他，演唱貓王的名曲〈獵犬〉（Hound Dog），史提夫．戈德同時拍攝他。吉米從小拿掃把假裝彈奏時，就一直在練〈獵犬〉，他的版本充滿溫暖、幽默與活力，這些都是皇家亞伯特廳的表演缺乏的。

一週後，第二場皇家亞伯特廳的表演水準改善了，吉米似乎回到巔峰。體驗樂團鮮少唱安可曲，而那晚他們回到臺上表演了〈紫霧〉、〈野東西〉和〈星條旗〉。表演在樂迷試圖爬上舞臺的混亂中結束，對吉米接下來十八個月在英國做的最後一場表演來說，這種結束相當適切。

在最後一場皇家亞伯特廳演唱會之後，吉米在倫敦待了三週，然後前往美國錄音，展開另一場巡迴。休假日當中有一天，他很難得地在布魯克街的公寓做了自家錄音，錄了三分鐘長的〈滿是鏡子的房間〉唸誦版。吉米在錄音裡爆發一段內心獨白，內容是關於魔鬼、神與迷失的小男孩：「呼喚你愛的人，最好大聲一點，因為你很快就會迷失。你會迷失在自己裡，超越次元，你會迷失在真空裡。我轉向世界；除了拍拍我的肩，這世界能給我什麼？」吉米吶喊出接下來這句話時，聽起來像是被附身：「叫這笨蛋離開我的身體，把我弄出這可惡的鏡房！」在過去，對生活艱困的年少吉米來說，音樂是想像另一種人生的方式。雖然他的音樂天賦確實帶給他成功，卻不像他預期的能解決一切問題。就像吉米在〈滿是鏡子的房間〉唸誦版所表達的，現在的事業令他想逃脫，不再是他多年來一直追求的童話故事般的夢想。

吉米不是在探索心靈，就是在接受媒體訪問，不過他很少在這類談話中聊起私人話題。一九六九年一月到二月期間，他接受了二十四次訪問。由於經紀公司沒有倫敦辦公室了，吉米在自己的公寓受訪，很少有像他這種地位的表演者允許記者進入自家。有位作家開玩笑說，聯絡吉米比聯絡保羅．麥卡尼容易，而吉米回答：「我不是保羅．麥卡尼。」「他一向很公開，也許太公開了，」凱西．艾金翰說，「要是有人來敲門，吉米會立刻開門，然後就有一大堆人跑進來。」太多人有他們家的電話號碼，使得艾金翰裝了第二條電話線；連第二支電話號碼也廣為流傳時，她開始不掛上話筒。「不管白天晚上，隨時都有人打來。」她說。

許多電話來自等待機會的追星族，也有一些是記者打來的；偶爾會有人兼具兩種身分。有個作家說想只穿內衣和吉米合照，被吉米趕走了。不過，有時候是吉米主動引誘對方。《國際時報》的記者珍．曼德爾森（Jane Mendelssohn）前來採訪時，吉米裸體應門；兩人走進公寓後，他便爬上床，床邊放著大麻、大麻樹脂、藥丸和好幾瓶酒。他拿助性藥物給她。裸體的吉米嗑得飄飄欲仙，然後躺在床上接受三小時的訪問。曼德爾森還想問更多問題，於是他邀她隔天再來，也許希望能成功引誘她。他唯一拒絕回答的問題是關於他的家人。

吉米有次在訪談中說該從披頭四那種「悅耳的歌曲」換換口味了，曼德爾森問起這件事時，吉米發表他對英國媒體的看法，暗示媒體也是塑造他「狂野男人」形象的幫凶。「是哪家報紙寫的？」吉米問。「是《週日鏡報》。反正這些報紙也都亂七八糟的。她們來這裡做採訪，我們讓她們性興奮，請她們喝酒什麼的，她們回去時茫到都不知道自己在寫什麼。」接著暗示他真實的過去：「假如我不是吉他手，大概會去坐牢。」被問起寫歌的動機是什麼時，他回答：「坦白說，第一張專輯時我不知道自己在寫什麼。大部分的歌，像〈紫霧〉和〈風在呼喚瑪麗〉，大概有十頁長，但是因為有時間限制，我得把這些歌拆解，拆解後我就不知道大家懂不懂了。也許在拆解時就失去了一些意義，我現在不這麼做了。」他還抱怨自己的行程：「我自從進入音樂圈後就沒空休息……大部分的人會直接退休，完全退出圈子；我很想這麼做，可是我還有東西想表達。真希望這些東西不是那麼重要。真希望我能直接關掉腦袋。」野心和才華這些讓吉米成為明星的特質，使他無法退出事業，擁有舞臺以外的生活。

吉米受訪時，經常被問起當下的政治與社會運動，像是毒品、黑人民權及越戰等等。

吉米往往迴避這類問題，不過那天他對曼德爾森說：「世界上有些人有力量去做不一樣的事，像是黑人民權運動的人就把力量用錯地方了……別再抗議了。現在大家要的是解決方法，不是一味抗議。」同個月的另一次訪談中，吉米將美國出兵越南與諾曼第登陸相比：「你們是不是也派美軍登陸諾曼第？那同樣是在干涉，不過也是為了你們自己。在越南的美國人為了完全自由的世界而戰，他們一撤走，那裡的人就得任由共產黨宰割。就這點來說，黃色危機〔中國〕不該被低估。當然了，戰爭很糟糕，但是目前這還是唯一能維持和平的方法。」吉米對戰爭的態度在接下來幾年出現改變，然而在樂評認為他的歌曲帶有反戰色彩的這段時期，他卻出人意料地相當支持戰爭。為昇恩音箱公司工作的巴克．蒙格（Buck Munger）為吉米爭取到代言合約，讓他得以享用免費設備；然而，身為前海軍陸戰隊的蒙格與吉米見面時，吉米和他聊的卻不是音箱，而是越戰。「他想知道部隊的最新戰況。」蒙格說。當時吉米覺得共產黨確實有威脅，越戰是有必要的——他在服役時就被灌輸這個立場。

吉米在布魯克街的公寓，位於倫敦的美國大使館附近。艾瑞克．伯登記得有一天坐在吉米家屋頂上，同時下方街道上正在進行大規模的反越戰示威遊行。伯登問吉米對示威抗議的人有什麼看法。「他的反應讓我很驚訝，」伯登說，「他說他依然是軍人，思考方式依然像受過訓的軍人。他對抗議者很不滿。」隨著示威變得愈來愈喧嚷，吉米憤怒起來，他說：「當中國共產黨南下占領北越，接著占領南越，然後再進攻日本跟其他地方，你們到時候才會明白美國為什麼在那裡對抗他們嗎？」吉米從來沒告訴過任何人的是——就連艾金翰和最親近的朋友也不知道——他要是沒有向軍中的心理醫師假裝是同性戀，可能就會是去越南打仗的軍人之一。

三月十三日，吉米與兩位團員離開倫敦，前往美國做一個月的錄音，接著要在四月展開美國巡迴。吉米決定邀凱西・艾金翰一週後去找他，陪他一起巡迴——這是他第一次帶女友一起巡迴。然而在凱西到達前，蒂馮・威爾森成了吉米最喜愛的追星族。吉米與蒂馮間的關係並不尋常：雖然他們確實有時會上床，兩人相處的方式卻更像是死對頭或手足。蒂馮老是告訴吉米她和哪些大明星上了床——由於蒂馮是雙性戀，其中偶爾也包含女人——吉米則吹噓他和哪些其他追星族在一起過。蒂馮向大家自稱是吉米的女友，有些人光看她在吉米演唱會上頤指氣使的模樣還信以為真。不過，她也為吉米跑腿，尤其是在他需要毒品時；很快地，毒品在兩人的關係中變得比性更重要。一九六九年時，蒂馮的古柯鹼和海洛因愈用愈凶，吉米也愈來愈常和她一起吸食這兩種毒品。「他們兩人很相似，」吉米的朋友赫比・沃辛頓說，他經常在一旁看他們。「她是知名的追星族，不過她非常聰明，也對吉米很忠心。如果想控制一個人，沒有比跟這個人一起嗨更好的方法了。」蒂馮至少跟著吉米去過英國兩次。和其他女人相比，艾金翰比較不嫉妒蒂馮，這可能是因為她看到吉米對待蒂馮的方式不像戀人，更像是下屬。「她會坐在我們的床尾，還會送茶過來，」艾金翰說，「她只是一直待在他身邊而已，顯然迷戀他。她是那種會按門鈴的人，而且會一直按到你應門為止。」

等到艾金翰到達美國，按下吉米在皮埃爾飯店套房的門鈴時，蒂馮做了明智的決定：離開現場。凱西日後在回憶錄《透過吉普賽人的雙眼》（*Through Gypsy Eyes*）寫道，吉米在紐約時像是變了個人似的：「〔他〕就像馬戲團畸形秀衣著鮮豔的團長，後頭跟著一大堆人……似乎永遠都有至少二十個人。」對艾金翰來說，那些女人「很明顯是妓女，男人看起來都像皮條客和藥頭，戴著墨鏡、脖子上掛著小湯匙」。當她問吉米這些人都是誰，吉米回答：「我的朋友。」

之後，艾金翰在吉米時髦的套房裡遇到一位他所謂的「朋友」——一個藥頭。「他的模樣就像神探可倫坡，」凱西說，「穿著雨衣，走路一跛一跛的；他告訴我們他腿部曾經中彈。他大約五十歲，對二十幾歲的我們來說感覺上很老。」比起外表，他帶來的行李袋問題更大：裡面裝滿了一包包的古柯鹼，和一把點四五左輪手槍。凱西從來沒看過槍。她一看到槍，以及她的吉米變成什麼模樣，便決定立刻回英國。這個舉動結束了兩人在吉米到英國的第一天開啟的戀情。「我知道跟吉米在一起不可能長久，」她說，「我不可能馴服他。我想要正常的家庭。」吉米小時候經常擔心每天要怎麼活下去；除了拜訪過幾個寄養家庭外，他幾乎沒看過雙親健全的正常家庭，他本身的父母親也算不上什麼榜樣。長遠的關係需要承諾和親密感，吉米對這兩件事都沒什麼經驗。「吉米也想要一個家，」凱西說，「他只是不曉得該怎麼得到。」

這次的美國巡迴，體驗樂團要在十週內做二十九場表演，觀眾人數總計三十五萬人，收益超過一千三百萬美元。一如往常，巡迴時吉米的時間都被占據了，如果不是在旅行、受訪或宣傳，就是想辦法在休假日硬塞錄音時段。來到巡迴第二場表演時，吉米已經在抱怨自己累壞了，他受訪時比在英國暴躁許多。他發現大部分的記者試圖歸因於他把頭髮剪了。

巡迴中有多場表演受到群眾暴力和沒買票的不速之客破壞。種族政治也帶來問題：有黑人民權運動擁護者出現在後臺，批評吉米用白人樂手和白人統籌。「他們說他是湯姆叔叔，」演唱會統籌帕特・歐戴說，「我提醒吉米我們是為他工作，而不是他為我們工作。」吉米看待別人時不論對方的種族——這是他從小住在西雅圖多元的地區學到的事——卻發現在眾人矚目之下，他永遠無法逃離自己是黑人，而他大多數的粉絲是白人這一點。這是聯邦調查局在那年開始調查吉米的原因之一——他的音樂擁有跨越美國種族鴻溝的力量，連政府都畏懼他。

四月二十九日在奧克蘭一場表演上，吉米無法逃離的過去找上門來。演唱會後，有張來自黛安娜·卡本特的字條被送到後臺，她是吉米過去在紐約的女友，當時吉米連餵飽自己都有問題，而她是阻街女郎。吉米寫字條回覆，要她跟著他的豪華禮車去機場。他在航廈等班機時，兩人進行三年來的第一次談話。本來這可能是溫情的重逢，黛安娜卻遞了一張照片給吉米，說：「這是你女兒塔蜜卡，她兩歲了。」吉米拿著照片。「她的眼睛像我，」他說。接下來的一個小時，吉米將頭枕在卡本特的膝上，聊起他有多厭倦巡迴，以及他現在過著怎麼樣的生活。他沒有問起太多女兒的事，只說自己有多疲倦；不過，吉米登機時帶走了塔蜜卡的照片。

一週後，他們在中西部底特律的科布體育館表演；隔天早上，他們從龐恰特雷恩飯店退房，搭乘短程班機前往多倫多。吉米早上九點半通過加拿大海關時，行李遭到搜查。員警找到塔蜜卡·卡本特那張小小的照片，還有一張明信片、一瓶酪梨乳洗髮精與一瓶酪梨乳潤絲精、一些維他命C錠，以及一本書名為《你能透過特異功能改變人生》（*You Can Change Your Life Through Psychic Power*）的書。而根據負責搜查的皇家加拿大騎警所說，在這些物品下面有個小玻璃瓶，瓶子裡有六包用玻璃紙包的白色粉末，和一點深色的樹脂殘留物。他們找來機動驗毒人員，接著在下午一點半時，吉米因持有海洛因與大麻樹脂被逮捕。

21

加拿大多倫多，
1969 年 5 月—1969 年 8 月

快樂與成功

「罕醉克斯的演唱會賺了你們三萬五千美元左右的辛苦錢！藝人可以拿到一萬九千美元。好，那麼壞人是誰？沒錯，孩子們，我們的偶像惡整了我們！罕醉克斯和其他藝人迴避了美國人心目中對快樂與成功的標準。」

——出自地下報紙《門報》

吉米・罕醉克斯在一九六九年五月三日被搜到持有毒品時，最驚人的一點是沒什麼媒體報導這件事。雖然吉米算是美國這段時期最紅的搖滾巨星，他被捕的消息卻只上了幾家多倫多的報紙。第一家報導這件事的美國大型媒體是《滾石》雜誌，而且是在整整四週後；不出人所料，整篇報導完全倒向吉米這一邊，甚至暗示吉米遭到陷害。「我阻止這件事上媒體。」吉米的公關經理麥可・戈斯坦說。戈斯坦用一箱烈酒賄賂了美聯社的編輯，請他別讓這則醜聞見報。吉米最擔心的是被捕的事會導致有利可圖的巡迴被取消；在戈斯坦的努力之下，這條新聞到了巡迴快結束時才爆發。

吉米強烈否認毒品是他的。當騎警將小玻璃瓶從他的包包裡取出，吉米不敢置信地搖著頭。體驗樂團在到達多倫多前就收到小道消息，說可能會有搜查，所以吉米以外的人都小心檢查他們的行李。米奇．米切爾為了避免出事，穿著沒有口袋的西裝通關。一九六九年時，許多知名搖滾明星，包括滾石樂團和披頭四的成員，都曾被搜到持有毒品。吉米遇到的搜查令人懷疑是事先計畫好的，因為做這種逮捕的通常是海關人員，而不是騎警。「騎警通常不會像對待罕醉克斯那樣，在機場等著搜毒品。」《滾石》雜誌寫道。日後吉米在法庭上聲稱，毒品是在洛杉磯時樂迷塞進他包包裡的，而他沒有注意到。他在私底下怪罪一位不滿的追星族，他說是這個人栽贓毒品，還事先通報加拿大警方。搜捕的事終於爆發時，吉米暗示他被捕的事象徵年輕人與當權者之間的對抗：「這些都是當局的反擊，」他告訴記者，「最後他們會吞掉自己。但是我不希望他們垮臺時將許多年輕人拖下水。寫下這句話，我知道自己在說什麼。」

吉米及時獲釋，趕上當晚在多倫多的演唱會，雖然是騎警護送他們過去，樂團上臺時卻完全沒提起這件事。吉米在表演上更改了〈紅色房子〉的歌詞，唱道：「我一出獄就想見她。」兩天後吉米遭到提訊，在支付一萬美元保釋金後，獲准繼續巡迴。他的審判日定於六月十九日。在這段等待期間，吉米一直害怕自己會被定罪——他可能要面對十年的刑期。

體驗樂團立刻繼續巡迴，在東岸展開表演，休假時還想辦法安排時間在唱片工廠錄音。他們在麥迪遜廣場花園售罄的表演吸引了一萬八千名粉絲前來，不過吉米幾乎每晚也在紐約的俱樂部做免費的表演。吉米在這個月做的其中一場俱樂部即興表演上，與史蒂芬・史提爾斯（Stephen Stills）和強尼・溫特（Johnny Winter）搭檔。「他想表演他小時候聽的那些音樂：弗雷德・金、艾爾國王和馬帝・瓦特斯。」溫特說，「我和吉米一起表演時，會讓他擁有主導權。」他們一起即興演出到凌晨三點，這時吉米建議他們移師唱片工廠；那晚，他在那裡錄了瘦子吉他（Guitar Slim）的〈過去做的事〉（The Things I Used to Do），由溫特演奏滑音管吉他。

吉米現在是全世界酬勞最高的搖滾音樂人——他在麥迪遜廣場花園的演唱會上，每分鐘賺進一萬四千美元——而這樣的走紅程度也引來批評聲浪，有無政府主義者要求他免費表演。做酬勞特別高的表演時，觀眾和樂評也對他期望更高。吉米抱怨了麥迪遜廣場花園的旋轉舞臺後，《村聲》（*Village Voice*）週報在樂評中指責：「他賺了那麼多錢還要抱怨？像罕醉克斯這種擁有選擇的表演者要對觀眾負責，也要為他表演的場地負責。」之後在巡迴中，《聖地牙哥門報》批評吉米五塊半美元的門票價格：「罕醉克斯的演唱會賺了你們三萬五千美元左右的辛苦錢！藝人可以拿到一萬九千美元。好，那麼壞人是誰？沒錯，孩子們，我們的偶像惡整了我們！」

吉米在多倫多因持毒被捕三天後從紐約飛往西雅圖，要在體育館開唱。一如往常，回到家鄉令他緊張，尤其是被捕的事又懸而未決。他找卡門．波雷諾來陪他，或許是心想面對愛問問題的親戚時，女友能當他的擋箭牌。吉米的經紀公司為他預訂了位於西雅圖大學區的飯店，還特地指示巡迴工作人員要將他的行程保密，好讓吉米能控制跟親戚相處的時間長短。

和之前一樣，吉米將表演獻給家人和加菲爾德高中。表演畫下句點時，體育館外響起雷聲，接著下起傾盆大雨，就像是上天在宣告表演結束似的。吉米在後臺招呼家人，不過因為天候的緣故，大部分的人都沒有逗留，最後只剩下吉米、卡門和少數幾位粉絲；在那個年代，演唱會的安全措施相當寬鬆，任何粉絲只要避開一個警察，就能走進更衣室。吉米告訴卡門，他想讓她看看他在西雅圖的根。「你有車嗎？」他問一個抓著唱片封面來要簽名的青少年粉絲，對方嚇了一大跳，驚訝到說不出話來，不過他點頭表示有車。

表演結束一小時後，吉米在雨中走上這個年輕人的車。卡門認為這樣做不安全，跟吉米爭辯起來：「我告訴他，我們對這個小子一無所知。我們都嗑了迷幻藥還在茫，我不確定吉米的腦子清不清醒。」他們發現這個人的車是福斯金龜車，座椅上的彈簧還刺穿出來，這讓卡門更擔心了。年輕人為車子的狀態道歉，說他打算隔天以六十美元把車賣掉。坐慣了豪華禮車的吉米和卡門一起坐上後座，少年則負責開車；車子底板上有個洞，吉米和卡門能把腳穿過去，踩在柏油路上。男孩小心開車，吉米同時指出好幾個西雅圖地點。

接下來兩個小時，少年聽從吉米的指示，開車造訪不同房子，帶他再度踏上年幼時的足跡。吉米指出他住過的破舊房子、表演過的俱樂部、幫父親割過草的草坪。他們在麥迪遜街上的一家得來速漢堡店停下來，對面的停車場剛好就是吉米七年前準備入伍時，和湯馬士與公貓樂團最後一場演唱會的場地；而這家漢堡店正是吉米當年一直想帶高中女友來的地方，他卻一直付不起買漢堡的十分錢。今天他身上也沒有錢，因為他很少帶著現金，得由這位少年粉絲請他吃漢堡。

他們在小小的金龜車後座吃著漢堡和薯條，這時雨停了。漢堡店的人都沒有認出吉米——跟在他身邊的人只有一個迷弟司機，對大家來說或許古怪到難以聯想吧。吃完東西後，他們開車到加菲爾德高中的停車場，吉米在這裡指著校舍窗戶，告訴卡門裡面有哪些班級。這棟校舍有某種吸引力，讓吉米一再造訪，與他學生時代經常曠課的狀況形成對比。自從吉米出名後，加菲爾德便擁有一種神祕的魅力，吉米每每在西雅圖開演唱會，都一定會獻給這所將他退學的高中。接著他們再度展開吉米的舊家之旅。雖然卡門已經聽過許多吉米的兒時故事，看到他住過這麼多不同房子、公寓、旅館和寄宿住宅，還是令她驚訝。「每個街區都有他住過的地方，」她說，「每個住過的地方都有故事。」

他們開車穿越傑克遜街過去的娛樂區，現在有許多店和俱樂部都關了。以前這一帶的黑人社群較為保守；從吉米小時候起，西雅圖的非裔美國人口大量成長，在政治上也變得活躍許多，黑人不再願意接受次等的住宅、工作歧視和不平等的教育機會。吉米演唱會前一天，中央社區大學的黑人學生聯盟舉辦大遊行，讓西雅圖交通癱瘓，是城裡的話題焦點。西雅圖黑豹黨是他們在國內最活躍的分支之一，也是第一批接受其他少數族裔申請會員的辦事處。吉米的高中同學麥克．田川在一九六八年加入他們：「我說：『我不是黑人。』他們說：『你也不是白人。』」一九六八年，黑豹黨在聽說一所西雅圖高中有種族歧視的情況後，武裝占領了那所學校。西雅圖也是好幾個無政府主義偏激團體的發源地，在一九六九年，西雅圖發生了六十九起爆炸案，使這裡成為全美國人均爆炸案最多的城市。

凌晨三點，福斯金龜車在寂靜中緩緩穿越傑克遜街。吉米指向一棟用木板釘起的建築，裡面曾經邀來音樂界傳奇人物雷．查爾斯、昆西．瓊斯和邦普斯．布萊克威爾。在某個轉角，一棟老舊旅館依然矗立，吉米指向旅館說：「這是我母親住過的地方。」卡門嚇了一跳，她常聽吉米提起露西兒──他甚至說過要是他們有生小孩，他想將女兒取名為露西兒──卻沒意識到露西兒也住在許多吉米住過的地方。「他母親在他心目中是如此理想化，」她說，「我都忘了她是真實的人。」之前有一次吉米來西雅圖時，對朋友派內爾．亞歷山德說想拜訪他母親的墳墓，那裡位於西雅圖南部的蘭頓。當時他沒有去，現在他向卡門與開車的少年提議這個點子；不過前往那裡必須開三十分鐘的車，而年輕人和卡門都累了。「我們再過幾小時就得搭飛機去聖地牙哥，當天晚上要在那裡表演。」卡門說。就連吉米都打起呵欠，於是他要少年往北開去他的飯店，離開這些紀念性地點和擺脫不了的往事。車輛行駛在積了水的路上，潮溼的柏油路反射路燈的光芒，引導他們回家。

這個月，吉米在英國引起議論，原因是他在《新音樂快遞》的一則訪談中說可能想休息一年。巡迴休息期間，他在洛杉磯接受媒體訪問時，說法又不同了：他向《滾石》雜誌暗示他很快就會跟另一個樂團一起巡迴；他宣告這件事時，還沒和體驗樂團其他成員討論過。吉米還對《滾石》說，他和艾利姆雙胞胎——他們成立了一個名叫貧民區鬥士（Ghetto Fighters）的團體——一起在寫歌，他打算和他們一起製作一張專輯。而在另一次訪談中，他說他未來可能會走向「交響樂的東西，這樣年輕人才會尊重老音樂、傳統的東西，像是古典樂。我喜歡把這些和現在所謂的搖滾樂結合」。

六月十九日，吉米飛往多倫多，上法庭出席一場預先聽證。這是他自從和寇帝・奈特與紳士樂團一起表演以來，第一次穿上正式西裝。在聽證會上，他的案件定於十二月八日進行正式審判。接著他飛回洛杉磯，因為體驗樂團要在六月二十二日的紐波特流行音樂節（Newport Pop Festival）表演，這場演出將讓他們賺進十萬美元，這是他們至今最高的單晚酬勞。

雖然酬勞很高，表演卻缺乏生氣。諾爾事後說吉米心情不佳，是因為參加聽證會害他分心。對自己的表現感到懊恨的吉米隔天突然出現，不收額外酬勞與巴弟・邁爾士和艾瑞克・伯登一起即興演出。

隔週又出現這種無趣的表演與充滿活力的即興演出：吉米為了參加丹佛流行音樂節（Denvor Pop Festival）提前飛往科羅拉多州。在一個休假的晚上，他打電話給音樂家赫比・里奇（Herbie Rich）和比利・里奇（Billy Rich），問起他們的近況；他們當天要做一場婚禮表演，所以沒空見吉米。稍晚，在公園的婚宴上，里奇兄弟驚訝地看到有輛豪華禮車駛來；從車上走下來的不是新郎與新娘，而是吉米。他上臺和兩人一起表演，由於這是公立的公園，集合了一大群觀眾。「他只表演了大約十五分鐘，接著情況就失控了，」比利．里奇說，「最後公園裡所有人都跑來婚禮看吉米表演。」

隔天在里高體育館的表演前，吉米和朋友赫比．沃辛頓一起嗑迷幻藥。「我有一粒紫色奧斯利，」沃辛頓說，「他說：『我們得平分。』我說：『不行，我知道你嗑的量，你要嗨的話就得吃一整顆。』」吉米堅持兩人平分這粒藥丸，在一起服用之後，他們便前往演唱會。表演開始前，有個記者看到諾爾．瑞丁，由於聽說了諾爾已經退出樂團的傳言，他上前問：「你為什麼在這裡？我還以為你離團了。」這是諾爾第一次聽說這件事；這個謠傳起自吉米向記者做的抱怨。

吉米罕醉克斯體驗樂團團史上的最低潮發生在丹佛，而這也是體驗樂團的最後一場表演。粉絲在體育館外發生暴動，要求音樂節免費開放。表演開始時，吉米似乎神智不太清楚，這可能是迷幻藥的關係，也可能因為他吸食了其他毒品，因為他通常在服用迷幻藥後會心情愉快，而不是像當晚那樣脾氣很差。吉米非但沒有娛樂觀眾，反而引起他們的敵意，他將〈巫毒之子〉的歌詞改成「我要賺一大堆錢買下這座城市／我要買下這座城市全放進我的鞋裡。」表演中途他宣告：「這是我們一起做的最後一場表演。」受到這句話的刺激，再加上一直和警方起衝突，場內一萬七千人開始暴動，有許多人想爬上舞臺。警方朝觀眾發射催淚彈時，吉米開玩笑說：「我們看到有催淚瓦斯，這是第三次世界大戰的跡象。」而當瓦斯開始飄上舞臺、包圍住樂團，體驗樂團的三人放下樂器逃離舞臺。他們三人合體一起在臺上的最後身影，看起來就像恐怖片的畫面：他們全速逃離蜂擁上前的群眾和一團催淚瓦斯煙霧。

巡演經紀人傑瑞．史提克爾開來一輛大型U-Haul貨車，將團員與赫比．沃辛頓推進後車廂，拉下門後鎖起來，接著試圖開車穿越大批群眾。催淚瓦斯吞沒整座體育館，粉絲為了躲避瓦斯爬到貨車上，他們的重量開始讓支撐貨車車頂的零件斷裂。團員們坐在黑暗的車裡，能聽到車頂上的人聲。「他們用力敲門和車頂，我們可以看到貨車兩側開始變形，」赫比．沃辛頓說。吉米默默不語，唯一說話的人是諾爾，他下定決心要是能順利脫困，就要搭飛機回英國，再也不回來；不過，即使處於極度驚恐中，他還是開了個玩笑，對坐在身旁的沃辛頓說：「那是我的腿，老兄，我跟你沒這麼熟。」體驗樂團一同度過不平靜的三個年頭，諾爾的幽默感一直幫助他們一起撐過艱辛時刻；現在諾爾開玩笑說他們完了，會一起死在貨車後車廂，再也沒有機會花他們的錢或享受名聲。雖然他們花了一小時才走了九十公尺的距離，吉米、諾爾和米奇還是從丹佛流行音樂節脫困了；不過，他們三人再也不會一起表演了。

隔天，諾爾搭飛機回英國，吉米則飛往紐約，入住維瓦羅飯店。又過了一天，吉米聽說他的朋友、滾石樂團的布萊恩·瓊斯，在薩塞克斯的家中淹死了。瓊斯死時只有二十七歲。

七月十日這天，吉米排定要上強尼·卡森（Johnny Carson）的《今夜秀》。諾爾一離開，吉米就努力尋找以前軍中的朋友比利·考克斯，想邀他來當貝斯手，不過比利搬家了，很難找到人。「我以前住在電視維修工人的隔壁，」考克斯說，「吉米打給那個工人，告訴他要是能找到我，就會給他錢。」在找到考克斯並把他帶去紐約後，考克斯開始和米奇·米切爾排練。吉米說失去諾爾·瑞丁不是什麼大問題，然而從紀錄上看來並非如此：接下來六個月，吉米做的表演只有一場音樂節、一場免費街頭慶典和兩場在劇院的正式演唱會，是他在音樂生涯中最不活躍的一段時間。偶爾他還是會去俱樂部做即興表演，不過他對這類表演也變得更挑剔。

吉米在《今夜秀》用了新的三人陣容。強尼·卡森那天晚上生病，小飛·威爾森（Flip Wilson）被找來主持。《滾石》雜誌說這集節目是「一場災難」，報導中提到吉米吃吃笑個不停，還一直嚼口香糖，讓人聽不太懂他說的話——吉米很愛嚼黑傑克甘草口香糖，尤其是在緊張時。他們對威爾森更嚴苛，寫道「他邊輕拍桌上的大西瓜，邊努力想靠時下潮流用語拉攏罕醉克斯。」在和威爾森簡短聊過後，吉米走上舞臺，與考克斯和米奇組成的節奏組首度公開演出。他們表演了〈深情男子〉（Lover Man），吉米將這首歌獻給布萊恩・瓊斯。考克斯和米切爾的演奏聽起來沒什麼問題，但吉米的音箱卻不巧爆音了，使得現場直播不太順利。

在一九六九年夏天，吉米的生活重心從倫敦移到了紐約。凱西・艾金翰不在了，於是卡門・波雷諾和蒂馮・威爾森成為他的新歡。他在倫敦的朋友主要是音樂人，或是米奇、諾爾與查斯等人；在紐約，他的交友圈擴大到音樂界和樂團以外的人。吉米初識迪靈・霍是在一九六八年，當時體驗樂團向他租遊艇做一日遊，在那之後，迪靈便成了吉米最親近的知己之一。迪靈的家族擁有好幾間曼哈頓的飯店，他熱愛音樂，不過並沒有涉入音樂產業。「我想我吸引他的一點是我出身富裕，不想從他身上得到什麼東西，」迪靈說，「除了對音樂的愛，我們幾乎沒有共通點。」

除了迪靈以外，吉米還交了兩位女性朋友，他會光顧她們經營的精品店。柯萊特・米蘭（Colette Mimram）與史黛拉・道格拉斯（Stella Douglas）兩人的文化修養都比吉米高，這一點吸引著吉米，他也欣賞兩人的時尚品味。「他真是迷人的紳士，」柯萊特說，「我想，他會被我們吸引，是因為我們不在他的圈子裡。在他的圈子裡，每個人都對他有所求，除了吉米以外的人都沒有工作，他認為他們都想得到他的施捨。」吉米和柯萊特、史黛拉與迪靈的友誼，是他成年以來第一次結交音樂圈外的朋友。「我們讓他接觸到他沒經歷過的高雅品味。」柯萊特說。迪靈還教吉米如何在高級餐廳裡點酒、點餐，這是吉米從沒做過的事。

那年夏天，柯萊特、史黛拉、吉米和迪靈經常一起用餐，像個沙龍一樣。「那就像是一九二〇年代會發生的事，」迪靈說，「我們這群人會聚在一起吃飯聊天。」他們頻繁的晚餐聚會氣氛放鬆，讓吉米得以從緊繃的工作中喘口氣。他們有個規矩，就是絕對不談公事。吉米和這些朋友聊藝術、宗教和政治，他覺得這群人很有意思，這或許是因為他覺得自己在向他們學習文化教養，這和他身為音樂人時總是走在潮流尖端的經驗完全相反。

吉米對音樂以外的領域產生興趣，讓麥可．傑佛瑞馬上擔心起來，因為他急著要吉米完成一張新專輯。為了加快進行速度，這年夏天傑佛瑞租了一棟鄉間宅邸供吉米使用。傑佛瑞自己在胡士托附近有間房子，而他為吉米租的房子離朔肯（Shokan）十六公里遠。這棟石頭砌成的豪宅有八間臥房，占地一萬兩千坪，還有馬廄、馬匹和游泳池等設施。這裡的月租要三千美元，不過傑佛瑞認為要是住在這裡能產生一張新專輯，這筆錢就花得值得；他甚至還雇用了一位廚師和一位管家，以滿足吉米的所有需求。

在朔肯的大宅，吉米開始摸索音樂上的下一步。他決定利用諾爾離開的機會，建立起他一直想要的大規模樂團。首先，他雇用多年前和他一起在納士維表演過的吉他手賴瑞．李擔任節奏吉他手，接著還加入兩位打擊樂手傑瑞．維爾茲（Jerry Velez）和朱馬．蘇坦（Juma Sultan），這兩人是他在紐約俱樂部認識的，而蘇坦本來就住在胡士托附近的農場。李、蘇坦、維爾茲和比利．考克斯全都搬進朔肯的房子裡，開始組成樂團。他們還缺少鼓手，這影響到新樂團的組成——大家還不清楚米奇．米切爾從英國回來後，會不會繼續擔任鼓手；更令他們困惑的是，吉米有天出門去紐約之後就沒有回來了。有個樂手打電話給傑佛瑞時，他們才發現吉米去了摩洛哥。

吉米去紐約本來是要為迪靈．霍送行——迪靈要去非洲找柯萊特．米蘭與史黛拉．道格拉斯。他慫恿吉米加入，說如果不能花錢，賺錢也沒什麼意義。這回吉米難得不顧經紀人的指示，答應了迪靈的邀約，他打電話給麥可．傑佛瑞，對方雖然氣炸了，卻也阻止不了吉米；接著他又打給多倫多警方，因為吉米若要離開美國境內，必須經過他們批准。遭控告持毒的陰影仍籠罩著吉米，他確實需要休息一下，皇家加拿大騎警寬容地批准了這趟旅行。

吉米在北非待了九天，這九天可能是他一輩子最快樂的時光。「那是他最美好的假期，可能也是唯一一次的假期。」迪靈說。吉米和迪靈降落在摩洛哥，他們在那裡與史黛拉和柯萊特會合，她們不知道吉米會來，見到他時很開心。他們租了輛古董克萊斯勒，開著這輛車穿越沙漠拜訪知名景點。他們整趟旅行都在買小地毯和衣服、吃東西、聊天和休息。「吉米玩得好開心，」迪靈說，「看到身為黑人的他體驗非洲感覺很棒。他熱愛那裡的文化與人，我從來沒看過他這麼常笑。」在非洲，沒有人在乎吉米的種族，而同樣重要的是，也沒有人在乎他是名人。吉米是這一年全世界最紅的明星，非洲卻沒有人認識他。這趟旅行就像是從名人的人生暫時解脫，讓他得以放下搖滾樂明星的身分，好好享受人生。「這次度假似乎滋養了他，為他重新充電。」柯萊特說。吉米只被認出幾次，其中一次是兩位來自紐約的演員認出吉米，還和他交朋友。有天晚上他去見他們，讀了其中一人寫的詩，很高興這回換別人來娛樂他了。「我們聊了劇場、藝術、非洲，卻從來不聊音樂。」迪靈說。

吉米在八月六日飛回美國，留下朋友繼續享受假期，不過他自己的假期其實還沒結束：他在巴黎機場停留時巧遇碧姬．芭杜（Brigitte Bardot）。事後吉米告訴迪靈，他當下立刻決定為了和這位知名演員上床而錯過班機：他確實成功了，還和巴杜私下共度兩天，同時他的經紀人遍尋不著他的身影。為了引誘一位知名法國女演員而錯過班機固然瘋狂，但也反映了吉米是如何過著享樂的生活。不過真正瘋狂的一點，是吉米必須真的躲起來，才能逃離經紀人和事業上的要求。他曾參加燉豬腸巡迴秀場、在紐約街頭竭盡全力追求名聲，出名後卻只求不被認出來。

吉米終於回到美國時，這趟旅行似乎為他注入了新的音樂活力。回來後的吉米想彈奏木吉他，而不是電吉他，而且受到在摩洛哥聽到的非洲音樂啟發靈感。在朔肯宅邸的即興演奏中，他探索這個領域，與朱馬．蘇坦兩人單獨錄了幾首曲子。「錄音裡只有他的木吉他和我的打擊樂，」蘇坦說，「非常精采，聽起來有點像威斯．蒙哥馬利（Wes Montgomery）或塞戈維亞（Segovia），同時又受到摩洛哥的影響。」

雖然非洲拓展了吉米的音樂視野，旅程中讓吉米最難忘的事卻很快就讓他開始做噩夢。柯萊特．米蘭在摩洛哥有親戚，包括擔任部落領袖的祖父，這位祖父前陣子再婚，新任妻子是著名的先知，曾為摩洛哥國王工作。這位老婦人見到吉米時，雖然她對他的過去或事業一無所知，卻宣告吉米的額頭顯示他有藝術天分。她開始撫摸他的頭，解讀他臉上的線條，這讓吉米和朋友覺得很有趣。這名婦人說法語，她說的話必須翻譯給吉米聽，聽到這些話的吉米笑了。稍後在這天晚上，這位老婦人用法語告訴柯萊特一段聽起來不祥的警告：「一年後，因為其他女人的關係，你不再是這個男人的朋友。」這段預言使柯萊特驚訝，不過在自由奔放的一九六〇年代，不需要通靈能力也能做出這樣的預言。然而，那天晚上之後發生的事讓柯萊特大為吃驚，也令吉米震撼。

這個婦人提議為吉米讀塔羅牌，他同意了。於是他和朋友聚集在一張桌子旁，婦人拿一疊塔羅牌一一發牌，第一張是星星牌，這讓在座的人都露出笑容，除了不知道吉米是明星的算命師之外。她告訴他這張牌的意思是「恩典」，他很快就會和一大群人在一起。下一張發出的牌讓吉米做出完全不同的反應：是死神牌。老婦人立刻告訴柯萊特，這張牌並不表示吉米很快就會死，也可能意味著重生，但在柯萊特翻譯的短暫期間，吉米呆若木雞盯著那張牌看。「我會死！」他大聲說。他的朋友立刻聚集在他身邊，對他說塔羅牌有許多種解讀方式，他不該將一個老婦人隨機發的牌視為壞兆頭。

有些人或許能將塔羅牌的事拋到腦後，但吉米——他曾在一九六六年夢到自己成為明星，然後見證夢境成真——卻忘不了這件事。接下來幾個月，他一再附和自己註定會死的預言。「有時候他說『我三個月後會死』，有時候則說只會再活六個月，」柯萊特說，「他一直反覆說自己會在三十歲前死掉。」有次吉米說出這個預言時，柯萊特對他說：「不要這樣說，吉米，這樣好負面。」

「這不是負面，」吉米回答，「這是事實。我很難過。我還沒準備好要走。」

無論他準備好了沒，他回到美國後，都必須將這些噩運預言擱到一旁——至少暫時如此，因為吉米必須和新樂團排練。回美國不到兩週後，他預定要在紐約州北部離朔肯宅邸不遠的一場音樂節表演。過去三年來，吉米已經參加過十幾個音樂節，這次的規模預計不如他參與過的大型音樂節——不過話說回來，那位摩洛哥預言家預測他會和一大群人在一起。這個音樂節要在紐約州貝塞爾（Bethel）舉行，原版的海報上寫著這場活動叫做「水瓶座盛會」，不過日後大家都稱之為胡士托音樂節，而剛離開碧姬．芭杜的懷裡與駭人算命師身邊的吉米．罕醉克斯，即將擔任音樂節的主秀。

22

美國貝塞爾，
1969年8月—1969年11月

吉普賽、陽光與彩虹

「我們決定把團名整個改掉，取名為『吉普賽、陽光與彩虹』，簡稱『吉普賽樂團』。」

——出自吉米在胡士托音樂節的開場白

胡士托音樂藝術節（Woodstuck Music and Arts Fair）的日期是八月十五到十八日，原定在紐約州沃爾基爾舉行，但在當地人的抗議之下，臨時移師到貝塞爾附近麥克斯・耶斯格（Max Yasgur）的農場上。他們已經賣出大約六萬張預售票，音樂節統籌預計最多會有十萬人參加。主辦單位一開始接觸經紀人麥可・傑佛瑞，透過他邀吉米參加時，談定的價碼是三萬兩千美元，他們預計這場音樂節的規模不會太大。吉米是表演上價碼最高的表演者，不過這個金額比他在其他表演的酬勞低很多。傑佛瑞在胡士托有房子，他知道從紐約要往北開兩小時的車才能到達，所以也不期望會有很多粉絲前往。

吉米從非洲回來後，就開始認真排練。他為了應徵新鼓手舉辦試奏，最後卻還是退而求其次，找米奇．米切爾回來。米奇從倫敦抵達時，發現體驗樂團緊密的組合已不復存在。「這個樂團前途茫茫，」他日後在《罕醉克斯體驗》（*The Hendrix Experience*）一書中寫道，「簡直就是亂七八糟。」米奇說這是他參與過的樂團中，唯一沒有因為練習而進步的一個；朱馬．蘇坦和其他團員不同意米奇的看法，他們主張是米奇不習慣他們使用的拉丁節奏。無論如何，陣容湊齊後，他們在胡士托之前只有一週可以排練，而他們的生疏也展現在表演上。

音樂節在週五開始之前，貝塞爾的情況已經開始混亂了。前來的觀眾人數並非預期中的六萬名持票者，而是多達八十萬人，其中至少有二十萬人被交通困在路上，最後直接掉頭回家。雖然音樂節的場地離紐約市只有一百六十公里，當天開車卻要花十小時才能到，最後的三十二公里都在塞車。有許多參加者直接丟下車子走路過去。等到瑞奇．海文斯在週五晚上正式宣布音樂節開幕時，他們賣出了十八萬六千張票，但還有至少兩倍的人在有人推倒圍籬後入場，統籌於是被迫宣布「音樂節免費入場」。看到電視上報導紐約州公路被關閉的消息時，吉米和他的樂團還在家裡。「沒人知道會這樣，沒人想像得到，」比利．考克斯說，「我們以為這單純只是有許多厲害的音樂家參加的表演。」

週六紐約《每日新聞》的頭條寫著「嬉皮音樂節造成交通堵塞」。此時估計有四十五萬人在現場，場內卻只有六百個流動廁所；政府用直升機運來緊急糧食和醫療用品。整個週末有三人死亡、兩人出生，還有四百多人因為迷幻藥造成恐怖幻覺而就醫。主辦單位發送傳單，上面的標題寫著「存活下去」，底下提供像是遠離「淺藍色搖腳丸」和「不要裸體在大太陽底下跑來跑去」等實用建議。週六能成功接近舞臺的人，得以目睹極為精采的音樂表演：有山塔那樂團（Santana）、死之華樂團、珍妮絲．賈普林、傑佛森飛船樂團以及史萊與史東家族樂團（Sly and the Family Stone）等。誰樂團在凌晨三點上臺，他們表演的高潮——或許也是整個音樂節的高潮——是彼特．湯森用吉他打艾比．霍夫曼，把他趕下臺。

吉米預定在週日晚上十一點上場，為整個音樂節畫下句點。吉米住在朔肯宅邸的一個好處是離場地很近，然而主辦單位還是安排讓他從當地機場搭直升機過去。他與樂團到達機場時正在下雨，沒有任何班機起飛，於是他們和幾個樂團一起被困在那裡，其中包括寇斯比、史提爾斯、納許與尼爾．揚。最後傑瑞．史提克爾弄來一輛貨車，載他們通過最後幾公里的路。尼爾．揚日後對《新音樂快遞》說，機場的這一幕比演唱會本身更令人難忘。「和罕醉克斯一起偷搭小貨車是我人生中最刺激的經歷之一。」揚說。

吉米和樂團抵達會場時，得知表演延遲了三小時——事實上，這時候已經延遲了整整九個小時。音樂節統籌說吉米可以選擇在午夜表演，這時候觀眾會很有活力，不過吉米堅持他要做壓軸表演。吉米和樂團整晚大部分時間都待在離舞臺約九十公尺遠的小屋裡，在裡面抽大麻、演奏原聲樂器，等著有人提示他們上場。在罕醉克斯之前表演的樂團是沙娜娜（Sha Na Na），這算不上什麼吉利的開場；就連吉米和樂團上臺前，吉米都還在和音樂節統籌爭執：他想表演兩首不插電的歌，統籌卻不允許。

吉米被介紹上臺時——「各位先生女士，這是吉米罕醉克斯體驗樂團」——已經是早上八點半，大部分的觀眾在晚上就離開了，留下來看吉米表演的只有四萬人。觀眾稀少倒也不要緊，因為電影攝影組還在場，而日光讓吉米的表演在《胡士托》（*Woodstuck*）電影裡顯得更加好看。這部電影就和彭尼貝克為蒙特利流行音樂節拍的電影一樣，觀看人數比參加音樂節的人數還要多好幾百萬人。

吉米走上臺時戴著一條紅色頭帶，還穿著在朋友柯萊特與史黛拉的精品店裡買的白色流蘇鑲珠夾克。他拿著白色的Stratocsater，因為不滿意主辦單位的開場白，接下來幾分鐘都在做糾正。「是啊，好，我們想講清楚一件事，」他說，「我們受夠『體驗』這個名字了，有時候我們讓自己太震撼了，所以決定把團名整個改掉，取名為『吉普賽、陽光與彩虹』。」接著介紹他的五人樂團。吉米說話時，有個觀眾大喊：「吉米，你嗨了嗎？」

吉米不管這個人，繼續說：「好，等我們一下，我們要調音。我們只排練過兩次，所以〔我們〕只會表演基本的節奏，不過反正現在太陽才剛出來，不如就從大地開始吧，大地就是節奏，對吧？你們懂嗎？找到你的女人時，就能創造出旋律了，對吧？我自己就有了，謝謝。」在倒數之後，吉米開始彈起〈給愛的訊息〉（Message to Love），開啟了十六首歌、長度兩小時的表演，這是吉米生涯中最長的表演。

吉米在胡士托的表演流暢而鬆散，看起來未經準備；上臺前他只寫了粗略的歌單，上面只有八首歌，是實際演出曲目的一半。表演中有些部分令人讚嘆，像是精湛演繹的〈巫毒之子〉；也有一些部分顯得不專業，像是吉米介紹的一首叫〈宅邸即興曲〉（Jammin' at the House）的純演奏曲，樂團還沒練到精熟。「我們的歌曲都還沒磨合好，」米奇．米切爾事後在自傳中寫道，「最後都變成很長的即興演奏。」不過，有些即興演奏很精采，像是翻唱自寇帝．梅菲的〈吉普賽女子〉（Gypsy Woman），由賴瑞．李主唱，吉米則彈出精巧的吉他獨奏。吉米不唱歌讓許多觀眾很失望，而許多歌曲，譬如賴瑞．李的原創曲〈幕後黑手〉（Mastermind），他們完全沒聽過；此外，吉米和賴瑞．李的樂器都嚴重走音（後者的情況更嚴重），更是讓樂團的表演雪上加霜。吉米在表演中一度開玩笑說：「我們就保持走音，輕聲彈吧。」

隨著表演進行，愈來愈多觀眾離開，面對這個情況，吉米忍不住發表評語。「你們想走的話可以走，」他說，「我們只是在即興演奏，好嗎？你們可以走，也可以鼓掌。」話說完後，吉米開始演奏〈星條旗〉，這首曲子他已經納入歌單一年，也至少表演過三十多次，然而對留在音樂節約莫四萬名觀眾以及日後看了《胡士托》電影的人來說，這首歌就代表了這三天來的音樂節。「他開始演奏這首歌時，我在『毒品恐怖體驗』帳篷裡擔任護士，」蘿茲．潘恩（Roz Payne）說，「一切似乎在瞬間靜止。在那之前，要是有人演奏〈星條旗〉，我們會喝倒采；在那之後，這變成了我們的歌。」《紐約郵報》流行樂評論家艾爾．亞羅諾維茲（Al Aronowitz）的反應更加熱烈：「那是胡士托最激動人心的一刻，可能也是六〇年代最美好的一刻。你終於聽到這首歌的意義：你愛你的國家，卻痛恨政府。」

一直以來，這首歌讓吉米有機會展現充滿創意的回授用法，包括用吉他模仿火箭爆炸聲和救護車鳴笛聲。吉米的版本珍貴的地方，在於他的演奏會讓聽眾聽過以後，忍不住認定沒有其他更好的版本。他透過回授和延音等手法，在美國最知名的歌曲上加入個人風格。對吉米來說，這是音樂上的手法，而不是一種宣言。要是吉米有意用〈星條旗〉做出政治宣言，他從未向團友和朋友提起，就連事後記者不斷問他是否有這個意圖時，他也沒這麼說。三週後，他在一場記者會上提起這首歌時說：「我們都是美國人……這首歌的意思是：『美國加油！』我們演奏這首歌的方式，就像現在美國的氣氛一樣，感覺上空氣有點停滯。」專家說他想用這首歌作為反越戰的主張，而即使他有這個意思，也從來沒這麼說；事實上，吉米在先前的表演中甚至將〈伊莎貝拉〉（Izabella）這首歌獻給軍隊士兵。然而說到底，吉米支持軍隊的立場或個人政治理念都不重要——這首歌成為六〇年代時代精神的一部分，被拍攝成永恆的反建制呼喊。

在〈星條旗〉之後，吉米接著表演〈紫霧〉，那天早上的觀眾對這首歌反應顯然更熱烈。最後他以〈伊拉諾瓦路口〉（Villanova Junction）作結，接著被呼喚上臺表演安可曲時，他選擇表演〈嘿喬〉：不過三年前，他在格林威治村地下室對一小群青少年表演的就是這首歌。曲畢，胡士托音樂藝術節也到此正式結束。吉米走下臺後累到倒地；他已經連續三天沒闔眼了。

胡士托音樂節後不久，吉米寫了首關於這場活動的詩，內容是：「五萬道光環壓倒泥巴與歷史。我們在神的喜悅之淚中洗滌並飲用。這一次，對所有人來說，真相已不再是謎。」

胡士托之後，吉米帶著新樂團去紐約的金曲工廠錄音室錄了六首歌，包括日後成為代表曲目的〈機關槍〉（Machine Gun）。他還帶領樂團做排練，準備參加這年對他來說最重要的一場表演——哈林區的免費街頭慶典。這是他自從在「史莫的天堂」表演以來，第一場在上城的演出，而比起胡士托，做這場演出更令他焦慮，因為觀眾是非裔美國人。這場表演是為了支持聯合街區協會（United Block Association，簡稱UBA），不過舉辦表演是艾利姆兄弟的主意，他們覺得吉米在哈林區表演或許能讓他終於登上黑人廣播電臺。艾利姆兄弟原本希望能在阿波羅劇院舉辦表演，但這個歷史性的劇院拒絕了——吉米曾於一九六四年在這裡的業餘表演中勝出，當時他身無分文。「他們不想找他，」塔德拉．艾利姆說，「他們怕會有太多白人去。」

大部分情況下，吉米面對種族的方式，源自他在西雅圖雷斯契小學學到的多元文化信念。「他相信膚色只是外在，而不是內在的。」柯萊特．米蘭說。然而，吉米的黑人觀眾一直不多，這一點仍然令他擔心。「他覺得自己的觀眾都是白人，但他想要黑人觀眾，因為他覺得不被黑人接納。」柯萊特說。不過，他曾在上城被認出來：柯萊特和吉米去阿波羅劇院看艾爾．格林（Al Green）的演唱會時，因為有太多非裔美國人觀眾認出他，逼得他提早離開。

一九六九年，吉米發現身為全世界最走紅的非裔美國藝人，無論他喜不喜歡，都會有許多團體因為種族想和他搭關係；有些人說他虧欠黑人社群，吉米不接受這種說法。黑豹黨曾多方面想拉攏他，雖然吉米默默支持他們，卻不想公開支持一個他認為倡導暴力的團體。那一年，他幾乎每次受訪都會被問起黑豹黨的事，而他往往迴避這種問題；如果遭到追問，他會承認：「在某些方面來說，我自然會覺得他們做的事和我有關，但每個人都有自己表達的方式。他們想得到個人自由，雖然有正當理由，也給了別人正當理由。事情就是這樣。」吉米能在回答問題時，內容廣泛到幾乎沒有回答到問題，這種飄忽不定的特質令人更難捉摸他的本性，就連親近他的人都覺得不確定他真正的想法。他也經常改變立場，因此不同團體都覺得他在為自己的理念發聲。吉米在政治上和私生活上都很難拒絕別人，或是直接與別人對峙——有些人就想利用這一點。

那年夏天，有個哈林區幫派裡的陰謀集團試圖跟吉米攀關係，他們想逼吉米為他們表演。吉米看到哈林區到處貼滿海報，宣傳一場他沒有同意的演唱會時，才知道這場騙局。他和艾利姆兄弟一起走在一二五街時，看到有人在貼海報，那一刻他看起來像要攻擊這個人；就在此時，其中一位統籌——一個幫派成員——跟兩個歹徒一起出現，他們掏槍指著吉米，手指扣在扳機上。「他們打算當場開槍射吉米。」塔哈卡說。艾利姆兄弟提起他們認識哈林區的老大之後，幫派才打退堂鼓，情況也就此解決。這起事件正是舉辦UBA慈善義演的原因之一：艾利姆兄弟說，假如吉米不自己在哈林區辦場演唱會，還是會被迫表演。

麥可．傑佛瑞反對這場UBA的表演，艾利姆兄弟的影響力愈來愈大，讓他覺得受到威脅。「吉米被騙去做這場表演，」公關經理麥可．戈斯坦說，「當時，任何能接近吉米的黑人騙子都對他說：『你不該讓任何白人待在你身邊。』」不過，傑佛瑞反對的原因可能完全是為了錢：吉米做這場免費表演不會拿到酬勞，唯一籌錢支持組織的方式是由傑佛瑞拉贊助商。最後，華納唱片捐了一大筆錢。

表演前兩天，吉米在一家哈林區的餐廳舉辦記者會，向十幾位記者發言時，他穿著在非洲買的黑色長袍，顯得十分亮眼。這是他在胡士托之後首度公開亮相，大部分的記者都問起這場音樂節和〈星條旗〉的事。吉米說他覺得胡士托非暴力的風格很好，他希望ＵＢＡ的表演也能為哈林區帶來同樣的團結，這裡的人「受夠了加入街頭幫派，受夠了加入激進團體，受夠了聽總統滔滔不絕……他們想找到不同的方向」。當他被問起ＵＢＡ的表演是不是「黑人版的胡士托」，他回答：「我們想在哈林區舉辦更多表演三天的音樂節……很多年輕人來自貧民區，隨你怎麼稱呼那些地方，他們沒有錢可以旅行到國內其他地方，去看這些所謂的音樂節。」

表演當天下午，吉米開著他的雪佛蘭 Stingray 載米奇一起前往表演地點，將車停在街上，而他根本就還沒下車，吉他就被一個青少年偷走了。幸好當時的哈林圈子很小，艾利姆兄弟找出是誰偷走了吉他，逼對方歸還。

ＵＢＡ音樂節是在一三九街舉辦的單日活動，吉米的表演時間是晚上。有五千人前來參加活動，其他表演者包括山姆與戴夫樂團（The Sam & Dave Band）、大媽梅貝兒（Big Maybelle）、幸運查克（Chuck-A-Luck）、美可心·布朗（Maxine Brown）和Ｊ·Ｄ·布萊恩（J. D. Bryant），他們都在面向萊諾克斯大道的一座小舞臺上表演。表演前，吉米和一位《紐約時報》的記者談話：「有時候我來這裡，大家會說：『他表演白人搖滾樂給白人看，來這裡幹嘛？』我想讓他們看到音樂是共通的——沒有所謂的白人搖滾樂或黑人搖滾樂。」他顯得沉著冷靜，不過當時氣氛很緊張。「很多住附近的黑人聽都沒聽過吉米，」塔德拉·艾利姆說，「不過因為街上有很多白人，讓他們好奇起來。」

吉米還沒上臺，問題就開始浮現。他和卡門·波雷諾站在一起看其他樂團，這時有幾個人斥責他交了個波多黎各女友。「他們看到站在吉米身邊的人是他們眼中的『白人婊子』，於是朝我丟東西。」卡門說。雙方發生拉扯，卡門的上衣因此被撕破。

午夜時分，吉米還沒上臺，許多人已經離開了。吉米得接在大媽梅貝兒之後表演，她是體重一百一十三公斤的節奏藍調歌手。梅貝兒拒絕表演安可曲，觀眾因而向她喝倒采，而當接下來上臺的第一位樂手是米奇，他們繼續喝倒采。「大家很不高興，因為米奇是來到哈林區的白人小子。」塔哈卡·艾利姆說。吉米穿著白褲子上臺，而就連他衣服的顏色都讓觀眾發出噓聲。吉米開始為吉他調音時，有人朝臺上丟了個瓶子，打中一臺音箱後碎了；接著有人丟幾個蛋，在臺上破掉。許多觀眾開始回家，等到吉米開始表演時，只剩下五百人在場。不到三週前，吉米在十年來美國最大型的演唱會做壓軸演出，受到眾人愛戴；現在，他在哈林區一百二十公分高的舞臺上做免費表演，還很有可能被大媽梅貝兒蓋過風頭——或是被瓶子砸中。「他得趕快做點什麼，」塔哈卡說，「否則可能會暴動。」

他以〈火焰〉開場，接著是〈性感女郎〉；來到〈紅色房子〉時，這首歌的藍調風味軟化了這群強硬的觀眾。接著他演奏〈星條旗〉，和胡士托的版本相同，不過在少了大批記者和電影攝影機的情況下，這首曲子的魅力輸給了〈巫毒之子〉——吉米介紹這首歌時說是「哈林區的國歌」。吉米的表演結束時，只剩下不到兩百名觀眾，不過他克服了他面對過最難取悅的觀眾。樂團打擊樂手朱馬．蘇坦為這場表演下了完美的註腳：他說這是「一次平手」。演唱會結束後，吉米和卡門一起走去他停車的地方，發現雨刷下面夾著一張違規停車罰單。

在UBA慈善表演過了五天後，吉米取名為吉普賽、陽光與彩虹的陣容做了他們最後一場表演。他們打算在救贖俱樂部表演，向媒體亮相，但是由於吉米上場的時間太晚，大部分的記者都已經離開了；樂團真的開始表演時，音響系統出問題，使得吉米無法唱歌。「他可能本來就不太想做這場表演，結果變成一場災難。」《*Rock*》雜誌報導道。兩週後，吉米將這個大型樂團解散了，不過他繼續和比利．考克斯一起表演。

吉米在救贖俱樂部還遇到一生中最古怪的事：有天晚上，他在這裡即興表演結束後遭到綁架。為了弄些古柯鹼來，他和一個陌生人一起離開，結果卻被關在曼哈頓的一間公寓裡當人質。綁匪要求麥可．傑佛瑞交出吉米的合約，作為釋放吉米的交換條件；傑佛瑞沒有同意對方要求的條件，反而自己雇用一批打手，要找出勒索他的人。奇怪的是，傑佛瑞找來的打手兩天後在朔肯宅邸找到吉米，他毫髮無傷。

這起綁架事件太過古怪，讓諾爾．瑞丁懷疑是傑佛瑞安排的，就為了阻止罕醉克斯去找其他經紀人；也有人主張綁架案是真的，例如行政主管崔西．蘇利文。「紐約有很多低階黑幫想插手音樂產業，」她說，「他們抓了吉米，麥可不得不去見一個跟黑幫牽涉很深的人，拿機關槍的人把麥克帶走，他們談好交易。我記得麥可告訴我有人拿著槍躲在樹上。」蘇利文說，傑佛瑞因為籠罩在這種威脅之下，有時候身上會帶把槍。傑佛瑞不想冒險惹怒他的黑幫人脈，說服綁匪放了吉米。那年初夏和吉米一起住在朔肯宅邸的朱馬．蘇坦說，他記得綁架案幾週前，傑佛瑞和一位司機來到宅邸找吉米談生意，傑佛瑞和吉米聊天時，這名司機掏出一把點三八手槍，開始朝著前面庭院的樹上開槍。蘇坦相信這次來訪是為了讓吉米明白傑佛瑞才是老大，諾爾也用這個說法來解釋他為何認為傑佛瑞是綁架案的幕後黑手。

《滾石》雜誌的席拉．威勒（Sheila Weller）那年夏天撰寫吉米的專文時，完全沒有提到綁架或有人持槍的事。這篇文章標題是〈我不想再當小丑〉，文中的吉米顯得相當謙遜、過度有禮且迷人。他在威勒面前把玩他可觀的唱片收藏，其中從瑪琳．黛德麗、威斯．蒙哥馬利到盲目信仰樂團等一應俱全。談到巴布．狄倫時他顯得特別熱情，說：「我愛狄倫。我只見過他一次，是大約三年前在麥克道格街『水壺裡的魚』俱樂部，那時候我還沒去英國。我想我們兩人當時都喝得很醉，所以他大概不記得我了。」吉米一邊回答威勒的問題，一邊跟著狄倫的唱片彈吉他。

吉米的回憶和迪靈．霍的說法互相矛盾。那年秋天，迪靈有一天和吉米一起走在紐約市的第八街上，這時他們看到馬路對面有個身影。「嘿，那是狄倫耶，」吉米興奮地說，「我沒見過他本人，我們去和他聊聊。」吉米衝上馬路，邊喊著「嘿，巴布」邊接近他，而迪靈跟在後頭，吉米的熱忱讓他不太自在。「我想，狄倫聽到有人喊他的名字，又穿越馬路朝他跑過去時，一開始有點擔心。」迪靈說。狄倫一認出吉米後便放鬆下來。吉米的自我介紹謙虛到有點好笑：「巴布，嗯……我是個歌手，那個，我叫吉米．罕醉克斯，還有……」狄倫說他知道吉米，而且很愛他的〈沿著瞭望塔〉與〈宛若滾石〉翻唱。「可能沒有人把我的歌翻唱得比你更好。」狄倫說，接著快步離開，留下開心得眉開眼笑的吉米。「吉米樂翻了，」迪靈說，「可能只是因為巴布．狄倫知道他。我覺得這兩人很明顯沒有見過面。」

這場街頭巧遇是他們唯一一次面對面互動，不過兩人私下依然互相欣賞。擔任這兩人公關經理的麥可．戈斯坦有天接到狄倫的經紀人艾伯特．格羅斯曼來電，要求私下見面。格羅斯曼交給他一張盤式錄音帶，上面錄了狄倫未發行的歌曲，希望吉米能翻唱。「巴布很喜歡吉米演繹他的歌曲的方式，這裡有幾首新歌。」格羅斯曼說。後來吉米錄了其中三首歌的試聽帶，這個舉動激怒了麥可．傑佛瑞，他不希望吉米放棄寫歌的版稅去翻唱歌曲。

吉米持續崇拜狄倫，不過他對米克．傑格的態度卻完全相反。迪靈．霍也和傑格很熟，吉米和米克深夜會在他的閣樓公寓一起即興演奏。傑格現在也是蒂馮．威爾森追星的對象，因此發生過幾次尷尬的場面。「有好幾次，他們在凌晨四點一起跑來我的公寓，」迪靈說，「蒂馮很愛在吉米面前勾著傑格的手臂。緊張的氣氛主要是蒂馮造成的，她很樂於在吉米的傷口上灑鹽。」吉米在看到蒂馮引誘傑格後，寫了〈洋娃娃匕首〉（Dolly Dagger）這首歌，其中有句歌詞是「她在鋸齒刀鋒上喝下血」，指的是米克有次刺傷手指，蒂馮沒有拿ＯＫ繃給他，而是說要把傷口吸乾淨。傑格或許成功追求到蒂馮，卻是吉米贏了他們在迪靈公寓裡的音樂對決。「他們私下在我的閣樓裡即興演奏，」迪靈說，「吉米用木吉他彈吉他時，是他最厲害的時候。」這回，傑格目瞪口呆。

吉米在那年十一月二十七日滿二十七歲，生日當天他在麥迪遜廣場花園看滾石樂團的演出。演唱會前，他在後臺和凱斯．理查聊天，他問理查有沒有收到琳達．基斯的消息——想起過去曾經為她爭風吃醋，兩人都笑了。吉米借把吉他彈了起來。有位在拍攝紀錄片的導演捕捉到這一幕，而傑格就像是為了讓鏡頭不要注意吉米，一再走到鏡頭前。演唱會開始時，吉米在臺上坐在理查的音箱後面，觀眾和樂團團員都看得到他。有些人可能認為滾石會邀請吉米在生日當天和他們一起即興演出，不過傑格沒有做出這種提議；他太常在迪靈的公寓裡看吉米演奏，看著吉米的才華讓所有在場的人都沉默。傑格無論到哪裡都想當最耀眼的人，一點也不想在自己的表演上被搶走風頭。

23

美國紐約市，
1969年12月—1970年4月

花園裡的國王

「有好多女人要他，他就像是花園裡的國王一樣。」
——音樂家巴茲．林哈特評吉米的性魅力

一九六九年秋天，吉米租下了一間位於格林威治村西十二街五十九號的公寓，這是他在紐約擁有的第一個家，也是唯一一個。他在朋友柯萊特．米蘭的協助下，匆促著手裝潢這間公寓。他用床罩和禮拜毯蓋住牆面，在四柱床上放了張掛毯，客廳裡擺了三張矮沙發，還到處放了些抱枕。「那裡看起來像摩洛哥市集，」柯萊特說，「可以想像會有水煙筒放在地板中間。天花板上都是非洲織品。」

雖然吉米的公寓充滿異國風情，不過為了準備出席持有海洛因的審判，他把外表打理得整整齊齊——他剪了頭髮，選了藍色西裝外套搭灰色寬鬆長褲，並在十二月七日週日這天飛往多倫多。

審判於週一早上十點開始，法庭上有十二人的陪審團，並依照英國傳統，由一位戴著白色假髮的法官主持。檢察官首先傳喚找到毒品的警員，接著是檢測出白色粉末為海洛因的實驗室技術人員。案件看似單純，檢方在聽了三小時的證詞後進行休息。

吉米的律師無法否認毒品的存在，所以他們的辯護以吉米不知道行李內容物為前提，並說樂迷經常送禮物給樂團，包括毒品。吉米是第一個為自己作證的證人，被問起背景時，他再度拿出自己在摔斷腳踝後退役的說法，還聲稱他「在菲律賓和德國出過任務」，這顯然不是真的。他說他的音樂是「電子藍調」。

接著，吉米說出有多少人參與他的巡迴，長篇大論形容巡迴的混亂程度。他描述這幾年來粉絲送給他各式各樣的禮物，包括泰迪熊、圍巾和大麻樹脂餅乾，還說曾有粉絲郵寄迷幻藥給他當禮物。他被詳細詢問用過哪些毒品時，承認曾經「兩度」使用古柯鹼，吸食迷幻藥「五次」，最近抽過大麻和大麻樹脂，不過聲稱從沒碰過海洛因或安非他命。他說他用毒品的量在過去一年內逐漸減少，也變得比較少抽大麻，說：「我覺得我成熟了，就對大麻失去興趣了。」他說了一件對案件十分重要的事：他在洛杉磯最後一天時抱怨頭痛，而「有個穿黃上衣的女孩」給他一個小瓶子，他以為裡面是止痛藥，便把瓶子裝進包包裡，然後就完全忘了這回事。他根本不知道裡面是海洛因。

交互詰問時，吉米承認曾看過兩個人用海洛因，不過他和海洛因的關係也僅止於此。檢方認為這種辯詞十分荒唐，問道：「你被指控嚴重的罪行，你的證詞卻是不知道它怎麼會出現，也不知道是誰放的？」「對。」吉米回答。

下一個證人是合眾國際社（UPI）記者雪倫．羅倫斯，她作證說吉米在飯店房裡抱怨不舒服時，她也在現場，也記得有個樂迷遞了某樣東西給他。檢方再次表示不敢置信，不過羅倫斯說她會注意到小事。接著由查斯．錢德勒作證，他以他的紐卡斯爾口音迷倒評審團，說樂團收過一大堆粉絲的禮物，還說他還在動物樂團時，拿毒品當禮物送是常有的事：「基本守則是絕對不要吃送進化妝室裡的蛋糕。」接著，案件交到陪審團手上，他們慎重討論了八個小時，對吉米來說無比漫長。最後陪審團認定吉米無罪，吉米說：「這是我能得到最好的耶誕禮物了。」他飛回紐約，立刻嗑大麻樹脂嗑到茫。

審判過後兩個月，《滾石》雜誌問起吉米他在多倫多說對大麻變得沒興趣的事，讓吉米笑到差點說不出話來，勉強回答：「至少我能阻止大麻長大成熟。」記者又問了一次，吉米大笑回答：「我不曉得，我現在太……嗨了。」他平常搞笑時一向是個冷面笑匠，喜歡說這種嘲諷的話，不過這次他卻無法故作嚴肅，忍不住捧腹大笑。

雖然判決暫時讓吉米感到解脫，不過他還有許多其他急切的問題要擔心。他和麥可．

傑佛瑞正在弄的錄音室（日後取名為電子淑女錄音室）花的時間遠比當初的規畫來得久，花費也超出預算——兩人已經花了三十六萬九千美元，又被迫向華納唱片借三十萬美元才能完工。雪上加霜的是，艾德．查爾平終於和吉米與他的美國唱片公司就ＰＰＸ合約一事和解，海外的案件仍然尚未解決。美國的和解費讓查爾平能拿到吉米至今三張錄音室專輯的部分利潤，加上下一張專輯——查爾平已經安排要透過國會唱片發行——的全部利潤。由於吉米知道下一張專輯的利潤要歸查爾平，自己賺不到錢，他在十二月初決定製作一張現場實況錄音，要錄製預定在搖滾酒吧東費爾摩的四場年終表演。

接下來，他著手要組成下一個樂團。他考慮了一些樂手，還提起要找來傑佛森飛船的傑克．凱西迪與交通樂團的史提夫．溫伍德，組成一種「超級樂團」，不過做這種安排很複雜，所以他放棄了。吉米也有興趣和前一年交到的朋友巴弟．邁爾士一起演奏，於是他選擇與巴弟和比利．考克斯組成三人陣容。「他想要有個黑人樂團、黑人鼓手，」巴弟說，「他想要回歸他的根，回到他熱愛的東西，基本上就是靈魂樂、節奏藍調和藍調。」巴弟多才多藝，除了擔任鼓手也能唱歌，而吉米一直想要這樣的團友。吉米決定將樂團取名為吉普賽樂團（Band of Gypsys），這個名字來自米奇．米切爾對吉米平常在後臺總有一大票跟班的評語（「像群吉普賽人似的」），但諷刺的是，米奇不在樂團陣容內，這是吉米三年以來第一次沒有用他。這個團名可能也受到吉米淺膚色母親的影響，她說她經常被誤以為是吉普賽小孩。故意將Gypsies拼錯成Gypsys符合吉米一貫的作風。樂團在十二月下旬花了十天排練，也在練團期間寫了幾首新歌。

其中一首新歌是〈大地藍調〉（Earth Blues），邀來羅尼特組合（The Ronettes）主唱的蘿妮．史派克特（Ronnie Spector）合音。那年十二月，史派克特造訪吉米的公寓時，發現他和五個女人一起在床上。「她們很閒散，吵著誰要幫他點菸、端飲料給他喝，」她說，「他就像個酋長，像國王一樣躺在那裡。」雖然吉米已經和蒂馮．威爾森與卡門．波雷諾固定交往，他有了家之後，還是有大批年輕女性找上門。他的公寓大樓有個看門人，有女孩子突然來訪時，看門人會打電話給吉米。吉米有錢、有才華又帥氣，許多人想和他認真交往，不過他更常吸引追星族，這有一部分是因為他著名的形象。對這些女孩來說，他只是個要征服的性目標，她們對他來說也是如此，然而女孩的人數多到對吉米來說已經失去意義。「有好多女人要他，他就像是花園裡的國王一樣，」巴茲．林哈特說，「但是他被物化了，整件事並不浪漫。」畢竟他兒時失去過許多人，或許他害怕太過親近任何人，因為擔心再次被拋棄。來得快、去得也快的一夜情不需要投入情感，也不會有受傷的風險。

蘿妮．史派克特只對和吉米在工作上合作感興趣，不過他公然與她調情，就連在身邊圍繞著許多其他女人時也是如此。蘿妮發現吉米在錄音室裡比菲爾．史派克特（Phil Spector）更追求完美，即使她認為一首歌已經搞定了，吉米仍堅持要錄幾十次。錄音結束後，蘿妮載吉米和一如往常跟在他身邊的一大群年輕女子回家。隔天早上她應門時，看到吉米倚靠在門柱上，臉上帶著靦腆的笑容，身邊沒有別人。他為自己過來找的藉口是母帶忘在她車上了，而史派克特懷疑他真正的意圖是和她上床。已婚的她面帶笑容，謝謝他找她錄音，找出他的母帶，然後請他回家。「他就像黑人版的花花公子休．海夫納。」史派克特說。少有女人能抗拒吉米狡猾的求愛招數，不過史派克特可不是天真無邪的少女。

一九六九年耶誕節，吉米選擇找卡門．波雷諾當女伴，在迪靈．霍位於納瓦羅飯店樓上的閣樓公寓度過。這個場景有如出自《*Town & Country*》雜誌內頁：這間公寓有十間臥房、兩間客廳，巨大的窗戶面向中央公園，還有一棵超大的耶誕樹襯托美景。吉米和卡門到達時，開始下起小雪。吉米穿著蜥蜴皮夾克，搭配充滿節慶氣息的紅色絲絨長褲。他們吃了精緻的一餐，還用水晶杯喝香檳王。吉米說這是他度過最美好的耶誕節，這與他貧困的年幼時期形成強烈對比。

為了慶祝假期，吉米送卡門一對鑽石耳環和一只鑽石戒指。這個戒指的用意應該是訂婚戒指，然而波雷諾說他們從來沒有認真討論過婚姻。「要結婚的話，必須要三個人一起結：吉米、蒂馮和我。」對於任何想和吉米交往的人來說，蒂馮．威爾森依然是最大的阻礙。「這時蒂馮已經當毒蟲很久了。」卡門說。受到蒂馮的影響，吉米開始吸食海洛因：「他開始用鼻子吸那東西。」波雷諾說。吉米真正的用毒紀錄，當然與他在多倫多法庭上的說法大不相同。「他喜歡能引發創意的毒品，卻很受不了海洛因，」柯萊特說，「他嘗試過，但那不是他想要的東西。」

然而對吉米來說，最危險的毒品一向是酒精，它再次煽動了他和卡門之間的暴力事件。喝下威士忌後，吉米又開始因嫉妒而發怒。「他想把我從窗戶丟出去。」她說；他沒這麼做，而是用瓶子打她，這是兩人交往以來他第二次這麼做，害她被送急診。「我得找邁爾斯．戴維斯的女友來接我，我不想讓吉米被逮捕。」卡門說。

雖然卡門和吉米的關係不平靜，也有令人發噱的時候。有一次，卡門抽大麻神智恍惚時，拿著直梳要把吉米的頭髮梳直，結果她正在抽的大麻不小心讓他的頭髮燒起來。吉米大叫起來，在屋裡跑來跑去，最後把頭髮伸到水龍頭底下；火熄滅後，吉米的頭髮一撮一撮掉下來。波雷諾得幫他把頭髮剪整齊。「他很在乎他的頭髮，」她說，「他熱愛他的小捲髮。」

吉米就是在理髮店第一次遇見傳奇爵士音樂人（Miles Davis）邁爾斯．戴維斯。吉米找詹姆斯．芬尼（James Finney）剪頭髮，成為他的第一位活廣告。「芬尼透過吉米向大眾推出『漸層髮型』，」塔哈卡．艾利姆說，「在那之前流行的是爆炸頭，更早之前是服貼的油頭。」邁爾斯喜歡吉米的髮型，於是他也開始找芬尼理髮。此外，這兩個音樂人偶爾會帶女友一起出去做四人約會。有天晚上，兩對情侶去上城光顧「史莫的天堂」，有邁爾斯在身邊，吉米終於獲得一直想要的待遇。「他們帶我們到一張角落的餐桌，」卡門說，「甚至還用小簾幕遮住我們，好讓我們抽大麻。他們送酒過來，還用音響播了吉米的歌。」

卡門說邁爾斯和吉米的關係就像父子，不過這兩人顯然也很欣賞彼此的作品。艾利姆兄弟曾經問邁爾斯喜歡吉米音樂的什麼地方，邁爾斯說：「就是那首他媽的〈機關槍〉。」指的是吉米和吉普賽樂團錄的那首歌。塔哈卡說他在邁爾斯的音樂裡聽到類似的風格，邁爾斯回答：「重點不是聽到什麼，而是你從主觀角度帶給客觀聽眾什麼東西。重點不是聽到什麼。」與邁爾斯結交好友之後，吉米開始買爵士唱片，不過他的音樂品味十分廣泛，從來不侷限在一種音樂類型中。他經常在夜深時光顧殖民地唱片行，買下一整箱的專輯，其中包括搖滾、爵士和古典樂名曲。

吉米表示想和邁爾斯錄唱片，兩人安排了時段要一起錄音。吉米平常的做法是先即興演奏，事後再去擔心合約、唱片公司和酬勞的事；不過，爵士樂的酬勞低得讓邁爾斯沮喪，他嫉妒吉米的高收入，錄音前一天，他打電話給吉米的經紀人，要求事先付款。邁爾斯告訴麥可．傑佛瑞他要五萬元，而且要預先支付；吉米打算合作的鼓手東尼．威廉斯也提出一樣高的要求。傑佛瑞拒絕了他們的獅子大開口，於是錄音一事沒有成功。然而，在出現金錢爭議之前，吉米很確定會錄音，還特地要找一位超級巨星貝斯手加入。他的首選是保羅．麥卡尼，甚至還發了電報給麥卡尼，邀請他一起來錄音，不過這個想法就和吉米許多其他想法一樣沒有結果。

不過，吉米和邁爾斯至少開過一次「高峰會」，歌手泰瑞．里德當時也在現場。這一天，里德整天都待在吉米的公寓裡；吉米要進臥室前，告訴里德會有個朋友過來，要里德為這個人開門。門鈴響起時，里德從門上的貓眼往外偷窺：「好像科幻電影一樣，有個紫色的人戴著墨鏡，他就站在貓眼前兩、三公分的地方，」里德說，「他站得很近，視野中只能看到他的頭。我愣了一兒才恍然大悟，因為全世界沒有別人他媽的像那個模樣。」對方就是邁爾斯。

里德打開門，用熱情的笑容迎接邁爾斯，對方卻表情陰沉。「我知道他討厭白人，」里德說，「所以我盡可能發揮我的英式魅力熱情迎接他。」邁爾斯穿著黑色皮革風衣。「進來吧。」里德邊做出歡迎的手勢邊說。

邁爾斯一動也不動。「吉米在嗎？」他低吼道。

「在啊，」里德說，「他在房間裡，說要我幫你開門。」邁爾斯依然站在原地。「不要緊的，」里德回答，「我是泰瑞，是他朋友。」邁爾斯還是文風不動，他不但沒進門，還抓住門把將門關上。「我腦子都亂了，」里德說，「我又透過貓眼看，他就站在門外。里德再度打開門，請邁爾斯進來。

邁爾斯還是不動。「我他媽的要吉米．罕醉克斯來開吉米．罕醉克斯他媽的門。」他說。

里德去找在房間為吉他調音的吉米。「邁爾斯．戴維斯在門口。」里德說。

「你有幫他開門嗎？」吉米問。

「有，但是他在我面前關門。他不要進來，除非你去應門。」

「好吧，他就是這樣。」吉米笑著說。看來邁爾斯．戴維斯曾玩過這種遊戲。吉米去開門，邁爾斯進門時不發一語，和罕醉克斯一起進入臥室。依然待在客廳的里德不知道他們是在房裡一起吸毒——總是有這個可能性——或是做別的事，不過他的耐心終於得到回報：他聽到邁爾斯悶悶的小號聲伴隨著吉米未接音箱的吉他聲一起從門縫傳來。「真的很美妙，」里德說，「他們的演奏很有品味，不過度炫耀或誇張。從爵士的角度來看，吉米仍然在挑戰極限，沒有其他搖滾樂手能像他一樣受到爵士樂手的敬重。」

邁爾斯．戴維斯去看了吉普賽樂團在東費爾摩的四場新年表演的其中一場。這場表演由福音合唱團東哈林之聲擔任暖場佳賓，象徵著吉米音樂上的轉變：他演奏了一些以藍調為基底的新歌，反映出他想從搖滾樂風轉變。這也是吉米自從參加寇帝·奈特與紳士樂團以來，第一次與全黑人陣容的樂團表演。他們表演了吉米寫的歌，也表演了一些巴弟的歌，包括熱門金曲〈那些改變〉（Them Changes），由巴弟負責唱歌。表演的評論好壞參半，《紐約時報》說第一晚的表演「普普通通」，麥可·強寫道：「〔吉米〕似乎比較想創造出一個充滿激烈樂音和個人憤怒的環境，而不是創作出樂曲。」《重拍》（*Downbeat*）雜誌的克里斯·艾伯森評價較為正面：「罕醉克斯在摸索自己的位置，日後他可能會成為最傑出的新一代藍調吉他手。」不過，令吉米印象最深刻的很可能是一件他很久沒看到的事：滿場的觀眾中，有許多人在表演中途就離場了。

元旦的第一場表演結束後，吉米去比爾·格雷翰的辦公室問他的想法時，就連他都給予負面評價。吉米氣到咒罵格雷翰，之後卻又問他會不會留下來看第二場表演，格雷翰說會。他認為第二場表演好多了，並在回憶錄中寫道：「這〔第二〕場表演無與倫比。吉米在整段表演中頂多只移動了三步，他專心演奏、專心唱歌，他擺動身體，永遠配合音樂的節奏。他是佛雷·亞斯坦，不是喜劇演員哈波·馬克斯，他帶著優雅，完全沒有胡來。」表演中途，吉米回到後臺奚落格雷翰：「這樣對你來說夠好了嗎，傑克？」格雷翰說很棒。吉米回到臺上，開始表演〈野東西〉，還加上格雷翰批評過的各種花招。「他拿出所有拿手好戲，點火、丟吉他、踢腿、上吉他、摩蹭。這些之前做過的事，這回是真本事。」

第二場表演在凌晨三點結束，之後吉米接受《紐約郵報》的艾爾．亞羅諾維茲簡短訪問。被問起組新團的原因時，吉米說：「我想讓音樂回到根本。我想回歸藍調，因為這就是我。」他說他打算讓巴弟唱大部分的歌。「我比較想單純演奏，」他說，「英國那裡要我唱歌，但是巴弟的歌聲很適合，現在起他會擔任主唱。」巴弟的確擁有傑出的藍調歌喉，但是樂迷想聽吉米唱歌，而不是鼓手。

四週後，吉普賽樂團做了下一場演出，同時也是他們的最後一場。他們參加麥迪遜廣場花園的「冬季和平音樂節」慈善義演，表演陣容一共有十二組人馬。選擇參加這次義演，是吉米對越戰做過最公開的抗議，不過這場演唱會並沒有依照計畫順利進行。與之前遇到的情況類似，這次表演的時間又拖到很晚，吉普賽樂團直到凌晨三點才上臺，這時候吉米的狀況已經不適合表演了。在極為差勁地表演了〈誰知曉〉（Who Knows）之後，有位年輕女子大喊要聽〈性感女郎〉，吉米以他在舞臺上一貫的連珠砲語氣喊回去：「性感女郎就坐在那裡，穿著黃色內衣，身上髒兮兮的沾了血。」第二首歌表演到一半時，他停止演奏，對著麥克風說：「這就是大地亂搞太空的結果。絕對不要忘記。」接著他在舞臺中央音箱前方坐下，不發一語。觀眾都沒看過不出聲的吉米，這使得樂迷和其他在場樂手都感到不安。「當時很嚇人，」強尼．溫特說，「他得靠別人把他送下臺。」巴弟．邁爾士說吉米不舒服的原因，是經紀人麥可．傑佛瑞給他太多迷幻藥了，他為了讓樂團出問題，有意破壞演唱會。「他給吉米．罕醉克斯兩顆紫色奧斯利，」巴弟說，「我親眼看到的，我姊妹也是。」其他人的說法與他不同：強尼．溫特說，吉米到場館時已經因嗑藥精神不濟，吉米本人則告訴朋友，是蒂馮．威爾森在他的酒裡加了毒品。那一年，蒂馮好幾次在吉米不知情的情況下對他下藥；在他們古怪的關係中，控制欲的影響力比毒品更強。

幾天後，傑佛瑞開除了巴弟，吉普賽樂團就此解散。「巴弟是被逼走的，」比利．考克斯說，「我想，他們也想趕我走。」比利沒有像巴弟那樣反抗，直接離開當地，回去納士維了。

二月初，傑佛瑞宣布體驗樂團原始陣容要再度合體，並帶諾爾和米奇來美國與吉米一起受訪。但在報導刊出、大型「體驗樂團合體巡迴」的門票開賣後不久，吉米決定不要諾爾留在團裡，他打給比利．考克斯，邀請他再度加入。一向不喜歡正面衝突的吉米沒有通知諾爾樂團不要他，而是留給傑佛瑞的辦公室去處理。為了表示安慰，吉米在諾爾籌備中的個人專輯裡演奏，不過這只是小小的犧牲而已，因為在這次錄音後，兩人再也沒有同臺了。

一九七〇年春季巡迴於四月二十五日在洛杉磯論壇體育館展開。這場表演就和這一年許多其他表演一樣，標榜表演藝人是「體驗樂團」，不過報紙廣告上有加上小字，註明團員為比利．考克斯和米奇．米切爾。考克斯說，吉米曾短暫考慮繼續用吉普賽樂團這個團名。「不知不覺中，我們稱樂團為『吉米罕醉克斯樂團加上新人比利．考克斯』。」考克斯說；而米奇光是能回去和吉米一起表演就很開心了。

無論團名為何，這次的巡迴讓吉米獲得生涯中最佳評論。「罕醉克斯是性與音樂的巨人。」《洛杉磯時報》的羅伯特．希爾本（Robert Hilburn）在第一場表演的評論中寫道。吉米表演了幾首舊金曲，不過有一半以上的歌都尚未發行，其中兩首——〈機關槍〉和〈給愛的訊息〉——出自前一天才推出的《吉普賽樂團》現場專輯。「大家對新歌的反應比較冷淡。」希爾本說；而在接下來的巡迴中，大家的反應也類似。吉米也減少表演吉他花招，這讓一部分觀眾感到失望，卻也讓他彈奏時更有活力。有幾位樂評認為少了諾爾很可惜，但米奇的表現比以往更好，他受到爵士影響的風格很適合這些新歌。「米奇是超猛的鼓手，」吉米經紀公司的鮑伯．萊夫因（Bob Levine）說，「他擁有即興表演的能力，是最適合吉米的鼓手。」

巴弟·邁爾士雖然被吉普賽樂團除名，卻還是受邀擔任他們幾場表演的暖場佳賓，也維持和吉米的友誼。然而更值得注意的，是洛杉磯表演陣容上的第三組樂團：吉米親自挑選的玩家傑克（Ballin' Jack），團員陣容有來自西雅圖的路德·拉布和羅尼·哈蒙（Ronnie Hammon）。路德曾是吉米第一個樂團絲絨音調的團員。吉米常提起要找以前的伙伴一起巡迴，然而玩家傑克加入的那四場表演，是他唯一實現這個心願的時刻。他對老朋友很大方，讓他們拿到優厚的酬勞，還能做完整長度的表演。「吉米會直接把衣服脫下來給你穿，」哈蒙說，「有天晚上他下臺時，我說『襯衫很好看』，他就直接脫下來給我。」他送給路德幾件他在倫敦買的節慶氣息外套，因為他覺得路德穿起來比他穿更好看。

路德從中學時就認識吉米，看到吉米在多倫多因持有海洛因被捕後才過一年，毒品問題就變得這麼嚴重，使他很擔心。「他太過頭了，」路德說，「他知道毒品在傷害他。他有在努力，但不知怎的，毒品總是會透過經紀人或別人送到他手上。」無論是興奮劑、鎮靜劑、古柯鹼或海洛因，吉米的化妝室裡似乎永遠有毒品。路德是他身邊少數直接指出這一點的人；大部分的人都不敢提。「他說他要戒毒，就只為了讓我閉嘴。」路德說。然而在兩人正面衝突後不久，玩家傑克就被送去住另一家飯店了。

雖然有這些問題，吉米和這些西雅圖好友一起巡迴時，在路上還是感受到難得的輕鬆，而玩家傑克的化妝室也成了他的庇護所。吉米在表演前抽大麻，他會在上臺前朝羅尼．哈蒙的臉吐氣，問：「聞起來像母狼的屄嗎？」假如哈蒙告訴吉米他的口氣很難聞，他就會嚼口香糖。「他很常嚼口香糖。」哈蒙說。

不過，吉米從老友身上得到的最大寬慰，或許是音樂方面的。隨著巡迴進行，吉米覺得必須表演更多暢銷歌曲。有次吉米告訴路德，他穿誇張的舞臺裝是因為希望觀眾在他下次來表演時回來看，就算只是為了看看他的穿著打扮。「他討厭表演暢銷歌曲，」路德說，「卻覺得必須這麼做。他還是要做『表演』，這種想法主要來自『秀』，他覺得自己得做些像是在背後彈吉他之類的事，因為大家是為了這些來看他的。」為了忍受這些「秀」，吉米去玩家傑克的化妝室，和他們一起演奏〈不要緊〉（It's Alright）、〈路的另一頭〉（Further On Up the Road）及其他經典曲。「他把和我們一起做的私人表演稱為『西雅圖特別節目』，」路德說，「觀眾聽不到，但那是他整晚最精彩的表演。」

巡迴才開始一週，這項苦差事就已經讓吉米快吃不消，在威斯康辛州麥迪遜時，他醉醺醺地上臺，口齒不清地說越戰可能是美國的末日：「很快的，我們每個人都會被消滅，就因為那些老人說的鬼話。」與其說這是他的政治立場宣言——他的政治立場會依說話對象改變——不如說是反映了他日益嚴重的偏執。他在舞臺上開玩笑說需要來根大麻菸，還解釋說〈滿是鏡子的房間〉內容是關於「當你嗨到只看得到自己，到處都是你的倒影」。他在這天晚上兩首歌曲開始前都提到耶穌。曾參與胡士托樂團陣容的朱馬．蘇坦記得一九六九年時，吉米愈來愈常讀《聖經》：「他把打開的《聖經》擺在家裡，或許是人生中第一次仔細讀它。」為了在變得更加失控的人生中尋找立足點，吉米伸手抓住許多東西，毒品、宗教和女人只是其中一部分。

在麥迪遜，吉米除了喝酒外，還大量吸食某種毒品，他在臺上的發言開始顯得急切。在〈逍遙騎士〉（Ezy Ryder）一曲前，他說這首歌的靈感來自同名電影，而他在胡言亂語中也提到人總有一死——自從他在摩洛哥見了塔羅牌占卜師後，他愈來愈常提起這件事：「我想幫助我們，但事情最後搞砸了，懂我的意思嗎？這只是我們人生的三分之一，我們必須搞砸，再接著做更好的事對吧？絕對是。要是你不這麼想，不如現在就死吧。上天啊，我就要死了。」

24

美國柏克萊，
1970年5月—1970年7月

神奇男孩

「這個故事……是關於一隻貓……牠上路要當個巫毒之子，回來時變成了神奇男孩。」

——吉米介紹〈聽我的火車接近〉的引言

一九七〇年五月三十日，吉米的樂團來到加州柏克萊，要在社區劇院做兩場表演。吉米上一次待在柏克萊，是三歲時和錢普太太一起住；這座城市也是他第一次見到父親的地方。就算吉米有任何懷舊之情，他也沒提起，而且一九七〇年的柏克萊與他兒時的這裡大不相同。加州大學的校園是抗議的戰場，州長雷根找來兩千名國民警衛隊對抗三萬名學生，因而爆發的暴動造成一百二十八人受傷，一人死亡。雷根聽到抗議一事的反應惡名昭彰：「如果必須大屠殺，就趕快把事情辦一辦吧。」幾個月前發生過另一起浴血事件：幫派「地獄天使」在滾石樂團的演唱會上殺害一個人，地點就在附近的艾特蒙特賽車場。吉米告訴記者凱斯．阿塔姆，艾特蒙特的事讓他覺得「整個美國似乎要完蛋了」。由於種族緊張情勢、暴力和越戰造成的分裂日益嚴重，吉米對朋友說他考慮搬回倫敦。

吉米的柏克萊演唱會也遭遇一些暴力事件。在他一九七〇年的巡迴當中，有許多場表演都因為與抗議者衝突而遭到破壞，他們要不就是要求免費入場，要不就是像在柏克萊這樣，被拒絕入場後試圖闖進去。麥可．傑佛瑞雇了一個電影工作團隊，要記錄柏克萊的演唱會，在他們拍攝到的片段中，抗議者企圖從劇場屋頂闖入，還朝觀眾丟石頭。拍攝團隊也拍到街上令人發噱的一幕：另一個團體在抵制一家放映《胡士托》的電影院，他們主張三塊半美金的電影票太貴了，還說「所有的音樂都應該免費」。

吉米與蒂馮．威爾森和柯萊特．米蘭一起搭加長禮車到達，並從後門進入會場，完全沒有看到這些事。前一週他因為患了流感而取消表演，在柏克萊時，他的臉色蒼白，兩眼無神。雖然這位明星看起來身體狀況不佳，這兩場表演卻十分精采，當晚的紀錄片拍攝到一些罕醉克斯的最佳演出。表演還沒開始就已經令人難忘：吉米在彩排時彈奏了卡爾．帕金斯〈藍色麂皮鞋〉的七分鐘版，在空無一人的場內演繹直接且強而有力的藍調版本。

在第一場演出，吉米把另一首經典曲目——查克．貝瑞的〈強尼．B．古德〉（Johnny B. Goode）——化為快節奏的舞曲。吉米拿出平常取悅觀眾的招式，用牙齒彈獨奏的部分；而在表演不需要任何花招的〈聽我的火車接近〉（Hear My Train A Comin'）前，他介紹這首歌時是「關於一隻貓在城裡跑來跑去，養牠的老太太不想把牠留在身邊。鐵道對面有很多人數落牠。沒有人想面對牠，但這隻貓有點特別，只是大家都不喜歡牠，因為牠可能不太一樣。於是牠上路要當個巫毒之子，回來時變成了神奇男孩。現在牠在火車站等待，等著火車進站」。這段引言基本上就是在描述吉米的人生經歷。

吉米身為吉他手的獨特天賦之一，是能夠在擔任主奏吉他之餘，同時彈出往往由第二位節奏吉他手負責的部分來應答。透過運用娃娃效果器、Fuzz Face 破音效果器、各種回授與延音，吉米就能塑造出有第二位吉他手的錯覺；他還能用大拇指彈出像回音的重複樂段。他在〈聽我的火車接近〉當中展現了以上所有的技巧，在他自己和考克斯與米切爾演奏的樂段之間，塑造出「一唱一和的形式」。就如同他平常的長篇即興演奏，當晚他彈的版本獨一無二，只有像考克斯和米切爾這樣擁有深厚直覺能力的樂手，才能在這樣曲折迂迴的歌曲中跟上他——這首歌結束時，長度超過十二分鐘。像這樣令人振奮的殿堂級歌曲，多數表演者會用來當表演終曲，而對吉米來說，這才只是一套十二首歌的完整表演中的第三首。

那一晚的第二場表演更加精采：預定演唱十一首歌的表演中，有兩首較新的曲目〈勇往直前〉（Straight Ahead）和〈嘿寶貝（日升之地）〉（Hey Baby (Land of the New Rising Sun)），也包含經常表演的〈巫毒之子〉、〈嘿喬〉等曲目的火熱版本。吉米在表演〈機關槍〉前的引言很詳盡：「我想把這首歌獻給所有在柏克萊搏鬥的戰士，你們知道我指的是哪些戰士。同時也要獻給遠在越南作戰的大兵。」在演奏〈星條旗〉前，他說：「這首歌獻給所有人，讓空中真正飄揚美國國歌。」他說〈巫毒之子〉是「我們的國歌」，並將這首歌獻給柏克萊的人民公園，特別要獻給黑豹黨。黑豹黨的全國總部在柏克萊附近的奧克蘭，吉米的這段獻詞是他對該組織表達過最強力的公開支持。

卡洛斯．山塔那（Carlos Santana）看了柏克萊的兩場表演，認為在藝術上的成就可與約翰．柯川相比：「很少有人能演奏得又快又有深度，」山塔那說，「大部分的人彈得又快又膚淺，不過柯川就彈得又快又有深度，查理．帕克也是，吉米也是。」山塔那在後臺和吉米聊天，但是因為有一大群追星族在場，他們的談話沒什麼隱私。「他的身邊圍繞著那些女人，」山塔那說，「以前我管她們叫『監視器』，因為她們跟每個人上床，然後把別人的事情全告訴你。」

柏克萊的第二場表演上，另一個值得注意的地方是吉米的裝扮——一套藍色的蜻蜓裝，布料像翅膀一樣從他的手臂上垂下來。設計這套服裝的人是艾蜜莉．涂蘭（Emily

Touraine），她開始為吉米縫製花俏的舞臺服裝。「他和我的體型差不多，」她說，「他的腰圍大約是二十八吋，所以穿得下我的衣服。」當時只有貓王會穿這麼誇大的舞臺服裝，不過貓王的連身服上覆滿亮片，用意是掩飾他的體重，然而吉米身輕如精靈，還帶有非裔與印第安人的成分。他在一九七〇年與一九六七年的形象大不相同，整個人像是改頭換面似的：現在他只穿絲絨緊身褲或藍色牛仔褲，巫師帽換成頭帶，那件古董軍外套也換成和服式的襯衫搭配色彩鮮豔的圍巾。

艾蜜莉・涂蘭的主要工作是畫家，她在洛杉磯的住家是藝術家的工作室，吉米偶爾會住在她家，逃離尾隨著他的一片混亂。「他的周圍簡直一團混亂。」她說。吉米來作客時，經常用她的畫具創作自己的作品，畫出數百張素描和繪畫。「他畫得很好。」她說。吉米告訴涂蘭，假如他當初沒有在音樂界闖出名堂，應該會嘗試當商業藝術家。

柏克萊的表演是體驗樂團所謂的「飛行場」，也就是需要在最後一刻搭飛機過去的週末演唱會。一九七〇年的春天和夏天，吉米為了完成一張新專輯，把大部分時間都花在錄音室裡，最後卻徒勞無功。一九六九年十二月時，他已經對記者說他寫的歌足夠再出兩張專輯，不過他無法決定要發行哪些歌或何時發行。到了隔年夏天，他寫的歌足以出四張專輯，卻還是沒準備好發行任何作品。由於他容易執著，會花一整天處理一個疊錄。「他的做法很花錢，」錄音師艾迪．克拉默說，「不過考慮到他身邊發生的事，這似乎是唯一的辦法。」吉米很少先做好計畫再錄音，而且他會運用當天晚上在俱樂部裡遇到的樂手。有一次，吉米在聽到一位計程車司機說會打康加鼓時，便邀他一起來錄音。

當吉米的電子淑女錄音室接近完工，情況也變得稍微輕鬆一點：這間錄音室由吉米和麥可．傑佛瑞擁有，因此能減少開銷。「他很以那間錄音室為榮，」艾迪．克拉默說，「身為黑人能擁有他的聲望，賺進大筆收入，還在紐約市擁有自己的錄音室，對他來說這就是成功的巔峰。他命運坎坷，卻還是爬到頂端。」吉米曾經只為了能進入錄音室，願意簽約放棄所有權利；現在，他擁有紐約市最頂尖的錄音室。這間錄音室成為他的第二個家，但同時也使他更加追求完美。在七月一日的錄音時段，他錄〈洋娃娃匕首〉錄了十九次才完成母帶。「他熱愛那間錄音室，每晚都待在那裡，」迪靂．霍說，「但是他會執著在一首歌上，光是八個小節就能搞三天。」

到了六月中，吉米已經著手將幾十首歌減少到下一張專輯的雛型。他考慮了幾個專輯名稱，其中包括《日升的第一道光芒》（*First Rays of the New Rising Sun*），卻一直沒有決定最終的專輯名稱或曲目。他和傑佛瑞對於專輯長度意見分歧：傑佛瑞說單碟專輯會賣得比雙碟好，吉米卻提議做成三碟專輯，用《人、地獄與天使》（*People, Hell, and*

Angels) 這個專輯名稱。吉米在六月寫了一個曲目清單，稱為「專輯《永往直前》的歌曲」，其中包括〈滿是鏡子的房間〉、〈逍遙騎士〉、〈天使〉、〈契羅基之霧〉和〈洋娃娃匕首〉及其他二十首歌，這是最接近定案的版本。

那年夏天，看似無止境的巡迴帶著吉米走遍達拉斯、休士頓、波士頓等地方，其中唯一不是「飛行場」的表演，是在七月十七日參加位於紐約市蘭德爾島的紐約流行音樂節。有幾個激進團體，包括青年國際黨、青年領主黨、黑豹黨和白豹黨，要求他們交出所有收益，否則就要暴動；演唱會統籌捐了錢給這些團體，卻仍然有上千名抗議人士不付錢偷溜入場。吉米直到凌晨四點才上場，他表演時，擴音系統一直接收到電臺播送的聲音；系統故障害吉米心情不佳，對觀眾動怒好幾次。他將〈巫毒之子〉獻給蒂馮、柯萊特、迪靈和其他幾位朋友時，觀眾發出噓聲。「滾開，」吉米回答，「他們是我朋友。」

這場蘭德爾島的演唱會，是吉米最後一次在紐約市的舞臺上表演。他曾在紐約挨餓、在上城努力想被接納，最後在格林威治村被發掘；日後，他成為這座城市最成功的代表性音樂人。這場演唱會並不是理想的告別，最後一首歌結束時，廣播電臺的干擾蓋過了吉米的吉他聲。他對紐約觀眾說的最後一句話帶著憤怒：「去你的，晚安。」

十天後，吉米再度往西飛，要在西雅圖表演。這次巡迴原本要跳過西北區，不過傑佛瑞臨時安排了這場表演，吉米也同意了，心想這能幫忙支付他們驚人的開銷。吉米是世界級的巨星，不過他最大的市場依然是在紐約、洛杉磯、倫敦、歐洲和家鄉西雅圖。這場表演安排在席克斯體育場，這是一座位於雷尼爾谷、有二萬六千席座位的棒球場，這裡曾是西雅圖飛行員隊的主場，之後巴德．塞利格於一九七〇年春季就把球隊遷到密爾瓦基了。這是吉米第一次、也是唯一一次以明星身分在老家附近表演。兒時的他曾走路經過席克斯體育場無數次，或許幻想過自己有一天能成為場內的表演者——現在幻想成真了。

七月二十六日，吉米搭早上的班機前往西雅圖。雖然在體育場的演唱會預定於下午兩點半開始，因為有兩組暖場佳賓，表演間的休息時間也很長，他要等到晚上才會上場。他希望能在下午睡個幾小時，家人卻出現了，這使他無法休息。「他從一開始就無法脫身。」演唱會統籌丹．費亞拉（Dan Fiala）說。吉米最初要求別讓家人知道他到達的時間。「他們一天打電話來我們的辦公室十次，說要來接他，」費亞拉說，「同時，經紀公司又告訴我們：『一定要讓他獨處，因為他們會把他逼瘋。』」吉米每次造訪西雅圖內心都很掙扎：雖然他喜歡見到家人，但見面之後只會強化現在他與家人生活的世界多麼不同。在西雅圖，他依然是聽爸爸的話的「小鬼罕醉克斯」；在其他地方，他卻是白手起家的超級巨星。

費亞拉參與過體驗樂團的其他表演，卻從沒見過吉米像那天顯得這麼疲憊。吉米抱怨說他整晚都沒睡。「大家都以為是毒品的關係，」費亞拉說，「但他真的很累，累到看得出來。他工作得太辛苦了，沒有巡迴時就進錄音室，讓他很吃不消。」吉米向好幾個人傾訴過他的疲倦，這些人都勸他休息一段時間。他要在西雅圖表演後隔天飛去夏威夷，不過這趟旅行並不是休假，而是去開演唱會和拍攝電影。幾天前，吉米告訴一位聖地牙哥記者：「我像奴隸一樣啊，整天都在工作。一開始很好玩，現在我該找回樂趣了。我要退休了。我要以享樂為優先，不要再工作了。」受訪後隔天他又上路進行巡迴。

吉米幾乎整個下午都待在艾爾家，見許多來訪的鄰居和親朋好友。他喝了幾杯酒，使得他心情變差，一度和艾爾起爭執，讓兩人都很不開心。弟弟里昂錯過他的來訪，也讓吉米有點傷心：里昂當時因竊盜罪坐牢，這件事讓吉米很不安。當天稍晚，吉米得知表弟艾迪·霍爾——阿姨德洛蘿絲的小兒子——在學吉他，這讓他心情好轉一些。德洛蘿絲帶了十五歲的艾迪來，他彈起吉他時讓吉米驚豔。「吉米問我媽能不能帶我一起去巡迴。」艾迪說。德洛蘿絲拒絕了這個提議；雖然她很愛吉米，還是擔心他會帶壞她的兒子。

這天下午發生了一件意料之外的事，讓吉米想起罕醉克斯家破碎的過去：有個住在同條街的十八歲女孩來向吉米要簽名，她自稱是吉米的妹妹。吉米走到門外去見她，發現她是潘蜜拉·罕醉克斯，過去由住在艾爾家附近的一家人領養。他幫她簽了名，還擁抱了她。或許是見到失散的妹妹讓他陷入沉思，不久之後他打電話給老「阿姨」桃樂絲·哈汀，邀請他們一家去看他的表演，還要安排豪華禮車去接他們。由於哈汀家有人得了肺炎，他們無法參加，於是吉米那天打給她好幾次，詢問她的健康狀況。

吉米也在那天抓緊時間，偷偷打給一支他還記在腦海裡的電話號碼：他的高中女友貝蒂·珍·摩根。「這是我多年來第一次收到他的消息。」貝蒂·珍說：其實已經過了八年——吉米上次和貝蒂·珍交談是在一九六二年他剛退役，取消兩人婚約的時候。在那之後，貝蒂·珍結了婚，不過已經和丈夫離婚了，現在與父母一起住。先前有個朋友告訴吉米她現在單身，不過吉米沒有明說為什麼打給她。貝蒂·珍不是爵士樂迷，她知道吉米現在是明星，不過並沒有密切關注他的事業。他曾在胡士托壓軸表演、登上皇家亞伯特廳的舞臺，甚至見過披頭四，而她高中一畢業就結婚了，從來沒離開過西雅圖。兩人除了有段過去——當年他們一起從學校走路回家、在門廊上牽手、躲在樹後面接吻——幾乎沒有任何共通點。她曾是他心愛的女孩，他用她的名字為第一把吉他命名，還在上面寫上她的名字，現在卻不知道該對她說什麼。她問他是否有和學校的朋友保持聯絡，他說派內爾·亞歷山德還住在附近，但是基米·威廉斯和泰瑞·強森都在越南，她說希望他們都能平安歸來，他也同意。接著兩人就沒有話題可聊了。「我們的談話很簡短。」她說。掛電話前，吉米告訴她下次他來訪時，會請她吃多年前他還一貧如洗時承諾要請客的漢堡。

接下來，吉米前往席克斯體育場，不過傾盆大雨使得演唱會面臨取消的危機。吉米在晚上七點十五分上臺時，大雨暫時停竭。有些設備沒有接地，這讓統籌很擔心，怕主秀藝人可能會觸電，但吉米還是堅持上場。他以過去兩年來一貫的開場白為表演開場，這些話在他的家鄉多帶了點辛酸：「我要你們忘記昨天和明天，在這裡創造我們的小世界。」他對淋得溼答答的觀眾說：「你們聽起來不太開心，看起來也不太開心，來看看能不能讓你們的表情亮起來吧。」接著，體驗樂團開始演唱〈火焰〉。

歌曲結束時，有個枕頭被丟上臺。珍妮絲．賈普林三週前在席克斯體育場表演時，同一個枕頭也被丟上臺，賈普林在枕頭上簽了名，然後丟回去。吉米不知道這件事，然而有東西丟上臺讓他不開心。「請不要丟任何東西上來，」他說，「請別這麼做，因為我本來就想找人發洩了。」他很少直接說出自己心情不佳，而接下來他說的話更糟：「不管是誰丟枕頭上來，去你的。」他把枕頭踢下臺，朝觀眾比中指，而觀眾群裡有許多他的親朋好友。他承認自己喝了幾杯威士忌。在表演〈給愛的訊息〉時，他沒做任何解釋就下臺，逼得米奇必須來一段鼓的即興獨奏，而這首歌從來沒有加長過間奏。兩分鐘後吉米回來了，表演繼續進行。

雨又下了起來，吉米在唱〈紫霧〉時更改歌詞：「失陪一下，我要幹天空。」他唱道。他在唱完靈感來自貝蒂．珍．摩根的〈紅色房子〉後說：「這場雨讓我有這種感受。」他以〈性感女郎〉為表演畫下句點；一九七〇年，他只有兩度用這首暢銷曲作為演唱會的結束。之後，他就和貓王一樣——吉米曾在一九五七年於同一座體育場看過他表演——沒有演唱安可曲就離開了。

演唱會結束後，吉米前往父親的家，接待聚集在那裡的大批朋友與鄰居，努力想忘記這場他心目中糟糕的表演。他成名後在西雅圖開過四場演唱會，卻沒有任何一場達到他極高的期望。他最想要的莫過於讓家鄉看看他變得多出色，這個目標卻永遠無法達到——至少他是這麼想的。

演唱會後，吉米看起來比平常更疲憊，不過他還是擠出時間和芙瑞蒂．梅．高提爾長談。高提爾也是吉米的舊識，她母親曾在吉米還是嬰兒時照顧過他。她說吉米這次來訪時顯得感傷、哀愁，還說「他就像被下了咒似的」。高提爾是吉米年幼就認識的人，她認識他小時候所有重要的人。這天晚上，吉米想聽聽小時候的事。雖然吉米那天和艾爾吵了架，談起父親時還是很熱情，他說他現在明白艾爾當初過得有多辛苦。「他爸爸養育他和里昂時很辛苦，」高提爾事後回憶，「有時候艾爾得工作一整晚。吉米長大後，明白他爸爸為他和里昂放棄了多少東西。」

大約午夜時，吉米決定帶著三位年輕女子一起出門去城裡走走：他的表妹迪．霍爾（德洛蘿絲的女兒）、愛麗絲．哈汀（Alice Harding，桃樂絲的女兒）和仁花瑪夏（他的繼姊妹之一）。吉米從小就認識迪和愛麗絲，她們出落得亭亭玉立，他很高興能陪伴她們。迪沒看過吉米表演，雖然她喜愛爵士勝過搖滾樂，那天晚上的演唱會讓她驚豔。她問吉米有沒有研究過爵士，他回答說玩過一點。「他說他準備好要大大改變他的人生，他的音樂也會改變。」迪說。除了與邁爾斯．戴維斯交朋友外，吉米也和編曲家吉爾．艾凡斯（Gil Evans）討論過製作專輯的事，他們還沒有進行錄音，不過他安排了九月底要和艾凡斯會面，這是吉米為那年秋天安排的眾多計畫之一。他也寫了一個劇本，還告訴朋友他想回去唸書，學習如何作曲。這一切都沒讓迪．霍爾吃驚；吉米所有的西雅圖親友都知道他一直是個夢想家。

當晚，吉米從口袋裡掏出一顆子彈，扭開子彈後，裡面是幾顆迷幻藥。「他說那叫做紫霧。」迪說。嗑了迷幻藥後，吉米帶著幾個女孩開車逛一圈，就像他上次回西雅圖尋找過去時一樣；他帶她們去看加菲爾德高中，以及他住過的每一間房子。他們一度開車經過一家俱樂部，那是吉米以前想找工作的地方，他提起那些不讓他加入樂團的人的名字。從小就認識吉米的迪從沒看過他這樣懷念過去，他對過去的痛苦表現出的堅毅令她吃驚。「他們全都不把你看在眼裡，還嘲笑你。」她對吉米說，而他的回答讓她驚訝：「有時候就是得經歷這些事。」他說，語氣中絲毫不帶刻薄。他們來到耶斯勒露臺鄰里之家，這是他一開始公開表演的其中一個地方。鄰里之家離港景醫院只有兩條街，於是他們也開車過去；吉米是在這家醫院出生的，他母親也在這裡離世。迪問吉米有沒有見過弟弟喬。「很多年沒見了，」他說，「我很想見他。」吉米甚至堅持開車去看以前他搭贓車被捕後待了幾天的少年觀護所；他下車繞著觀護所外走走。「就像是他想跟過去和解。」迪說。

他們開了好幾個小時的車，走遍西雅圖各個角落。「他想看看每樣東西、每個地方。」愛麗絲．哈汀說。這是吉米連續第二天沒有睡了，女孩都建議他回家休息，他卻拒絕了。他們經過貝蒂．珍．摩根的家，不過沒有進去；他們還開車走鄉間小路，幾乎花了兩小時繞華盛頓湖一圈。他們來到湖的南端接近倫頓處時，吉米堅持要去探訪他母親的墓；他從來沒看過那裡，不過他知道墓園位於倫頓高地。「我們開了一小時左右的車到處找，」迪．霍爾說，「可是天色很暗，那裡又是沒有路燈的郊外。」他們努力尋找，卻一直沒找到墓園，最後便開車回西雅圖。

回到西雅圖後，車子經過耶斯勒大道上的一棟房子，吉米曾經和艾爾、里昂一起住在這裡，現在房子空著，成了廢棄屋。看到房子的情況讓吉米難過起來，他兒時曾在這裡度過短暫的無憂無慮時光。這時下起小雨，女孩都留在車上，吉米獨自走向這棟陰暗的建築。在他過去的臥室窗外——他曾在裡面拿掃把彈空氣吉他，彈了無數個小時——他用手圈住眼睛，將臉貼在窗戶上，朝黑暗中窺視，彷彿在尋找他失去的某樣東西。

25

夏威夷茂宜島，1970 年 7 月—1970 年 8 月

狂野的藍色天使

「叫〔我〕藍色的狂野天使。狂野的藍色天使。」
——吉米於一九七〇年八月三十日在懷特島向主持人要求的介紹詞

吉米．罕醉克斯從西雅圖出發前往夏威夷，於七月二十八日抵達茂宜島，要拍攝電影《彩虹橋》（*Rainbow Bridge*）。這部電影的想法出自導演查克．魏（Chuck Wein），他最初的想法是集結幾位來自不同領域的名人——包括衝浪、瑜伽、藝術和音樂——並拍攝他們的互動。查克．魏曾與安迪．沃荷的「工廠」合作拍過三部片，過去是伊迪．塞奇威克（Edie Sedgwick）的男友。將衝浪客、神祕主義者、預言家、嬉皮與吉米．罕醉克斯集合起來的想法，理論上或許是好主意，但在加入迷幻藥的元素後，整個作品的

調性改變了。《彩虹橋》於一九七二年上映時，《滾石》雜誌說這部電影是「迷幻藥體驗的紀念品」。這部片有炫彩特效和古怪的音訊調整，譬如讓一位教練士官說的話變成狗叫，可說是史上最古怪的電影之一。

不過，拍攝這部片讓吉米恢復活力，拍攝期間他住在宿舍裡一週，和工作團隊與演員一起吃素。茂宜島放鬆的步調給了他迫切需要的喘息空間。「他熱愛茂宜島，」演員之一梅琳達·梅里威瑟（Melinda Merryweather）說，他們結交為好友。「他在那裡看起來很快樂。」吉米告訴她，他想退休並住在這座島上，在火山附近種葡萄。

吉米很開心有機會在他口中的「宇宙糖果店」聊宗教和神祕主義。「那對吉米來說是性靈上的洗滌，」查克·魏說。片中許多演員稱呼查克·魏為「巫師」，因為他能談各種話題。查克·魏送給吉米好幾本書，包括《西藏度亡經》和《獅子的祕地》（*Secret Places of the Lion*），後者談的是外星人數個世紀以來涉入人類文化，這是吉米相信的理論。吉米也帶了《玉苪廈之書》（*The Book of Urantia*），這本書對相信幽浮存在的人來說是另類聖經，其中結合了耶穌與外星人來訪的故事。吉米隨身帶著這本書（還有巴布·狄倫的歌譜），他告訴朋友自己從中學到許多東西。

這趟夏威夷之旅對吉米來說，也是身體上的排毒。雖然茂宜島不缺迷幻藥，有許多效力強大的夏威夷大麻，也很容易拿到古柯鹼，卻沒有海洛因。吉米愈來愈仰賴用鼻子吸食的毒品，不過他在夏威夷戒掉了海洛因毒癮。在他成為明星的這四年，毒品從一種慶祝儀式，變成為了承受巡迴壓力的每日必需品。在茂宜島，有位演員建議請蒂馮・威爾森搭飛機送毒品過來，吉米卻出面勸阻。「蒂馮無論如何都會帶海洛因過來。」查克・魏說。吉米曾向梅琳達坦言他與蒂馮相互依賴的關係，並說他努力想脫離這種關係。「蒂馮知道怎麼透過毒品把他緊緊抓牢，」梅琳達說，「蒂馮就像黑寡婦蜘蛛，而他像她尋找的花蜜。」

蒂馮一直沒有來到島上，原本待在夏威夷很開心的吉米心情卻劇烈波動：上一秒還在說他多愛茂宜島，下一秒卻陷入嚴重憂鬱。他賺進上百萬美元，卻也花掉了上百萬美元，他發現努力工作沒有換來財富，這成了他抱怨的眾多問題之一。艾德・查爾平的訴訟算是解決了，但是黛安娜・卡本特提出確認親子關係的訴訟，這個陰影籠罩著他。到了一九七〇年初，卡本特的律師已數度要求吉米提供血液樣本，吉米卻一直拒絕。吉米從未公開表示他是否認為塔蜜卡・卡本特是他女兒，不過他在一首名叫〈紅絲絨房間〉（Red Velvet Room）的未發表歌曲中，提到他有一個叫「塔蜜」的孩子。從這首歌可以看出他對女兒的情感，然而吉米對外堅稱他沒有小孩。在那個年代，「自由性愛」已經成為一種口號，或許他就和其他人一樣，還沒準備好面對小孩帶來的責任；對一個童年被迫縮短的人來說，當父親在情感上是太大的變化。另一個可能是，未婚生字的事勾起他的痛苦回憶，畢竟從小他就生長在血緣關係一直有爭議的家庭，還有兩個弟弟、兩個妹妹被社福機構帶走。〈紅絲絨房間〉裡那句簡短的「塔蜜還好嗎？」是吉米唯一一次承認這個女兒；他沒有撫養塔蜜卡，甚至從沒見過她。

在茂宜島時，吉米因為各種心魔糾纏而心神不寧，摩洛哥算命師的事也仍令他耿耿於懷，使他浮現自殺的念頭。有天晚上，他要為電影拍攝一個場景，一如往常他又喝了酒；他向導演查克·魏和女演員派特·哈特利建議：「我們三個人要不要乾脆一起自殺？」魏沒有認真看待吉米說的話，不到十分鐘，吉米的心情就變了。幾天後，吉米告訴梅琳達·梅里威瑟他很快就會「脫離」他的身體，嚇了梅琳達一跳。「我不會再待在這裡了。」他告訴她。她問他是什麼意思，他卻不發一語。又有一天，魏問吉米短期內會不會回西雅圖表演，吉米告訴他：「下次我去西雅圖時，就是躺在棺材裡。」

吉米演奏音樂時，看不出埋在這些想法背後的絕望感。他來到夏威夷第三天時，走路去拉海納一間名叫「茂宜美人」的俱樂部，有個爵士鋼琴手正在裡面表演。有人問吉米願不願意上場，他同意了；他和這位鋼琴手一起向一小群驚訝的觀眾表演爵士經典曲兩小時。

「真正」的演唱會是在隔天：吉米、比利·考克斯和米奇·米切爾向製片團隊做了一場名為「彩虹橋顫動色彩／聲音實驗」的表演。查克·魏在火山口旁邊的一塊空地中間搭了個小小的舞臺，他們還搭了一個圓錐形帳篷當化妝室，並用手提式發電機為音響系統供電。他們在拉海納大街上貼海報宣傳這場免費的表演，有八百名漁夫、衝浪客和夏威夷本地人來看。查克・魏依照星座替觀眾安排座位。吉米上臺前，一群奎師那信徒帶領群眾唸誦「唵」好幾分鐘。

吉米上臺時心情很好，但觀眾悠閒的反應一開始讓他不太開心。第一段表演他演唱了十首歌，然後坐在圓錐形帳篷裡四十五分鐘抽大麻、喝啤酒，接著再度上臺。第二段表演更有活力，表演時的他看起來像是再度愛上了吉他。這天最糟糕的時刻是有隻狗被下了迷幻藥，然後跑上臺咬吉米的腿，不過幸好沒有造成皮肉傷。

兩天後，吉米和樂團飛去檀香山，在那裡做了美國巡迴的最後一場表演。吉米顯得心不在焉，少了在茂宜島的那種輕鬆自在。《檀香山廣告商報》的評論家說他是「蝴蝶夫人」，因為他穿了橘色、亮粉紅色、祖母綠和亮紅色相間的絲絨服裝。表演後隔天，米奇和比利・考克斯搭飛機回家，而吉米回到茂宜島。

接下來兩週吉米放了長假，這段休假並非安排好的，而是耍小花招換來的：吉米在海灘上割傷了腳，他假裝傷勢比實際情況嚴重，好延長待在那裡的時間，躲開經紀公司。「我們上了比實際需要多二十倍的繃帶，拍照讓傷勢看起來很嚴重。」梅琳達・梅里威瑟說。從吉米這樣耍手段欺騙，可以看出麥可・傑佛瑞對他的持續控制程度——吉米得裝病才能逃避巡迴的要求。吉米租了間小房子，大部分的時間都待在那裡寫音樂和詩，他為梅琳達寫了一首很長的歌，以她的星座取名為〈天蠍座女人〉(Scorpio Woman)。

梅琳達發現吉米待在夏威夷愈久，他的思緒就變得愈清晰，她覺得這樣的吉米顯得深沉內斂，有時候帶著悲傷。「他常談起他母親，還有她的印第安原住民祖先。」梅琳達說。由於吉米最近才和艾爾起爭執，他對艾爾的感情仍然很矛盾，不過他告訴梅琳達他對父親並不生氣。梅琳達覺得吉米就站在十字路口，他一直發誓他已經準備好了，要對他荒唐的生活做出許多重大改變。

吉米在茂宜島度假的第二週，坐在小房子裡，寫給艾爾一封他寫過最驚人的信。他寫信前喝了酒，可能也受到迷幻藥的影響，寫到信件尾聲時，他字跡潦草地寫在頁邊空白處，還把寫好的許多內容劃掉。這封信雜亂無章，有時候胡言亂語，卻罕見地展現出吉米情感濃烈的一面。他在軍中幾乎每週都寫信給父親，不過在他當樂手開始巡迴後，就不再寫信了。茂宜島的這封信，特別的不只是信上展現出吉米深沉的內心狀態，還有他與家人的關係。信的開頭是：

> 親愛的爸爸，我帶來的全都是——或至少大部分是——不入流的人，不過你知道，我也知道，他們就是想待在我身邊。可是誰能（我

在許多層面也是不入流的人，你知道的，我只會胡扯）。如果你沒辦法或沒耐性，為什麼要來看表演？我對你的愛，就像你對我和里昂的愛一樣多（後者我不清楚），私下討論時（你和我）有搖滾母親在場。一直活在這個盲目的世界和所謂的現實。談到上天堂的路——天使、聖靈、神等等，他們的工作很辛苦，要站在木箱或南瓜或雲上發言，說服世人天使是存在的，不管形貌是不是普遍接納的，而且不與他們爭論或爭辯等等。我樂於接受你為天使，你是來自神的禮物等等。忘了世界上的各種意見和流言蜚語吧。

接著，吉米承認他在寫信前「喝了很多」，請求父親原諒，同時又懇求他閱讀「這封急切又永恆的驚奇信件上每一個字」。他繼續寫到天使、音樂人小山米·戴維斯（Sammy Davis Jr.）、天堂、「永恆之光」；接下來他向父親盤問母親露西兒的事，語調變得幾近逼問：

> 或許有一天我能問起關於母親——露西兒女士——的重要問題，和沒有得到解釋的過去和生活方式（回到正常），這些問題煩擾著我。

基於完全私人的理由，我一定要知道一些關於她的事。

信件最後，吉米為了西雅圖和艾爾吵架的事道歉，他說是「心煩意亂」造成的，還說請表妹迪迪與繼妹瑪夏原諒他酒後在西雅圖做了憂傷的過去之旅。他留下在紐約的電話號碼，請堂妹黛安打電話給他，並向繼妹珍妮獻上「永遠的愛」，卻把她的名字 Janie 誤拼為 Jenny。

八月十四日，寄出這封信兩天後，吉米飛回紐約。「他不想離開夏威夷，」查克．魏說，「不過他總得回去當吉米．罕醉克斯。」吉米在機場和梅琳達．梅里威瑟及幾位茂宜島的衝浪客含淚道別。「你們真幸運，」他爬上通往飛機的樓梯時對他們說，「能留在這裡。」

吉米到達紐約當天，就回到電子淑女錄音室處理疊錄的工作。他在錄音室裡待了一週，接下來在八月底即將展開歐洲音樂節的巡迴表演。他在紐約的朋友注意到，他從茂宜島回來後顯得神采奕奕。這一週，他與艾利姆兄弟見面討論成立新出版公司的事，還見了一位非裔美國律師肯．哈古德（Ken Hagood），要談上法庭與麥可．傑佛瑞打官司的事。「吉米想照自己的方式表演音樂，卻因此發生幾次衝突。」哈古德說。吉米帶了很多合約去見哈古德，卻發現少了最關鍵的文件。吉米對未來的生涯規畫有許多想法，包括脫離搖滾樂、轉向節奏藍調與爵士發展，不過他告訴哈古德，他的第一優先的是處理好生意上的事，看是要開除傑佛瑞，或是重新談合約。

麥可．傑佛瑞和之前的查斯．錢德勒一樣，對吉米來說不只是經紀人——他握有吉米的出版合約，而且他們還是新錄音室的合夥人。雖然傑佛瑞做了許多吉米反對的決定——從頑童樂團的巡迴開始，一路到迂迴的巡迴路線規畫——卻也應該為把吉米捧成世界巨星而受到肯定。「吉米不喜歡一些做法，」塔哈卡．艾利姆說，「而麥可想把事情談開。吉米脾氣不好，又容易反應過度，他對麥可來說也是難搞的客戶。」隨著吉米和傑佛瑞愈來愈常起衝突，便開始由傑佛瑞的助理鮑伯．萊夫因主要負責和吉米溝通。「吉米曾告訴我他絕不會離開麥可，」萊夫因說，「他知道麥可是個壞蛋，大家都把他當壞人看待，不過他也知道麥可能讓他賺到最多錢。」吉米的人生變得很複雜：擁有錄音室曾是他的夢想，錄音室欠的債卻讓他不得不繼續被困在無法脫身的事業中。

對傑佛瑞來說，更大的問題是吉米與樂迷的關係，以及吉米如何看待讓他出名的那些作品。吉米一再對朋友說，他覺得被觀眾的期待束縛，還相信如果他不表演〈紫霧〉和〈性感女郎〉，觀眾群就會消失。「他覺得在事業上或金錢上都不順，」迪靈．霍說，

「他的觀眾只想聽他們熟悉的那四首經典歌曲，吉米卻想表演其他東西。就藝術上來說，這就像回到困在燉豬腸巡迴秀場的日子，被迫表演別人叫他表演的東西。他覺得自己無法掙脫這種桎梏。」

八月二十六日，在吉米預定飛去倫敦展開下一趟巡迴的前一天，艾利姆兄弟與他在中央公園附近見面。「我們開一輛全新的凱迪拉克過去，他一邊看這輛車，一邊和我們聊天。」塔德拉說。吉米穿著一套飄逸的非洲長袍，他說要去懷特島（Isle of Wight）的音樂節表演。「『白』特島？」塔哈卡開玩笑說，「你為什麼不能在『黑』特島表演？」這個笑話讓吉米露出笑容，在這一刻，艾利姆兄弟彷彿又見到當年那個身無分文的清秀年輕人。艾利姆兄弟是吉米在紐約認識最久的朋友，他們見過他挨餓，也見過他走紅。吉米對他們說，他想將他們的新公司命名為西肯亞出版社，因為肯亞是你能在非洲「遠離一切又不會被發現的地方」。他開玩笑說，如果他能逃離巡迴，就會和他們在帕果帕果（Pago Pago）見面。「那裡很美，可以逃離一切。」吉米如此描述這個他從未去過的地方。艾利姆兄弟坐上凱迪拉克，發動車子要離開路邊時，吉米最後說的話是：「我們在帕果帕果見。」車子離開時他揮手道別。

這天晚上，吉米參加電子淑女錄音室的開幕派對。雖然他已經在這間錄音室裡工作了將近九個月，卻直到現在才開放給其他藝人使用。小野洋子、強尼·溫特和米克·佛利伍都有出席這場盛會。吉米遇到諾爾．瑞丁，並告訴他：「我們要去歐洲，應該會在那裡和你見面吧。」有幾個愛胡鬧的人開始朝別人丟食物，使這場派對很快陷入混亂；吉米不開心看到他的錄音室被搞得亂七糟，於是提前離開。

那夜稍晚，他和柯萊特．米蘭與蒂馮．威爾森碰面——柯萊特本來說想陪吉米一起去接下來的歐洲巡迴，卻沒能換新護照。蒂馮懇求吉米讓她代替柯萊特陪他去，他卻拒絕了。「因為毒品的關係，吉米很想切斷與蒂馮的關係，」柯萊特說，「她口才很好，能靠一張嘴辦到任何難事，但她是毒蟲，使得他不想和她有任何牽扯。」蒂馮的毒癮甚至開始影響到她的外貌：她的眼皮下垂，也不再梳妝打扮。她曾是搖滾樂界最美的女人之一，但隨著她的海洛因毒癮在那年夏天迅速失控，就連一向不喜歡拒絕別人的吉米都要切斷他們的友誼。那天晚上，他對她說：「我希望你離開。」於是她走了。

隔天早上，吉米搭飛機前往倫敦。

吉米．罕醉克斯在八月二十七日抵達倫敦，再三天就要參加懷特島音樂節。這是他十八個月以來第一場英國演唱會，因此媒體異常關注這場表演；在接下來兩天，他接受十多家英國媒體採訪。他住在倫敦德里飯店的頂樓套房，並在這裡受到大家簇擁，朋友、音樂人和記者在走廊上排隊等候他的接待。

吉米在訪談中談到可能會結束音樂生涯。「我現在回到原點，」他對《*Melody Maker*》說，「我為這個年代的音樂付出一切。我的聲音還是一樣，我的音樂沒有變，我想不出能加入什麼新東西了。」他說他準備組一個大型節奏藍調樂團，這是他從一九六六年第一次到倫敦以來一直想做的事。「一個好手雲集的大型樂團，我能指揮他們、為他們寫音樂。」他說。他提起現在的樂團時使用了過去式。「那時候很好玩，非常好玩。那段時光很棒、很精采，我樂在其中。」

雖然吉米的談話內容主要是音樂，他還是一如往常被問到政治、毒品與時尚的問題。大部分的文章都提到他留長了的頭髮。吉米帶著他的髮型師詹姆斯·芬尼一起巡迴，以確保他的爆炸頭造型不會走樣。他告訴《泰晤士報》他覺得自己是「輿論的受害者……我剪了頭髮，大家就說：『你為什麼剪頭髮？』」他的解釋是：「我會把頭髮留長，或許是因為我爸以前把我的頭剪成像剝了皮的雞一樣。」

凱西·艾金翰記得吉米常提起他去拜訪西雅圖時，很怕他父親把他抓去剪頭髮；在倫敦時，他大概更怕遇到艾金翰和她的新婚丈夫——那一年稍早，她結婚了。凱西與吉米仍是朋友，他偶爾會打電話給她，然而她卻是在一個朋友打電話告訴她吉米「發瘋了」，把兩個女生趕出套房時，才知道吉米回倫敦了。艾金翰立刻趕來，在房門外發現兩個衣不蔽體的女生不敢進房。凱西進房後，發現吉米躺在床上，四周都是摔壞的燈與空威士忌酒瓶。她覺得他看起來不像發瘋，反倒像生病了，他面無血色、發著高燒。那天夏日炎炎，他卻把房裡的暖氣開到最強。艾金翰事後懷疑，吉米生病或許與毒品戒斷症狀有關。她把暖氣關小一點，在他額頭上放了冰敷袋，他就安穩地睡著了。

八月二十八日，艾金翰來訪後隔天，又有兩名女子來到飯店，她們見到吉米時，他奇蹟般復原了。凱倫·戴維斯在紐約就認識吉米，而二十四歲的丹麥模特兒克絲汀·納費（Kirsten Nefer）則是第一次見到他。吉米立刻迷戀上克絲汀，整個下午都在和她聊天。「他可以說是在訪問我，」克絲汀說，「我一直說我得走了，而他一直說：『先別走』。」他們聊了好幾個小時，不過主要是吉米用狡猾的方式讓克絲汀說出自己的事。她開玩笑說他接下來去丹麥表演時，可以去見她母親，這時吉米建議他們當場打電話給她母親；克絲汀真的打給納費女士，吉米和她聊了一小時。克絲汀和他一直聊到凌晨三點，而凱倫在沙發上睡著了。當兩位女子終於起身離開時，吉米說她們在這時間離開他房間不好看，於是她們就睡在他臥室隔壁的房間。

早上十點時，克絲汀終於離開，不過吉米在一小時後出現在她家，邀她共進午餐。用餐時，他把手放在她的膝蓋上，不過他的調情也僅止於此。他隔天就要出發去懷特島表演，力邀克絲汀去看這場表演。

週日時，吉米搭直升機降落懷特島，準備進行晚上的表演。觀眾人數有六十萬人，遠遠超過預期，比胡士托的觀眾還多。這類大型表演的後勤支援往往陷入混亂，懷特島正是如此：上百人想破壞圍籬、設備出問題，表演時程也延誤；更糟的是，吉米精心製作的蝴蝶舞臺裝——事後潔玫．葛瑞爾描述是「迷幻吟遊小丑的服裝」——褲襠處裂開了。諾爾．瑞丁的母親在後臺，她幫忙為他縫補這套服裝。

瑞奇．海文斯在後臺遇到吉米，他被吉米糟糕的氣色嚇了一跳。海文斯在吉米剛去紐約時就認識他了，卻從沒看過他像今晚如此狂躁。「我的律師跟經紀人讓我很頭痛，」吉米抱怨道。「他們讓我好痛苦；什麼事都在跟我作對，害我吃不下、睡不著。」海文斯向他推薦一位新律師，還要吉米回倫敦時打電話給他，並且多休息。「他看起來像是熬夜好幾天了。」海文斯說。

克絲汀．納費想辦法進入吉米的飯店與他見面，還陪他去音樂節現場的拖車。他們在拖車裡能聽到外面的警察與抗議者的衝突，他們要求音樂節開放免費入場。「場面很可怕，」納費說，「這不是他們當初計畫中充滿愛的美好音樂節。」吉米等待上臺通知時，變得焦躁不安，他要納費上臺給他勇氣。「待在我看得到你的地方，」他說，「因為我是為了你表演。」

吉米等到凌晨兩點才被通知上臺。在舞臺上一整面音箱後，主持人問吉米想如何被介紹出場。「叫〔我〕藍色的狂野天使。」吉米說，「什麼?」主持人問。「狂野的藍色天使。」吉米大喊著說。即使如此，主持人介紹他時卻說是「帶著吉他的男子」。事實上，吉米在英國不需要被介紹，因為他在這裡有一群狂熱粉絲，畢竟這裡是他走紅的國家。開場時，吉米演奏了一小段〈天佑女王〉，向忠實的英國粉絲致敬。

然而，這場表演卻問題重重。吉米在英國第一次開演唱會時——在「聖詹姆斯的蘇格蘭人」和「一袋釘子」向一小群音樂人觀眾表演——像是受到賜福；然而，今晚的表演卻像受到詛咒。他的吉他出問題，一直走音；此外，音響系統也狀況頻頻，最明顯的是在吉米表演到一半時，音響一直接收到無線對講機的聲音。就連吉米的褲子都不聽話：他以為自己聽到褲子再次裂開的聲音，於是在音箱前花了整整六十秒檢查；花這麼長的時間盯著自己的褲襠看，讓他看起來並不老練，反而還很滑稽。

雖然出了這些問題，音樂的部分還是有一些高潮。〈沿著瞭望塔〉和〈紅色房子〉表現精采，觀眾反應也很好；那些瘋狂的對講機干擾，在三十分鐘版本的〈機關槍〉裡聽起來竟然很搭。雖然觀眾給熱門舊歌〈嘿喬〉和〈巫毒之子〉最熱烈的喝采，這些忠實的英國樂迷也很欣賞〈嘿寶貝〉(Hey Baby)和〈自由〉(Freedom)等新歌。吉米在〈午夜閃電〉(Midnight Lightning)中加入「我整個靈魂疲憊又疼痛」這句歌詞，似乎恰恰反映了他的心境。

在吉米表演最後一首歌〈來自暴風雨〉（In from the Storm）時，有抗議者朝舞臺木製遮棚發射照明彈。舞臺頂部離吉米頭上九公尺遠，他沒有任何危險，但是當時大家不知道這一點，警衛衝上臺阻止火勢蔓延。「表演最後變得亂七八糟。」克絲汀·納費說。更糟的是，有人散播謠言，說是表演者自己起的火，就為了不想表演安可曲。吉米在英國成名，至少有一部分是因為燒吉他這招而引起媒體關注。懷特島的表演是吉米在英國最後一場正式演出；他離開音樂節現場後好幾個小時，舞臺頂部依然在悶燒，讓人想起他的迅速崛起和燃燒的生涯。

26

瑞典斯德哥爾摩，
1970年8月—1970年9月

人生的故事

「人生的故事一眨眼就過去。。」

——出自吉米·罕醉克斯創作的最後一首歌

吉米·罕醉克斯走下懷特島的舞臺後不到十六個小時，就在斯德哥爾摩登臺表演。他晚了一小時上場，表演的時間又比預定長了一小時，這激怒了統籌，因為在演唱會場隔壁的主題樂團必須在表演期間關閉。這場表演比懷特島的演唱會好多了，但結束得同樣不順利：吉米還在表演，有個主持人就透過廣播系統宣布表演結束了，因為主題樂園需要重新開放。吉米一直認為他的人生變得像馬戲團一樣，現在他就成了馬戲團鬧劇的一員。

吉米在後臺遇見伊娃．桑德奎斯特，她一直是他在瑞典最喜愛的女友，然而這次的會面並不熱情：自從吉米離開後，伊娃生下了吉米的小孩詹姆斯．丹尼爾．桑德奎斯特。為了小孩的事，她寫信給吉米好幾次，他卻沒有回信。伊娃把孩子留在家裡，她問吉米想不想去見他兒子，這個問題使他一時之間陷入震驚——或許他想到已經和黛安娜．卡本特在打的親子關係訴訟。後臺一片混亂，有記者、追星族和粉絲拉著吉米要找他，他還沒答覆她就被拉走了。吉米從來沒有見到他唯一已知的兒子詹姆斯．丹尼爾．桑德奎斯特。

斯德哥爾摩的後臺混亂，而在他們巡迴的下一站，比利．考克斯被下了迷幻藥。考克斯認為有人在他的酒裡下了大量迷幻藥，然而他的不良反應也因疲勞加劇。「歐洲的步調令人振奮又疲憊。」考克斯說。他通常是團員中最清醒的一個，現在卻開始語無倫次地叫嚷，只有吉米才能使陷入瘋狂狀態的考克斯冷靜下來。接下來幾天內，吉米經常得照顧比利。

彷彿考克斯的問題還不夠麻煩似的，在丹麥奧胡斯的一場表演前，目擊者描述吉米在下午服用了一大把安眠藥。他似乎嚴重感冒，抱怨說已經有三天睡不著了。當時還是大白天，而且還有幾小時就要表演，他會在這時間吃安眠藥的原因不明——可能是想緩解另一種毒品的影響，畢竟他經常同時使用興奮劑和鎮靜劑。克絲汀．納費從倫敦飛過來，那天下午她到達飯店時，在大廳遇見米奇．米切爾。「你最好上去，吉米心情很差，」米奇說，「他很不好過。」克絲汀看到吉米的狀況大吃一驚。「他談論著天空中的太空船，」她說，「他步履蹣跚，說的全都是胡言亂語。」吉米試圖接受幾位記者採訪時，堅持克絲汀坐在他身邊握著他的手。他的狀況使她難為情，卻又怕離開會讓他的狀況更糟。

克絲汀和吉米搭計程車前往演唱會地點，但她沒把握他能不能上場，因為他走路跌跌撞撞的。他從化妝室裡叫大批觀眾離開，然後又馬上叫他們回來。他一度向所有人宣布：「我沒辦法上臺。」克絲汀告訴他大廳裡有四千人，許多觀眾已經開始在跺腳了。最後，吉米由巡演工作人員扶著上臺，而他對觀眾說的第一句話是：「你們開心嗎？那就歡迎你們來到電子馬戲團。」他還沒幫吉他調音就開始彈奏。米奇開始一段鼓的獨奏，希望吉米會跟著演奏，但吉米才表演了兩首歌就丟下吉他，並且倒在地上。表演取消了，觀眾拿到退款。吉米才上臺不到八分鐘，和他一九六六年與艾力克．克萊普頓和鮮奶油樂團的即興表演長度差不多。在倫敦小舞臺的八分鐘讓吉米成為崛起新星；現在，在同樣短暫的時間內，他在最受歡迎的市場暫時打亂了自己的生涯。

克絲汀和吉米搭計程車回到飯店。他們進吉米的房間時，記者安妮．比恩達爾在房裡等著他。吉米整天都在說些瘋狂的話，他一度說：「我死很久了。」他做了不智之舉，試圖在這種狀態下接受比恩達爾採訪。他宣告自己不喜歡迷幻藥了，「因為它是赤裸裸的。我需要氧氣。」他引用《小熊維尼》的內容，還說很愛讀安徒生童話。他說表演耗費心神：「每次我表演，都犧牲了一部分的靈魂。」他還談到自己的死，那張死神塔羅牌的畫面依然糾纏著他：「我不確定能不能活到二十八歲。我覺得再也不能做出音樂上的貢獻時，就不會再待在地球上了，除非我有妻小；除此之外，我沒有活下去的理由。」吉米當時神智嚴重恍惚，然而，他這番告白倒有幾分真實——他創造出的明星人生，就和他破碎的童年一樣孤單寂寞。吉米說出這些話時，朝克絲汀拋出熱情引誘的眼神。克絲汀建議這位記者離開；奇怪的是，吉米卻宣告他害怕克絲汀，要她離開，沒想到又立刻懇求她別理會他剛說的話，要她留下來。困惑的記者離開了，終於只剩下克絲汀和吉米，而吉米的言行舉止依然像個瘋子。

雖然吉米告訴好幾位記者他需要睡眠，他卻對克絲汀說，假如他閉上眼睛就會死。「他怕自己吸了這麼多毒品會出事。」她說。他們沒有休息，而是聊了好幾個小時。他一度靠向克絲汀，看著她的雙眼問：「你想嫁給我嗎？」克絲汀才認識吉米不到一週，這個問題使她吃驚。那天晚上稍早，他才說過不想和她獨處，現在卻向她求婚，要她為他生小孩。雖然她拒絕了，他卻還是懇求她。「我受夠表演了，」他說，「他們要我做這麼多表演，我卻只想搬去鄉下。我受不了燒吉他了。」她相信他的求婚只不過是為了逃脫折磨他的生涯，情急之下找的藉口。到了早上六點，吉米終於睡著了。

他在中午醒來時，狀況看起來改善了，不過還是抱怨覺得很累。在往機場的路上，克絲汀唱了一小段唐納文的〈帶著你的愛宛如天堂〉（Wear Your Love Like Heaven）。「這是誰的歌？」吉米問，他說想錄這首歌。這是他好幾天來首度積極談到音樂，克絲汀覺得他開始擺脫迷惘了。

他們來到哥本哈根時，發現吉米住的飯店在一個吵鬧工地的對面。他說在這種地方沒辦法休息，克絲汀就提議去住她母親家。他們去她簡樸的家，她母親為吉米煮湯，這使他平靜下來，進臥室睡了好幾個小時。等到他醒來時，克絲汀的兄弟姊妹都來了，他和他們全家人坐在一起吃義大利麵。克絲汀有個姊妹懷孕了，預產期是十一月，吉米開玩笑說這個寶寶可能會和他一樣，在十一月二十七日出生。有些記者聽說吉米和一位丹麥模特兒在交往，因而來到他們家，打斷他們用餐。克絲汀建議把記者打發走，吉米卻邀他們進來，他說想讓全世界都認識他的新情人。

那天晚上，吉米在音樂廳延遲登臺，因為他忙著彈木吉他給克絲汀聽。「我能聽到觀眾尖叫要他上臺，」她說，「他卻在化妝室裡為我彈木吉他。」突然間，吉米說他不能表演。克絲汀說他必須上臺，因為她母親在外面等著要看他；在她的懇求之下，吉米上臺了，而且和前一晚完全不同，拿出讓樂評盛讚的表演。「年度最佳演唱會！」一家報社讚嘆道。事後，米奇向克絲汀說：「你對他做了什麼？吉米好幾年沒有表演得這麼好了。」她將他的轉變歸功於她母親煮的湯。吉米當晚睡在納費家，整個晚上都睡得很熟。

吉米邀請克絲汀去看他接下來在德國的幾場表演。她正在拍一部電影，不過隔天早上她開心地說成功請到假了；然而舊事重演，吉米的態度又變了，說他還是不想要她來。「你不能來，」他說，「女人就該待在家裡。」她事後懷疑他搖擺不定的行為是毒品造成的，不過這次巡迴就算他有嗑藥，也技巧性地沒讓她知道。在說出他對女人與工作的看法後不久，他道歉說不知道自己怎麼了，懇求她去看表演，不過克絲汀說她受夠了他的忽冷忽熱，要回去拍電影。他們兩人都喜愛巴布．狄倫，經常聊起他；她去機場送吉米時，他引用巴布的歌詞：「你很可能會走自己的路。」他說著走上樓梯登機，又在機門轉身說：「而我走我的。」他很少做出這種戲劇化的舉止，完全不像他的個性。

隔天，吉米在柏林又顯得病懨懨，很可能是毒品的關係。「他表演時像是喝醉了似的。」有位樂評寫道。另一位記者在報導中寫到他去後臺時，看到吉米吸著鼻子。「你感冒了嗎？」記者說，「老兄，是吸毒品的關係。」吉米草草回答。吉他手羅賓．特羅爾來到後臺，說這是他看過最棒的演唱會，吉米則回答：「呃，謝謝你，可是並不是！」吉米即使神智恍惚，也知道自己表演得好不好，而這整趟巡迴都一塌糊塗，除了哥本哈根的表演之外。

吉米的下一場表演，是在德國費馬恩島舉辦的「愛與和平音樂節」。在搭火車前往音樂節的路上，吉米做出精神異常的行為，闖入上了鎖的臥鋪。列車長找到他，吉米卻聲稱只是想找地方休息；警察本來要逮捕他，只因為有位火車站工作人員認出他來並出手介入，他才逃過一劫。吉米原本預定於九月五日晚上在費馬恩島表演，卻因為天候不佳，導致表演時間被延到九月六日下午。費馬恩島的演唱會受到闖入者、警察和場內觀眾之間的暴力事件干擾；有一大群歐洲的「地獄天使」出現，有些帶著武器。觀眾因為時間延後而焦躁起來，吉米終於上臺時，有幾個人反覆呼喊著「滾回去」；有些觀眾甚至喝倒采。吉米的回應是：「我不在乎你們給我噓聲，只要你們的噓聲不走音就好。」他在表演了十三首歌後走下臺，對一位記者說：「我不想再表演了。」吉米還在臺上時，「地獄天使」闖入售票處，帶著音樂節所有的收據逃走了。吉米沒看到這段插曲，因為他立刻搭上直升機，接著搭火車回倫敦去了；不過，假如升空時他有低頭看費馬恩島，就會再度看到一個起火的音樂節：他才離開愛與和平音樂節不久，「地獄天使」就把舞臺燒個精光。

在倫敦，隨著比利·考克斯的狀況變差，樂團依然前途茫茫；他被下的不知名毒品似乎一直留在他體內。比利的問題使得樂團接下來的巡迴變成未知數。吉米住進坎伯蘭飯店；在九月八日週二這天，克絲汀．納費決定放下自尊，去飯店找他。她進他房間時門半掩著，她看到他趴在床上，一開始還以為他死了，但在檢查他的脈搏後，發現他只是睡著了。她決定不要叫醒他，不過電話響了，有人為了比利的事打電話來。克絲汀和吉米去找比利，帶他去富勒姆路上一家咖哩餐廳吃印度烤雞。「比利說些令人聽不懂的話，還發出怪聲。」克絲汀說。事後，他們把比利交給巡演工作人員，然後兩人去電影院看安東尼奧尼的《紅色沙漠》。這部電影讓吉米的心情大為好轉，他離開電影院時還在路邊跳起舞來。「他就像是在演《萬花嬉春》似的，」克絲汀說，「開心到跳起來。」不過他的心情變得很快，很快又悶悶不樂。他告訴克絲汀他想休息兩年。「從現在起，我只想彈木吉他。」他說。

這天晚上，比利的情況惡化了，於是他們找醫生來。這位內科醫生找不到器官方面的病因，他建議送比利回美國的家。接下來，克絲汀和吉米短暫去了舞廳；吉米在舞廳時不想跳舞，抱怨說他跳舞跳得不好，而他的舞臺動作可是風靡整個世代。回到飯店後，他們想一起度過浪漫的夜晚，卻一直被比利打擾。「每次我們打算上床時他就跑來，」克絲汀說，「吉米對他很好，他說：『還記得我們一起在軍中的時光嗎？』比利卻一直說：『我就要死了！』」醫生再次過來，為比利打了一針鎮靜劑。隔天，比利被送上飛機回到美國，隨後就在美國恢復健康了。

吉米預定九月十三日要在鹿特丹表演，於是他立刻打電話找新貝斯手；他甚至考慮過要找諾爾．瑞丁，最後還是決定取消其餘的巡迴行程。九月十日週四這天，吉米出席一場由麥克．奈史密斯舉辦的派對，這時麥克已經離開頑童樂團，正推出一個新團。吉米告訴奈史密斯，他打算走節奏藍調路線，而奈史密斯試圖勸阻他。這是吉米這年九月提起的許多想法之一；大部分和他談話的對象，覺得他滿腦子都是想法，決心要改變他的事業，卻不確定下一步該怎麼走。

隔天，吉米在飯店花很長的時間接受凱斯．阿塔姆訪問，他在訪談中提供了幾條互相矛盾的線索。阿塔姆早期就支持吉米，當初是他建議吉米燒吉他的；吉米最後一次受訪的對象是長期支持他音樂的人，可說是合情合理。他們聊了一小時，在不同主題間轉移。被問起希不希望以詞曲創作人的身分受到肯定時，吉米回答：「我無法再登臺時想退居幕後，以寫歌為主業。」對方問他想改變世界上什麼事，他說是「街上的顏色」；被問到他是不是「迷幻創作人」時，他回答：「我想也許主要是這樣吧。我想嘗試別的事，靠自己的思考方式創造出現實。」他聽起來很樂觀，許多回答卻顯得荒謬。他接受訪談時，邊喝紅酒邊看電視上播的喜劇。

吉米少數具體談到的事之一，是下一張專輯準備收錄〈海王星之谷〉（Valleys of

Neptune）、〈此地與地平線之間〉（Between Here and Horizon）和〈滿是鏡子的房間〉等歌。提到最後這首歌時，他說：「一個人的心理狀態可能比他以為的更受到擾亂。這首歌談到以前我腦子裡裝滿碎玻璃，這類的事。」在訪談最後，阿塔姆問吉米賺到的錢是不是夠他過一輩子。「以我想要的生活方式來說沒辦法，」他回答，「因為我想要早上起床後，翻個身就掉進室內游泳池，然後游到早餐餐桌，上來喘口氣，也許來杯柳橙汁之類的，接著又從椅子上翻身跳進泳池，游到廁所刮鬍子什麼的。」「你想過得舒適就好，還是想過得奢侈？」阿塔姆問道。「那樣很奢侈嗎？」吉米回答。「我想的是也許在山間的溪流旁邊搭個帳篷！」

九月十二日週六這天，吉米又和克絲汀見面，不過她在無意間見聽到吉米和蒂馮．威爾森在電話上漫長的爭執後，覺得被潑了冷水。蒂馮看到報紙上報導吉米和一位丹麥模特兒在一起，因此說要來倫敦見他。「蒂馮，你他媽的離我遠一點，拜託！」吉米對著電話大吼，然後就掛掉電話。

隔天，吉米大吼大叫的對象變成克絲汀。她參演一部電影，對手是在前一部電影演詹姆士．龐德的喬治．拉贊貝，而吉米確信她和拉贊貝有染，堅持要她退出這部電影。她拒絕了，吉米抗議起來。「他一直抓著我搖晃，最後我全身都是瘀青。」克絲汀說。她氣吉米的嫉妒，加上她懷疑他在兩人短暫交往期間劈腿偷吃，因此氣得奪門而出。當天晚上克絲汀嘗試打電話給他，他人不在；她在接下來幾天留了好幾通留言，甚至還去他的飯店找他，卻再也沒見到他。

克絲汀．納費不是那週唯一在找吉米的人。麥可．傑佛瑞來倫敦短暫停留，他也找不到吉米。吉米這週曾聯絡過查斯．錢德勒，對這位前經紀人說想開除傑佛瑞，請查斯代表他。吉米的律師也在找吉米；他們計畫這週在倫敦見面，處理艾德．查爾平PPX訴訟的海外索賠事宜。吉米從來不參加這類會面。黛安娜．卡本特的律師也在找吉米，為了她女兒塔蜜卡的親子關係訴訟，他想逼迫吉米驗血；然而他們也找不到他。

對這些為了法律或工作理由找他的人來說，吉米或許就像個幽魂，但他人生中幾位重要的女人卻能輕易找到他。凱西．艾金翰在肯辛頓市場遇見吉米。「他從我身後接近並抓住我。」她說。吉米在買古董，身邊有個金髮女子，他並沒有介紹她是誰。他要凱西去坎伯蘭飯店找他。吉米與凱西之間是他一生中最長久、或許也最親密的戀愛。他們分別時，她輕吻了他的臉頰。

這一週，吉米也在祕密酒吧遇見琳達．基斯。琳達離開俱樂部時，吉米正好要進去，他們在門廳聊了幾分鐘。他們的對話帶些尷尬；她在一九六六年和吉米的關係，導致她與凱斯・理查分手，不過四年後的她手上戴著訂婚戒指，有個未婚夫；吉米則帶著那位神祕的金髮女郎。他們的會面看似巧遇，但其實吉米特地在找她。雖然他們在紐約那段不平靜的時光之後，就沒什麼聯繫，也沒有維持朋友關係，吉米這陣子卻一直把琳達放在心上。他在懷特島的演唱會上，把〈紅色房子〉的一句歌詞改成「因為我的琳達不住在這裡了」；兩個月前，他還在在錄音室錄了一首獻給她的歌，歌名是〈將我的愛獻給琳達〉（Send My Love to Linda）。吉米在祕密酒吧交給琳達一個吉他盒，他說：「這是給你的。」裡面裝著一把新的Stratocaster——這是為了回報當初他用吉米・詹姆斯這個名字擔任伴奏樂手時，沒有自己的吉他，她為他弄來一把吉他的恩惠。吉米從來沒有直接承認琳達為他的事業做的付出——她拉了三位製作人去看他——而這把吉他算是承認了他們的過去。「你不欠我什麼。」琳達說，試圖把吉他還給他。她告訴他其實她未婚夫的車是小跑車，沒有空間載吉他，但吉米還是堅持她收下。「我欠你的。」他說。他把吉他盒留給琳達，抓著金髮女伴的手就離開了。琳達開未婚夫的車回家時，把吉他綁在車頂上；之後她打開盒子，發現除了吉他外，還有她在一九六六年寫給他的那些信。顯然吉米在那之後保留這些信整整四年；現在他像個永遠被拒絕的情人，歸還這些信，彷彿要提醒她過去他們之間的感情。

琳達和凱西看到和吉米在一起的金髮女郎是莫妮卡・丹納曼（Monika

Dannemann），一位來自杜塞道夫的二十五歲花式滑冰運動員，吉米是在一九六九年認識她的。九月十五日週二這天，吉米和克絲汀．納費起爭執後，就和追星到飯店的丹納曼在一起。丹納曼在一九九五年出版的《吉米．罕醉克斯的內心世界》（*The Inner World of Jimi Hendrix*）一書中的說法，是兩人在這兩年來一直維持親密的關係，她去倫敦見過他幾次，而且他們「透過信件和電話保持聯繫」；在一九七〇年八月最後一週，他「搬進」她在長住旅館租的房間。丹納曼的說法多年來一直遭到懷疑——有一部分被法庭宣告為詐欺——不過她確確實實是吉米從九月十五日週二起，在倫敦陪伴吉米好幾天的情人。那天晚上，兩人出現在朗尼史考特俱樂部，艾瑞克．伯登與戰爭樂團正在表演。吉米本來希望能與老友伯登做即興演出，卻在門口就吃閉門羹，原因是他步履蹣跚，顯然因為嗑了藥而神智恍惚。「我第一次看到他沒帶吉他，」艾瑞克．伯登說，「我一看到他沒帶吉他，就知道他不妙了。」伯登在他寫的兩本自傳中，描述吉米「腦子裡裝滿某種東西——可能是海洛因或白板。」無論吉米吸食了什麼毒品，好幾個在場的人都記得他神智不清的程度令人難為情，看著這位即興演奏大師因為身體狀況被拒絕上臺更是尷尬。

隔天吉米至少有段時間還繼續和莫妮卡在一起。這天傍晚他們去了一場派對，莫妮卡向任何聽得到的人自我介紹為「吉米的未婚妻」。雖然莫妮卡的說辭大多過於誇大，卻也能想像吉米一時衝動向她求婚，畢竟他幾天前也才向克絲汀．納費求過婚；不過，他的任何求婚之舉都不代表真的有意結婚。當晚吉米與莫妮卡又去了朗尼史考特俱樂部，這回吉米成功與艾瑞克．伯登即興演出。「他那天晚上氣色比較好。」伯登說。他們演奏了〈菸草之路〉（Tobacco Road）和〈大地母親〉（Mother Earth），這回吉米選擇回歸樂團吉他手的老工作，不擔任主唱。即興演出後，吉米在莫妮卡的旅館過夜。

隔天九月十七日週四早上，吉米睡到很晚才起床。下午兩點左右，他在莫妮卡房外的小花園喝茶，莫妮卡為他拍了二十九張照片，有一些拍到他彈奏黑色的Stratocaster，他稱之為「黑美人」。這天下午他們去了銀行、藥房和古董市集，吉米買了襯衫和褲子。莫妮卡堅稱吉米從沒離開她的視線，然而有好幾個人——包括米奇．米切爾和傑瑞．史提克爾——這天打電話去他在城裡另一頭的飯店找到他，當時他說自己一個人。米奇說吉米約好當天晚上晚一點要找他一起和史萊．史東演奏，吉米卻沒有在約定的時間出現。那天下午，吉米和莫妮卡在國王路上遇見蒂馮．威爾森。蒂馮匆匆搭飛機來到倫敦，她看到莫妮卡已經取代克絲汀．納費，很是驚訝。蒂馮邀吉米參加當天晚上的一場派對，吉米答應會去。莫妮卡不發一語，不過她和蒂馮交換的冰冷眼神讓氣氛凍結。

接著，吉米和莫妮卡開車前往他的飯店。塞車在路上時，隔壁車上的男子搖下車窗，開玩笑地邀請吉米去喝茶，吉米答應了，也同意跟著這輛車走，車上有這名男子和兩個年輕女子。莫妮卡反對這個點子，不過吉米一向會這樣因為一時興起而行事。

這個年輕人是菲利普．哈維（Phillip Harvey），他是一位英國貴族的兒子。下午五點半左右，他們全都到達哈維豪華的住家。入口連接一條九公尺長的走廊，兩邊都鋪著鏡子——真的是滿是鏡子的房間——帶領他們進入一間偌大的客廳。這棟房子做了中東風格的豪華裝潢，和吉米紐約公寓的風格類似，讓他在這富麗堂皇的屋子裡立刻感到自在。五人坐在靠枕上抽大麻樹脂、喝茶和紅酒。他們聊著各自的事業，當哈維問吉米對未來有什麼看法時，他說他會搬回倫敦。到了晚上十點左右，莫妮卡變得焦躁不安，她認為他們的話題都與她無關，生氣地說：「我受夠了。」並奪門而出。吉米追出去找她，哈維與另外兩名女子能聽到她在街上大吼，憤怒的喊叫中有這麼一句「你他媽的混帳」。事後上法庭作證時，哈維的證詞說他覺得莫妮卡在吃另外兩位女子的醋。他出去要他們安靜，擔心他們大聲爭吵會引來警察勸架。吉米和莫妮卡又爭執了三十分鐘，不過吼叫聲似乎逐漸平息。到了晚上十點四十分，吉米回到屋裡，為莫妮卡的行為道歉後就離開了。

吉米回到莫妮卡的旅館洗澡，然後坐下來寫了一首歌的歌詞，歌名為〈人生的故事〉（The Story of Life）。一小時後，莫妮卡送他去彼特．柯梅隆（Pete Kameron）在家舉辦的派對；她沒有參加，很可能是因為兩人先前的爭吵把關係弄僵了。彼特．柯梅隆協助成立軌道唱片，吉米向他抱怨過許多公事上的問題。參加派對的人還有蒂馮・威爾森、史黛拉・道格拉斯，以及和艾瑞克・伯登分居中的妻子安姬・伯登。吉米吃了中國菜，至少吸食了一顆安非他命，而考慮到他這個月魯莽用毒品的方式，他很可能也吸食了幾種其他毒品。他在派對待了三十分鐘後，莫妮卡從對講機說她來接他走；史黛拉・道格拉斯要她晚點再回來，但莫妮卡很快又回來了。「〔吉米〕生氣了，因為她就是不放過他，」安姬・伯登事後寄給凱西・艾金翰的信裡寫道。「〔吉米〕要史黛拉再拖延她，史黛拉對她很無禮，那個小妞要求和吉米說話。」吉米和莫妮卡談過後，突然在週五凌晨三點左右離開了派對。

接下來幾小時內只有莫妮卡見過吉米，她事後大部分的描述，都被視為是企圖誇大她號稱吉米未婚妻的身分。她聲稱在他上床前為他做了鮪魚三明治——凱西・艾金翰說吉米討厭鮪魚，也有幾位證人作證說公寓裡沒有食物。莫妮卡還堅稱吉米在凌晨四點左右喝了些紅酒，然後要求吃安眠藥。這部分的說辭有可信度：吉米常吃安眠藥，這天晚上吸食過安非他命，他應該處於亢奮狀態。雖然一般認為服用這麼多種藥物又喝酒並不安全，吉米卻經常如此，而且他在這兩週內已經數度做過這種危險之舉。莫妮卡說她沒有給吉米安眠藥，她在回憶錄裡寫道：「我勸他再等久一點，希望他會自然而然睡著。」莫妮卡說到了早上六點吉米還醒著，她自己則偷偷吃了一顆安眠藥，然後小睡片刻。

莫妮卡．丹納曼的處方安眠藥，是一種叫做Vesparax的德國廠牌強力鎮靜劑，服用時要將一顆藥錠分成兩半，只吃半錠——像莫妮卡這樣吃一整顆，會讓人陷入又深沉又長的睡眠，因此她說早上六點服用了Vesparax，幾小時後就醒來，令人對她的說法存疑。比較可能的情況是她在凌晨四點左右就吃了一顆安眠藥，睡著後錯過了之後發生的事。

莫妮卡睡著後，吉米一個人在公寓裡醒著。雖然他這兩週以來抱怨覺得很累——事實上他已經喊累兩年多了——卻依然睡不著。莫妮卡說她的安眠藥放在房裡的床頭另一邊；那天清晨的某個時刻，吉米找到了那些Vesparax。莫妮卡有五十顆藥，他吃下了九顆。他很可能以為這種藥比美國開的藥效弱，在迫切需要休息的情況下吃了一大把。假如他打算自殺，留下四十顆藥在櫃子裡是很奇怪的事，因為那樣的劑量絕對能讓他輕易立刻死去。

不過，他吞下的九顆藥丸，以吉米的體型來說，是建議劑量的將近二十倍，會讓他很快就失去知覺。凌晨某時，Vesparax、他體內的酒精和前一晚吸食的其他毒品，導致吉米吃下去的東西湧上來，而他的嘔吐物——主要是紅酒和未消化的食物——跑進肺裡，使他停止呼吸。一個沒喝醉的人會出現嘔吐反射，把這些東西咳出來，但吉米已經無法這麼做了。如果莫妮卡醒著，聽到他在喘息，或許能清空他的氣管。過去一年來，吉米經常輕率地混合藥物和酒精，卡門．波雷諾會在半夜被他的喘息聲弄醒，好幾次得清空他的氣管。

然而，在一九七〇年九月十八日這個陰天早晨，沒有天使來拯救他；讓吉米來到這個飯店房間，面臨這種命運的機遇與選擇，完全是吉米自己一手造成。雖然有個年輕女子就睡在他旁邊，但她可說是個陌生人，吉米其實是單獨面對他的命運。這天清晨，倫敦的其他人正要醒來時，吉米離世了。正如他兩星期前在丹麥受訪時預言的，他沒能活到他的二十八歲生日。他得年二十七歲，再過五天，他來到倫敦就滿四周年了。

27

英國倫敦，
1970 年 9 月—2004 年 4 月

我的火車來了

「快車將他們載走，從此他們過著幸福快樂又奇特的日子，還有……嗯，不好意思，我想我聽到我的火車來了。」

——吉米為巴弟・邁爾士專輯封套寫的文字，在吉米的喪禮上被朗讀

關於一九七〇年九月十八日週五早上，莫妮卡・丹納曼醒來後發現吉米・罕醉克斯死在她身旁時發生了什麼事，她有好幾種不同版本的說辭，其中一個說法是吉米其實沒死，只是看起來生病了；她打電話叫救護車，但由於醫療團隊無能，吉米在送往醫院的路上死亡。這個說法和幾個其他說法，在一九九四年倫敦警察廳的調查中都證明不實。即使各項證據都指出她的說辭是徹底的謊言，她還是堅持這個說法。

情況很可能是這樣的：莫妮卡在安眠藥的藥效中昏昏沉沉醒來時，發現全世界最出

名的搖滾樂明星死在她身旁，於是二十五歲的她做了大部分同年齡的人在這種情況下會做的反應：她慌了。她和吉米的朋友都不熟，著急地開始打給她聽吉米提過的人。在打了幾通電話後，她終於找到艾瑞克．伯登，但她沒說吉米死了，只告訴艾瑞克吉米「病了，醒不來」。

伯登事後回憶起他要莫妮卡叫救護車，卻不清楚他們的談話和她打電話的時間相距多久；官方紀錄顯示，叫救護車的時間是上午十一點十八分。救護車於十一點二十七分到達前，伯登來到她的公寓，發現吉米已經死亡，於是擔心起房裡的毒品。一九七〇年的倫敦對毒品十分敏感；當時的名人中，很少有人像吉米這樣與毒品文化緊密連結——假如吉米被人發現死在陌生女子的公寓裡，又有毒品在場，他的朋友與生意伙伴一定會遭到大規模獵巫。

伯登開始從公寓裡清理所有的毒品和吸毒用品時，發現吉米前一晚寫的〈人生的故事〉，在讀了歌詞後，他認為吉米是自殺。雖然這首歌確實提及耶穌、生命和死亡，但它和吉米寫過的其他歌沒有太大差異——天使是他作品中最常出現的主題。其中一句歌詞寫道：「我們死時，只知道神會在我們身邊。」伯登那天做的許多行為，都是因為他誤以為吉米是自殺，這個錯誤的訊息只會讓吉米之死疑雲重重。「我一開始做了錯誤的聲明，」伯登坦承。「我弄不清楚狀況。我誤解了那張紙條，以為是自殺遺書，所以覺得該幫忙掩飾，讓事情過去。吉米常對我談起自殺和死亡，我知道他陷入絕境，所以以為那是遺書。」伯登還說他也誤會了吉米與莫妮卡的關係：「我並不知道這個所謂的女友其實是個跟蹤狂。」在以為吉米自殺的情況下，伯登找來一位巡演工作人員，和他一起把毒品清走，然後就離開了。

救護車到達時，急救人員發現只有吉米在房裡，現場沒有莫妮卡或其他人。吉米的臉上沾滿了嘔吐物。「當時很可怕，」救護車司機雷吉．瓊斯對作家東尼．布朗說，「門完全敞開，屋裡都沒人，只有床上的一具屍體。」瓊斯摸他的脈搏，發現沒有心跳。莫妮卡的說辭之一聲稱她與醫療人員一起坐車去醫院，她與吉米在車程中還有說話；兩位救護車醫療人員，以及來到現場的兩名員警都否認這個說法——四人都作證當時只有顯然已經死亡的吉米，而莫妮卡不見蹤影。那天在聖瑪麗亞伯茨醫院執勤的兩位醫師，都證實吉米到院時已死亡，且推斷他的死亡時間為數小時前。巡演經紀人傑瑞．史提克爾在中午左右到醫院認屍。一九七〇年九月十八日中午十二點四十五分，詹姆斯．馬歇爾．罕醉克斯正式宣告死亡。

那天下午，吉米在英國的公關經紀人萊斯．佩林發表聲明，表示吉米過世了，有驗屍的計畫；然而，有位醫院發言人卻已經告訴報社吉米「死於用藥過量」，大部分的媒體都刊登了這個說法。倫敦和紐約的報社大肆報導吉米用藥過量意外致死的新聞，還加上聳動的標題，不過也有幾家報社選擇向吉米短短生涯中的成就致敬。麥可．林登在《紐約時報》上稱吉米為「天才黑人音樂家，他是擁有激動人心力量的傑出吉他手、歌手及創作人，靠著想像力和創造力盡情揮灑」。

在西雅圖的艾爾．罕醉克斯當天早上接到經紀公司電話，他就和所有愛吉米的人一樣，聽到消息時大感震驚。里昂．罕醉克斯還在坐牢，他被找去典獄長辦公室，得知這個噩耗後被送回牢房，獨自思索哥哥的死。有個朋友打電話給人在紐約飯店房裡的諾爾．瑞丁，諾爾卻掛掉電話，他以為對方是在惡作劇。米奇．米切爾因為去看史萊．史東即興表演，幾乎整晚沒睡，他一直等著吉米現身；通知噩耗的電話打來時，他才到家一小時。克絲汀．納費得知他的死訊前，還在坎伯蘭飯店留言給他。

艾瑞克．伯登在週一上BBC電視節目，他聲明「〔吉米的〕死是蓄意的，他想死。他死時很快樂，他用毒品離開這個世界，去了別的地方。」伯登在受訪後收到死亡威脅；他覺得那次上電視永遠毀了他在英國的事業，因為他說的話太驚人了。吉米的經紀公司和唱片公司想阻止任何自殺的主張，因為華納唱片為吉米保了一百萬美元的意外身故險。

正式調查判定死因為「使用巴比妥類藥物後意識不清，因而吸入嘔吐物」。吉米的血液中驗出Vesparax、安非他命、紅中以及酒精，他的手臂上沒有任何打針的痕跡，顯示他死前兩週內用的毒品都不是用注射的。令人意外的是，驗屍官沒有驗出大麻，但吉米顯然在前一天抽了大量的大麻和大麻樹脂。吉米的遺體從太平間送往葬儀社，他沾滿嘔吐物和紅酒的衣服全毀了，殯儀員為他穿上工裝法蘭絨襯衫，將他的遺體送往西雅圖。成年後他一直都是時尚大師，這對他來說或許是最大的汙辱。

決定將吉米葬在西雅圖的是艾爾・罕醉克斯，不過艾瑞克・伯登和其他人反對，他們說吉米經常說想被葬在倫敦。由於沒有找到遺囑，艾爾成為兒子遺產唯一的遺囑執行人，他繼承了吉米擁有的一切。艾爾傷心欲絕，於是由家族朋友芙瑞蒂・梅・高提爾安排事宜。

十月一日週四，吉米的喪禮在西雅圖雷尼爾大道南上的鄧萊普浸信會教堂舉行，諾爾・瑞丁和米奇・米切爾都出席了。米奇日後寫說喪禮規模很大，所以傑瑞・史提克爾敲他飯店房間的門說該出發時，米奇本能地回答：「表演是幾點？」事實上，喪禮後還規畫了一場超級巨星的即興演出。

有兩百多人參加喪禮，還有一百名哀悼者與好奇的路人聚集在教堂外的柵欄後。

二十四輛禮車載著家人與親友到場，有數十位警察為車隊進行交通管制。麥可・傑佛瑞買了一個做成木吉他形狀的巨大花籃，在眾多花籃中最為突出。傑佛瑞、體驗樂團大部分的工作人員與朋友都參加了喪禮，包括傑瑞・史提克爾、艾迪・克拉默、巴弟・邁爾士、艾倫・道格拉斯、查克・魏，以及公關經理麥可・戈斯坦，後者得一再澄清披頭四有出席的謠言。有幾位紐約音樂人也來了，包括強尼・溫特、小約翰・哈蒙德、塔德拉和塔哈卡・艾利姆。邁爾斯・戴維斯來了，他事後說連他自己母親的喪禮都沒參加。蒂馮・威爾森從紐約飛來，梅琳達・梅里威瑟也從夏威夷前來。西雅圖市長韋斯・烏爾曼也來參加，光是他來就意義重大：一九六一年，十八歲的吉米離開西雅圖時，可說是被警方趕出城；現在，市長卻穿著黑色西裝，向該市最著名的「殞落之子」致敬。

芙瑞蒂・梅・高提爾選擇擔任抬棺者的有詹姆斯・湯馬士，他是吉米青少年時期的樂團搖滾之王的經紀人，以及住老家附近的艾迪・萊、唐尼・霍威爾和比利・伯恩斯。「芙瑞蒂・梅要我們別穿黑色，」伯恩斯說，「她說：『自豪地穿上鮮豔的衣服吧。』」這場喪禮因而成了時尚大雜燴，許多人穿了黑色套裝，但也有人穿著紫色連身褲，或藍色牛仔褲搭T恤。

吉米的家族有許多人出席，包括艾爾、祖母諾拉、繼母瓊恩和她的孩子。里昂獲得獄方特許參加，但出席時身邊得跟著武裝警衛；他戴著手銬，直到儀式開始前，警衛忍不住同情他，讓他暫時脫下手銬。德洛蘿絲．霍爾和她的孩子一起出席，吉米的「桃絲阿姨」桃樂絲．哈汀也帶著孩子一起來。愛麗絲．哈汀和迪．霍爾與吉米一起通宵去看他在西雅圖住過的每個房子，不過是兩個月前的事；這兩人事後都說她們參加喪禮時，想到吉米那天晚上回憶過往的行為，以及說出像是預言的話，讓她們心想當時他是否覺得自己就快死了。

也有許多朋友、鄰居在場，包括亞瑟和娥薇兒．惠勒，他們曾是里昂的寄養父母，也幫忙照顧過吉米。有些吉米在倫敦和紐約的朋友，聽到這麼多人稱他「小鬼」時覺得困惑；吉米幾乎沒提過他這個童年小名。

儀式上包括開棺瞻仰遺容的流程，他們為吉米穿上他在多倫多出庭毒品審判的那套西裝。他喜愛的髮型設計師詹姆斯．芬尼飛來參加喪禮，他在典禮前私下處理過吉米心愛的捲髮。巴弟．邁爾士倒在棺前哭泣，得靠五個男人將他拉走，使得原本就肅穆的氣氛更加令人心碎。「吉米在棺材裡看起來好蒼白，」艾爾．亞羅諾維茲說，「他活著時總是像個海盜，像俠盜片裡的劍客。」當艾爾．罕醉克斯開始用指節來回撫摸吉米的額頭與頭皮，就像對待小時候的吉米那樣，令全場動容落淚。艾爾哀號著「我的孩子，我的孩子」，讓在場許多人哭出聲。

喪禮由哈洛．布萊克本牧師主持，派特．萊特表演了三首福音歌曲：〈祂看顧麻雀〉、

〈主我願更親近祢〉以及〈天使保護我〉。里昂朗讀了一首他寫的短詩，內容說現在吉米與他們的母親露西兒一起從天堂眷顧著所有人。儀式的主題是天使，因為芙瑞蒂．梅．高提爾也看了吉米寫的歌〈天使〉的歌詞，以及吉米為巴弟．邁爾士的專輯寫的簡短唱片封套文字，這段文字節錄如下：「快車轉彎了，沿著鐵軌而來，穩定地搖晃著，它撼動著放克、撼動著情感、撼動著生命……我們上車時，車長說……『我們要前往電子教堂。』快車將他們載走，從此他們過著幸福快樂又奇特的日子，還有……嗯，不好意思，我想我聽到我的火車來了。」芙瑞蒂．梅也讀了一首由一位加菲爾德高中學生寫的詩〈再會了，我們的吉米〉，詩裡寫道：「你回答了我們從不敢問的問題，為它們塗上色彩繽紛的圓圈，再抛給這個世界……它們從未落地，而是飛上雲端。」

集結在喪禮上的眾人，大部分都去華盛頓州倫頓的格林伍德紀念公園參加接下來的墓地儀式，不過有些人則趕去西雅圖中心館參加守靈音樂會。吉米曾對一位記者說：「我死的時候不要辦喪禮——我要辦即興音樂會。以我對自己的了解，我大概會在自己的喪禮上被抓到持有毒品吧。」他說的即興音樂會成真了，不過活動氣氛並不歡愉，而雖然哀悼的眾多音樂人有不少都在用毒品，也沒有人因持毒被抓。大部分的歌曲由強尼．溫特或巴弟．邁爾士演出，不過諾爾和米奇也一起做了短暫的表演。兩人都說覺得這樣不對勁。「就是無法想像即興演奏時少了吉米。」諾爾說。

守靈會上，邁爾斯．戴維斯成了眾人的焦點，大家猜測他可能會表演一首精采的哀悼曲。《西雅圖時報》寫手派崔克．麥唐諾在守靈會與戴維斯坐同一桌，沒有人問邁爾斯，他就自己解釋與吉米的關係：「我們，我們一起合作過。」麥唐諾說吉米與邁爾斯可能是精采的組合。「你可以把爵士融入搖滾，而他可以把搖滾融入爵士，」麥唐諾說，「正是如此。」戴維斯回答。戴維斯說他和吉米本來打算在卡內基音樂廳開音樂會，卻一直沒有辦成。有人拿了一支小號給邁爾斯，他卻拒絕演奏，說連他也無法為吉米創造出的音樂人生加上完結。

吉米的喪禮三天後，珍妮絲．賈普林在好萊塢死於海洛因過量；九個月後，吉姆．莫里森在巴黎死於心臟病。賈普林和莫里森都和吉米一樣，死時只有二十七歲。

雖然吉米之死終結了任何重組體驗樂團的念頭，他的遺產之爭卻才剛開始：團員和經紀人為此事爭執多年。艾爾．罕醉克斯繼承了吉米的資產，不過麥可．傑佛瑞告訴他，吉米的戶頭裡沒有什麼現金。艾爾請律師肯．哈古德處理遺產。「他們將資產交給我們時，只有兩萬美元而已，」哈古德說，「我們得重新協商公司與許多錄音作品的關係。傑佛瑞把這些錄音作品牢牢鎖起來收好，導致我們花了兩、三年的漫長時光和傑佛瑞談判，我們稱之為『最後的和解』。」但和解之事並未完結，傑佛瑞在一九七三年三月五日死於空難時，資產的處理變得更加複雜。在飛航管制員罷工後，吉米的經紀人死於西班牙的墜機事故；有些人——包括諾爾．瑞丁——相信傑佛瑞是假死，帶著數百萬美元逃到荒島去了。當時還沒有DNA比對，因此一直未能找到傑佛瑞的遺體，不過有發現部分行李。

傑佛瑞去世後，艾爾．罕醉克斯同意讓一位名叫里歐．布蘭頓的律師接管遺產。布蘭頓與民權運動先驅蘿莎．帕克斯合作過，也處理過納金高的資產，這樣的資歷足以讓艾爾幾乎將所有控制權都交給他。布蘭頓找來製作人艾倫．道格拉斯，由他在創作上掌控吉米死後發行的作品。道格拉斯曾與吉米短暫合作過，接下來的十三年，他將主導吉米留下來的音樂遺產。

一九七一年二月，蒂馮．威爾森從紐約的切爾西旅館窗戶墜樓身亡。吉米死後，她的海洛因毒癮愈來愈重，而她死亡的細節始終未查明。她的墜樓可能是自殺、他殺，或是因毒品造成的意外。蒂馮對吉米內心的黑暗面，始終並不了解。

麥可．傑佛瑞死後不久，諾爾．瑞丁同意以十萬美元買斷體驗樂團所有作品的未來版稅；米奇．米切爾也在一九七三年同意買斷，拿到三十萬美元。當時，兩人完全不知道日後的雷射唱片與DVD技術會讓這些資產賺進這麼多錢。其他與吉米一起錄音過的音樂人，包括巴弟．邁爾士和比利．考克斯，都從未從吉米的唱片銷售或遺產中獲得任何金錢上的利益。比利．考克斯斷斷續續和吉米一起玩音樂將近十年，當年在軍中時，正是因為有了他的友誼，讓吉米增加自信。比利和吉米一起寫了幾首歌，他卻從來沒有掛名。「在錄音室裡，我想他們只放吉米〔的名字〕，我們本來打算以後再處理書面作業。」考克斯說。在之後的年頭，考克斯是少數即使沒收到應得的金錢，也還是沒有心懷不滿的人。「當時我大概只要收一美元就會願意跟吉米一起玩音樂吧。」他說。二〇〇四年，巴弟．邁爾士為了拿到他認定被虧欠的版稅，開始採取法律行動——他聲稱吉普賽樂團是合作關係，他理應拿到專輯銷售的版稅。

一九七二年，黛安娜．卡本特要讓女兒塔蜜卡確認為吉米繼承人的訴訟敗訴。紐約法庭判定由於吉米生前從來沒有驗血，因此無法確認親子關係——當然，這是在DNA檢驗經常用來取得死後證據之前。二〇〇二年，卡本特再次想辦法讓她的女兒成為繼承人，但依然沒有成功。塔蜜卡．卡本特現在住在中西部，是三個小孩的媽媽；她從未見過她出名的父親，不過至少拜訪過艾爾．罕醉克斯兩次。

七〇年代初期，律師成功讓瑞典法庭承認詹姆斯．丹尼爾．桑德奎斯特為吉米．罕醉克斯的繼承人——光是他外表與吉米相似的程度之高，就讓有關單位難以忽視他的訴求。然而，瑞典法庭的判決在美國沒有約束力，桑德奎斯特與他的母親至少又提出兩次訴訟，要求獲得吉米的部分財產。隨著桑德奎斯特年紀增長，他奇特的髮型長成巨大的爆炸頭，他父親絕對會以他為榮。到了九〇年代晚期，面對桑德奎斯特的持續提告，艾爾．罕醉克斯與他庭外和解，付給他一百萬美元的大筆金額。桑德奎斯特現在住在斯德哥爾摩，過著低調的生活。

七〇年代中期，律師里歐．布蘭頓和製作人艾倫．道格拉斯控制了吉米．罕醉克斯資產的所有實際用途，他們每年付給艾爾．罕醉克斯五萬美元，外加一次性款項。道格拉斯製作了幾張罕醉克斯的生後專輯，其中有一張是他在吉米原先的錄音上重錄樂器音軌，並加入錄音室樂手演奏的新背景音軌。到了八〇年代，由於光碟科技的發展，加上全世界對吉米的音樂傳奇重燃興趣，使得他的作品集銷量大幅增長。

接下來十年內，有許多許多認識吉米、愛吉米的人死去。一九九一年九月，邁爾斯．戴維斯在加州聖摩尼加死亡。一九九二年十二月，艾瑞克．伯登的前妻安姬．伯登——她曾是吉米的情人，還參加過他在倫敦的最後一場派對——死在一場械鬥中；她染上海洛因毒癮多年，曾數度進出監獄。一九九六年七月，查斯．錢德勒因心臟疾病離世。吉米死後，錢德勒擔任搖滾樂團史萊德樂團的經紀人好幾年，但他的其他成就都比不上在吉米身邊那三年製作的唱片。青少年時期曾參加吉米早期樂團藍色火焰的蘭迪．沃爾夫，一九九七年在夏威夷死於游泳意外——他生涯中一直以「加州蘭迪」著稱，這正是吉米為他取的綽號。一九九九年，寇帝．奈特死於攝護腺癌。奈特為吉米寫過他的頭幾本傳記之一——一九七四年出版的《吉米》（*Jimi*），書中強調奈特是當初發掘吉米的天才。奈特與吉米一起做的低劣錄音被重新發行好幾百次，不過奈特說他並沒有從中獲利。

在吉米．罕醉克斯生平最古怪的一章，他死去那晚和他在一起的女子莫妮卡．丹納曼，於一九九六年四月五日輕生。吉米死後二十五年來，丹納曼一直在當畫家，只不過她最常畫的主題是吉米，有許多病態的畫作是在描繪兩人做超自然的擁抱。多年來，她以吉米「未過門的寡婦」身分受訪，對吉米生前最後一夜做了好幾種不同版本的描述，不過她一直堅稱救護車到達時吉米還活著。一九九四年，一部分由於凱西．艾金翰的強烈要求，英國有關當局重新審理吉米的死亡案件，因為丹納曼的說辭有太多問題，包括聲稱醫療單位無能。這次調查的結論為救護車人員抵達時，吉米絕對已經死亡，緊急醫療人員和醫生都盡全力嘗試讓他起死回生，而且丹納曼的說辭大部分都值得懷疑，甚至完全錯誤。隔年，丹納曼出版她的回憶錄《吉米．罕醉克斯的內心世界》，在書中重複許多關於吉米之死的謊言。這本書出版後不久，凱西．艾金翰告丹納曼誹謗，並且獲判勝訴。雖然法院禁止丹納曼再做出這類宣言，她還是繼續這麼做，於是艾金翰在一九九六年再次告上法庭。艾金翰勝訴，丹納曼被判藐視法庭，法院要求她不要再重蹈覆轍，並下命要她支付所有法庭費用。兩天後，丹納曼用賓士車排放的廢氣自殺，死於一氧化碳中毒。丹納曼死後，吉米之死唯一的目擊證人也離世了，而她從來沒有坦白說出吉米死前發生的事。

雖然艾爾．罕醉克斯雇用里歐．布蘭頓處理遺產，到了九〇年代初期，他卻開始質疑這種安排。一九九三年四月十六日，艾爾向布蘭頓與艾倫．道格拉斯在西雅圖聯邦法庭提告，想重新取得兒子遺產的掌控權。他付得起昂貴訴訟費的唯一原因，是他向西雅圖百萬富翁保羅．艾倫借錢——保羅小時候看過吉米在西雅圖的表演，因而成為他的大粉絲。這個歷時長久的官司於一九九五年六月畫下句點，布蘭頓與道格拉斯庭外和解，他們放棄所有未來的權利，不過艾爾必須付他們九百萬美元，才能買回他在二十五年前繼承的控制權。「我好開心，」艾爾當時說，「要是吉米知道我們贏了官司，把東西都要回來了，他會很開心的。」

一九九五年七月，艾爾建立起「體驗罕醉克斯有限責任公司」（Experience Hendrix, LLC）這個家族企業，指定他領養的繼女珍妮．罕醉克斯來經營。珍妮只在吉米去西雅圖開演唱會時短暫見過他四次，而且當時還只是孩子，不過艾爾信任她。艾爾還雇用他的姪子鮑伯．罕醉克斯擔任副總經理，他曾在好市多擔任主管職；在體驗罕醉克斯公司裡，除了艾爾之外，鮑伯是唯一和吉米有血緣關係的人。艾爾保留執行長的職位，不過負責公司日常營運的是珍妮和鮑伯。

艾爾・罕醉克斯持續園藝師的工作，直到一九八〇年代中期，他的心臟疾病使他變得不太能割草、修剪樹叢。這時他已經是富翁了，繼續工作的原因主要是習慣，而不是因為需要錢。他似乎很喜歡以吉米之父的公眾角色，也多次接受記者採訪，還數度代表名人兒子接受表彰。他兒子的創作對這麼多人意義重大，似乎在吉米死後多年還是令他感到驚奇。

一九八〇年代初，艾爾與第二任妻子仁花「瓊恩」綾子分居了。一直到她於一九九九年過世為止，兩人都維持著法律上的婚姻關係，不過他們沒有再以夫妻身分一起生活。艾爾接連和幾位較年輕的女人交往，而奇怪的是，其中有幾位曾是露西兒的女性朋友或同事；其中一人是蘿琳・洛克特，她是露西兒的中學好友。艾爾的另一位女友蓋兒・戴維斯由於太常聽艾爾聊起這位前妻，指責他在露西兒過世四十年後依然愛著她。「他否認了，」戴維斯說，「但從他否認的方式明顯看得出來這是真的。」一九九四年十一月，七十五歲的艾爾因為攻擊另一位懷孕的二十五歲女友，被以家暴罪名逮捕，不過後來指控被撤銷了；我們至今仍不清楚她腹中的孩子是不是艾爾的。

里昂．罕醉克斯在哥哥死後，一開始看起來改邪歸正了，他有段時間在波音公司擔任製圖師，之後又做了郵務工作。他在一九七四年二月與克莉絲汀娜．納蘭席克結婚，兩人生了六個孩子，其中一個兒子出生於十一月二十七日，和吉米生日同一天，里昂將這個巧合視為好兆頭，於是將這個兒子取名為吉米二世。到了一九八〇年代晚期，里昂受毒品與酒精成癮所苦，還在一九八九年被判肇事逃逸和電話騷擾罪。他與妻子在一九八九年分居，幾年後又因快克古柯鹼成癮。經過好幾次的努力，里昂終於在一九九〇年代晚期成功戒毒。二〇〇〇年，他開始當起專業吉他手，成立了里昂罕醉克斯樂團。

一九九九年，艾爾自費出版自傳《我的兒子吉米》。共同作者賈斯．奧布萊希特說他沒有理由懷疑艾爾的說辭，只有一件事除外：當艾爾在書裡聲稱里昂．罕醉克斯不是他親生兒子，奧布萊希特認為他的說法不自然。「艾爾有一天毫無來由地自己提起這件事，」他說，「感覺上像是他見過什麼人，而對這個人來說，讓這件事得到證實是很重要的。」

二〇〇二年四月十七日，艾爾．罕醉克斯死於心臟衰竭，享壽八十二歲。他在人生中最後十年身體狀況一直不好，對於見過他曾經精實的身體變得多衰弱的人來說，他的死並不令人意外。不過，艾爾還是比前妻露西兒多活了四十四年，也比三個孩子長壽：吉米、艾佛瑞德和潘蜜拉。艾佛瑞德和潘蜜拉兩人長大後，都年紀輕輕就死了。艾爾的另一個女兒凱西在二〇〇五年還活著，但她一生都住在州立盲人機構；雖然凱西保留著罕醉克斯這個姓，然而這個家庭當初拋棄了天生失明、還在襁褓中的她，她並不想和他們有任何牽扯。

艾爾去世後，罕醉克斯家族的親子血緣、家系和血脈，成為公開爭辯的問題。他的遺產價值約八千萬美元，這筆財富主要來自擁有吉米的版權，艾爾本身沒什麼財產。他將遺產留給十一位親人，其中最大一部分交給他在一九六八年領養的繼女珍妮·罕醉克斯。珍妮有四個兄弟姊妹，他們與艾爾沒有血緣關係，不過也都列在遺囑上，每人得到大約百分之五。艾爾在遺囑上完全沒有留下任何財產給露西兒的家族，這意味著大部分與吉米有血緣關係的人，過去從來沒有、未來也不會從吉米的專輯銷售得到額外收入。

艾爾的遺囑遺漏的人當中，最明顯的是里昂·罕醉克斯：他只得到珍妮選的一張金唱片。里昂在艾爾先前幾個版本的遺囑中都有被納入，分到的財產和珍妮相當；直到艾爾在一九九八年簽字的最後一份遺囑，才變成里昂什麼也分不到，而珍妮得到罕醉克斯遺產的百分之四十八。

里昂本身沒有錢，無法對父親的遺囑提出異議，不過房地產開發商克雷格．迪芬巴赫出了好幾百萬美元，要質疑遺囑的真實性。艾爾死後四個月，里昂將珍妮．罕醉克斯與堂弟鮑伯．罕醉克斯告上國王郡高等法院，他想推翻艾爾的最後一份遺囑，恢復他的前一份遺囑——里昂在這份遺囑中得到四分之一的遺產。里昂控告對方詐欺和「侵犯式干預」，聲稱珍妮「不當影響」他們的父親，說服艾爾里昂不是他的親生兒子。「我們相信這不是艾爾的遺囑，」里昂的律師鮑伯．庫蘭說，「本質上這是珍妮的遺囑。」

這個案件本身已經很複雜，而原先是艾爾遺囑受益人的七位親人加入控告行列——其中包括珍妮自己的姊妹仁花琳達——使情況變得更加混亂。他們在法庭上全都說，雖然有價值數百萬美元的信託——這是艾爾在一九九七年安排的——他們卻一毛錢也沒拿到，認為管理信託的珍妮．罕醉克斯要為此負責。代表這些受益人的律師大衛．奧斯古主張，體驗罕醉克斯公司的營運如此不善，珍妮的薪水卻如此之高（光是二〇〇一年就有八十萬四千六百〇一美元），這表示信託可能連一毛錢都沒有付過。

珍妮和鮑伯．罕醉克斯都堅持他們沒有參與艾爾的遺囑或信託安排，艾爾剝奪里昂的繼承權也讓他們很意外。珍妮和她的律師說，使艾爾更改遺囑的是里昂在九〇年代的毒品問題，而不是因為珍妮的作為。她說艾爾的最後一份遺囑有法律效力，他簽字時還有錄影。至於信託的問題，珍妮說里昂訴訟產生的法律費用，加上原先布蘭頓的訴訟，使各項信託無法出資，不過他們未來會收到錢。

大約在里昂的案件進入審判前聲請的同時，諾爾．瑞丁也開始向體驗罕醉克斯採取自己的法律行動。諾爾指控說他簽字放棄權利時，沒有正式受到律師代表，而且對方承諾會在艾爾．罕醉克斯贏回遺產後，重談他的和解費。二〇〇四年四月，諾爾談起他與米奇沒有持續得到體驗樂團的分紅時說：「假如吉米有八隻手臂的話，他不用靠米切爾和我就能做到。」一個月後，他在準備提告時因為肝病驟逝，享年五十七歲。

里昂和珍妮．罕醉克斯的訴訟時間很長，過程既複雜又耗費金錢。在將近兩年的口供證詞與申請後，審判於二〇〇四年六月二十八日開庭，由國王郡法官傑佛瑞．蘭斯道主持，法庭上座無虛席。訴訟的過程充滿轉折，而最驚人的是喬．罕醉克斯——艾爾在約五十年前送養的兒子——在最後時刻現身，要求得到法律身分，被納入父親的遺產繼承人。家族中大部分的人有幾十年沒見過喬；他多年來一再進入醫療機構，由寄養母親撫養長大。十多年來，喬靠身心障礙補助金過活。一九九〇年代晚期，他曾在當地商店裡遇見艾爾．罕醉克斯，雖然兩人有幾十年沒見面，卻能立刻認出彼此——隨著年紀增長，他們的外貌變得十分相似，簡直就像兄弟一樣。艾爾擁抱著喬說：「我的兒子，我的兒子。」他們的關係僅止於此，不過喬在法庭上主張身為艾爾的後代，他和其他人一樣有權得到父親的遺產。

蘭斯道法官下令要喬驗ＤＮＡ。喬的ＤＮＡ被拿來與艾爾在幾年前提供的血液樣本比對，當時艾爾懷疑他可能讓一位女友懷孕了。喬的檢驗結果是陰性，這表示根據艾爾提供的血液樣本，喬並不是艾爾的小孩，因此蘭斯道法官拒絕他的要求。考慮到兩人外貌神似的程度，法庭上許多人都對ＤＮＡ檢驗的結果感到吃驚。「那份血液樣本有問題，」喬的朋友詹姆斯．普萊爾說，「這樣是不對的。」

里昂．罕醉克斯也被下令驗ＤＮＡ，同樣也使用艾爾提供的樣本。結果送回時，珍妮．罕醉克斯的律師要求在法庭呈上，作為本案證據；然而，蘭斯道法官判決這份結果——無論結果如何——都與本案無關，因為依據華盛頓州法，里昂是艾爾的兒子；當然，他也毫無疑問是吉米的弟弟，因為露西兒生下他們兩人。法官要求里昂的ＤＮＡ檢驗結果被密封起來。然而，當時本案任一方都沒有拿里昂或喬的ＤＮＡ互相比對，或是和吉米比對。里昂聲稱吉米不相信艾爾是他的生父——無論這只是青少年吉米一氣之下做的暗示，或是從露西兒那裡努力打聽來的內情，都必須對死去的父子做進一步檢驗才能得知。少了ＤＮＡ檢驗，在任何家庭裡唯一沒有爭議的血緣關係是母親的血脈，而露西兒確確實實是吉米、里昂、喬、潘蜜拉、凱西與艾佛瑞德．罕醉克斯的母親。

里昂與珍妮的官司持續了三個月，家族裡許多當事人都出庭作證。德洛蘿絲是第一位證人，由於她已經八十四歲了，不難想像她需要助行器才能走上證人席。德洛蘿絲作證說艾爾曾直接告訴她，他會在遺囑裡照顧里昂。大力協助撫養吉米的德洛蘿絲，從未因這位出名的外甥獲得任何金錢上的利益，而是靠社會福利津貼過活。然而，蘭斯道法官的權責範圍並非決定吉米應該供養誰；這場審判的目的是確保艾爾．罕醉克斯的遺願有實現。法律上主要的問題是艾爾的遺囑是否有法律效力，以及艾爾是否明白他沒有納入里昂；至於吉米會不會希望弟弟因他的遺產受益，吉米的每位兒時舊識，無論是男是女，都肯定這一點。「吉米會希望里昂被納入遺囑、受到照顧，」也出庭作證的基米．威廉斯說，「這一點毫無疑問。」

蘭斯道法官在二〇〇四年九月二十四日宣布他的判決，當天是吉米忌日滿三十五周年後一週，大批群眾來到國王郡法院聽判決。審判時，任何證人都沒提到一件事：這個法院正是露西兒與艾爾結婚、離婚，以及將四個小孩交給州政府撫養的地方。蘭斯道法官也在這裡發表長達三十五頁的複雜判決，他維持艾爾的遺囑，拒絕了里昂的要求。雖然法官同意里昂的某些指控——珍妮確實在某種程度上影響了她父親——他也認為里昂的毒癮以及經常要錢的行為，可能讓艾爾有理由在不受珍妮影響之下，不將里昂納入遺囑裡。審判結束時，里昂擁有的只有珍妮選擇的一張金唱片，和龐大的訴訟費用帳單。二〇〇五年初，里昂開始對蘭斯道法官的判決上訴。

另外，針對曾被列入艾爾遺囑的多位受益人，蘭斯道法官判定財務不當處理的問題，足以將珍妮．罕醉克斯從信託的受託人除名，並另外指派獨立第三方管理。珍妮也被下令支付受益人在此案的律師費。

雖然里昂與珍妮之間的問題主要環繞著金錢和繼承權，至少還有一個在訴訟程序中浮現的次要問題與錢無關，而是關於下葬地點。艾爾最初被葬在格林伍德紀念公園裡吉米旁邊的墓；幾個月後，在吉米生日六十周年前夕，艾爾和吉米的遺體都被移到花一百萬美元新打造的九公尺高花崗石紀念碑，在原來的下葬地點以北九十一公尺處。三十年的棺材在搬移時經常會解體，不過吉米的棺材上加了一層水泥屏障——當初是為了防止盜墓者而安裝——因此完整保存下來。挖掘工作在墓園關閉的晚上進行。由於遺體是被搬移到墓園的範圍內，而不是在墓園外，珍妮．罕醉克斯便不需要取得其他家族成員的同意，而她也沒這麼做。里昂一個月後才從記者口中得知挖墓的事，他請律師寄一封抗議信件給珍妮的律師，但遺體被移入新花崗岩建築密封後，事情也沒有討論的餘地了。

里昂反對花這麼多錢在新紀念碑上，他與吉米的母親露西兒卻還葬在貧民墓地，連墓碑都沒有。

珍妮的律師回信中寫道，艾爾．罕醉克斯從未安排為露西兒做墓碑，艾爾也不想將露西兒納入新的紀念碑裡。這樣的聲稱似乎至少與兩項證據互相矛盾：艾爾與墓園簽下新紀念碑的合約時，他將露西兒列為希望葬在地下墓室的人之一；德洛蘿絲．霍爾也作證說，艾爾曾告訴她會確保為露西兒製作妥善的墓碑。「有那麼多錢，她卻連個墓碑都沒有，」德洛蘿絲說，「吉米．罕醉克斯的母親連墓碑都沒有，簡直是罪孽。」

露西兒之墓唯一的墓碑，依然只是一塊寫著「米契爾」——她結婚短短幾天的夫姓——的社福磚塊。沒有任何跡象顯示這座墳墓裡就是吉米．罕醉克斯的母親，而吉米本人則埋在墓地另一頭九公尺高的紀念碑裡，在父親身邊長眠。

後記

美國西雅圖，
2002 年 4 月—2005 年 4 月

加長型黑色凱迪拉克

「羅伊的掃把吉他讓他變得出名又有錢，大家從各地來看羅伊表演。他變得很有錢，可以開著黑色凱迪拉克加長禮車到處跑。」

——雪莉・哈汀對小時候的吉米・罕醉克斯說的床邊故事之一

艾爾・罕醉克斯於二〇〇二年四月過世，他的喪禮舉辦在西雅圖中央區的錫安山浸信會教堂。喪禮上播放吉米、艾爾、里昂與其他親人的照片製作的影片，不過吉米是影片裡最主要的焦點，甚至有位出席者說比起艾爾，感覺上更像是吉米的喪禮。地球風與火樂團的前任吉他手，同時也是艾爾繼女珍妮的丈夫謝爾登・雷諾茲，演奏了令人動容的〈天使〉，這首歌正呼應著這家人的過去：這首歌的歌詞曾在吉米的喪禮上被朗讀，而吉米寫這首歌，是為了描述他明白母親從天堂看著他時，心靈上獲得的撫慰。這場喪禮氣氛特別緊繃，因為里昂和珍妮・罕醉克斯當時已經在爭奪艾爾的遺產。兩人都在教堂裡向眾人發言，不過彼此沒有交談。里昂起身發言時，幾乎難以控制情緒。「罕醉克斯家走過漫長而艱難的路。」他說。對這個破碎的大家庭來說，這番話應該沒有人會反對。

喪禮結束後，兩百輛車的車隊在摩托車警隊的護送下離開教堂，往南方駛向二十四公里外的格林伍德紀念公園。雖然並沒有特地計畫，不過艾爾的喪禮隊伍與三十二年前吉米的靈車路線大致相同。這條路線穿越中央區的中心，這裡傳統上是西雅圖非裔美國人的社群，在吉米出生後六十年間已經大幅成長；當年家家戶戶都彼此認識，而小鬼罕醉克斯是身處其中的鑰匙兒童。艾爾和吉米的車隊在這段蜿蜒車程中經過整個住宅區，在吉米十八歲以前，這裡就是他的全世界。

路線經過華盛頓舞廳——一九四一年，一位名叫露西兒・吉特的十六歲漂亮女孩在這裡舉辦的胖子華勒演唱會上遇見艾爾・罕醉克斯，並且欣賞他的舞姿；也經過德洛蘿絲・霍爾曾經與露西兒、妹夫艾爾以及他們的新生兒一起住的地方，德洛蘿絲還為寶寶取了小鬼這個綽號。路線還經過這家人早期住過的眾多破舊公寓、寄宿住宅和廉價旅館，以及依然存在的雷尼爾威斯塔住宅專案附近，罕醉克斯一家曾住在這裡的兩房公寓裡，吉米和里昂也在這裡目送弟弟喬最後一次離家。他們路過一家社區電影院的舊址，十歲的吉米週末曾在這裡花十分錢看《飛俠哥頓》系列電影，夢想著外太空。在路線接近雷尼爾威斯塔住宅專案時，他們只距離桃樂絲·哈汀的公寓一條街，吉米曾在這裡聽羅伊、奧黛莉和波妮塔的床邊故事，這些童話故事人物總是做對的事，最後還變得有名又有錢。

車隊經過加菲爾德高中的正門口，一九七〇年曾有位報社記者寫道，這所著名的學校比教堂更適合舉辦吉米的喪禮。在加菲爾德高中對面有一家炸雞小吃攤，四十年前曾是家漢堡店，吉米在這裡懇求店家在午夜關門時留給他剩下的漢堡。靈車經過兩家俱樂部，吉米曾與他的早期樂團在這裡表演，在吉他裡找到幫助他脫離現實的快樂，打開想像中的美好世界。接著這些加長黑色禮車經過席克斯體育場舊址，這座棒球場存在時，曾見證貓王和吉米·罕醉克斯在同一個舞臺上表演——前者是搖滾樂史上最著名的白人，而在短短十五年後出現的後者，則是史上最聞名的非裔美國吉他大師。西雅圖市中心現在有了自己的罕醉克斯聖地，不過路線並沒有經過這裡；兒時曾看過吉米西雅圖演唱會的億萬富翁保羅·艾倫（Paul Allen）花了超過兩億八千萬美元創立體驗音樂展覽館（Experience Music Project），於二〇〇〇年啟用，有一整個展區在展示罕醉克斯的相關收藏品。

最後，喪禮車隊離開西雅圖，開上一條蜿蜒的道路，前往位於倫頓的格林伍德紀念公園。艾爾在吉米死時選擇這個墓園，是因為他當園藝師的薪水不高，再加上吉米的遺產在一九七〇年陷入混亂，而這裡比西雅圖其他墓園便宜，是艾爾唯一負擔得起的地方。不過，吉米並非第一個在格林伍德下葬的家庭成員：他母親於一九五八年下葬在這裡的貧民墓地。母親死後不過十二年，吉米就去世了，不過在這短短的時間內發生了許多事。

這十二年間，露西兒小小的社福墓碑上長滿雜草，她下葬的地點也隨著時間被遺忘了。在吉米的喪禮上，幾位近親圍在一起，站在他們認為是露西兒下葬的地點祈禱。「我們站在墓園大門附近的一小塊草坪上，我們以為她在那裡。」里昂憶道。這裡差了一百八十公尺，露西兒的墓其實在墓園正門的西北，位於巨大墓園中央的一大片墓碑裡。

不可思議的是，露西兒最終安息的地方離吉米在一九七〇到二〇〇二年間的下葬處只有四十步遠，那是吉米最初、也幾乎是最終的安息之處。吉米之墓在二〇〇二年搬移時，新地點位於墓園裡尚未開發的一角，與其他墳墓有段距離。然而，吉米一九七〇年的原墓地離露西兒的墓非常近，這個未經規畫且不為人知的命運，就發生在四公頃大的幕園裡。這對母子如此靠近，完全是機緣巧合，不過吉米．罕醉克斯會帶著心照不宣的神祕笑容，認為這是命中註定。

資料來源

為了撰寫本書，我在四年間做了超過三百二十五場採訪。為了避免資料來源二十頁全寫著「出自作者的採訪」，我在每章標題後列出各章的採訪對象，並在第一次列出的時候加註年分。

前言

作者採訪了 Solomon Burke, 2002; Kathy Etchingham, 2001, 2002, 2003, 2004; Tony Garland, 2004; Noel Redding, 2001, 2002, 2003。

由諾爾・瑞丁首先告訴我利物浦的事，而其他人讓我對這一天發生的事有更深入的了解。

第一章・・漸入佳境

作者採訪了 Joyce Craven, 2004; Delores Hall Hamm, 2002, 2003, 2004, 2005; Dorothy Harding, 2003, 2004; Al Hendrix, 1987, 1990, 1991; Diane Hendrix, 2002, 2003, 2004, 2005; Leon Hendrix, 2001, 2002, 2003, 2004, 2005; Loreen Lockett, 2003; Betty Jean Morgan, 2002, 2003, 2004; James Pryor, 2002, 2003, 2004。若想更了解西雅圖傑克遜街相關背景，我推薦 Esther Hall Mumford 的 *Calabash: A Guide to the History, Culture, and Art of African Americans in Seattle and King County* (Ananse Press, 1993); Quintard Taylor 的 *The Forging of a Black Community: Seattle's Central District from 1870 through the Civil Rights Era* (University of Washington Press, 1994) 以及 Paul DeBarros 的 *Jackson Street After Hours: The Roots of Jazz in Seattle* (Sasquatch Books, 1993)。若想進一步了解吉米・罕醉克斯的早年生活，可參考艾爾・罕醉克斯的自傳 *My Son Jimi* (AliJas Enterprises, 1999)・、以及 Mary Willix 的 *Voices From Home* (Creative Forces Publishing, 1990)。Willix 的書可以透過 creativeforces-pub@earthlink.net 訂購。

第二章‧‧血桶夜總會

作者採訪了 Delores Hall Hamm; Dorothy Harding; Al Hendrix; Diane Hendrix; Joe Hendrix, 2003, 2004; Leon Hendrix; Loreen Lockett; James Pryor; Jimmy Ogilvy, 2004; Bob Summerrise, 2003, 2004; Chief Tom Vickers, 2004。

第三章‧‧中上的聰穎程度

作者採訪了 Kathy Etchingham; Delores Hall Hamm; Dorothy Harding; Al Hendrix; Diane Hendrix; Joe Hendrix; Leon Hendrix; Loreen Lockett; James Pryor。

第四章‧‧黑騎士

作者採訪了 Pernell Alexander, 2002, 2003, 2004, 2005; Booth Gardner, 2003, 2004; Delores Hall Hamm; Alice Harding, 2003; Dorothy Harding; Ebony Harding, 2003; Melvin Harding, 2003; Pat Harding, 2004; Frank Hatcher, 2004; Al Hendrix; Diane Hendrix; Joe Hendrix; Leon Hendrix; Terry Johnson, 2004; Loreen Lockett; James Pryor; Arthur Wheeler, 2003; Doug

Wheeler, 2003, 2004; Urville Wheeler, 2003; and Jimmy Williams, 2002, 2003, 2004, 2005。

第五章··強尼·吉他

作者採訪了 Pernell Alexander; Joe Allen, 2004; Cornell Benson, 2004; Ernestine Benson, 2003, 2004; Henry Brown, 2002; Diana Carpenter, 2003, 2004; Sammy Drain, 2002, 2003, 2004; Frank Fidler, 2003; Booth Gardner; Carmen Goudy, 2003, 2004; Delores Hall Hamm; Frank Hanawalt, 2004; Alice Harding; Dorothy Harding; Ebony Harding; Melvin Harding; Frank Hatcher; Diane Hendrix; Leon Hendrix; Terry Johnson; James Pryor; Jimmy Williams; Mary Willix, 2001, 2002, 2003, 2004, 2005。

第六章··酷酷的高個子

作者採訪了 Pernell Alexander; Anthony Atherton, 2004; Cornell Benson; Ernestine Benson; Ernie Catlett, 2004; Sammy Drain; Bill Eisiminger, 2003; Lester Exkano, 2004; Frank Fidler; Carmen Goudy; Delores Hall Hamm; Frank Hanawalt; Alice Harding; Dorothy Harding;

Ebony Harding; Melvin Harding; Frank Hatcher; Diane Hendrix; Leon Hendrix; John Horn, 2004; Terry Johnson; Jim Manolides, 2004; Betty Jean Morgan; Jimmy Ogilvy; James Pryor; Luther Rabb, 2003, 2004; Gordon Shoji, 2003; Bob Summerrise; Mike Tagawa, 2003; Jimmy Williams; Mary Willix。

第七章・・西班牙城堡魔法

作者採訪了 Pernell Alexander; Anthony Atherton; Jamie Campbell, 2004; Larry Coryell, 2003; Rich Dangel, 2002; Sammy Drain; Lester Exkano; Carmen Goudy; Delores Hall Hamm; Leon Hendrix; Terry Johnson; Jerry Miller, 2004; Betty Jean Morgan; Pat O'Day, 2002, 2003, 2004, 2005; Jimmy Ogilvy; Buck Ormsby, 2004; Luther Rabb; Denny Rosencrantz, 2004; Jimmy Williams; Mary Willix。帕特・歐戴（Pat O'Day）的回憶錄是 *It Was All Just Rock'-n'-Roll II* (Ballard Publishing, 2003)。

第八章・・狂野的弟兄

作者採訪了 Billy Cox, 2003; Dee Hall, 2003, 2004; Delores Hall Hamm; Dorothy Harding; Terry Johnson; Betty Jean Morgan。

第九章・・獵頭族

作者採訪了 Solomon Burke; Billy Cox; Terry Johnson; Johnny Jones, 2004; Bobby Rush, 2003; James Pryor; Alphonso Young, 2004。

第十章・・哈林世界

作者採訪了 Taharqa Aleem, 2002, 2003, 2004; Tunde-Ra Aleem, 2002, 2003, 2004; Rosa Lee Brooks, 2003, 2004; Billy Cox; Steve Cropper, 2003; Terry Johnson; Johnny Jones; Martha Reeves, 2003; Glen Willings, 2003; Alphonso Young。第一七一到一七二頁引用小理查的話出自查爾斯・懷特（Charles White）的 *The Life and Times of Little Richard: The Quasar of Rock* (Da-Capo, 1994)。若想進一步探索影響吉米的藍調音樂，我推薦 Charles Shaar Murray 的 *Crosstown Traffic* (Faber and Faber, 1989)。

第十一章・・栩栩如生的夢

作者採訪了Taharqa Aleem; Tunde-Ra Aleem; David Brigati, 2003; Rosa Lee Brooks; Diana Carpenter; Ed Chalpin, 2003, 2004, 2005; Billy Cox; Joey Dee, 2003; Johnny Jones; Mr. Wiggles, 2004; Bernard Purdie, 2003; Mike Quashie, 2003, 2004; Glen Willings; Lonnie Youngblood, 2003。

第十二章・・我的問題孩子

作者採訪了Taharqa Aleem; Tunde-Ra Aleem; Diana Carpenter; Paul Caruso, 2002; Ed Chalpin; Billy Cox; Janice Hargrove, 2004; Richie Havens, 2004; Linda Keith, 2004; Mike Quashie; Bill Schweitzer, 2003; Danny Taylor, 2004; Lonnie Youngblood。

第十三章・・黑人版狄倫

作者採訪了Taharqa Aleem; Tunde-Ra Aleem; Paul Caruso; Ed Chalpin; Bill Donovan,

2004; John Hammond, 2003; Janice Hargrove; Richie Havens; Kiernan Kane, 2004; Linda Keith; Buzzy Linhart, 2004; Ellen McIlwaine, 2004; Andrew Loog Oldham, 2003; Mike Quashie; Danny Taylor; Lonnie Youngblood。

第十四章・・婆羅洲野人

作者採訪了 Keith Altham, 2004; Brian Auger, 2003; Ernestine Benson; Vic Briggs, 2003, 2004; Eric Burdon, 2003; Kathy Etchingham; Kim Fowley, 2003; Tony Garland; Terry Johnson; Linda Keith; Andrew Loog Oldham; Noel Redding; Mike Ross, 2002; Trixie Sullivan, 2004。若想進一步閱讀關於一九六〇年代倫敦的事，我推薦 Shawn Levy 的 *Ready, Steady, Go!* (Doubleday, 2002)、Harriet Vyner 的 *Groovy Bob* (Faber and Faber, 1999)、以及 Andrew Loog Oldham 的 *Stoned* (St. Martin's, 2002)。與罕醉克斯親近的幾位親朋好友寫了回憶錄：Kathy Etchingham 的 *Through Gypsy Eyes* (Victor Gollancz, 1998)、Noel Redding 與 Carol Appleby 的 *Are You Experienced?* (Fourth Estate, 1991)、以及 Mitch Mitchell 和 John Platt 的 *Inside the Experience* (Pyramid Books, 1990)。若想進一步了解體驗樂團的巡迴演唱會，

請參考 Ben Valkhoff 出版的精采系列叢書 *Eyewitness* (Up From the Skies, 1997)，或參考 *Univibes* 雜誌的過刊 (www.Univibes.com)。

第十五章：自由的感覺

作者採訪了 Lou Adler, 2002; Keith Altham; Brian Auger; Vic Briggs; Eric Burdon; Neville Chesters, 2004; Stanislas De Rola, 2004; Kathy Etchingham; Marianne Faithfull, 2002; Tony Garland; Linda Keith; Roger Mayer, 2002; Andrew Loog Oldham; Noel Redding; Terry Reid, 2004; Mike Ross; Trixie Sullivan; Pete Townshend, 2004。

第十六章：從傳聞成為傳奇

作者採訪了 Lou Adler; Keith Altham; Brian Auger; Paul Body, 2003; Vic Briggs; Eric Burdon; Jack Casady, 2003; Neville Chesters; Steve Cropper; Stanislas De Rola; Pamela Des Barres, 2004; Kathy Etchingham; Tony Garland; Michael Goldstein, 2004; Richie Havens; Jorma Kaukonen, 2003; Howard Kaylan, 2003; Lee Kiefer, 2004; Al Kooper, 2002; Eddie Kramer,

2002, 2003; Roger Mayer; Buddy Miles, 2003; Jerry Miller; Andrew Loog Oldham; D.A. Pennebaker, 2002; Noel Redding; Terry Reid; Trixie Sullivan; Peter Tork, 2003; Pete Townshend。

第十七章・・黑色噪音

作者採訪了Taharqa Aleem; Tunde-Ra Aleem; Eric Burdon; Paul Caruso; Ed Chalpin; Neville Chesters; Kathy Etchingham; Tony Garland; Michael Goldstein; Lee Kiefer; Al Kooper; Eddie Kramer; Buzzy Linhart; Roger Mayer; Noel Redding; Trixie Sullivan; Dallas Taylor, 2004; Paul Williams, 2004。

第十八章・・新音樂太空震撼

作者採訪了Cynthia Albritton, 2003; Ernestine Benson; Eric Burdon; Jack Casady; Lester Chambers, 2003; Neville Chesters; Kathy Etchingham; Tony Garland; Michael Goldstein; Jess Hansen, 2002, 2003, 2004; Vickie Heater, 2002; Leon Hendrix; Jorma Kaukonen; Eddie Kramer; Buzzy Linhart; Patrick MacDonald, 2002; Roger Mayer; Pat O'Day; Noel Redding; Peter Riches, 2003; Trixie Sullivan; Paul Williams。

第十九章・首先登陸月球

作者採訪了 Taharqa Aleem; Tunde-Ra Aleem; Terry Bassett, 2003; Carmen Borrero, 2003, 2004; Eric Burdon; Paul Caruso; Kathy Etchingham; Tony Garland; Michael Goldstein; Boyd Grafmyre, 2004; Diane Hendrix; Leon Hendrix; Deering Howe, 2004; Eddie Kramer; Buzzy Linhart; Roger Mayer; Betsy Morgan, 2003; Pat O'Day; Roz Payne, 2004; Noel Redding; Trixie Sullivan; Herbie Worthington, 2004。

第二十章・電子教堂音樂

作者採訪了 Taharqa Aleem; Tunde-Ra Aleem; Carmen Borrero; Eric Burdon; Diana Carpenter; Paul Caruso; Kathy Etchingham; Tony Garland; Michael Goldstein; Leon Hendrix; Deering Howe; Eddie Kramer; Buck Munger, 2004; Pat O'Day; Noel Redding; Trixie Sullivan。

第二十一章・快樂與成功

作者採訪了 Taharqa Aleem; Tunde-Ra Aleem; Carmen Borrero; Eric Burdon; Kathy Etchingham; Michael Goldstein; Deering Howe; Colette Mimram, 2004, 2005; Pat O'Day; Noel Redding; Billy Rich, 2003; Trixie Sullivan; Juma Sultan, 2004; Johnny Winter, 2003; Herbie Worthington。

第二十二章：吉普賽、陽光與彩虹

作者採訪了 Taharqa Aleem; Tunde-Ra Aleem; Al Aronowitz, 2003, 2004; Carmen Borrero; Eric Burdon; Billy Cox; Michael Goldstein; Richie Havens; Deering Howe; Eddie Kramer; Colette Mimram; Pat O'Day; Roz Payne; Noel Redding; Billy Rich; Hank Ryan, 2004; Trixie Sullivan; Juma Sultan; Dallas Taylor; Pete Townshend。

第二十三章：花園裡的國王

作者採訪了 Taharqa Aleem; Tunde-Ra Aleem; Al Aronowitz; Carmen Borrero; Eric Burdon; Billy Cox; Michael Goldstein; Ronnie Hammon, 2004; Deering Howe; Eddie Kramer; Buddy Miles; Colette Mimram; Pat O'Day; Luther Rabb; Noel Redding; Terry Reid; Ronnie

Spector, 2004; Trixie Sullivan; Juma Sultan; Johnny Winter。Bill Graham 的著作為 *Bill Graham Presents* (Doubleday, 1992)，由 Graham 與 Robert Greenfield 合著。

第二十四章・神奇男孩

作者採訪了 Danny Fiala, 2002; Dee Hall; Delores Hall Hamm; Eddy Hall, 2004; Alice Harding; Dorothy Harding; Pat Harding; Deering Howe; Linda Jinka, 2003; Eddie Kramer; Betty Jean Morgan; Colette Mimram; Pat O'Day; Carlos Santana, 2002; Trixie Sullivan; Emily Touraine, 2004; Juma Sultan。

第二十五章・狂野的藍色天使

作者採訪了 Taharqa Aleem; Tunde-Ra Aleem; Carmen Borrero; Diana Carpenter; Billy Cox; Kathy Etchingham; Ken Hagood, 2003, 2004; Richie Havens; Deering Howe; Eddie Kramer; Bob Levine, 2003, 2004; Melinda Merryweather, 2002, 2003, 2004; Colette Mimram; Kirsten Nefer, 2003; Pat O'Day; Les Potts, 2005; Noel Redding; Trixie Sullivan; Chuck Wein,

2004; Dindy Wilson, 2003; Johnny Winter。Tony Brown 寫的 *Hendrix: The Final Days* (Rogan House, 1997) 精采詳述了吉米最後一星期的人生。

第二十六章：人生的故事

作者採訪了 Keith Altham; Eric Burdon; Billy Cox; Kathy Etchingham; Deering Howe; Linda Keith; Bob Levine; Colette Mimram; Kirsten Nefer; Noel Redding; Trixie Sullivan。

第二十七章：我的火車來了

作者採訪了 Taharqa Aleem; Tunde-Ra Aleem; Keith Altham; Al Aronowitz; Eric Burdon; Billy Burns, 2003; Diana Carpenter; Billy Cox; Bob Curran, 2002, 2003, 2004; Gail Davis, 2003; Craig Dieffenbach, 2002, 2003, 2004; Kathy Etchingham; Ken Hagood; Dee Hall; Delores Hall Hamm; John Hammond; Diane Hendrix; Joe Hendrix; Leon Hendrix; Deering Howe; Linda Jinka; Eddie Kramer; Bob Levine; Loreen Lockett; Lance Losey, 2002, 2003, 2004; Patrick MacDonald; Melinda Merryweather; Colette Mimram; Kirsten Nefer; Jas Obrecht, 2003,

2004; David Osgood, 2002, 2003, 2004; Noel Redding; Eddie Rye, 2003; Trixie Sullivan; Chuck Wein; Jimmy Williams; Johnny Winter。

謝誌

《滿是鏡子的房間》一書全靠吉米・罕醉克斯的朋友、家人與同業伙伴協助才能完成，他們花時間坐下來接受多次採訪，信任我來訴說這個故事——我在本書內文與資料來源裡列出他們的姓名。此外，還有幾十位人士提供採訪、文件、錄音、照片、研究上的協助、空辦公室，有時候則提供建議，他們的姓名並未出現在本書內文。以下依照字母順序列出他們：Fred Accuardi、Gail Accuardi、Melissa Albin、Andy Aledort、Julian Alexander、Ken Anderson、Paula Balzer、Jim Barber、Joseph Barber、Jen Bergman、Harry Blaisure、Franklin Bruno、Peter Callaghan、Kanashibushan Carver、Bettie Cross、Cathy Cross、Herb Cross、Steve DeJarnett、Dave DePartee、David De-Santis、Don DeSantis、Craig Dieffenbach、Patrick Donovan、Melissa Duane、David Dubois、Sean Egan、Joe

Ehrbar / Kim Emmons / the Experience Music Project / Lisa Farnham / Jason Fine / Erik Flannigan / Elmo Freidlander / Jim Fricke / Chris Fry / Gillian G. Gaar / Donna Gaines / Jeff Gelb / Danny Glatman / Kevin Goff / Fred Goodman / Nancy Guppy / Joe Hadlock / Manny Hadlock / Elaine Hayes / Kiera Hepford / Pete Howard / Louie Husted / Josh Jacobson / Larry Jacobson / Ted Johnson / Remi Kabaka / Susan Karlsen / Corey Kilgannon / Jeff Kitts / Ed Kosinski / Harvey Kubernick / Brenda Lane / Gretchen Lauber / ShawnLevy / O. Yale Lewis / Alan Light / Patrick MacDonald / Geoff MacPherson / Maureen Mahon / Yazid Manou / Tracy Marander / Cindy May / Catherine Mayhew / Bob Mehr / Mike Mettler / Bob Miller / Curtis Minato / Damian Mulinix / Bill Murphy / Theo Nassar / Marshall Nelson / Eddie Noble / David Osgood / Doug Palmer / Peter Philbin / Chris Phillips / Marietta Phillips / Chloe Porter / Perry Porter / Ann Powers / Dominic Priore / Christine Ragasa / Dale Riveland / Patrick Robinson / Steven Roby / Evelyn Roehl / Jasmin Rogg / Phil Rose / James Rotondi / Robert Santelli / Seattle Public Schools / Deborah Semer / Gary Serkin / Christina Shinkle / Clint Shinkle / Eric Shinkle / Martha Shinkle / Neal Shinkle /

Lisa Shively、Pete Sikov、Matt Smith、Megan Snyder-Camp、Sarah Sternau、Gene Stout、Denise Sullivan、Cid Summers、Alison Thorne、Eleanor Toews、Brad Tolinski、Jaan Uhelszki、Cara Valentine、Chief Tom Vickers、Abby Vinyard、Steve Vosburgh、Bill Vourvoulias、Bruce Wagman、Michele Wallace、Alice Wheeler、Tappy Wright、Jason Yoder、Bob Zimmerman。我也想感謝 Polly Friedlander 與 Willard R. Espy Literary Foundation (www.espyfoundation.org)，在他們的支持下，本書有一大部分得以在華盛頓州 Oysterville 的美景之下完成。

世界各地都有活躍的吉米．罕醉克斯粉絲社群，其中有許多協助我撰寫本書，包括 **Ray Rae Goldman**，他多年來對罕醉克斯一家的投入，以及追蹤本書中人物的能力無人能及，**Jess Hansen** 是西雅圖當地人，從小時候在後臺和吉米握手起就是粉絲；**Keith Dion**，這位沉穩的吉他手是諾爾．瑞丁最後一個樂團的成員；**Neal Skok**，他有神奇的地下室；以及 **Jas Obrecht**，他熱心分享自己調查的資料。諾爾．瑞丁和凱西．艾金翰在本書初期的支持尤其重要——諾爾的死使許多人哀傷，包括本書作者。里昂．罕醉克斯、德洛蘿絲．霍爾．韓姆與其他罕醉克斯以及吉特家族成員提供照片、線索和聯絡人等協助。吉米的許多西雅圖朋友與同學也大力協助，尤其是基米．威廉斯——他對朋友吉米．罕醉克斯展現出長達五十年的忠誠——以及瑪莉．威利克斯（Mary Willix），她是我的好友，同時也永遠是加菲爾德高中鬥牛犬隊的死忠球迷。

未來若有任何更新額外資訊的來源，請透過我的電子郵件聯絡：charlesrcross@aol.com。本書的補充資料將張貼於 www.charlesrcross.com，上面也能瀏覽我的朗讀會與演講時程，並進一步了解我的其他著作。

我的文學經紀人 Sarah Lazin、Hyperion 的編輯 Peternelle Van Arsdale、Hodder 編輯 Rowena Webb 與 Helen Coyle，以及 Hyperion 和 Hodder 所有大力支持的員工，都是這個計畫不可或缺的支持者。有幾位人士在本書撰寫過程中閱讀我的稿件，我要特別感謝 Peter Blecha、Carla DeSantis、Joe Guppy、John Keister、Carl Miller、Matt Smith，以及我兒子 Ashland Cross，他雖然年紀還小，就已經懂得欣賞罕醉克斯〈沿著瞭望塔〉的力量，這首歌讓開車的老爸和坐在後座的小男孩一起搖頭晃腦。「大聲一點，爸，」他說，「大聲一點。」

——查爾斯·克羅斯
二〇〇五年四月

滿是鏡子的房間：
吉米・罕醉克斯傳

作　　者：查爾斯・克羅斯
翻　　譯：洪翠薇
副總編輯：黃正綱
主　　編：畢馨云
資深編輯：魏靖儀
美術編輯：吳立新
圖書版權：吳怡慧
發 行 人：熊曉鴿
總 編 輯：李永適
發行副總：鄭允娟
印務經理：蔡佩欣

出 版 者：大石國際文化有限公司
地址：新北市汐止區新台五路一段 97 號 14 樓之 10
電話：(02) 2697-1600
傳真：(02) 8797-1736
印刷：群鋒企業有限公司

2025 年（民 114）2 月初版
定價：新臺幣 720 元／港幣 240 元

ISBN: 978-626-7507-10-0（平裝）

總代理：大和書報圖書股份有限公司
地址：新北市新莊區五工五路 2 號
電話：(02) 8990-2588
傳真：(02) 2299-7900

國家圖書館出版品預行編目（CIP）資料

滿是鏡子的房間: 吉米. 罕醉克斯傳/查爾斯. 克羅斯著 ;
洪翠薇翻譯. -- 初版. -- 新北市 : 大石國際文化有限公司,
民114.02 面 ; 14.8 x 21.5 公分
譯自 : Room full of mirrors: a biography of Jimi Hendrix
ISBN 978-626-7507-10-0 (平裝)

1.CST: 罕醉克斯(Hendrix, Jimi) 2.CST: 傳記
3.CST: 音樂家 4.CST: 搖滾樂

785.28　　113020611

Room Full of Mirrors: A Biography of Jimi Hendrix
by Charles R. Cross